국제법의 헌법화 (Constitutionalization of International Law)

박진완

머 리 말

세계화로 인하여 국가주권의 벽이 허물어 지고, 지구공동체의 성립이 강화되면서 기존의 국제법의 구조에 변화를 초래하고 있다. 현재의 국제법의 새로운 국면전개 혹은 현상의 중요한 원인은 세계화의 도전으로부터 발생한 것으로 해석할 수 있다. 더 이상 국가주권이 시민의 권리보호의 틀로서 기능할 수 없게 만드는 세계화에 대한 국제법적 대응은 종래의 국가차원에서 보장되는 시민의 공동이익의 보호가 국가를 넘어서서 국지적 혹은 전세계적인 차원에서 행해질 수 있도록 하기 위한 공통의 법적 기반과 제도를 구축하는 것이다. 국가 간의 경제적인 빈부격차와 이로 인한 경제적 종속을 보다 강화시키고, 결과적으로 경제적 약소국의 경제적 주권의 약화를 초래하는 신자유적인 세계화 개념은 국제법 질서에 있어서 새로운 도전이 된다. 이러한 신자유주의적인 세계화 개념에 대항하는 반-지배적 세계화(counter-hegemonic globalization)개념이 사용되기도 한다.

세계화로 인하여 발생하는 국제법적인 문제점을 극복하기 위한 시도로서 국내적인 법적 평화상태가 국제적인 영역으로 확장될 수 있다고 보는 Immanuel Kant의 입장을 바탕으로 한 '국제법의 헌법화(constitutionalization of international law, Konstitutionalisierung des Völkerrechts)' 명제가 최근 국제법학계에 중요한 논의의 대상이 된다. 독일 철학자 Jürgen Habermas는 Kant가 생각하는 국제질서이론에 공감하면서, 이를 바탕으로 하여 국제적 헌법주의(international constitutionalism)의 개념을 새롭게 형성·전개하는 것이다. Kant와 Habermas의 국제법 이론의 주된 목적은 국제법의 효력을 보다 강화시킴으로서, 즉 국제관계를 보다 법이 보다 효율적으로 규율하게 만듦으로서 영구적 평화(perpetual peace)를 확보하려는 것이다. 국제관계의 법적 효력을 강화시키는 것은 많은 정책적 선택을 공간을 제공하는 국제법 질서의 기본적 틀 속의 범위 내에서 안정적이고, 정돈된 그리고 평화로운 국제적 협력을 통하여 무정부적이고 공격적인 힘을 추구하는 국제정책을 대체하는 것을 의미한다.

헌법주의의 국제적 영역의 확대의 문제로서 국내적 인권보장과 국제적 인권보장의 조화의 문제는 초국가적 공간에 나타나는 거버넌스(governance)의 헌법적 실행(constitutional practice)에 대한 법적 검토와 그리고 이에 대한 헌법적 담론(constitutional discourse)의 문제와 관련성을 가진다.

이 책은 한국연구재단의 '2010년 선정 저술출판지원사업(인문저술) 3년 연구지원(NRF- 2010 -812- B00062)의 결과이다,「국제법의 헌법화」란 주제는 국제적 헌법주의의 현실적 전개에 대한 법적 분석을 위한 매우 중요한 연구주제임에도 불구하고 저자의 능력부족으로 인하여, 외국의 관련 저서와 논문들에 수록된 내용들에 대한 단순한 소개 정도를 벗어나지 못했다, 이에 대해서는 많은 아쉬움과 미련을 느낀다. 아무튼 능력없는 저자에 대한 연구지원을 해준 한국연구재단에 감사드린다.

이 연구의 중요한 동기와 기회를 제공해 주신 연구소의 독일 하이델베르크 막스 플란크 외국공법 및 국제법연구소(Max Planck Institute for Comparative Public Law and International Law) 소장이신 Armin von Bogdandy 교수님께 감사드린다. 그리 긴 기간은 아니었지만 하이델베르크의 산과 강변에서 열심히 걸으면서 연구할 수 있었던 소중한 시간이었다. 최근 일본 츠쿠바(筑波) 대학교를 방문한 적이 있는데, 그곳의 분위기나 일상적 풍경이 하이델베르크 막스 플란크 연구소 주변의 모습과 너무 비슷해서 놀란 적이 있다. 그 곳에서 참으로 평화롭고 조용하지만 열심히 사색하며 걷는 사람들을 많이 볼 수 있었던 것이 나에게 순간적인 정서적 평온함을 주어서 참 좋았다. 겨울에 혼자서 제주도 바닷가를 걷던 것과는 사뭇 다른 형태의 일상적 사색의 모습이었다.

항상 곁에서 보살펴 주시는 나의 부모님, 나의 아내와 아들에 대해서 항상 감사를 전한다. 학문적 이정표의 출발선상에서 많은 도움을 주신 정종섭 행정자치부 장관님, 김선택 교수님, 정재황 교수님께 감사를 드린다. 유럽헌법에 대한 연구의 장을 열어주신 박인수 교수님, 정극원 교수님께도 감사의 인사를 드린다. 그 외에도 항상 마음 속으로 존경하는 여러 교수님들께도 감사를 전합니다. 김원주 교수님의 쾌유를 기원드리며, 또한 이제 편안한 영면의 시간을 가지고 계시는 이준구 교수님께 다시 한번 감사의 마음을 되새겨 봅니다. 우리가 어떤 사람을 기억하고 그리워하는 것은 그 사람과의 좋은 시간들을 함께 한 좋은 추억들이 쌓여있기 때문이라는 단순한 이치를 다시 한번 깨닫게 됩니다.

2014년 11월

저자 씀

목 차

제1장 연구의 기초

Ⅰ. 서

국제법질서의 발전의 시대적 전개과정을 분석해 보면 대등적 질서(Koordinationsordnung)의 단계로 부터 협력적 질서(Kooperationsordnung)의 단계를 경유하여 최종적인 현실적 단계인 (부분적) 헌법화(partielle Konstitutionalisierung)의 단계로 접어들고 있다.[1] 국제법의 헌법화(constitutionalization of international law, Konstitutionalisierung des Völkerrechts)라는 용어에 대하여 논의하는 과정에서 우선적으로 국제법의 헌법화와 국제법 안에서의 헌법화(constitutionalization within international law)를 구별할 필요가 있다. 전자는 일반적 국제법의 헌법화(constitutionalization of general international law) 과정으로서 UN 헌장(Charter of the United Nations)과 같은 보편적 인권보장체계의 구축을 위한 국제법의 헌법화 과정이다. 후자는 국제적 하부체계 속에서의 결정을 내리는 주체(adjudication bodies)와 연관성을 가지고 행해지는 발전과정(developments)으로서 진행과정으로서, 국제적 하부체계의 헌법화(constitutionalization of international subsystem)로 설명된다.[2] 그러한 예로서 최근의 국제무역기구(World Trade Organisation, WTO)의 헌법화 문제[3]를 들 수 있다.

---

1) Reiner Wahl, Konstitutionalisierung – Leitbegriff oder Allerweltsbegriff?, in: Carl-Eugen Eberle/Martin Ibler/Dieter Lorenz (hrsg.), Der Wandel des Staates vor den Herausforderungen der Gegenwart. Festschrift für Winfried Brohm zum 70. Geburtstag, München 2002, S. 199.

2) Wahl, 위의 책, S. 191 ff.

3) Debora Z. Cass, The Constitutionalization of International Trade Law: Judicial Norm-Generation as the Engine of Constitutional Development in International Trade, 12 European Journal of International Law 39 (2001); Cass, The Constitutionalization of the World Trade Organisation. Legitimacy,

국제법과 인권보장의 영역에 있어서 세계화(Globalization)[4)]의 또 다른 목적은 새로운 국제법질서에 제1차적인 주체(primary subject of the new international legal order)로서 개인(the individual)에 대하여 매우 주목할 만한 그리고 윤리적으로 매우 중요한 이동을 하는 것이다.[5)] 이것은 국제법의 헌법화를 통해서 원래의 완전한 국제법의 주체인 국제법의 제정자로서의 국가와 새로운 국제법의 주체로서 국제조직과 개인과 같은 파생적인 부분적인 국제법의 주체의 이분(dichotomy)의 붕괴를 의미한다. 이것은 국제법의 제정과정에서의 개인의 참여의 증대를 의미한다.[6)] 아직 여전히 국제법질서의 기초로서 국가를 대체할 만한 강력한 주체가 될 수는 없지만, 개인은 점차적으로 국제공동체(internal community)에 의하여 국제적인 실질적 권리(material rights)와 이해관계(interests)의 보유자(holding)로서 간주되고 있다. 국제조약(international treaty)과 국제관습법(international customary law)의 발달로 인하여 국제법상의 각 개인들의 권리와 이해관

Democracy and Community in the international Trading System (Oxford University Press 2005); John H. Jackson, Sovereignty, the WTO and Changing Fundamentals of International Law (Cambridge University Press 2006); Jeffrey L. Dunoff, The Politics of International Constitutions: The Curious Case of the World Trade Organization, in Jeffrey L. Dunoff and Joel P. Trachtman (eds.) Ruling the World? Constitutionalizm, International Law, and Global Governance, Cambridge: Cambridge University Presss 178–205 (2009); Joel P. Trachtman, Constitutional Economics of the World Trade Organization, in Jeffrey L. Dunoff and Joel P. Trachtman (eds.) Ruling the World? Constitutionalizm, International Law, and Global Governance, Cambridge: Cambridge University Presss 206–229 (2009).

4) 세계화와 국제법과의 관계에 대해서는 다음을 참조. Armin von Bogdandy, Demokratie, Globalizierung, Zukunft des Völkerrechts – eine Bestandaufnahme, ZaöRV 63 (2003), S. 853 ff.

5) 이에 대한 일반적인 저서는 Antonio Cassese, Interantional Law in a Divided World (Oxford University Presss 1986).

6) Anne Peters, Membership in the Global Constitutional Community, in Jan Klabbers, Anne Peters and Geir Ulfstein, The Constitutionalization of International Law, Oxford University Press 155–56 (2009).

계들은 각 개별국가의 범위를 넘어서서 논의되고 결정된다. 국가안에서의 개인의 지위는 외부적 감독(external scrutiny)의 주체로서 그리고 몇몇 극단적 상황에서는 외부적 개입(external intervention)의 원인이 되기도 한다. 또한 자기결정권(right to self-determination)과 발전권(rights to development)에 대한 국제적 인정의 형태로서 집단적 권리(group rights)도 국가의 지위(statehood)에 대한 유사한 도전이 된다.[7] 세계적 헌법주의자들(global constitutionalist)은 주권국가만이 실질적 국제법의 주체라는 명제의 포기를 요구한다.[8]

이러한 두가지 경향으로 특징지워지는 국제법의 헌법화를 구현하는 세계적 헌법주의의 중요한 결과는 법과 거버넌스(governance)[9]의 웨스트팔리안체제(Westphalian systems of law and governance)의 해체과정을 가속화 하고 있다. 주권국가는 현재 자신의 권력을 국제적 그리고 지역적(regional) 정치·경제적 기관과 조직의 운영자(host)와 공유하고 있다. 국가는 여전히 국제법질서의 핵심주체로서 자리매김하고 있지만, 세계적인 것(the global)과 개인의 흡인력은 국가의 전통적 권위를 서서히 침식하고 있다. 세계적 법(global law)과 거버넌스(governance)는 그 본질에 있어서는 다중심주의적(polycentric)이고, 국제적인 경제적, 사회적 문제들과 개인적 그리고 집단적 관심사에 대한 대응에 있어서 규제적 행위자들의 결합

---

7) Spencer Zifcak, Globalizing the rule of law. Rethinking Values and reforming institutions, in: Spencer Zifcak (ed.), Globalization and the Rule of Law 34 (Routledge 2005).

8) Peters, 위의 책, 155.

9) 거버넌스에 대한 최근의 국제법적인 분석에 관해서는 다음을 참조 Joseph H. H. Weiler, The Geology of International Law – Governance, Democracy and Legitimacy, ZaöRV 64 (2004), S. 547 ff; Armin von Bogdandy/Philipp Dann/Matthias Goldmann, Völkerrecht als öffentliches Recht: Konturen eines rechtlichen Rahmens für Global Governance, Der Staat 49 (2010), S. 23 ff.; 이에 대한 국내논문으로는 전광석, 공공거버넌스와 공법이론, 구조이해와 기능, 공법연구 제38집 제3호, 한국공법학회 165-196쪽; 박진완, 글로벌 거버넌스와 국제공법, 법학논고 제41집, 경북대학교 법학연구원 2013, 353-390쪽.

(regulatory actors combining)의 매우 다양한 그리고 서로 구분되는 연립적 대응(coatlitions)을 시도하고 있다.

중심의 축이 다원화된 즉 다극화된 국제사회에 있어서 특정한 세계화(globalization)와 관련된 논의점들(global issue)을 어떻게 많은 국제적, 지역적(regional) 그리고 국내적 규제기관들이 해결해 나갈 것인가? 세계화 현상으로 인하여 발생하는 문제점들은 누구에 의하여 그리고 누구의 법률에 의하여 보다 불확실하고 비판적으로 해석될 될 것인가? 이러한 세계화 관련 중요한 문제점들을 해결하는 척도는 무엇이 될 것인가? 세계화와 관련하여 제기되는 여러 종류의 문제점들에 대한 중요한 해결기준은 아마도 법(law)이 될 것이다. 따라서 세계화된 세계(globalized world)에서의 법의 지배(the rule of law)는 주권적인 국민국가(sovereign nation state)에서의 법의 지배보다도 더 중요한 것이 될 것이다.

세계화로 인하여 국가주권의 벽이 허물어지고, 지구공동체의 성립이 강화되면서 기존의 국제법의 구조의 변화가 발생하고 있다. Christian Tomuschat은 여러 가지 측면에서 나타나고 있는 국제법의 새로운 국면전개 혹은 새로운 현상의 발생을 세계화의 도전으로부터 발생한 것으로 해석하고 있다. 세계화와 국제법의 관련성은 국제법의 충분성(adequacy), 유효성(effectiveness) 그리고 국제법상의 제도들을 시험대에 올리게 만드는 증가되는 초국가주의(transnationalism)에 대한 현재의 국가의 상태라고 간단하게 표현될 수 있다. 이러한 세계화로 인한 도전에 대한 국제법적 대응은 국가차원에서 보장되는 시민의 공동이익의 보호가 국가의 역할이 국가를 넘어서는 국지적 혹은 전세계적인 차원에서 행해질 수 있도록 공통의 제도를 창설함으로써 손상된 시민공동의 이익을 보상할려고 하는 시도이다.[10]

세계화로 인하여 발생하는 국제적인 문제점을 극복하기 위한 시도로

10) Christian Tomuschat, International Law: Ensuring the Survival of Mankind on the Eve of a New Century, General Course on Public International Law, in 281 RECUEIL DES COURS 10, 42 (1999).

서 국내적인 법적 평화상태가 국제적인 영역으로 확장될 수 있다고 보는 Immanuel Kant의 입장을 바탕으로 한 '국제법의 헌법화' 명제가 최근 국제법학계에 중요한 논의의 대상이 되고 있다. 또한 이러한 입장은 영미법적인 입장에서는 법의 지배(rule of law) 혹은 헌법주의(constitutionalism)의 국제법적 영역에로의 확장으로 해석되고 있다. 독일에서 신·구교들 사이의 종교전쟁인 30년 전쟁을 종결시킨 1648년의 베스트팔렌 조약(Treaty of Westphalia) 이후에 성립된 웨스트팔리아 체제(westphalian system)는 주권에 기초한 국가 개념을 바탕으로 국가중심의 국제관계를 정당화시켜 왔다. 그러나 이 체제에 근거한 웨스트팔리안 신화(Westphalian myth)는 왜 국가가 국제질서의 유일한 대상인가 하는 질문에 대하여 설명을 제공하고 있지 않다. 1795년의 Immanuel Kant의 영구평화론(Zum ewigen Frieden, Perpetual Peace)이래로 철학자 그리고 정치이론가들은 계속적으로 때로는 지루하게 웨스트팔리아 체제의 국가중심주의에 대하여 비판을 제기하였다. 특히 세계화와 이로 인하여 발생되는 국가주권의 위기는 국가중심의 법으로 국제법을 이해하는 입장에 대하여 사회학적, 기능적 그리고 윤리적 관점에서 계속적으로 비판을 제기하는 중요한 계기가 된다.[11] 이러한 비판들은 인권의 보편화 명제를 기반으로 한 강제법(ius cogens)과 같은 공적인 법개념, 경제적 그리고 환경적 국제적 레짐(regimes)의 성립을 국제법질서에서 강조함으로서 국제법질서의 구조변화를 초래하고 있다. 이러한 국제법의 구조변화의 근거들을 독일의 국제법학자들은 Kant의 영구평화론에서 그 근원을 찾을려고 시도하고 있고, 이러한 국제법의 구조변화를 '국제법의 헌법화' 라는 개념으로 설명하고 있다.

물론 이러한 세계화과정에 대한 해결책 제시의 수단으로서 Kant적 전통에 근거한 국제법의 헌법화 명제(Konstitutionalisierungsthese)에 대해서는 계속적으로 비판적 견해가 제기된다. 왜냐하면 헌법화된 국제법질서에

11) Martti Koskenniemi, What is international law for?, in Malcolm D. Evans (ed.), International Law 2. ed., Oxford; New York: Oxford University Press, 2006, 61.

는 세계적 최종결정자가 존재하지 않고, 또한 존재할 수도 없기 때문이다. 그 대신에 계속적으로 증가되는 부분적 헌법화 과정은 세계무역질서부터 인권보호에 이르기 까지 국제법의 보다 중요한 혹은 지역적 부분영역을 확인해 주고 있다.[12] 그러나 이러한 부분적 헌법화과정은 국제질서에 대한 독자적 규정으로서 일반적 국제법을 지향점이 없는 단편화과정으로 몰고 갈 위험성이 있다는 비판도 제기된다.[13]

국제적 헌법주의(international constitutionalism)가 현재 일반 국제법 학자들 사이에 유행하고 있다. 유럽에서 1930년대 이후 주장된 이래로,[14] 1990년대에 다시 재론된 이후, 계속 논의되고 있는 국제법의 헌법화 논의는 서로 다른 사람들에게 서로 다른 의미를 가진 형태로, 이주 다른 근거를 가지고 논의되었다. 이렇게 국제법의 헌법화 논의는 각자 다른 이유로 시작되었고, 다른 근거를 가지고 비판되고 있다.[15] 이와 관련하여 국제법 학자들은 종종 국제적 헌법주의를 국제법의 제도화(institutional-

---

12) 세계무역질서의 헌법화(Konstitutionalisierung der Welthandelsordnung)에 대해서는. Meinhard Hilf, Die Konstitutionalisierung der Welthandelsordnung: Struktur, Institutionen und Verfahren, BDGVR 40 (2003), S. 257; Wolfgang Benedek, Die Konstitutionalisierung der Welthandelsordnung: BDGVR 40 (2003), S. 283 ff. 인권에 대해서는 Andreas Fischer-Lescano, Globalverfassung. Die Geltungsbegründung der Menschenrechte, Weilerswist 2005.

13) 이러한 국제법의 단편화 논의에 대해서는 Koskenniemi/Päivi Leino, Fragmentation of International Law. Postmodern Anxieties?, Leiden JIL 15 (2002), 553; Koskenniemi (ed.), Fragmentation of International Law. difficulties arising from the diversification and expansion of international law. Report of the Study Group of the International Law Commission, Helsingki: University of Helsingki 2007, pp. 285-306.

14) Alfred Verdross, Die Verfassung der Völkerrechtsgemeinschaft (Wien 1926); Hermann Mosler, The International Society as a Legal Community, 140 RECUEIL DES COURS 1 (1974).

15) Samantha Besson, Whose Consitution(s)? International Law, Constitutionalism and Democracy, in Jeffrey L. Dunoff and Joel P. Trachtman (eds.) Ruling the World? Constitutionalizm, International Law, and Global Governance 381 (Cambridge University Presss 2009).

ization of international law)의 결과로 해석하기도 한다.[16]

국제적 헌법주의에 관한 논의는 초국가적 공간에 나타나는 거버넌스(governance) 헌법적 실행(constitutional practice) – 그리고 헌법적 담론(constitutional discourse) – 에 관한 것이다. 몇몇 독자들에게는 이것이 이상한 주제로 보일 수도 있다. 헌법주의(constitutionalism)의 역사적 전개와 관련된 헌법적 담론(constitutional discourse)은 주로 국내법적인 배경(domestic legal setting) 속에서 행해졌다. 그렇다고 해서 헌법주의에 관한 담론 자체가 반드시 국내적 헌법주의의 독점적 사항이라고 볼 수는 없다.

최근에 글로벌 거버넌스(global governance)에 대한 사유방법으로서 국제적 헌법주의에 대한 다양한 형태의 연구가 행해지고 있다. 많은 이들이 국민국가를 넘어서는 법질서(legal order beyond the nation－state)를 설명하기 위하여 헌법적 은유(metaphor of a constitution)를 사용하는 실험을 시도하고 있다.[17] 국제적 분쟁의 해결과 관련된 무력사용의 문제와 관련해서는 UN 헌장(UN Charter)을 국제공동체의 헌법(constitution of the international community)으로 이해하고,[18] 국제법 속에서의 헌법질서성립을 정당화시키는 시도들은 또 다른 측면에서 인권이 국제적 권력행사의 정당성의 근거로서 인정되는 것을 정당화시킨다. 이와 관련하여 몇몇 무역학자들은 국제무역기구(World Trade Union, WTO)를 헌법적 질서로 이해할 것을 제안한다.[19] 이러한 점들을 고려해 볼 때 국제법의 헌법화 논의는 글로벌 거버넌스(global governance)가 어떻게 행해질 것인가 하는 문제를 재검토하기 위하여 행해지는 많은 노력들 중의 하나로 볼 수 있다.[20] 왜

---

16) Andreas L. Paulus, The International Legal System as a Constitution, 위의 책(주 15), 69.
17) David Kennedy, The Mystery of Global Governance, 위의 책(주 15), 37.
18) Bardo Fassbender, The United Nations Charter As Constitution of The International Community, 36 Colum. J. Transnat'l L. 530 (1998); 같은이, Rediscovering a Forgotten Constitution on the Place of the UN Charter in the International Legal Order, 위의 책(주 15), 133.
19) Kennedy, 앞의 책, 37.
20) Kennedy, 앞의 책, 38.

냐하면 글로벌 거버넌스가 행해지는 국가의 외부영역 그리고 국가들 사이를 규율하는 법질서 역시 이 문제에 대한 법적인 접근을 시도함에 있어서 세계화된 국제질서 속에서의 법의 본질(nature of law)에 대한 검토를 시도해야만 하기 때문이다. 이와 관련하여 최근 수년간 초국가적 거버넌스(transnational governance)의 많은 공간들 속에서 헌법적 담론의 증대가 목격되고 있다. 이에 대한 대응으로서 국제적 헌법의 존재와 효력에 대하여 연구하는 학문적 분야가 급격하게 증가하고 있다. 이러한 학문적 연구분야는 국제관계, 국제법 그리고 세계적 거버넌스에 대한 학문적 통찰력을 이끌어 냄으로서, 이와 관련된 초기의 연구성과들을 확장시키고, 국제적 헌법에 관한 논의를 설명하고, 분석하고 그리고 발전시킨다. 이러한 연구목적을 실현하기 위하여 국제법의 헌법화에 대한 논의들은 국가를 넘어서는 헌법질서의 개념적 일관성 그리고 규범적 바람직함에 대하여 검토하고, 세계적 헌법주의(global constitutionalism)에 대한 논의에 있어서 무엇이 문제가 되는지에 대해서 연구한다.[21)]

그러나 국제법의 헌법화 논의는 일관성있는 규범적인 국제윤리학(global ethics)의 정립을 위한 시도도 아니고, 그 외에도 국제법 질서가 윤리적 원칙에 근거하여 유지되어야 한다는 의미하는 것도 아니다.[22)] 국제법의 헌법화 논의와 별도로, 국제적 헌법주의의 문제를 국제적 영역에서의 법의 지배의 확산의 문제로 보아서 국제적 법의 지배(international rule of law)의 문제로 해석하는 입장도 존재한다.[23)] 이러한 입장은 영미법계

21) Jeffrey L. Dunoff and Joel P. Trachtman, A Functional Approch to International Constitutionalization, 위의 책, 3.

22) Jan Klabbers, Setting the Scene, in Jan Klabbers/Anne Peters/Geir Ulfstein (eds) The Constitutionalization of International Law 3 (Oxford University Press 2009).

23) 이와 관련해서는 Spencer Zifcak, Globalizing the rule of law. Rethinking Values and reforming institutions, in: Spencer Zifcak (ed.) Globalization and the Rule of Law 32–64 (Routledge 2005); Jeremy Matam Farrall United Nations and International Relations (Cambridge University Press 2007); Jeremy Waldron, The Rule of International Law 30 Harvard Journal of Law and

일부 학자들이 세계화로 인한 법의 지배의 원리가 국내법적 영역을 넘어서 국제법적 영역으로 확장될 수 있는가 하는 문제에 대하여 검토하는 입장이다. 이 입장은 세계화로 인하여 헌법주의가 국제법 영역으로 확장되는 국제법의 헌법화 논의와 일맥상통하는 입장으로 볼 수 있다.

많은 국제법학자들은 높은 추상적 차원에서 국제법의 헌법화에 대하여 이야기하고 있다. 그들은 국제법이 헌법화의 과정을 겪고 있다고 주장한다. 그리고 이러한 헌법화의 과정이 무엇을 의미하는지에 대하여 연구하고 있다.[24] 이러한 국제법의 헌법화 논의는 크게 규범적 문제(normative case)와 경험적 문제(empirical case)의 두가지 차원에서 전개되고 있다.[25] 국제법의 헌법화 논의를 규범적 문제로서 접근하고 연구하는 입장은 보다 나은 그리고 보다 정당한 세계질서를 만들기 위한 노력을 정당화하기 위한 시도이다. 이러한 목적실현을 위하여 법률가와 정치철학자 모두 세계적인 정의이론(global theories of justice) 혹은 세계정의이론(theories of global justice)[26]을 구상하고 있다.[27]

국제법의 헌법화 논의를 경험적 문제로서 접근하고 연구하는 입장은 국제법의 헌법화 과정자체가 존재한다는 현실 그 자체에 분석을 목적으로 하고 있다. 이 입장은 정치적-법적 과정(politico-legal process)이 헌법화를 목표를 진행되고 있다는 것을 설명하고 있다. 이 입장에 의하면 이러한 진행과정은 학문적 상상의 결과가 현실적 진행과정 그 자체로 존재한다는 것을 의미한다.[28]

국제법의 헌법화 과정을 이론적으로 설명하기 위해서 많은 학자들이 국내적 헌법주의(domestic constitutionalism)로부터 차용된 용어나 개념들을

Public Policy 15-30 (2006).

24) Klabbers, 앞의 책, 3-4.

25) Klabbers, 앞의 책, 4.

26) 이에 대해서는 다음을 참조 Kwame Anthony Appiah, Cosmopolitanism: John S Dryzek, Deliberative Global Politics (Polity Cambridge 2006).

27) Klabbers, 앞의 책. 4.

28) Klabbers, 앞의 책, 4.

근거로 하여 국제법 속에서의 발전적인 진행과정을 설명할려고 시도하고 있다. 이와 관련하여 국내적 헌법주의가 국제적 차원에서 그대로 전용될 수 있는가 하는 질문이 제기된다. 더 나아가서 유럽연합의 헌법적 질서에로의 법적인 통합이 실현되는 현실은 결과적으로 유럽연합의 구성국가의 국내적 헌법구조(domestic constitutional structure)의 구성요소를 위협 또는 약화시킨다는 주장도 제기된다. 세계화로 인하여 국내법 질서는 역설적으로 탈헌법화 과정(process of de-constitutionalization)을 겪고 있다. 특히 유럽에 있어서는 국내헌법질서가 독자적으로 결정할 수 있는 것은 별로 없다는 헌법학자들의 자조석인 농담이 일상적인 것이 되었다. 입법은 점점 더 유럽차원의 문제가 되었고, 개인의 권리보호는 유럽인권법원(European Court of Human Rights)과 같은 국제법원의 관할이 되었다.[29] 이에 반해서 국제법 질서는 헌법화 과정을 경험하고 있다. 이러한 상황을 야기하는 세계화는 무엇을 의미하는가? 그리고 이와 관련하여 국제사회에서 발생하는 국제법의 헌법화의 의미를 어떻게 해석해야만 하는가[30]?

국제적 헌법주의에 대한 논의에 대한 연구의 핵심적 내용들은 초국가적 헌법질서의 개념적 일관성(conceptual coherence)과 규범적 바람직성(normative disirablity)에 대한 검토 그리고 세계적 헌법주의에 대한 논의 속에서 무엇이 중요한 문제로서 검토되고 있는지에 대하여 살펴보는 것이다.[31] 따라서 초국가적 헌법질서에 대한 논의에서 부각된 중요한 특징들에 대하여 고찰하고, 부분적으로 국제적 규범의 밀도와 적용범위의 증가, 국제법적인 절차에서 새로운 법적 행위자의 중요성의 증가 그리고 국제적인 법적 규제에 관한 새로운 논제(topics)의 제기를 포함해서 국제적 관계에 대한 보다 넓은 궤도(trajectory) 설정에 대해서 논의하는 것이 이에 대한 연구의 핵심적 내용을 형성한다. 그 외에도 국제공동체가 양극

29) 이와 관련해서는 Ernest A Young, Trouble with Global Constitutionalism 38 Texas International Law Journal 545 (2003).

30) Klabbers, 앞의 책, 7.

31) Dunoff/Trachtman, 앞의 책, 3.

시대(bipolar era)에 종료에 대한 조정을 계속적으로 해나가고, 국제질서의 급격한 변화과정 속에서의 국제법의 역할과 지위에 관한 질문들이 제기되고 있을 때, 헌법화(constitutionalization)에 대한 논의가 행해진다.[32)]

보다 광범위하게 고찰해 보면, 국제적 헌법주의(international constitutionalism)에 관한 논의는 법적인 다원주의(legal pluralism)와 새로운 거버넌스(new governance) 개념에 관한 것을 포함한, 국제법학(international legal academy) 그리고 정책과학(policy sciences)속에서 보다 일반적으로 논의되는 세계적 거버넌스(global governance)에 대한 보다 광범위한 연구의 한 부분이다.[33)]

과연 헌법적 국제법 질서(constitutional international legal order)는 어떤 형태가 될 것인가? 헌법화의 국제법 질서에로의 전용과 관련하여 헌법주의(constitutionalism)가 국제공동체(international community) 속에서의 법-제정(law-making), 세계공동체의 회원직 지위(membership of global community) 그리고 국제법상의 분쟁해결과 같은 중용한 문제점들에 대하여 어떠한 영향을 미칠수 있는지 여부에 대하여 검토해 본다.[34)] Jan Klabbers는 단일의 실정헌법전을 전제로 하지 않는 국제법의 헌법화 과정에 대한 설명을 미국의 헌법학자인 Laurence H Tribe 교수의 보이지 않는 헌법(invisible constitution)[35)]의 개념을 차용하여 국제공동체의 보이지 않는 헌법을 볼 수 있게 만드는 작업으로 비유하고 있다.[36)]

국제적 헌법주의의 전개와 관련된 다양하고 복잡한 경향에 대한 포괄적인 검토를 시도를 하기에 앞서, 우선적으로 국제적 헌법주의에 대한 연구의 필요성을 잉태하게 만든 글로벌 거버넌스(global governance)와 관련된 몇몇 가장 중요한 발전들에 간단한 개관적 검토의 필요성이 제기된

---

32) Dunoff/Trachtman, 앞의 책, 4.
33) Dunoff/Trachtman, 앞의 책, 4.
34) Klabbers, 앞의 책, 4.
35) Laurence H Tribe, Invisible Constitution (Oxford University Press 2008).
36) Klabbers, 앞의 책, 4.

다. 이러한 검토가 행해진 후에 헌법화에 대한 논의를 보다 넓은 맥락(context)에서 검토할 필요성이 제기된다. 이러한 연구검토를 위해서 세계적 헌법화(global constitutionalization)라는 문제에 대한 기능적 접근방법(functional approch)이 특히 이 단계에서는 효과적인 연구방법이 된다. 왜냐하면 기능적 접근방법은 학자들에게 다양한 국제적 영역에서의 헌법적 발전을 확인하고 평가하기 위하여 사용할 수 있는 개념적 도구(conceptual tools)와 분석과정들을 제공하기 때문이다.[37]

헌법주의 그리고 웨스트팔리아 체제 성립이후 국제법 질서는 주권규범과 같은 명백한 근본적, 구성적 규범(fundamental, constituitive norm) 혹은 일련의 규범들에 의하여 지배되었기 때문에, 헌법화의 개념과 관련하여 현대국제법 질서는 항상 헌법적 질서였다는 주장도 제기될 수도 있지만, 주권관념(idea of sovereignty)에 의하여 구성되는 국제법 질서의 입장에서 볼 때 현재 국제사회에서 진행되고 있는 헌법화 과정은 분명 잘못된 것으로 판단될 수 있다.[38] 더 나아가서 주권개념의 전개와 관련해서도 국가주권을 전제로 하는 국제법상의 경험적인 법적 주권(legal sovereignty)(주권의 웨스트팔리안 형태(Westphalian type of sovereignty))과 국가권력의 정당화 근거가 되는 정당화된 주권(legitimate sovereignty)으로서의 국민주권의 불일치를 어떻게 극복할 것인가[39]? 헌법질서는 그 질서의 헌법적 특성(constitutional nature)으로부터 자신의 정당성을 이끌어내는 정당화된 질서이다.[40] 이 점을 고려해 볼 때 현재의 헌법화 과정을 겪고 있는 국제법 질서의 정당화 근거로서 어떠한 헌법적 원리와 특성들이 적용될 수 있는가 하는 점이 국제법의 헌법화 논의의 중요한 판단기준이 된다.

국제적 헌법주의를 발전된 국제법의 제도화적 해석(institutional reading of international law)적 입장에서는 국제적 헌법주의가 하나의 단일한 일관

37) Dunoff/Trachtman, 앞의 책, 4.
38) Klabbers, 앞의 책, 5-6.
39) Klabbers, 앞의 책, 6.
40) Klabbers, 앞의 책, 6.

성있는 헌법적 구조(a single coherent constitutional structure) 속에서 국제공동체를 통합할 것이라는 전망을 내놓을 수 있다. 그러나 이러한 전망에도 불구하고 현실적 결과는 국제법 체계의 헌법화 보다는 국제법 체계의 분산(fragmentation)으로 나타난다.[41] 국내적 헌법주의가 헌법재판제도와 같은 사법심사(judicial review)를 통해서 이루어지듯이, 헌법화된 국제법 질서 역시 국제인권법과 같은 국제법 침해에 대해서도 엄격한 사법적 심사의 요구를 관철할 수 있을까? 국내헌법과 같은 단일화된 최고규범이 존재하지 않는 국제법 질서 속에서는 인권, 환경, 무역 혹은 국제형사법과 같은 고도로 전문화되고 분권화된 법질서의 분산이 나타난다. 이렇게 분산된 국제법 법체계를 실행에 대한 사법적 심사를 담당하는 국제법원들의 분산을 초래한다. 따라서 단일화된 국제인권법체계의 부존재와 이러한 법체계를 실행에 대한 사법적 심사를 담당하는 국제법원들의 분산으로 인하여 야기된 국제인권법 질서의 분산은 국제법질서의 분산(fragmentation of international legal order)의 한 예이다. 국제법은 고도로 분권화된 과정(decentralized process)의 산물이다. 국제적 헌법주의는 분권화된 오늘날의 국제법 질서의 형성을 정당화하기 위하여 국제법 질서의 토대구축을 위한 헌법적 해석을 시도하는 노력으로 볼 수 있다. 이렇게 볼 때 국제적 헌법주의는 새로운 국제질서의 형성과정에서 발생하는 충격들을 흡수하는 헌법적 사고방식(constitutional mind-set)[42]의 형성의 문제로 볼 수 있다.

이러한 국제법 질서의 분권화 과정을 고려해 볼 때, 국제법의 형식적 근원(formal source)에 근거한 국제법의 형식적 혹은 체계적 단일성은 국제법의 헌법화를 위한 충분한 조건이 될 수 없다.[43] 세계적 헌법화 그리고 글로벌 거버넌스에 논의는 최종적으로 정당성에 대한 논의로 종결

---

41) Paulus, 앞의 책, 69-70.

42) Martti Koskenniemi, Constitutionalism as Mindset: Reflections on Kantian Themes about International Law and Globalization, 8 Theoretical Inquiries in Law 9 (2007).

43) Paulus, 앞의 책, 87.

된다고 할지라도,[44] 정당성에 대한 순수한 개념적 구상(purely formal concept of legitimacy) 역시 국제법의 헌법화를 위한 충분한 명제가 될 수 없다.[45]

국제법의 헌법화 명제를 정당화시키기 위하여 국제법상의 헌법주의 발자취를 찾기 위한 시도로서 국제법의 헌법화의 근원으로 간주되는 UN 헌장(UN－Charter)을 분석하기 보다는, 헌법주의의 실질적 원리(substantive principles of constitutionalism)들에 대하여 고찰할려고 시도하는 것이 중요하다.[46] 국가의 동의라는 개념(notion of state consent)에 기반을 두고 있는 국제법 질서의 절차적 정당성(procedural legitimacy)과 별도로, 국제법 질서의 실질적 정당성(substantive legitimacy)은 국제법의 내용을 형성하는 규칙(rules)이나 제도(institutions)의 내용들과 관련성을 가지기 때문이다.[47] 이러한 입장에 반대하는 자들은 반대자들은 헌법주의와 헌법의 내용을 혼합하는 것은 형식(form)과 실질적 내용(substance)의 혼동을 초래할 수도 있다고 이의를 제기한다.[48] 이러한 반대주장에도 불구하고 헌법의 개념 속에서 형식적 헌법개념과 실질적 개념의 연관성이 서로 분리될 수 없듯이, 이것은 마치 법치주의 개념이 형식적 법치주의 개념과 실질적 법치주의 개념으로 구성되는 것과 마찬가지로, 헌법과 관련해서는 형식과 그 실질적 내용이 서로 분리될 수 없다. 왜냐하면 어떤 법질서가 헌법을 가지고 있다면, 그 법질서 내에서는 그 전체 법질서가 충족해야만 실질적인 내용적 기준(substantive standard)이 반드시 존재하기 때문이다. 더 나아가서 이러한 헌법의 실질적 내용들은 그 내용의 준수여부를 감독하고 강제할 수 있는 헌법재판소나 법원과 같은 결정기구(mechanism for decision making)를 통해서 그 법질서 내에서 효과적으로 실행된다. 그래서 대부분의 헌법은 다음의 두가지를 포함하고 있다: 법질서를 위한 일련의 일반적 기준들

44) Klabbers, 앞의 책, 37.
45) Paulus, 앞의 책, 87.
46) Paulus, 앞의 책, 87.
47) Klabbers, 앞의 책, 87.
48) Paulus, 앞의 책, 87.

(general standard) 그리고 이러한 기준들을 실행하는 기구(machinery).[49] 이와 관련하여 국제법의 헌법화를 충족화시키는 내용적 기준들을 어디에서 찾을 것인가 하는 문제가 제기된다. 이러한 내용적 기준들을 형성하는 첫 번째 근거로서 높은 순위를 가지는 국제법의 원리들(principles in international law) – 특히 절대적 규범(peremptory norm)인 강제법(jus cogens)으로부터 찾는다. 그 다음에 국내헌법에서 도출된 기준들(standards)이 내용적 기준으로서 고려된다. 이와 관련해서 이미 발견된 많은 국내헌법적 기준들이 어떻게 현재의 국제법 질서에 편입될 수 있는가 하는 문제가 제기된다.[50] 이러한 국내헌법적 기준의 국제법 질서에 대한 편입의 결과는 국제법은 국내법 질서와 같이 이상적 유형의 헌법(ideal–type constitution)의 정확한 내용을 잘 충족시킬 수 없다는 것이다.[51] 이것은 결국 국제법과 국내법의 영역과 각 영역에 적용되는 법원리가 다름으로 인하여 발생하는 결과라고 판단된다. 그럼에도 불구하고 국제법의 헌법화로 명명되는 국제법의 헌법적 발전이 가지는 중요한 의미는 결코 부인될 수 없다. 왜냐하면 국제법이 결코 국내헌법과 같은 엄격한 의미에서의 헌법을 가질 수 없음에도 불구하고, 국제권력을 확립하고 통제하는 원리로서 국제적 헌법주의의 중요성은 절대로 간과될 수 없기 때문이다.[52]

국제적 헌법화의 두드러진 특징으로서 입법권(law–making authority)이 중앙집권화된 권력(centralized authority)으로 인정되는 (혹은 부인되는) 정도라는 가정적 조건이 제시된다.[53] 그러나 국제법 질서는 결코 국내헌법질서의 의회와 같은 하나의 독점적인 입법기관(legislative body)을 가지는 것을 헌법화의 핵심적 내용으로 고려하지 않는다. 왜냐하면 입법적 활동은 UN의 경우 총회(General Assembly)와 같은 본회의(plenary body) 그

---

49) Paulus, 앞의 책, 88.
50) Paulus, 앞의 책, 88.
51) Paulus, 앞의 책, 88.
52) Paulus, 앞의 책, 88.
53) Dunoff/Trachtman, 앞의 책, 4.

리고 제한적인 대표권을 가지는 기관인 안전보장이사회(security council)에 의하여 행해지기 때문이다.[54] 이러한 점을 고려해 볼 때 국제법의 헌법화 정도의 판단기준으로서 입법권의 집중화 정도는 단지 국제적 헌법(international constitution)이 국제법의 제정을 가능하게 하거나, 강제하는 정도에 초점을 맞추게 된다.[55] 이러한 국제법의 헌법화는 세계화 때문에 효력이 약화되고 있는 국내헌법의 보충이라는 부가적 목적(addtional goal)도 달성한다.[56]

국제법의 헌법화에 대한 접근방법으로서 국제적 헌법화(international constitutionalization)의 일반적 유용성 혹은 바람직함에 대해서는 논의하는 국제법의 헌법화의 정당화 여부에 대해서 치중하는 규범적 접근방법(normative approach)이 아니라, 국제법의 헌법화의 기능에 대한 분석을 중점으로 하는 분류학적 접근방법(taxonomic approach)을 우선적으로 검토한다.

이러한 접근방법의 기본적 내용은 헌법화의 기능에 대한 이러한 접근방법의 윤곽을 제시한 후에, 근본적 권리(fundamental rights), 직접효(direct effect), 우위(supremacy) 그리고 그 외의 다른 것들을 포함한 – 헌법화와 관련성을 가지는 많은 메커니즘들(mechanisms)이 이러한 기능의 관점에서 어떻게 이해될 수 있는지에 대하여 설명하는 것이 된다.[57]

이러한 기능적 접근방법에 의한 분석만으로는 국제법의 헌법화 연구는 종료될 수 없다. 왜냐하면 헌법화된 세계질서는 정당화된 세계질서(legitimate world order)가 되어야만하기 때문이다. 그 외에도 단일의 세계헌법전으로 전제로 하지 않은, 헌법화된 세계질서는 필연적으로 다원적인 세계질서(pluralist global order)가 될 수 밖에 없다. 따라서 기능적 연구방법을 보충하는 규범적 연구방법은 다양한 국제적 체제 속에서 발견되는 헌법적 메커니즘들이 확인된 것을 바탕으로 하여, 국제사회에서 발생하게

54) Klabbers, 앞의 책, 60.
55) Dunoff/Trachtman, 앞의 책, 4.
56) Dunoff/Trachtman, 앞의 책, 4.
57) Dunoff/Trachtman, 앞의 책, 4–5.

되는 서로 다른 헌법적 문제해결을 위한 비교·도구적 도구로 활용할 수 있는 헌법적 매트릭스(contitutional matrix)의 제공하는 것을 목적으로 한다. 이러한 목적을 달성하기 위하여 규범적 연구방법은 국제법의 헌법화와 헌법적 다원주의(constitutional pluralism), 헌법적 조정(constitutional co-ordination)과 헌법적 통합(constitutional synthesis) 사이의 관계에 대해서 검토하게 된다.[58)]

Ⅱ. 국제법의 헌법화에 대한 연구방법

어떠한 연구방법론에 근거하여 국제법의 헌법화 명제를 분석할 것인가 하는 문제를 검토하기 전에 우선적으로 연구대상의 범위의 확정 즉 어떠한 내용적 접근을 할 것인가 하는 본질적 문제에 접근을 우선적으로 하는 것이 필요하다. 이와 관련하여 입법(law making)의 문제, 국제법상의 민주주의 실현에 대한 논의 그리고 국제법의 헌법화 실현을 위한 사법체제(judiciary)의 구축에 대한 검토가 행해질 수 있다. 국제법상의 입법에 있어서는 국제공동체의 기본원칙인 주권적 국가들의 평등성을 실현하기 위하여 국제조약과 국제관습은 단지 자신들의 자발적인 의사에 의하여 이에 구속받기를 원하는 국가에 대해서만 구속을 가진다는 로터스 호 사건에서의 전통적인 국제법적 입장(the classic Lotus position)이 견지되어 왔다. 그러나 이러한 기본적 원칙에 대해서는 역사적 사실로서 스탈린주의자적 입장(Stalinist version)을 취하는 사회주의 진영의 학자들은 반대하였지만, 이를 국내적 헌법주의를 국제법 질서에 전용하는 것을 목적으로 하는 국제법의 헌법화 명제에서는 이러한 고전적 입장을 어떻게 이해하고 또 수용 또는 변경시킬 것인인가 하는 본질적 문제가 제기된다. 이와 관련하여 Jeffrey Dunoff 와 Joel Tractman 교수의 주장에 근거한 '추정적

---

58) Dunoff/Trachtman, 앞의 책, 5 참조.

법(presumptive law)'의 명제로 새로운 접근을 시도하고 있다. 그 외에도 국제법의 헌법화에 있어서도 이러한 입법적인 접근보다는 민주적 접근을 강조하는 견해가 제기될 수 있다. 더 나아가서 국제적 사법스템의 구축의 측면에서 사법적 접근을 강조할 수도 있다. 결국 국제법의 헌법화가 국제공동체의 구성원인 국가나 단체 혹은 개인에 대한 헌법적 의무부과의 체계의 성립을 목적으로 하는 것이라면, 결국 그것은 이러한 공동적 합의사항인 의무에 대한 합의의 표출(expressions of consent)이 있었는가 하는 본질적 문제를 제기하게 만든다. 만일 이에 대한 대답이 단지 국제법상의 헌법적 내용에 대한 합의는 단지 종종 추정될 수 있을 뿐이라는 주장을 통하여 반론을 제기하는 것이라면, 그것은 국제법상의 헌법에 대한 국제공동체의 구성원의 합의의 문제를 마치 John Rawls의 정의론 처럼 가상적 합의사항의 문제로 보는 결론에 도달하게 된다.[59]

국제법의 헌법화 명제(These)에 대한 연구와 관련하여 우선적으로 어떠한 학문분야에서 이 명제를 다루어져야 하는가 하는 문제가 제기된다. 이러한 새롭고 참신하다고 판단되는 법적인 명제를 단지 법적인 사회현상으로 파악하여 기술적 사회학(descriptive sociology)적인 측면에서만 접근한다면 원래 이 명제가 가지는 의도와 목적은 결코 잘 실현될 수 없다. 따라서 이미 국제법상의 헌법주의(constitutionalism)가 존재한다는 사실 자체를 확인하고, 이를 몇몇 법현실적인 측면에서의 법실무적으로 실정화된 국제법(postive international law)의 문제로만 한정해서 접근할 수 없다. 이렇게 연구범위를 좁게 설정하면 국제법의 헌법화 명제가 가지는 법이념적인 법적 이상의 실현이라는 부분이 간과되기 때문이다. 그렇다고 해서 이 문제를 법이념적인 측면에서 순수한 규범이론(normative theory)의 문제로 한정하여 다룰 수도 없다. 더 나아가서 이러한 헌법화 과정의 문제를 세계화(globalization) 문제와 관련하여 지구 전체를 조직화하는 방법적인

59) 이와 관련해서는 John Rawls, The Law of Peoples (Havard University Press 1999).

문제, 혹은 세계화와 관련된 여러 가지 문제점들에 대한 해결책 제시의 한 형태로서 새로운 대안을 제시하는 것으로도 한정할 수 없다. 더 나아가서 이 문제를 헌법주의(constitutionalism)와 관련된 용어에 대한 분석 즉 엄격한 개념적 연구(conceptual study)의 문제로만 제한할 수도 없다.

국제법의 헌법화 명제는 법학방법론적인 측면에서 아마도 개념주의(conceptualism) 즉 개념법학(Begriffsjurisprudenz)과 가장 연관성을 가지고 있다. 그럼에도 불구하고 국제법의 헌법화 명제의 개념적 특성을 법학적 개념으로 잘 정리하는 것 또한 쉬운 작업이 아니다. 기존의 국제법질서의 문제점을 극복하기 위한 시도로서 새로운 헌법적 세계질서의 성립을 지향하는 국제법의 헌법화 명제는 현실적인 세계화 정책을 주장하는 학자들(the realist school of global politics)의 견해에 의하면, 기존의 국제법질서의 바탕을 이루고 있는 웨스트팔리안 체제(Westphalian order) 역시 하나의 헌법적 질서(a constitutional order)이기 때문에 굳이 이와 구별되는 새로운 국제법의 헌법화 라는 새로운 개념적 설정이 필요한가 하는 반론이 제기된다. 그러나 국제법의 헌법화 명제는 주권국가들의 동등성을 바탕으로 한 사법적인 계약법적 특성을 국제법 질서의 기초로 삼고 있는 기존의 국제법이론이 잘 해결할 수 있는 없는 국제법상의 난문제들인 강제법(ius cogens)의 실현을 통한 국제적 인권보장, 글로벌 거버넌스(global governance), 거버넌스 기관들(institutions of governance), 이러한 기관들의 권한(competences), 입법(law-making), 사법(judiciary), 공동체의 구성(membership of the community), 민주주의(democracy)의 실현의 문제 등을 서구의 자유적인 헌법의 틀을 가지고 분석하고, 이러한 헌법적 시스템을 국가 이후의 질서에 대해서도 전용하는 것을 통하여 바람직한 세계질서의 확립에 기여한다. 이렇게 본다면 국제법상의 헌법주의의 문제는 국내헌법상의 헌법주의와 마찬가지로 정당성(legitimacy)의 문제와 관련성을 가지게 된다. 따라서 국제법상의 헌법주의는 정당한 것이어야 한다는 것을 전제로 한다. 따라서 국제법상의 헌법주의는 국제질서 속에서의 정당한 거버넌스(legitimate governance)를 구현하는데 많은 도움을 주게 된다. 이러한 볼 때 국제법의 헌법화의 결과로서 나타난 하나의 헌법화된 세계질서(a constitutional world order)는 정당성을 갖춘 질서(a legitimate order)가 될 것이다.[60] 이것은 어떤 특정한 규범적 선호를 표현한 것이 아니라, 국제법의 헌법화가 지향하는 최종적 목적이다.

이러한 규범적 측면에서의 국제법의 헌법화 명제의 이상과 목적의 정당화는 경험적(empirical) 측면에서도 그 근거를 찾을 수 있어야만 한다. 정말로 이러한 국제법의 헌법화가 현실적인 국제법적 문제의 해결의 대안으로서 실재하고, 계속 발전하고 있는가? 이런 측면에서 볼 때 국제법의 헌법화에 대한 연구는 개념적(conceptual), 규범적(normative) 그리고 더 나아가서 경험적(empirical) 연구까지 망라하는 것이 되어야만 한다는 점에서, 이 주제에 연구가 매우 쉽지 않다는 것을 알 수 있다.

국제법의 헌법화라는 용어 매우 다양한 의미를 가지고 있다. 일반적으로 국제법의 헌법화를 실현시키기 위한 대한 접근방법에 있어서 다음의 두가지 접근방법이 구분된다. 국제법의 헌법화에 대한 접근방법은 기술적 (법적 사실) 접근방법(descriptive (legal facts) approachs)과 개념적 그리고 이론적 접근방법(conceptual and doctrinal approachs)으로 구분할 수 있다. 그 첫 번째 접근방법은 일반적 국제법의 헌법화를 목표로 한 움직임으로서 조약체계(treaty system)와 세계무역기구(WTO)와 같은 국제적 하부체계(international subsystem)의 실제적인 헌법화를 강조하는 형태이다. 두 번째 접근방법은 정치(politics)와 법(law)의 국제화에 대한 반응으로서 국가를 넘어서는 헌법의 발달을 고려하는 형태이다.[61] 기술적 (법적 사실) 접근방법은 국제법질서의 바탕에 깔려 있는 국제법의 헌법화의 구성요소에 대한 기술을 목적으로 한다. 이와 관련하여 혹자는 비교헌법주의(comparative constitutionalism), 다시 말하면 어떤 헌법법원(constitutional court)은 다른 외국법원의 결정들을 고려한다는 사실을 언급할 수 있다. 첫 번째 접근방

60) Jan Klabbers, 앞의 책, 43.

61) Giovanni Biagggini, Die Idee der Verfassung – Neuausrichtung im Zeitlalter der Globalisierung?, Zeitschrift für Schweizer Recht 445 (2000), S. 454 f.

법은 국제공법의 세계화(constitutionalization of public international law)는 국가의 공동체적 이해관계의 인정 그리고 이러한 이해관계의 실행을 위한 메커니즘의 도입[62]을 의미한다는 입장을 시발점으로 하고 있다. 이러한 국제법의 헌법화를 특징지우는 개별적 구성요건에 해당하는 표지들을 다음과 같다 : ① 새로운 국가의 인정에 있어서 요구되는 민주주의 요구조건에 대한 고려, ② 국제법에 있어서 특히 통제(control)와 제재(sanctions)의 결합을 통한 인권의 보장, ③ 세계적 활동들에 대한 헌법적 체계(constitutional systems)의 증가, ④ 통합의 지역적 체계(regional systems of integration)와 헌법화가 실패한 국가의 헌법화를 위한 국제적 지원, ⑤ 안전보장이사회(Security Council)에 의한 헌법적 원리의 실행에 적용되는 기준의 무력의 사용과 관련된 안전보장이사회의 권한의 인정.

이러한 개념적 접근방법 하에서는 합리적으로 국제법을 헌법화시키는(constituing international law constitutionalization) 조건들, 즉 다른 말로 말하면 국제법 체계는 국제법의 헌법화에 대한 의미있는 대화를 가능하게 만드는 최소한의 요구조건을 충족하여야만 하는 것이다. 개념적 접근방법(conceptual approach)과 가장 밀접한 관련성을 가지는 것은 국제법의 헌법화에 대한 최소한 요구조건들이 국제법 혹은 국제법의 특성과 양립할 수 있는지 여부에 대하여 고려하는 이론적 접근방법(doctrine approach)이다.[63]

개념적 접근방법의 출발점이 되는 헌법화는 그 어원적 설명(etymology)에 따라 헌법으로 발전하는 일련의 규범(a set of norm) 혹은 어떤 다른 실체(entity)가 헌법을 실현하는 것이다. 일반적으로 특히 구조적 측면에서 헌법의 개념은 국가와 관련성을 가지고 가장 잘 발전된 개념이다. 그렇게 때문에 국내적 헌법은 헌법의 가장 명백한 전형적 기준(standard)이다. 이

---

62) Jochen Abr. Frowein, Konstitutionalisierung des Völkerrechts, 39 Berichte der Deutschen Gesellschaft für Völkerrecht 2000, S. 427.

63) Theodor Schilling, On the Constitutionalization of General International Law 9–10 (NYU School of Law the 2005 Jean Monnet Working Paper Series).

렇게 헌법화의 개념이 헌법에 개념에 의존함에 따라, 우선적으로 헌법으로부터 헌법의 의미를 도출하는 것이 국제법의 헌법화에 대한 개념적 접근방법에 있어서 가장 최상의 방법이 된다.

개념적 접근방법은 국제법의 헌법화에 대한 논의는 현대헌법의 기본적 구조를 구성하는 데 있어서 초석이 되는 다음의 네가지 사항을 다룰 것을 요구한다 : ① 특정한 인권 그리고 공동선(the common good)에 대한 질문 속에서 그리고 특정한 근본적 가치(fundamental values)에 대한 논의 속에서 정의(justice)와 관련된 문제들, ② 정치적 경험과 지혜의 문제들 즉 다시 말하면 조직적 규제(organisational regulations) 그리고 헌법적 유효성(contitutional validity) 즉 다시 말하면 헌법적 위계질서(connstitutional hierarchy)의 실현의 문제,[64] 이것은 헌법적 프로그램의 구성요소로서 정의의 문제, 공공복리(Gemeinwohl)의 문제, 정치적 지혜의 문제 그리고 헌법의 형성(Verfassungsgestaltung)의 문제를 다루는 것을 의미한다.[65]

그러나 국내헌법(municipal constitution)에 근거한 것이 아닌, 국제조직의 헌법화(constitutionalization of international organisation) 혹은 조약내부의 헌법화(intra－treaty constitutionalization)로서 인식된 국제법 헌법화 모델(models of international law constitutionalization)이 존재하고 있다. 이러한 예로서 유럽헌법조약(Treaty establishing a Constitution for Europe) 혹은 최근의 리스본 조약(treaty of Lisbon)을 통한 유럽의 헌법적 통합의 실현의 문제를 들 수가 있다.

헌법화라는 용어는 세계무역기구(WTO)의 협약제정과 관련하여 세계무역기구 속에서 법과 정의에 대한 근본적 이상의 발전과정 그리고 이와 관련하여 사법적 결정을 통해서 헌법적 규범과 구조들이 생성되는 과정 그리고 공동체적 이해관계와 세계화관련 관심사에 대한 세계무역기구의

---

64) 이와 관련된 것은 Günter Frankenberg, The Return of the Contract: Problems and Pitfalls of European Constitutionalism, 6 ELJ 257 (2000), p. 266－373.

65) Günter Frankenberg, Die Verfassung der Republik, Frankfurt am Main, Frankfurt am Main 1997, S. 19 ff.

커져나는 영향력에 대한 기술로서 사용되기도 한다.[66] 그럼에도 불구하고 헌법 혹은 헌법화의 개념과 관련지워 볼 때 그 조직의 본질, 범위 그리고 특성의 인정과 관련하여 유럽연합(EU)과 달리 세계무역기구는 헌법화 과정자체가 없다고 볼 수 있다. 왜냐하면 세계헌법기구 속에서는 헌법법원(constitutional court), 헌법적 의회(constitutional assembly) 그리고 이와 비견될 수 어떠한 헌법적 판단양식(constitutional moment)도 존재하지 않기 때문이다.[67] 더 나아가서 국제법의 헌법화의 판단기준을 헌법적 특성이 아닌 헌법적 기능(constitutional function)으로 전환해 보더라도 Jeffrey L. Dunoff는 세계헌법기구를 헌법화된 체제로 보기에는 여전히 충분한 논증이 확보될 수 없다고 보고 있다.[68]

1. 기술적 (법적 사실) 접근방법(descriptive (legal facts) approachs)과 개념적 이론적 접근방법(conceptual and doctrinal approachs)의 상호의존성

국제법의 헌법화에 대한 두가지 접근방법은 서로 상호 간에 독립적이지 않다. 결국 이 두가지 접근방법을 서로 결합시켜 국제법의 헌법화 명제에 대한 분석을 시도하는 것이 타당하다. 특히 법적사실 접근법(the legal fact approach)은 어떤 종류의 사실을 찾아야만 하는 지에 대한 지식을 미리 제시해 준다, 즉 다시 말하면 사전에 정의된 헌법화 개념 하에서 근거로 제시된 사실에 대한 포섭(subsumtion)을 요구한다. 이에 대한 어떤 하나의 예를 제시하기 위하여 헌법화가 그 개념적 속성에 있어서 국제법 체계의 범위 속에서 일련의 규범인 강제법(ius cogens)의 발전을 예정하고 있다면, 경험적으로 이러한 요구조건이 실행되는지 여부에 대하여 질문을 제기하는 것은 국제법이 효과적으로 강제법(ius cogens)으로 발

66) Schilling, 앞의 책, 10.
67) Dunoff, The Politics of International Constitutions, 앞의 책(주 3), 180.
68) Dunoff, 앞의 책(주 3), 181.

전되는 것을 보여주는 사실적 증거(factual evidence)가 존재하는지 여부에 대하여 질문을 제기하는 것으로 볼 수 있다. 또한 웅장한 규범적 방법(grand normative approach)은 단지 어떤 개념(a concept)을 언급함으로써 진행되고 있는 국제법의 헌법화의 전제조건들을 제시할 수 있고, 그와 동시에 기저에 깔려 있는 사실들까지도 고려할 수 있다. 반면에 보다 단조로운 규범적 접근방법(the more pedestrian approach)은 더욱 더 밀접하게 개념적 접근방법과 연결되어 있다.[69]

반대로 개념적 접근방법(the conceptual approach)은 우선적으로 왜 우리가 국제법의 헌법화에 대하여 관심을 가져야 하는지에 대해서 설명해주는 규범적 접근방법(normative approach)을 통해서 보충될 수 있다. 최종적으로 이론적 접근방법은 모든 접근방법들 중에서 가장 불확정적인 요소를 가지고 있다. 이론적 접근방법은 현실에 존재하는 국제법질서 그 자체를 국제법의 내용으로 보는 입장에 동조하는 입장은 아니기 때문에, 이론적 접근방법은 궁극적으로 미래의 국제법질서의 발전적 상황을 전제로 한 이론적 틀을 제시하는 입장이다. 따라서 강제법(ius cogens)의 현실적 존재성에 대한 사실적 증거가 발견될 수 없고, 다른 방법을 적용하면 국제법의 헌법화의 부족성이 그대로 드러난 경우에 있어서, 이론적 방법은 왜 국제법이 그러한 헌법적 규범으로 발전하는 것이 적합한가에 대한 이론적 근거를 제시한다.[70]

국제법의 헌법화 명제에 대한 서로 다른 연구접근방법들에 대하여 각각의 연구방법적 독립성이 주어진다면, 이러한 방법들을 결합하여 이 주제에 대한 하나의 다면적인 연구(a mulit faced reserarch)를 시도할 수 있다. 이러한 국제법의 헌법화에 대한 연구방법적 통합시도에 의한 국제법의 헌법화 명제에 대한 분석의 과정들은 다음의 네가지 단계로 요약될 수 있다. 일반적 국제법(general international law)의 헌법화에 대한 논의에 있어서 적용되는 네가지 연구단계를 정의하는 것과 관련하여 우선적으로

---

69) Schilling, 앞의 책, 12.
70) Schilling, 앞의 책, 12.

국제법의 헌법화가 어떠한 목적에 기여하는가 하는 규범적 질문(normative question)에 대한 답변이 행해져야만 한다. 이 질문은 동시에 국제법의 헌법화 명제에 대한 분석의 첫 번째 단계를 구성한다. 이 질문은 궁극적으로 국내헌법에 의하여 보장되는 개인적 권리보호를 국제법의 헌법화가 국제법 질서에도 제공하는가 혹은 할 수 있는가 하는 문제이다. 국제법의 헌법화 명제에 대한 연구의 두 번째 단계는 국제법의 헌법화에 요구되는 것을 정의하는 것과 관련성을 가지는 개념적 단계(conceptual one)이다. 연구의 세 번째 단계는 어느 정도까지 이미 국제법의 헌법화가 성취되었는가를 확인하는데 기여하기 위하여 이 연구의 규범적 목적과 관련성을 가지는 영역에서 찾을 수 있는 법적 사실에 대한 고찰이다. 연구의 네 번째 단계는 이론적 단계이다. 지금까지 진행된 논의들을 바탕으로 이후에도 국제법의 헌법화가 주어진 국제법의 특수성을 고려해 볼 때 구조적으로 어느 정도까지 가능한지 에 대한 질문에 대한 검토이다.[71]

2. 연구의 특별한 이익에 대한 검토로서 연구의 첫 번째 단계

국제법의 헌법화라는 주제로 저술을 진행하는 동기부여로서 현재진행되는 연구의 가장 중요한 이익은 국제법의 헌법화에 대한 규범적 접근방법(normative approach)이다. 이러한 규범적 접근방법 하에서는 헌법국가에서 실현된 헌법주의(constitutionalism)나 법의 지배(rule of law)의 이념을 국제법적인 단위로 전환시키기 위한 가능한 수단들이 논의되게 된다. 물론 이러한 헌법주의를 국제법적 차원으로 확대시키는 규범적 시도는 더 이상 새로운 것도 아니고, 자의적인 결정도 아니다. 이미 Kant의 영구평화론 이래로 국제법상의 헌법주의구현의 시도는 계속적으로 이어져 왔다고 볼 수 있기 때문이다. 다만 이러한 시도가 제2차 세계대전 이후 UN헌

71) Schilling, 앞의 책, 12.

장의 채택 그리고 최근에 세계무역기구(WTO)의 헌법화 논의를 통하여 서서히 진행되고 있기 때문에, 현재의 시점에서 이 주제에 대한 규범적 분석이 우선적으로 요청된다. 따라서 국제법의 헌법화에 대한 규범적 접근을 시도하는 것을 정당화하기 위해서는 이에 대한 충분한 현실적인 국제법실무적인 이해관계(realistic and practical interest)에 대한 논의가 행해져야만 한다.

3. 국제법의 헌법화의 요구조건들(requirements)에 대한 검토로서 연구의 두 번째 단계

연구의 두 번째 단계에서는 헌법주의의 중요한 구성부분을 이루는 인권과 같은 국내적 헌법적 기준들을 국제법적 차원에서 적용하고, 유지하고 보호하는 것을 가능하게 만들기 위해서는, 우선적으로 국제법질서의 특성(traits)에 대한 검토가 행해져야 한다. 이러한 국제법질서에 고유한 특성을 검토하는 작업은 필연적으로 국제법에 대한 개념적 분석을 동반한다는 점에서 이 연구는 개념적 접근방법(conceptual approach)이 된다. 국내법과 국제법이 서로 만나는 접점은 보편적 인권보호의 이상의 국내법적인 영역을 넘어서는 국제법적인 영역에로의 확대이다. 따라서 이러한 보편적 인권보호의 이상을 실현하기 위해서 기존의 국제법질서의 여러가지 특성들은 헌법국가체제(constitutional state system)의 특성들에 맞도록 조정되어야 한다. 바로 여기에 국제법의 헌법화 명제의 중요한 동기와 목적이 존재한다. 이것은 위에서 언급한 Güner Frankenberg가 들고 있는 헌법적 프로그램들(konstitutionelle Programme)의 중요한 구성요소들인 정의와 관련된 문제들, 정치적 경험과 지혜의 문제들 즉 다시 말하면 조직적 규제 그리고 헌법적 위계질서의 실현의 문제로서 헌법의 효력확보의 문제, 다시 말하면 정의의 문제, 공공복리(Gemeinwohl)의 문제, 정치적 지혜의 문제들 그리고 헌법의 형성(Verfassungsgestaltung)의 문제들이 국제법 영역에도 고려되어야 한다는 것을 의미한다.[72]

물론 이러한 헌법주의의 중요한 특성들은 첫 번째의 규범적 접근에서도 확인되지만, 헌법주의에 대한 개념적 분석에 있어서 무엇보다 중요한 것은 헌법주의의 실질적 이유(substantive reason)가 될 것이다. 개인의 자유와 권리보호라는 헌법주의의 이상은 근본적으로 정의에 대한 개념(conception of justice)과 연결되어 있다. 다양한 정치적 이상들(political ideals)을 표현하고 있는 정의관념들은 Michael Sandel은 복리(welfare), 자유(freedom), 덕목(virtue)의 덕목의 문제로 연결시키고 있다.[73] 개인적으로 Sandel이 들고 있는 세가지 정의에 대한 이상들은 각각 공리주의자(utilitarian) Jeremy Bentham, 자유주의자(libertarian)인 Immanuel Kant, John Rawls, 공동체주의자(communitarian)인 아리스토텔레스(Aristotels, Aristotle), 헤겔(Hegel)의 입장의 반영이 아닌가? 자유주의자들의 지나친 자유중심적인 정의관의 무책임성을 근거로 하여 공동선(the common good)에 근거한 공동체주의(communitarian)를 요구하는 Sandel의 정의관은 현재의 미국사회의 문제점 뿐만 아니라 미국이 주도하는 국제법질서에 대한 반성으로도 이어질 수 있다고 판단해 본다. 독일의 베스트팔렌 조약(Treaty of Westphalia) 이후에 성립된 웨스트팔리아 체제(westphalian system)는 국제법상의 법률관계도 사법상의 법률관계와 마찬가지로 계약자유의 원칙에 기초한 수평적인 각 국가의 주권개념을 중심으로 하는 국가중심의 국제관계를 성립·유지시켜 왔다. 이러한 수평적인 국제법질서는 마치 민법상의 계약자유의 원칙이 현실적으로 대등하지 않은 계약당사자 간에는 실질적 계약체결상의 평등이 실현될 수 없는 것과 마찬가지로, 결과적으로 이러한 국제법 관념은 강대국 중심의 국제법질서를 정당화시키는 근거가 되었다.

---

72) Günter Frankenberg, Die Verfassung der Republik, Frankfurt am Main 1997, S. 19 ff. 참조.

73) Michael Sandel, Justice: what's the right thing to do. Farrar, Straus and Giroux: New York 2009. p. 6. 이에 대한 한국어 번역으로는 마이클 샌델 (이창신 옮김), Justice 정의란 무엇인가, 김영사 2009.

이러한 수평적인 사법적 사고에 바탕을 둔 국제법질서를 국내헌법질서와 같은 수직적인 공법적 사고에 바탕을 둔 헌법적 질서로 재편하는 국제법의 헌법화 시도는 너무 도그마적인(dogmatic) 방향으로 진행되어서는 안된다. 국제법질서에서 인권과 같은 강제법(ius cogens)을 보장하기 위하여 국제법의 헌법을 균등화시킬려고 하는 시도는 헌법과 구별되는 국제법의 독자적인 특성을 완전히 고려하지 않을 수도 있기 때문이다.

국내헌법과 국제법과의 차이점을 보다 상세히 설명하기 위하여, 일반적으로 헌법에 있어서 형식적 의미의 헌법과 실질적 의미의 헌법의 차이점을 설명하는 것이 우선적으로 필요하다. 왜냐하면 헌법(Verfassungsrecht)과 국가법(Staatsrecht)의 관계는 형식적 의미의 헌법(formal rules of constitutional law. formelles Verfassungsrecht)과 실질적 의미의 헌법(informal rules of constitutional law, materielles Verfassungsrecht)의 개념적 구분과 직접적 관련성을 가지기 때문이다. 이러한 양자의 구분은 헌법의 모든 법들이 모두 다 중요한 것은 아니라는 근거가 될 수는 있다 하더라도, 이 양자의 구분 그 자체가 고려된다 할 지라도 그것은 학문적 연구발표의 대상은 될 지언정, 특별한 법적 결과의 차이는 없다고 판단된다. 왜냐하면 국가의 최고법질서는 모든 헌법적 사항이나 헌법적 문제에 대해서는 그 규범적 해답을 제시해야만 하고, 헌법해석기관은 그 해답을 헌법조문에 근거한 다양한 헌법해석시도를 통해서 제시하기 때문이다. 이 과정에서 그 헌법적 근거가 형식적 의미의 헌법이든, 혹은 실질적 의미의 헌법이든 헌법해석기관에 의하여 헌법으로 확인된 한에서는 둘다 중요한 헌법적 가치를 가진다.

국제적 인권보장체계의 확립과 이러한 인권보장체계의 재판기관을 통한 실행의 문제는 우선적으로 재판을 통한 실행에 대한 논의의 출발점은 국제인권법질서의 보장의 문제의 측면에서 헌법주의(constitutionalism)의 국내적 보장 더 나아가서 국제적 전개과정의 측면에서 검토해야만 한다고 생각한다. 왜냐하면 유럽에서의 유럽인권협약(European Convention on Human Rights) 혹은 유럽연합의 기본권 헌장과 같은 인권보장체계의 확립과 유럽인권법원 혹은 유럽연합법원과 같은 법원을 통한 권리보장의 관철의 문제는 오늘날 개인의 근본적 권리(fundamental rights)로서 인권을 보장하는 두개의 중요한 중요한 시스템(system)인 헌법과 국제인권법에 의해서만 가능하기 때문이다. 특히 적극적으로 헌법규범을 집행하는 자유주의 국가(liberal states)에서는 이 두 시스템 사이의 관계의 중요성은 점점 더 증가하는 것으로 나타난다.[74] 결국 이러한 헌법주의의 국제적 영역의 확대의 문제로서 국내적 인권보장과 국제적 인권보장의 조화의 문제는 초국가적 공간에 나타나는 거버넌스(governance)의 헌법적 실행(constitutional practice)에 대한 법적 검토와 그리고 이에 대한 헌법적 담론(constitutional discourse)의 문제와 관련성을 가진다. 이러한 기본적 논의를 하기 위한 전제로서 국제적 헌법주의의 전개는 어느 정도의 수준에 도달했는가? 더 나아가서 국제적 인권보장체계를 확립하기 위한 노력은 어느 정도의 결실을 맺고 있는가 하는 질문을 우선적으로 제기하고 이에 대한 답변으로서 국제적 헌법주의 실현 요구의 타당성에 대하여 검토해 본다.

Ⅲ. 국제적 헌법화의 요구

국제법 질서의 단편화(Fragmentation), 수직화(verticalization) 그리고 헌법화(constitutionalization) 문제는 제21세기의 국제법 논의에 있어서 거룩한 삼위일체(the holy trinity of international law)로 받아들여 지고 있다. 2005년 유럽연합법원의 제1심법원(the Corut of First Instance of the European Union)은 잘 알려진 Yasu 사건(Yasu case)과 Kadi 사건(Kadi case)[75] 속에서 안전보장이사회의 행위의 적법성(legality of Security Concil

74) Gerald L. Neuman, Human Rights and Constitutional Rights: Harmonny and Dissonance, 55 Stanford Law Review 1863-64 (2003).

75) Case T-306/01 Yasuf and Al Barakaat v. Council and Commision [2005] ECR II-3553 그리고 Case T 315/01 Ka야 v Council and Commision [2005]

acts)의 문제에 대하여 검토하였다.[76] Kadi 사건에서의 중요한 논점들은 단편화(fragmentation), 수직화, 헌법화 그리고 다른 요소들로 구성되어 있다. 개인을 목표로 하는 UN 안전보장이사회(security council)의 제재는 국제적 인권기준들을 준수해야함에도 불구하고, 안전보장 이사회는 자신의 행위에 대한 이러한 제한을 받아들이는 것에 대해서 매우 소극적 태도를 취하였다. 유럽법원(European Court of Justice)의 Kadi 사건은 이러한 인권보장기준을 준수하지 않은 안전보장이사회의 테러방지조치가 지역적으로 그리고 국내적으로 실행될 수 없는 결과를 초래할 수 있다는 것을 보여주고 있다.[77]

국제법의 헌법화와 밀접한 관련성을 가지는 세계화는 교구제(parochialism)처럼 보이는 지역화(localization)를 초래한다. 그럼에도 불구하고 세계화는 이러한 지역화의 제거(de-localization)를 통한 다른 세계화적 현상을 촉진시킨다. 마찬가지로 국제법 질서의 분산(fragmentation)은 헌법주의(constitutionalism)를 촉진시킨다.[78] 국제법의 헌법화는 국제윤리(international ethics)에 관한 것은 아니다. 따라서 국제법의 헌법화 논의는 정합성이 있는 규범적인 세계 윤리(normative global ethics)를 고안하기 위한 노력에서 행해지는 것도 아니고, 국제법이 윤리원칙(ethical principles)에 근거해야 한다는 것을 지적하기 위한 것도 아니다. 더 나아가서 국제적 영역에서의 법의 지배(rule of law in international affair)가 국제적 법의 지배(international rule of law)와 동일한 것은 아니다.[79] 많은 국제법학자들의 국제법의 헌법화에 대한 논의들은 추상적 수준의 단계를 벗어나지 않고 있다. 이것은 많은 이들이 국제법의 헌법화 과정이 진행되고 있다고

ECR II-3649.

76) Klabbers, 앞의 책, 1.

77) Geir Ulfstein, in Jan Klabbers Anne Peters Geir Ulfstein (eds) The Constitutionalization of International Law 62 (Cambridge University Press 2009).

78) Klabbers, 앞의 책, 3.

79) Klabbers, 앞의 책, 3.

주장하고 있음에도 불구하고, 구체적으로 이것이 의미하는 바와 의미할 수 있는 것에 대해서는 잘 설명하고 있지 않고 있다는 것을 의미한다.[80] 국제법의 헌법화의 규범적 근거와 현실적인 경험적 근거를 제시하기 위한 노력들이 행해지고 있다. 특히 보다 나은 그리고 보다 공정한 세계를 건설하기 위한 규범적 상황(normative case)을 만들기 위하여 많은 노력들이 우선적으로 경주되고 있다. 이러한 노력들은 '헌법화(constitutionalization)'라는 이름으로 행해지고 있다. 법률가들과 정치철학자들 모두 한결같이 정의의 세계적 이론(global theories of justice) 혹은 세계적 정의의 이론(theories of global justice)에 대하여 언급하지만,[81] 그 이론들의 구체적 내용을 제시하고 있는 경우는 매우 드물다. 또 다른 한편으로는 헌법화의 경험적 상황(empirical case)을 만들기 위한 많은 노력들이 행해지고 있다.

현재의 수많은 발전들이 국제적 헌법화의 요청의 원인이 된다. 이러한 논점의 근거로서, 우리는 이러한 발전들 중의 두가지에 초점을 맞춘다: 국제법의 세계화(globalization)와 분산(fragmentation). 이 두가지 발전들은 서로 연관성을 가지고, 또 어떤 측면에서 상호 보완적인 것임에도 불구하고, 설명의 편의를 위해서 우리는 양자를 분리해서 검토한다.

1. 세계화(globalization)

세계화란 사람, 자본, 상품, 용역 그리고 아이디어(ideas)의 국경을 넘어서는 이동의 대폭적 증가를 설명하기 위한 포괄적 용어(umbrella term)이다.[82] 몇몇 영향력있는 사고의 흐름은 국제적 헌법화의 요구의 강제가 세계화와 국제법 규범의 적용범위와 중요성의 확대와 강화의 산물이라는 것을 시사하고 있다. 이 책의 중요한 목적은 이러한 주장을 비판적으로

---

80) Klabbers, 앞의 책, 4.

81) Kwame Anthony Appiah Cosmopolitanism: Ethics in a World of Strangers (Norton New York 2006): Simon Caney Just Beyond Borders: A Global Political Theory (OUP Oxford 2005).

82) Dunoff/Trachtman, 앞의 책, 5.

검토하는 것이다: 어느 정도까지 세계화가 국제법 속의 헌법화를 촉진했는가? 세계화는 시장자유화를 발전시키는 특정한 유형의 국제법인 국제경제법(international economic law)의 역할을 강화시킨다. 이와 관련하여 Joel Trachtman은 세계화의 역할에 초점을 맞춘 헌법적경제학(constitutional economics)의 관점에서 세계무역기구(WTO)의 헌법화의 원인과 결과를 분석하였다. 세계화가 국제경제적 통합을 증진시키는 것으로 정의되는 한에서는 세계무역기구는 세계화의 중요한 수단이 된다.[83)]

세계화는 명백히 시장자유화(market liberalization)를 증진시키는 국제경제법과 같은 국제법 유형을 포함한, 특정한 국제법 유형들과 상호보완적 관계에 있다는 것을 서술적 주제(descriptive matter)로서 특별히 언급하게 만든다. 이 양자의 관계는 상호보완적이다. 왜냐하면 한편으로 세계화와 관련된 초국가적 활동의 증가가 국제경제법(international economic law)을 포함한 일반적 국제법(ordinary international law)의 다양한 유형(form)에 대한 보다 큰 요구를 불러 일으키기 때문이다. 또 다른 한편으로는 국제경제법은 세계화와 관련된 상품, 재화, 사람 그리고 아이디어(ideas)의 이동을 촉진한다.[84)]

인권법(human rights law) 혹은 환경법과 같은 다른 유형의 국제법은 일반적으로 세계화 그 자체를 증진시키지 않는다. 그러나 이러한 법의 주요부분들은 – 그러한 초국가적인 외형 혹은 규제적 경쟁(regulatory competition)에 대한 관심과 같이 – 오로지 세계화 혹은 시장자유화를 목적으로 하는 국제법의 발전과 동시에 발생하는 규제적 관심을 강조하는데 확대될 수 있다.[85)] 경제통합을 위한 국제법, 국제환경법, 적어도 몇몇 유형의 인권법들이 이러한 유형의 관심들을 강조하는 정도에 따라, 이러한 법들은 준헌법적 국제법(subconstitutional international law) 혹은 일반적 국제법

83) Trachtman, Constitutional Economics of the World Trade Union, 앞의 책, 206–207 참조.

84) Dunoff/Trachtman, 위의 책 (주), 5.

85) Dunoff/Trachtman, 위의 책 (주), 5–6.

(ordinary international law)으로 이해되어져야만 할 것이다.

이러한 이유에서 세계화는 가능한 유익한 협력적 조정과정을 확대시킨다. 그와 동시에 세계화를 통하여 야기된 초국가적 상호작용의 증대는 시장실패 혹은 정치적 실패의 다양한 형태를 발생시킨다. 그래서 세계화의 강화는 행위자들(actors)이 헌법화된 관계를 포함해서 보다 밀집된 법적 관계와 제도적 관계 속으로 들어가는 것을 보다 유익한 것으로 만들고 있다. 아래에 기술한 바와 같이 세계화와 헌법화 사이에는 변증법적 관계(dialectical relationship)가 존재할 수 있다: 기술적 그리고 사회적 변화는 특히 국제무역을 포함한, 그러나 또한 국제 환경 관리, 조직범죄의 방지를 위한 국제적 공조 등을 포함한 유익한 국제적 상호작용의 보다 많은 가능성을 제공한다. 국제법 규정들(international legal rules)은 이러한 국제적 상호작용의 증가된 이익을 실현하기 위하여 점점 더 중요한 것이 되고 있다. 국제법 규정의 제정에 대한 증가된 요구는 국제법 규정의 제정을 용이하게 만드는 국제적 헌법규범(international constitutional norms)과 그 진행과정에 대한 요구의 증가를 초래한다.

2. 분산(Fragmentation)

국제적 헌법주의가 국내적 헌법주의와 같이 단일의 세계정부와 세계헌법의 생성을 전제로 하는 일관성 있는 단일의 헌법적 구조 속에 세계공동체를 통일시킬 수 있다는 전망이 제기될 수 있음에도 불구하고, 현실적으로 진행되는 헌법화 과정은 국제법 질서의 분산이다. 국제법의 헌법화에 대한 논의의 중심이 국제법의 체계적인 질적 수준 혹은 국제법 속에서의 규범적 위계질서의 존재에 대한 검토보다는, 국제법의 내용의 증가에 쏠리는 경향이 있다.[86] 이렇게 볼 때 국제법의 헌법화에 대한 논의의 또 다른 두드러진 사고의 흐름은 국제적 헌법화를 국제법 질서의 분

86) Paulus, 앞의 책, 82.

산(fragmentation of international legal order)에 대한 대응으로서 이해하는 것이다. 왜냐하면 국제법은 고도로 분권화된 과정(decentralized process)의 산물이다. 명확히 말하면 국제규범(international norms)은 종종 인권, 환경, 무역 혹은 국제형사법과 같은 전문화된 기능적 체제 속에서 발전된다. 기능적으로 분화된 각각의 법영역은 각자의 고유한 조약(treaties), 원리(principle) 그리고 제도(institution)를 가진다.[87] 국제법 체계의 완결성의 명제(thesis of completeness of international law)는 정합성있는 체계(coherent system)로서의 국제법 체계의 질적 수준에 달려있다.[88] 왜냐하면 정합성이 없는 즉 체계정당성(Systemgerechtigkeit)을 충족하지 못하는 규칙들(rules)은 어떤 행위가 합법인지 혹은 위법인지에 대한 명백한 해답을 제시할 수 없기 때문이다. 이러한 국제법 질서의 체계정당성의 요청을 분산된 국제법 질서 속에서 어느 정도까지 잘 실현시킬 수 있는가 하는 점이 매우 국제법의 분산에 대한 연구의 핵심적 내용이 된다.

그럼에도 불구하도 국제법의 분산의 현실적 결과는 어떤 특정한 체제(regime)에 의하여 발전된 가치나 이익들이 다른 전문화된 체제에 의하여 발전된 가치나 이익들과 반드시 일치하는 것은 아니다라는 점이다. 실제로 어떤 특정한 영역에서의 전문화된 입법, 제도구축 그리고 분쟁해결은 이와 인접한 영역에서의 발전으로부터 상대적으로 단절되는 경향이 있다. 이러한 단절은 일관성이 없는 판단이 내려질 위험성, 서로 상반되는 법학(conflicting jurisprudence)의 성립가능성 그리고 전체영역에 관련된 가치들에 대한 충분한 고려를 하지 못하여 발생하는 문제점의 극복의 어려움으로 나타난다.[89]

국제법의 분산이 발생하는 가장 중요한 이유는 국제법 체계 전체를 아우르는 일반적인 재판관할권이 존재하지 않기 때문에, 그 결과 이를 통한 분쟁해결이 불가능하기 때문에 자신의 영역적 한계를 가지고 있는 하

87) Dunoff/Trachtman, 앞의 책, 6.
88) Paulus, 앞의 책, 73.
89) Dunoff/Trachtman, 앞의 책, 6.

부체계(subsystem)를 통한 분쟁해결만이 행해질 수 없다는 점에서 찾을 수 있다.[90] 최근의 실제적 사례들은 충돌이 발생할 수 있는 몇가지 과정들을 드러내고 있다. 아마도 가장 극적인 것은 다른 법원들이 특정한 법규범(legal norm)에 대하여 서로 상반되는 해석을 할 수 있다는 것이다. 그래서 예를 들면 세르비아(Serbia)와 몬테니그로(Montenegro)가 구 유고슬라비아(former Yugoslavia) 내에서의 충돌기간 중에 행해진 비정규군(irregular forces)의 행위에 대하여 책임이 있는지 여부에 대하여 판단을 함에 있어서, 구 유고슬라비아에 대한 국제형사법원(International Criminal Tribunal for the Former Yugoslavia (ICTY))은 니카라과 사건(Nicaragua case)에서의 국가책임(state responsibility)에 관한 국제사법재판소(International Court of Justice(ICJ))의 결정에 대해서 검토하였다. 구 유고슬라비아에 대한 국제형사법원(International Criminal Tribunal for the Former Yugoslavia (ICTY))은 국제사법재판소(ICJ)의 해석은 국가책임에 대한 국제법의 정확한 해석이 아니라고 판단하여, 비정규군의 행위에 대한 국가책임의 인정에 있어서 자신의 독자적인 해석을 분명하게 제시하였다.[91] 그 후에 국제사법재판소는 국가책임의 문제를 다시 검토하였고, 니카라과 사건의 판단기준(Nicragua test)을 재확인하였다. 국제사법재판소는 구 유고슬라비아에 대한 국제형사법원(ICTY)의 해석이 부적당하고(unsuitable), 동 법원의 판단을 정당화시키기 위하여 동원한 논거가 '설득력이 없다(unpersuasive)'고 판단하였다.[92] 게다가 국내법원과 국제법원은 똑같은 국제 규범(international norm)을 다르게 해석할 수 있다.[93]

---

90) Paulus, 앞의 책, 82.

91) Prosecutor v. Tadic, Case No. IT－94－1－A, Judgement. para 145 (July 15, 1999); Dunoff/Trachtman, 앞의 책, 7.

92) 집단학살 범죄의 방지와 처벌에 관한 협약(Convention on the Prevention and Punishment of the Crime of Genocide)의 적용에 관한 다음의 판례를 참조 (Bosnia and Herzegovina v. Servia and Montenegro) 2007 I.C.J. 91 (Feb. 26), at para. 404 ("unpersuasive"); id. at para. 406 ("unsuitable"); Dunoff/Trachtman, 앞의 책, 7.

93) 다음의 판례를 참조. Sanchez－Llamas v. Oregon, 548 U.S. 331, 356 (2006);

국제적 주체들(international body)이 특별법 우선의 원칙(a lex specialis rule)을 적용한다는 이유로 국제법의 일반적 규칙(general rule)의 적용을 거부하는 때에는 규범선택의 문제에 관한 충돌이 발생한다. 잘 알려진 이러한 유형의 충돌은 유럽인권법원(European Court of Human Rights)이 조약유보(treaty reservation)에 관한 일반적 규칙의 적용을 거부하고, (1) 국가가 주장한 조약의 적용유보는 무효이고(invalid), (2) 국가는 조약에 구속되어야 한다고 결정한 Belilos 사건에서 나타난다.94) 특히 유럽인권법원(ECHR)은 유럽인권협약(European Convention on Human Rights)의 헌법적 성격(constitutional character)을 근거로 하여 조약유보에 관한 확립된 규칙의 적용의 거부를 정당화하였다.95)

게다가 국제적 법체제들(international legal regime)에 의하여 잠재적으로 서로 모순되는 규범들이 적용될 수 있는 여러 법원들에 의하여 분쟁이 다루어질 때, 규범적용에 대한 충돌이 발생할 수 있다. 예를 들면 칠레-유럽공동체 황새치 분쟁(Chille-European Community swordfish dispute)이 세계무역기구 분쟁해결기구(World Trade Organisation (WTO) dispute settlement) 그리고 국제해양법재판소 특별재판부(special chamber of the International Tribunal for the Law of the Sea)에 제소되었다. 특히 이러한 형태의 분쟁은 국가 사이의 분쟁에만 한정되지 않는다. 왜냐하면 인권의 확대와 법원의 증설은 사적인 당사자(private parties)가 동시에 혹은 순차적으로 여러 법원에 동일한 청구 혹은 관련된 청구들을 제기하기는 것을 가능하게 만들었다. 동일한 사실을 바탕으로 제기된 복수의 소송(multiple litigatoin)은 물론 매우 실제적으로 서로 충돌되는 판결의 성립가능성 뿐만 아니라 판결의 효율성(efficiency)과 최종성(finality)에 대한 심각한 우려

Dunoff/Trachtman, 앞의 책, 7.

94) Belilos v. Switzerland, 132 Eur. Ct. H. R. (ser. A) (1988); Dunoff/Trachtman, 앞의 책, 7.

95) 다음의 판례를 참조. Loizidou v. Turkey, 310 Eur. Ct. H.R. (ser. A), at para. 75 (1995) (preliminary objection); Dunoff/Trachtman, 앞의 책, 7.

를 불러 일으킨다.[96]

최종적으로 국제법의 한 전문화된 영역에 자리잡고 있는 기관(bodies)이 다른 전문화된 영역에서 발생한 규범을 해석하고 적용하기를 요청받는다면 충돌이 발생할 수 있다. 예를 들면 소고기 호르몬 분쟁(Beef-Hormones)에서 유럽공동체가 세계무역기구의 상소기구(WTO's Appellate Body (AB))에 대하여 특정한 호르몬에 의하여 사육된 소고기에 대한 유럽공동체의 금지를 고려한 예방적 원리(precautionary principle)를 적용할 것을 요청하였다. 세계무역기구의 상소기구는 예방적 원리는 일반적 국제법이 아닌, 국제환경법의 한 부분에 해당하기 때문에, 여하튼 간에 분쟁에 적용될 수 없다고 결정하였다.[97] 이와 유사하게 유전자 조작생물 분쟁(GMO dispute)에 있어서도, 세계무역기구의 심사위원들(WTO panel)은 국제환경조약을 참조하라는 권유를 거절하였고, 미국과 멕시코 간의 청량음료분쟁(the Soft Drink Dispute)에서 세계무역기구 항소심은 북미자유무역협정(the North American Trade Agreement) 상의 권리와 의무에 대하여 결정하는 것을 거부하였다.[98] 이러한 분쟁사례들은 동일한 사건이 다른 법원에서 특히 그 법원에서 적용하는 법에 따라 다르게 해결될 수 있다는 것을 보여준다는 점에서 국제법의 분산의 전형적 사례들에 해당한다.

많은 이들이 국제법 체계의 분산(fragmentation)이 국제법의 안정성,

96) 일관성이 없는 판결의 매우 악명높은 예로서 다음의 두 사건을 비교하라. Lauder v. Czech Republic, UNCITRAL, Final Award (Sept. 3, 2001) (런던 중재재판소(London arbitral tribunal)는 국가행위(state action)는 몰수를 하지 않았고, 공정하고 평등한 대우의 보장의무를 위반하지 않고, 투자자에게 최대한의 보호와 안전을 제공할 의무를 위반하지 않았다고 보았다) 사건과 CME Czech Republio B. V. v. Czech Republic, UNCITRAL, Final Award (Mar. 14, 2003) (동일한 사건유형을 고려한 스톡홀름 법원(Stockholm tribunal)은 국가행위는 몰수를 하고, 공정하고 평등한 대우의무를 위반하고, 투자자에게 최대한의 보호와 안전의 제공을 거부한다고 보았다) 사건을 비교하시오; Dunoff/Trachtman, 앞의 책, 7.

97) Dunoff/Trachtman, 앞의 책, 8.

98) Dunoff/Trachtman, 앞의 책, 8.

국제법의 일관성 그리고 국제법의 포괄적 특성에 의문을 제기하게 만든다고 주장을 제기한다.[99] 중앙집권적 입법기관과 사법기관이 결여로 인하여 국제법 체계의 분산이 발생하는 경우에, 국제법의 헌법화는 중앙집권적 기관을 창설하거나 법규정과 법원의 판결의 위계질서를 구제적으로 제시하는 것을 통해서 이에 대하여 대응할 수 있다.[100] 국제법의 헌법화는 이러한 국제법 체계에 있어서 규범적 위계질서와 질서의 도입의 한 방법으로서 적어도 일련의 조정적 메커니즘으로서 기관과 규범의 증가로 인하여 발생한 혼란스러운 체계를 조직화하는 과정이다. 이러한 규범적 위계질서의 확립을 통하여 상위규범과 조정적 메커니즘은 법적 갈등을 조정하거나 해결할 수 있고, 이를 통해서 보다 큰 예측가능성과 규칙과 관련된 행위주체에 대한 확실성을 제공한다.[101] 국제법 질서의 분산의 문제를 국내법 체계 내에서의 규범적 위계질서를 강화시키는 헌법화 시도를 통해서 극복할려고 하는 것은 새로운 것이라기 보다는 이미 법질서에 존재하는 상위법 우선의 원칙, 신법우선의 원칙 그리고 특별법우선의 원칙과 같은 충돌규칙(priorization)의 적용으로 해석할 수 있다.[102]

또 다른 한편으로 국제법의 헌법화가 이렇게 분산된 국제법 체계에 대하여 정돈된 규범적 질서를 가져올 수 있는지 여부에 대해서는 많은 논란이 제기된다. 이 문제에 대한 이러한 격렬한 논쟁의 존재는 국제법 영역에서의 법적인 핵심가치에 대한 범세계적인 합의의 성립이 쉽지 않다는 것을 의미한다. 또 다른 주장은 국제법의 헌법화를 일련의 국제법 규범들이 대체규범들(alternative norms)에 대한 규범적 우위를 차지하기 위하여 어떤 전문적인 법질서의 구축을 통한 혹은 보다 정확하게 설명한다면 특정한 국제법상의 행위주체에 의한 아주 은근한 정치적 노력들이

99) International Law Commission, Report of the International Law Commission on Long-term Programm of Work, ILC (LII)/WG/LT/L.1Add. 1 (July 25, 2000) at 26; Dunoff/Trachtman, 앞의 책, 8.
100) Dunoff/Trachtman, 앞의 책, 8.
101) Dunoff/Trachtman, 앞의 책, 8.
102) Paulus, 앞의 책, 85 참조.

이러한 규범적 가이드 라인 설정을 통해서 전개되는 과정으로 이해한다. 이러한 국제법의 헌법화의 진행과정은 국제법상의 지배권 장악 프로젝트로서 헌법규범을 통한 법적 통일성(legal unity through constitutional norms)의 추구과정이다.[103)]

이에 대한 반대 견해는 국제법의 규범적 위계질서의 확립을 통한 국제법상의 법적 통일성의 실현은 국내법상에서 행해지는 것과 같은 서로 다른 가치들 간의 형량과정에 대한 승인에 불과하다고 격하시킨다. 이와 관련하여 제기되는 가장 중요한 논의점은 국제법의 헌법화가 국제법 체계의 분산성으로 인하여 발생하는 문제점들을 해결하기 위한 타당한 규범적 대응과정으로 볼 수 있는가 하는 점이다.[104)] 이와 관련하여 점점 다양하게 분산되는 국제적 재판 메커니즘(international adjudicatory mechanisms)들 사이에 위계질서의 부존재에도 불구하고, 국제법의 통일성을 유지하기 위하여, 서로 대립되는 원리들이나 가치의 충돌의 경우에 있어서 어떻게 형량을 통해서 분쟁을 해결할 수 있는 메커니즘만을 제공할 뿐이지, 헌법이 법질서내의 원리들 상화간의 갈등을 해결할 수 있는 가치를 제공할 수 있는 것이 아니기 때문[105)]에 국제법의 분산문제를 해결하는 기준으로서 헌법개념을 원용하는 것은 타당하지 않다는 주장도 제기될 수 있다.

세계화와 국제법 체계의 분산성이 별도로 다루어졌다 할 지라도, 이 양자는 서로 연관성을 가진다. 세계화의 증대는 국제적 생활영역에 더 많고 세분화된 국제법 규범의 생성을 요구를 증가시킨다. 그리고 더 많은 국제기기구와 조직들이 창설되면 될수록, 더 세밀화된 국제기관법적 내용의 분산을 촉진시킨다. 이런 점에서 볼 때 세계화와 국제법 체계의 분산성은 밀접한 관련성을 가진다.

---

103) Martti Koskenniemi, Global Legal Pluralism: Multiplke Regimes and Mutiple Mode of Thought 5 (2005).

104) Dunoff/Trachtman, 앞의 책, 9.

105) Paulus, 앞의 책, 86.

Ⅳ. 국제법의 헌법화의 기능적 범위

세계화 그리고 국제법 질서의 분산화(fragmentation), 다원화(pluralization) 그리고 수직화(verticalization) 사이의 관계가 매우 복잡한 것과 마찬가지로 국제법의 헌법화 현상 그 자체 역시 어렵고 복잡한 양상으로 전개된다. 이러한 까닭에 국제법의 헌법화에 대한 연구내용들도 매우 다양하고 경우에 따라서는 서로 대립되는 주장들을 포함하고 있다. 이러한 내용들을 일관성있게 어느 정도 통일적인 내용으로 정리하는 것은 매우 어려워 보인다. 그럼에도 불구하고 국제법의 헌법화와 관련된 연구의 기본적인 착안점은 다음과 네가지로 요약될 수 있다:

① 국제법의 헌법화란 무엇이며, 국제법의 헌법화 여부에 대한 판단기준은 어떻게 적용되는가? ② 국제법의 헌법화는 세계화 그리고 국제법의 분산화, 다원화 그리고 수직화와 어느 정도 관련성을 가지고 있는가? ③ 국제적 헌법화와 국내적 헌법화는 어느 정도의 관련성을 가지고 있는가? ④ 국제법의 헌법화를 구성하는 요소들은 무엇인가?

이러한 연구의 기본적 착안점들에 대한 검토의 출발점은 우선적으로 국제적 차원에서의 헌법의 역할과 기능에 대하여 설명하는 것이 매우 중요하고, 이에 대하여 많은 노력이 집중되어야만 한다. 이러한 관점에서 국제법의 헌법화에 대한 이해와 분석에 있어서 헌법의 기능에 대한 분석에 중점을 주는 기능적 접근(functionalist approach)은 매우 중요한 의미를 가진다. 왜냐하면 기능적 접근방법은 그 내용적 명확성의 결여에도 불구하고 국제법의 헌법화가 어디에 기여하는가 하는 국제법의 헌법화의 목적확정에 있어서는 충분한 장점이 존재하기 때문이다.

이와 관련하여 기능적 접근방법의 장점과 단점은 이와 대조를 이루는 개념정의적 접근방법(definitional approach)에 의한 분석과의 비교를 통해서 잘 드러날 수 있다. 기능적 접근방법이 주는 가장 중요한 장점은 탈국가적인 헌법주의에 대한 많은 저작들이 직면하는 개념상의 난문제점들을 피해갈 수 있도록 만들어 준다는 점이다. 기능적 접근은 주어진 질서가 헌법적인가 혹은 아닌가 하는 일련의 필요충분적 조건을 마련하는 개념적 정의(definition)를 전제로 하지 않는 개념적 분석을 행할 수 있도록 도와준다. 이러한 헌법주의에 대한 '대조표적 접근(check list approach)'은 전문용어적 논의점들에 대한 토의를 조장하고, 이를 통해서 실질적 분석에 대한 관심을 멀리하게 만든다. 개념정의적 접근은 국제법의 헌법화 문제를 all or nothing의 선택의 문제로 몰고 간다. 기능적 접근방법은 국제법의 헌법화를 특정한 규칙들(rules)로 구성되어 있다는 점을 전제로 하고 있다.[106]

확실히 세계적 헌법화에 대한 기능적 접근은 대조표적 접근방법 혹은 다른 명확한 접근방법론들이 제공하는 확실성의 부족이라는 단점을 가지고 있다. 그럼에도 불구하고 기능적 방법론(functionalist methodology)은 바로 핵심적인 논의점들에 대한 적절한 접근을 가능하게 만드는 장점이 있다. 국제법 질서에 있어서는 헌법화 개념의 적용에 대해서는 합의가 이루어 지지 않은 현재의 국제법 학계의 현실을 고려해 볼 때, 이러한 기능적 방법론은 중요한 대안이 된다.[107] 기능적 방법론은 국제적 헌법규범이 실현하고자 하는 목적에 대한 연구와 분석을 바로 행하게 만든다. 이와 관련하여 국제법의 헌법화가 실현하고자 하는 목적을 다음의 세가지로 분류한다.

국제법의 헌법화는 국제적 헌법규범들이 실행하는 다음의 세가지 중요한 기능을 구성요소로 한다: ① 국제법형성의 헌법화(enabling the formation of international law) 즉 규범형성적 헌법화(enabling constitutionalization), ② 국제법 형성의 억제(constraining the formation of international law), 즉 규범제한적 헌법화(constraining constitutionalization), ③ 세계화의

106) Dunoff/Trachtman, 앞의 책, 9.

107) Vgl. Matthias Knauff, Konstitutionalisierung im inner- und überstaatlichen Recht - Konvergenz oder Divergenz, ZaöRV 68 (2008), S. 455.

결과로 야기된 국내헌법상의 공백을 채우 것, 즉 보충적 헌법화(supplemental constitutionalization).[108] 이러한 세가지 헌법화 개념의 설정과 관련하여 한편으로는 이러한 헌법화 기능을 수행하는 법령과 조치들, 또 다른 한편으로는 일반 국제법들 사이의 명확한 구분을 가능하게 만드는 판단기준을 어떻게 설정할 것인가 하는 문제가 제기된다. 이러한 세가지 기능을 수행하는 법령이나 조치들은 바로 국제적 헌법의 규칙(a rule of international constitutional law)이다.

우선적으로 헌법화의 이러한 세가지 중요한 기능에 대하여 검토하고, 이러한 세가지 각 기능들이 어떻게 일반적으로 헌법화에 관련성을 가지는 일곱 개의 메커니즘(mechanism)을 통해서 이 세가지 헌법화가 어떻게 실행되는지에 대해서도 검토한다. 이러한 세가지 헌법화 기능을 실현시키는 일곱가지 메커니즘은 다음과 같다 :[109] ① 권한의 수평적 분배, ② 권한의 수직적 분배, ③ 우위(supremacy), ④ 안정성, ⑤ 근본적 권리(fundamental rights), ⑥ 심사제도(review), ⑦ 책임성 혹은 민주주의. 이러한 일곱가지 메커니즘들은 어떻게 규범형성적, 강제적 그리고 보충적 헌법화 기능을 실행하는가? 이들 메커니즘들은 이러한 기능들을 달성하는 가장 명확한 방법들이다. 그렇지만 이러한 메커니즘 들 사이의 관계나 선택에 관한 이론을 개발할 필요성은 제기되지 않는다.

1. 규범형성적 헌법화(enabling constitutionalization)

첫 번째로 일부 헌법규범들은 일반적 국제법(ordinary international law)의 제정을 가능하게 만든다(이른바 규범형성적 헌법화). 국제기관에 대하여 제2차적 국제법(secondary international law)을 제정하는 능력을 부여하는 조약조항이 이에 해당한다. 예컨대 유럽연합을 창설하는 조약들은 제2차적 유럽연합입법의 제정을 위한 복잡한 절차를 마련해 준다. 이와

---

108) Dunoff and Trachtmann, 앞의 책, 10.
109) Dunoff/Trachtman, 앞의 책, 10.

유사하게 국제연합헌장(United Nations Charter)은 안전보장이사회(Security Council)에 대하여 확실한 상황하에서 국제연합 구성국가들에 대하여 구속력을 가지는 규범을 제정할 권한을 부여한다. 이러한 예들은 규범형성적 헌법화의 명백한 예들에 해당한다.[110]

국제재판소들 역시 규범형성적 헌법화에 관여한다. 특히 유럽의 차원에서 유럽법원(ECJ/EuGH) 그리고 유럽인권법원(ECtHR/EGMR)을 통한 기본권 보호[111]와 관련하여 유럽법원은 1964년 7월 15일의 Costa/ENEL 결정(Costa/ENEL－Entscheidung)[112] 이래로 각 구성국가의 법질서(당연히 또한 각 구성국가의 헌법)에 대한 공동체법(Gemeinschaftsrecht)의 절대적 우위를 설정하였고, 그와 동시에 공동체법을 위한 독점적인 심사권한(Prüfung-

110) Dunoff/Trachtman, 앞의 책, 10.

111) 리스본 조약은 유럽연합법원(Gerichtshof der Europäischen Union)으로 명칭이 변경된 유럽공동체법원(Gerichtshof der Europäischen Gemeinschaften)에 대한 규정들을 더욱 더 개선·발전시켰다. 유럽연합법원은 공동의 외교정책과 안보정책에 대해서는 원칙적으로 관할권을 가지지 않는다. 리스본 조약에 따른 유럽연합조약(EUV) 제40조의 준수에 대한 통제(Kontrolle) 그리고 자연인 혹은 법인에 대한 제한적인 결정의 법적합성에 대한 감시에 대해서는 예외가 인정된다(리스본 조약에 따른 유럽연합조약(EUV－Lissabon) 제24조 제1항 제2하부항(UAbs.). 제5문; 유럽연합의 기능에 관한 조약(AEUV) 제275조). 자유, 안전 그리고 권리의 공간적 영역(Gebiet des Raums der Freiheit, der Sicherheit und des Rechts)에 대해서는 원칙적으로 유럽연합법원은 관할권을 가진다. 구성국가의 경찰 혹은 형사소추기관의 처분의 유효성 혹은 비례성에 대한 심사 그리고 공적인 질서유지와 내적인 안전의 보호를 위한 구성국가의 관할권의 인식에 대해서는 예외가 인정된다 (유럽연합의 기능에 관한 조약(AEUV) 제276조). 그 외에도 리스본 조약은 소송의 종류 특히 무효소송(Nichtigkeitsklage)에 대해서 개정을 하였다. 박진완, 리스본 조약에 대한 독일연방헌법재판소 결정의 분석, 세계헌법연구 제18권 제1호, 세계헌법학회 한국학회 2012, 303－304쪽; Luxemburg에 소재하고 있는 유럽연합법원(EuGH)은 Straßburg에 있는 유럽평의회(Europarat)의 기관인 유럽인권법원(EGMR)과는 구별된다. 유럽연합법원, 유럽인권법원 그리고 독일연방헌법재판소와의 관계에 대해서는 Sven－R. Eiffler, Der Grundrechtsschutz durch BVerfG, EGMR und EUGH, JuS 1999, S. 1068 ff.; Felix Ekardt, EuGH, EGMR und BVerfG: Die dritte Gewalt im transnationalen Mehrebenensystem, Kritische Justiz 2006, 381 ff.

112) EuGH, Rs. 6/64 Slg. 1964, 1251.

skompentenz)의 인정을 요구하였다. 이러한 유럽법원의 권한은 다양한 국제적 행위자들 사이 그리고 국내적 행위자와 초국가적 행위자 사이의 입법권한의 효율적인 재분배에 대한 중요한 예가 된다.

헌법적 경제학(constitutional economics)을 포함한 새로운 제도적 경제학(institutional economics)의 관점에서 볼 때 규범형성적 헌법화는 일반적인 혹은 특별하지 않은 방법 속에서 다양한 결정을 내릴 권한을 분배하는 의미에서의 권한의 집합적인 분배로 이해될 수 있다. 이런 점에서 볼 때 규범형성적 헌법화는 특수한 권한행사의 내용에 대한 분석이 아닌, 권한의 분배에 대한 결정이다. 규범형성적 헌법화가 이와 관련된 행위주체들이 보다 효과적인 협력을 하는 것을 가능하게 만들고, 협력과 관련되어 지출되는 처리비용과 전략적 비용을 감소시킬 때 혹은 이러한 행위자들이 그렇게 하지 않았으면 달성될 수 없는 협력적 조정을 하게 만들 때에는 이러한 규범형성적 헌법화의 집합적인 권한분배적 특성은 훨씬 더 가치를 가질 수 있다.[113]

2. 규범제한적 헌법화(constraining constitutionalization)

두 번째로 일부 국제적 헌법규범들은 일반적 국제법의 제정을 억제한다(이른바 제한적 헌법화). 그래서 그래서 유럽인권법원(European Court of Human Rights)은 유럽인권협약의 규칙들(rules of the European Convention on Human Rights)이 구성국가에 의하여 만들어진 다른 조약상의 합의(treaty commitments)보다 우선한다는 입장을 지속적으로 견지하였다. 유럽인권협약이 이와 합치되지 않는 국제법의 제정이나 혹은 그 효력발생을 억제하는 한에서는 유럽인권협약은 헌법적 특성을 가진다. 이와 유사하게 근본적인 국제법 규범들은 - 예컨대 우리가 생각할 수 있는 국가주권에 대한 헌법적 합의[114] 그리고 강제법적 성격(a ius cogens character)을 가지

113) Dunoff/Trachtman, 앞의 책, 11.

114) 이와 관련해서는 Ian Brownile, Principle of Public International Law 6th

는 국제법 규범들은 일반적인 국제법의 제정에 대한 억제로 작용된다.[115)]

명백히 규범형성적 헌법화와 규범제한적 헌법화는 종종 서로 함께 나타난다. 그래서 예를 들면 국제연합 헌장 제24조 제1항은 안전보장 이사회에 대하여 특정한 권한들을 부여하고, 제24조 제2항은 이러한 권한의 행사에 있어서 안전보장이사회는 국제연합의 목적과 원칙에 따라 행위해야 한다고 규정하고 있다. 이러한 권한들의 행사에 있어서 "안전보장 이사회는 UN의 목적과 목적과 원칙에 따라 행위해야만 한다"라고 규정하고 있다. 이것은 헌법화된 국제법 체계가 권력의 행사에 정당성을 부여할 뿐만 아니라 권한의 행사가 제도적으로 통제되지 않고, 권력분립에 반하여 행해지지 않는 것을 보장하는 것을 의미한다.[116)]

규범제한적 헌법화가 국제법의 범위를 한정하는 정도에 따라, 규범제한적 헌법화는 특정한 목적을 달성하기 위하여 국제법을 사용하는 국가의 능력을 제한한다. 많은 경우에 있어서 규범제한적 헌법화는 국가의 자율권을 유지하고, 국제법이 개인에 대해서까지 구속력을 행사하는 경우에 있어서는 개인의 자율권까지 보장한다. 예를 들면 인권법 혹은 국제경제법의 특별한 형태와 관련하여 개인의 자유를 증진하는 또 다른 경우에 있어서 규범제한적 헌법화는 개인자유의 보호범위에 대한 한계를 설정할 수 있다.[117)]

규범제한적 헌법화의 개념은 인권과 국제적 헌법화 사이의 관계에 대하여 다소 다른 형태의 접근법을 제시한다. 국제인권법의 헌법적 성격 인정에 관한 대부분의 저작들은 국제인권법의 수직적 성격, 특히 국제인권법 규범이 개인에게 권리를 부여하고, 그들을 특정한 형태의 국가행위로부터 보호하는 방법에 초점을 맞추고 있다. 그러나 이러한 국제인권법은 국가내의 행위에 대하여 구속력을 가지고 있기 때문에 일반적 국제법

---

de. 287 (Oxford University Press 2003).

115) Dunoff/Trachtman, 앞의 책, 11.

116) Dunoff/Trachtman, 앞의 책, 11－12.

117) Dunoff/Trachtman, 앞의 책, 12.

(ordinary international law)으로 보아야 한다. 그러나 국제규범이 국제법적 행위 혹은 국제기관의 행위에 대하여 구속력을 가지는 한에서는, 그 규범은 국제적 헌법 즉 규범제한적 헌법화로 보아야 한다.[118)]

이러한 이해를 고려해 볼 때 국가내의 행위에 대하여 구속력을 가지기 위하여 제정된 국제법의 형식을 국제적 헌법이라고 표현하는 것은 규범적 범주에 대한 오해라는 의문이 제기될 수 있다. 그럼에도 불구하고 일반적 국제법 중 일부가 국가차원에서의 헌법적 기능을 행사할 수 있다는 주장이 인정되는 한에서는 국가행위에 대하여 구속력을 가지는 것은 일반적 국제법의 기능이다.

특히 보다 더 많은 요구사항을 포함하고 있는, 보다 더 국내문제에 대한 개입을 요구하는 그리고 특히 만장일치에 의한 합의 없이 제정된 국제법 체제로의 이동이 요구되면 될수록, 규범제한적 헌법화의 요구는 더욱 더 증가될 것이다. 이에 대한 명백한 예는 바로 유럽연합(European Union)이 될 것이다. 시간이 흐름에 따라 유럽공동체(EC)와 유럽연합의 다양한 조약들은 회원국이 중심이 된 위원회(Council)로부터 입법권을 이동시켰고, 다수결의 사용을 증가시켜왔다. 이러한 발전들은 규범형성적 헌법화로 이해될 수 있다. 그러나 규범형성적 헌법화는 사실상 필연적으로 규범제한적 요구를 잉태시킨다. 이러한 규범제한적 요구가 가장 명백하게 드러나 예는 마스트리히트 조약(Maastricht Treaty)의 “제안된 행위의 목표가 구성국가들에 의하여 충분히 달성될 수 없고, 그러므로 제안된 행위의 규모나 영향력을 고려해 볼 때 공동체에 의하여 그 목적이 더 잘 달성될 수 있는 경우에만 유럽공동체는 행위를 취할 수 있다”고 규정하고 있는 보충성 조항(subsidiarity clause)이다.[119)] 이 보충성 원칙은 입법권의 유럽연합에로의 점진적인 이동에 대한 반작용으로서, 유럽연합법의 범위에 대한 한계설정을 하며, 이를 통하여 유럽연합의 구성국가의 국가와

---

118) Dunoff/Trachtman, 앞의 책, 12.

119) Treaty Establishing the European Community, art. 3b, Nov. 10, 1997, 1997 O.J. (C340) 3.

지방의 법적 자율권의 유지를 보호하는 기능을 수행한다.[120]

규범제한적 헌법화의 요구는 보다 강한 형태의 구속력을 가지는 국제적 사법권(international adjudication)의 행사를 통해서 더욱 더 강화될 수 있다. 이와 관련해서는 국제투자분야에서 좋은 예를 발견할 수 있다. 1995년 이전에는 비교적 적은 수의 국제투자분쟁이 국제중재재판(international arbitration)에 회부되었다. 그러나 최근에 국가들은 천개가 넘는 투자조약들(investment treaties)에 가입해 있다. 이러한 모든 조약들은 조약상의 투자자들에 대하여 일련의 특별한 권리들을 승인하고, 사실상 모든 조약들이 투자자들에게 투자유치국가(host state)에 대하여 제기할 수 있는 직접적인 소송이유를 제공한다. 그 결과 투자중재의 숫자가 실무가와 학자들이 정당성의 위기(legitimacy crisis)로 특징지울만큼 기하급수적으로 증가하였다. 이러한 국제투자분야에서 발생하는 문제점들을 해결할 수 있는 상설항소기구(standing appellate body)의 설치필요성에 대한 논의들은 국제적 사법권의 행사를 통한 제한적 헌법화의 한 유형이다.[121]

3. 보충적 헌법화(supplemental constitutionalization)

국제적 헌법규범의 범주의 당연히 들어가야 하는 마지막 범주에 해당되는 유형은 보충적 헌법화이다. 어떤 학자들은 국제법 규범의 범위의 확대 그리고 내용의 강화는 특정한 국내헌법의 효력의 감소를 초래하거나 혹은 초래의 위협을 야기할 수 있다고 주장한다. 국제적 헌법의 세번째 범주는 이러한 국내헌법의 흠결과 효력약화에 대응하기 위하여 나타나는 국제법 규범으로 구성되어 있다. 특히 이러한 국내헌법의 흠결과 효력약화는 세계화 과정의 확대와 심화 그리고 국제법의 내용의 강화를

120) Dunoff/Trachtman, 앞의 책, 13.

121) Susan D. Franck, The Legitimacy Crisis in Investment Treaty Arbitration: Privatizing Public International Law through Inconsistent Decisions, 73 FORD L. REV. 1521 (2005).

통하여 야기되거나 혹은 더욱 더 심화된다. 이와 관련된 국제법의 헌법화의 진행과정을 보충적 헌법화라 명명할 수 있다.[122] 이러한 보충적 헌법화를 가장 잘 이해하고, 최적화 상태로 구현하기 위한 기본적 조건은 세계화가 진행되는 환경 속에서도 국내적 헌법체제를 계속적으로 정비하는 것을 통하여 국내헌법체계와 국제법적 헌법체계의 균형을 유지하는 것이다. 이러한 균형유지의 핵심적 내용은 국내헌법적 가치를 국제적 차원에서 보호 혹은 증진하는 것이다.

보충적 헌법화는 헌법적 보충성(constitutional subsidiarity)의 특별한 형태를 표현한다는 점에서 규범형성적 헌법화 그리고 규범제한적 헌법화와 구별된다. 헌법적 보충성은 몇몇 기술적 그리고 사회적 환경의 변화 속에서 특정한 헌법적 가치들을 보호하기에 적합한 수직적 차원(vertical level)이 변화할 수 있다는 것을 의미한다. 세계화에 의하여 야기되거나 보다 심화되는 국내헌법적 구조의 공백상태에 대응하기 위한 것이다. 이러한 공백상태는 일반적으로 국내헌법을 적용할지 여부에 대한 결정이 매우 어려운, 국내헌법적 규칙의 적용범위 밖에 있는, 서로 다른 국가들의 헌법적 규칙들(constitutional rules)이 충돌하는, 서로 다른 국가들의 헌법적 규칙들의 불안정적이고 비효율적인 경쟁이 나타나는 상황들에 대하여 헌법적 규칙들을 적용하는 것이 실패한 경우에 해당한다. 이러한 헌법적 공백상태를 극복하기 위한 해결책은 서로 다른 국가들의 헌법적 규칙들의 적용범위를 결정하는 규칙들(rules)에 대한 합의를 도출하는 것이다. 이를 헌법적 규칙에 대한 선택(choice of constitutional law rules)이라고 명명할 수 있다.[123] 이러한 현상들에 대한 또 다른 형태의 대안적 해결책은 헌법적 규칙들을 서로 조화적으로 적용하거나 혹은 국제적 차원에서 적용될 수 있는 헌법규칙들을 제정하는 것이다. 이 양 형태의 보충적 헌법화는 국내법 체계에 대하여 적용되기 본다는 오히려 국제법 체계를 규제하기 때문에, 일반적 국제법의 몇몇 특성들을 공유한다. 그러한 이러한

122) Dunoff and Trachtman, 앞의 책(주 1), p. 14.
123) Trachtman, The Constitution of the WTO, EJIL (2006), p. 623.

국제규범들이 지금까지 국내헌법에 의하여 강조되었던 중요한 논의점들을 다루고 있는 정도에 따라서, 보충적 헌법화를 국제법의 헌법화의 한 형식으로 보는 것은 타당하다고 생각된다. 그 외에도 몇몇 형태의 규범제한적 헌법화는 보충적 헌법화의 관점에서도 또한 이해될 수 있다. 이것은 증가되고 강화되는 국제적 입법권 혹은 사법권의 행사의 결과로서, 아마도 국내기관의 공권력 행사의 희생이라는 댓가를 지불하고서 규범제한적 헌법화가 행해지는 경우에는 규범제한적 헌법화는 보충적 역할을 수행할 수 있다.

몇몇 예들이 이러한 헌법화 과정의 역동성을 잘 설명해 준다. 이것은 독일연방헌법재판소(BVerfG)와 유럽법원 사이의 작용을 통해서 잘 나타난다. 독일의 경우 공동체법의 국내의 기본권에 대한 우위가 효력을 가져야만 하는가 하는 문제에 대한 오랫동안 논쟁이 이어져 왔다. 이 문제는 특히 파생되어진 공동체법으로서 유럽공동체의 이차법(EG－Sekundärrecht)이 독일헌법인 기본법에 의하여 심사될 수 있는가 하는 문제, 즉 독일의 경우 독일연방헌법재판소가 유럽공동체－규정(EG－Verornung)을 국내의 기본권에 의하여 심사할 수 있는가 하는 문제와 관련하여 실제적 의미를 가진다. 1974년 독일연방헌법재판소는 이른바 “조건 I”－결정(Solange I－Entscheidung)에서 유럽법원이 유럽공동체규정의 유효성을 유럽공동체조약 제234조에 의한 절차 속에서 미리 확인할 것을 요구하는 심판제청절차(Vorlage)를 유추적용하여 독일기본법 제100조 제1항에 의한 구체적 규범통제절차에서 유럽공동체규정을 심사하는 것을 허용하였다.[124] 이 결정에서 독일연방헌법재판소는 유럽공동체－규정에 대한 구체적 규범통제절차의 허용근거를 다음과 같이 설명하고 있다: “유럽공동체의 통합과정이 공동체법이 의회에 의하여 제정되고, 효력이 부여된 기본법의 기본권목록과 대등한 기본권목록을 포함하고 있을만큼 진행되어지지 않는 한에 있어서는, 공동체조약 제177조(현재 제234조) 속에 요구된 유럽법원의 결

124) BVerfGE 37, 271 [283].

정의 제청 후에 독일법원의 독일연방헌법재판소에 대한 제청은 허용되어지고, 법원이 재판의 전제가 된 공동체법이 기본법의 기본권과 충돌하기 때문에, 그 공동체법에 대한 유럽법원의 해석이 적용될수 없다고 해석하는 경우에는 명령되어진다."

독일연방헌법재판소의 유럽공동체 규정에 대한 헌법불합치결정(Unvereinbarerklärung)은 결과적으로 모든 유럽공동체－규정은 국내적으로 법적인 효력을 가질수 없다는 것을 확인한 것이 되었다. 유럽공동체는 이 결정을 통하여 공동체법의 우위와 유럽법원의 규범폐기독점권(Verwerfungsmonopol)에 대한 손상을 경험하게 되었다. 독일연방헌법재판소 외에도 이미 1973년의 판결에서 이탈리아헌법재판소(das italienische Verfassungsgericht)도 특정한 이탈리아헌법의 근본원리들의 고려하에서 최종적인 법통제권을 가진다고 결정하였다. 그렇지만 독일연방헌법재판소의 이 결정에 대한 강력한 비판은 미리 예견되어진 것이었다. 그럼에도 불구하고 이 결정은 그 후에 나타나는 조건II－결정(Solange II－Entscheidung)에 대한 기폭제가 되었다.[125]

그 후 독일연방헌법재판소는 독일의 기본권척도에 의한 공동체법의 심사에 대한 본질적인 제한을 하게 된다. 1986년 독일 연방헌법재판소는 이차적 공동체법에 대한 독일 기본권에 의한 심사에 관한 초기의 판례인 조건－I 결정의 입장에서 방향을 전환하였다. 독일연방헌법재판소는 여러번 유럽법원에 의하여 유효한 것으로 판결된 유럽공동체－규정에 근거를 둔 독일연방행정법원(Bundesverwaltungsgericht)의 판결에 대한 헌법소원에 대한 결정으로서 유명한 조건 II－결정(Solange II－Entscheidung)에서 이차적 공동체법의 독일의 기본권과의 합치여부에 대한 심사를 중단하였다[126]: "유럽공동체, 특히 유럽공동체의 법원의 결정이 본질적인 측면에서 기본법에 의하여 필수불가결하게 명령된 기본권 보호와 동일한 주의가 부여

125) J. Scherer, Solange II: Ein grundrechtspolitischer Kompromiß, JA 1987, S. 484.

126) BVerfGE 73, 339 [387].

된, 무엇보다도 기본권의 본질적 내용이 일반적으로 보장되고 있는 한에 있어서는 공동체의 공권력(Hochheitsgewalt)에 대한 효과적인 기본권 보호를 수행하고 있는 한에 있어서는, 독일연방헌법재판소는 독일연방의 고권의 범위 속에서 독일 법원과 관청의 행위에 대한 법적인 토대로서 요구되어지는 파생된 공동체법의 적용가능성에 대한 자신의 재판권을 더 이상 행사하지 않고, 이러한 법들을 더 이상 기본권의 기본권 척도에 의하여 심사하지 아니한다. 이와 관련된 기본법 제100조 제1항의 심판제청은 허용되지 않는다."

이러한 발전은 국제적 활동의 범위를 제한하는 국제적 헌법규범의 효력강화에 대한 대응으로 나타나는 국제적 정체(international regime)의 한 예가 된다. 이를 통해서 국가의 독자적인 자치영역과 개인적 권리가 보호된다. 국제기구의 활동능력의 증가는 국제적 차원에서의 헌법적 규칙의 제정을 통한 국내 헌법의 보충의 요구를 증가시킨다는 점으로 고려해 볼 때, 이것은 보충적 헌법화의 한 예로 볼 수 있다. 또한 국제규범의 신뢰성을 보장하기 위하여 유럽연합법원 그리고 유럽연합은 유럽연합차원에서의 근본적 권리의 보장을 추진하는 것, 예컨대 2000년의 유럽연합의 기본권 헌장의 제정과 그 이후의 리스본 조약에 의한 기본권 헌장의 효력발생은 밑에서부터 행해지는 규범제한적 헌법화의 한 예가 된다.

UN안전보장이사회가 테러활동에 연루되었다는 의심이 제기되는 개인과 회사에 대하여 제재를 부과하는 조치를 취하는 과정에서 이와 유사한 우려가 발생하였다. 1999년 안전보장이사회 의결(Resolution) 1267은 제재가 부과되는 개인과 단체의 명부를 관리할 위원회를 창설하였다. 이 위원회는 이 명부에 누가 추가적으로 기입될 지 여부에 대하여 합의에 의하여 결정한다. 그럼에도 불구하고 이러한 기입절차는 명부에의 추가 및 제외결정에 있어서 투명성 보장과 절차의 미흡으로 인하여 많은 비판에 직면하였다.[127] 이러한 비판과 명부에이 추가결정에 대한 다양한 법적

127) Bardo Fassbender, The Responsibility of the UN Security Council to Ensure

인 문제제기에 대응하여 위원회는 명부에 추가에 있어서 명부에 들어갈 개인이나 단체에 대한 보다 자세한 정보수집의 요구조건을 포함한 네가지의 새로운 기준을 정한 지침을 제정하였다. 그럼에도 불구하고 이러한 위원회의 지침을 실행하는 국내법은 전통적으로 공정한 청문기회의 보장, 재산권의 보장 그리고 효과적인 사법적 구제를 받을 권리 등을 포함한 국내헌법에 의하여 보장된 기본권들의 침해문제를 야기한다. 그 외에도 국제법원이 전통적으로 국내법원의 특권이었던 기능을 행사하는 경우에는, 국내헌법에 의하여 발전된 권리보호수단들을 보호하기 위하여 보충적 헌법화의 요구가 발생한다. 이러한 보충적 헌법화의 요구들은 안전보장이사회의 조치에 대하여 법적인 제한을 부과할 수 있는 구속력있는 헌법규범을 찾는 노력의 실행을 정당화시킨다.

이러한 문제들은 이미 유럽연합에서 법적인 소송의 형태로 전개되었다. 유럽연합법원(ECJ)은 탈레반의 알카에다(Al－Qaeda of the Taliban)와 관련이 있는 자산의 동결을 요구하는 안전보장이사회(securiy council)의 의결의 효력을 발생시키는 위원회의 규정(Council regulation)을 무효로 결정하였다. 유럽연합법원이 위원회의 규정이 청문을 받을 권리(right to be heard)와 효과적인 사법적 구제를 받을 권리에 위반된다고 결정하였다. 비록 유럽연합법원이 공동체 행위의 적법성을 심사하지, 안전보장이사회의 결정의 적법성 여부를 심사하는 것은 아니라고 조심스럽게 설명하였지만, 이러한 국제규범이 국내의 헌법적 보장에 위반되는 경우에 발생할 수 있는 저항의 한 예로서 볼 수 있다.[128]

That Fair and Clear Procedures Are Made Available to Individuals and Entities Targeted with Sanctions under Chapter VII of the UN Charter (Mar. 2006) (study commissioned by the UN Office of Legal Affairs); Ian Johnstone, Legislation and Adjudication in the Un Security Council: Bringing down the Deliberative Deficit, 102 American Journal of International Law 275 (2008); Dunoff/Trachtman, 앞의 책, 17.

128) Kadi and Al Barakaat v. Council and Comm'n, Joined Cases C－402/05 P and C－415/05 P, 2008 E.C.R. 299; Dunoff/Trachtman, 앞의 책, 17.

V. 국제법의 헌법화의 메커니즘(mechanisms)

바로 위에서 다루었던 국제법의 헌법화의 기능들을 이러한 기능들을 실행할 수 있는 만드는 조치들(measures)과 제도적 메커니즘(institutional mechanisms)을 통해서 실행된다. 그러므로 국제법의 규범형성적, 규범제한적 그리고 보충적 헌법화 기능을 실행하기 위하여 사용된 처분의 종류와 제도적 메커니즘에 대하여 살펴본다. 따라서 국제법의 헌법화의 핵심기능에 대한 이해 그리고 이에 대한 평가에 대한 핵심적 분석은 각 메커니즘의 적용결과로 인하여 발생하는 규범형성적, 규범제한적 그리고 규범보충적 효과의 발생정도에 따라서 행해지게 된다. 특정한 법질서들은 매우 다양한 정도로 다양한 헌법적 메커니즘을 보여주고 있다. 헌법화는 바로 이러한 과정으로 볼 수 있다. 그러므로 국제법의 헌법화에 대한 체계적 연구의 초기단계에서는 다양한 헌법질서들 그리고 준헌법질서들의 속에서의 제도적 유사점과 차이점을 식별하고 평가하는 것이 매우 유용한 연구분석기준이 된다.[129] 그러므로 이 연구과정에서의 연구목표는 서로 다른 헌법질서 속에서의 헌법화 현상의 인식, 분류 그리고 비교를 위한 용어와 개념적 장치(conceptual apparatus)를 제공하는 것이다. 이러한 연구목표달성을 위하여 여기에서는 규범형성적, 규범제한적 그리고 규범보충적 헌법화 기능과의 연관성 속에서 각 헌법화 기능을 수행하게 만드는 메커니즘에 대한 평가를 시도한다.

일반적 국제법 속에서의 헌법화의 과정과 잠재력을 평가하기 위하여 국내헌법의 확립된 원리들을 이용하고, 이러한 원리들이 국제법 질서에 의해서도 실현될 수 있는지에 대하여 질문하는 것이 요청된다. 국제적 헌법주의는 그 내용에 있어서 국내헌법과 유사하다는 것은 결코 명백하지 않다. 세계화 시대에 있어서 국가의 규제력은 점점 더 약화된다. 인간존

129) Dunoff/Trachtman, 앞의 책, 18.

재와 관련된 많은 결정들은 국제적 차원에서 행해진다. 이러한 발달과정을 상쇄하기 위하여 Anne Peters는 국제적 차원에서의 '보충적 헌법주의(compensatory constitutionalism)'을 강조하였다.[130] 다른 이는 이러한 국제규범의 발달과 이에 대한 의존의 강화를 국제적 결정에 대한 민주적 통제를 회복하기 위한 수단으로 보고 있다.[131]

국내적 헌법주의의 약화에 대한 보상이 국제적 규범의 영향력을 과대평가하였다 할 지라도, 국제적 기관과 결정에 의하여 통치권(power)이 위임되고 행사되는 지 여부 그리고 이것이 인정된다면 어느 정도까지 행해지는지에 대하여 논의하는 것은 어려운 작업으로 보인다. 국내적인 집행결정(domestic executive decisions)과 마찬가지로 국제적 기관과 결정에 대해서도 동일한 제한과 개인권리보호가 요구된다. 그 외에도 국제적 결정은 국내적 결정과 유사한 불평(complaint)에 직면하게 된다. 국제적 결정의 정당성(legitimacy)과 이에 근거한 국제적 결정의 수용력(compliance pull)은 높아질 것이다.

적어도 우리가 국제법적인 영역에서 국내법적인 의미에서의 헌법화를 수행하기 위하여 어떻게 국제법이 변해야만 하는가? 이에 대한 해답은 다음의 두가지 가장 중요한 문제들에서 찾을 수 있다: 국내적 헌법주의(domestic constitutionalism)가 오늘날의 국제적 영역에서 적용되기 위해서는 어떻게 변경되어야만 하는가? 이와 관련하여 제시될 수 있는 척도는 국내헌법질서의 가장 기본적인 원칙들이다. 인간과 시민의 권리선언 제16조(the French Declaration of the Rights of Man and the Citizen Article 16). 독일의 경우 기본법 제20조까지 열거되고 있는 기본권 목록, 헌법개정의 한계 등의 헌법원칙들. 이러한 기본적 헌법원칙들로서 민주주의(democracy),

130) Anne Peters, Compensatory Constitutionalism: The Function and Potential of Fundamental International Norms and Structures 19 LEIDEN J INT'L L. 579 (2006).

131) Eyal Benvenisti, Reclaiming Democracy: The Strategic Use of Foreign and International Law by National Courts, 102 AM J INT'L L. 241 (2008).

권력분립(separation of powers), 법의 지배(rule of law) 그리고 법치국가(Rechtsstaat) 그 뿐만 아니라 국가의 권리(states' rights)와 인간의 권리(human rights)를 들 수가 있다. 민주주의는 정당성의 최종적 근원에 대하여 답을 한다. 그것은 바로 국민(the people)이다. 법의 지배나 법치국가 원리는 약간 다른 의미를 가지지만 지배자에 대한 것이 아닌 지배에 대한 한계, 법 아래에서의 주체의 평등부터권력의 행사에 있어서 법적 강제에 이르기 까지. 권력분립은 이 두 원리를 결합시키고, 권력분할을 통하여 자유를 보장하고, 독재를 방지한다. 그러나 이 원리는 민주적 권력의 행사를 우선적으로 허용한다.

1. 수평적 맥락(horizontal context)에서의 거버넌스 기관의 창설과 거버넌스 권한의 분배

헌법은 거버넌스를 위한 기관들과 메커니즘을 형성하고 이들 기관들 사이의 권한을 분배한다. 거버넌스 메커니즘들은 전형적으로 분리된 권력들로 구성되어 있다. 이러한 권한들의 분배는 전통적인 수평적 권력분립의 원리에 의하여 행해진다. 수평적 권력분립의 원리는 종종 기관들의 권력들에 대한 비교분석 뿐만 아니라 권력의 중심과 주변 사이의 수직적 구분을 포함한 정치적 구분까지도 반영하고 있다. 수평적 연방구조에서 일부의 기관들은 특정한 국민들, 즉 일정수의 유권자들을 대표하도록 구성되어 있다. 국제적 차원에서의 권력의 수평적 분배는 규범형성적 헌법화와 규범제한적 헌법화를 서로 결합시킬 수 있다. 즉 권력의 수평적 분배는 국제조직에 대하여 그러한 권한의 행사를 제한할 수 있는 요구조건이 포함된 권한을 부여하는 과정이다.

법치국가원리(Rechtsstaatsprinzip)는 실질적인 기본권보장 외에도 여러가지 형식적인 법원칙들을 제시하고 있다. 여기에 해당되는 것으로서 공권력의 침해에 대한 개인의 권리보호 외에 권력분립, 행정의 법률적합성, 사법권의 독립 등을 들 수 있다. 법치국가원리에 따라서 구성된 국가의 권력독점은 정치적인 권한배분을 법치국가적인 조직원리로서 그리고 그와 동시에 공권력의 제한과 통제를 도모해야만 하는 권력분립(seperation of powers, Gewaltenteilung)을 통하여 보충·보완되어져야 한다. 중요한 국가조직법적인 원리인 권력분립의 원리에는 정치권력의 분리와 배분이 문제되는 것이 아니라, 정치권력의 견제와 통제가 문제되어진다. 1787년의 미국헌법 그리고 1791년의 프랑스 헌법에 규정된 권력분립의 원리는 국가기관의 조직원리인 동시에 기능원리이다. 법치국가 원리 그리고 그와 동시에권력분립 원리 속에서 그 근거를 찾을 수 있는 제한된 정부(limited government)에 대한 기본적 사고는 John Locke의 권력분립적 사고에서 출발하여 미국의 Federalist Paper 속에 나타나 있다.[132)]

권력분립의 원리는 국가적 지배권의 통제와 기본권의 보장에 기여한다. 따라서 오늘날 대부분의 헌법국가는 권력분립의 원리에 따라 헌법을 구성하며 권력분립의 원리가 헌법의 기본원리라는 데 대하여는 이론이 있을 수 없다. 이러한 권력분립의 이념은 역사적으로 법치국가이념보다 훨씬 오래된 것이다. 따라서 법치국가이념의 중심적 표현으로서 권력분립을 제시하는 것은 역사적으로 적합한 것이 아니다. 법치국가이념이나 권력분립의 원칙 양자는 서로 비교가능한 근원에서 도출되어진 것이다. 국가권력을 군주적 지배로부터 분리시키려는 부족한 국민의 의지 또는 힘(그것은 하나의 타협점으로 제시되어 진 것이다. 민주주의로의 이행이 바람직한 것이 아니거나 불가능하다면, 권력분립은 하나의 타협으로 나타난 것이라 할 수 있다: 귀족이나 시민계급이나 이미 독자적으로 지배권을 넘겨받지 않은 한에 있어서는, 적어도 양자는 권력의 행사에 참여할려고 한다. 이런 점에서 권력분립의 원리는 국가권력의 분리의 요구와 국가권력에 대한 독자적인 참여의 원리 양자를 일컫는 것이라 할 수 있다.

---

132) H. Schulze-Fielitz, in: H. Dreier (Hrsg.), 「Grundgesetz Kommentar」, Bd. II, München 2006, Art. 20 (Rechtsstaat) Rn. 6; W. B. Allen with Kevin A. Coolnan, 「The Federalist Papers. A Commentary: “The Batom Rouge Lectures”」, Peter Lang 2000, pp. 363-364.

어떻게 권력분립의 원리가 법치국가원리와 구분되어 질 수 있는가? 권력분립에 대한 논의 속에서 John Locke는 경제력을 가진 시민계급의 참여를 요구함에 반하여, Charles de Montesquieu는 지배에 대한 귀족의 참여를 요구했다. 권력분립이 국가권력의 분리를 요구함에 비하여, 법치국가사상은 국가권력의 단순한 내적인 분리가 아니라 국가권력의 외적인 한계설정을 그 목적으로 한 것이다. 권력분립은 국가권력의 내적인 이전을 요구함에 반하여, 법치국가는 외적인 한계설정을 요구한다. 이것은 대표기관(Vertretungskörperschaften)을 통해서 명백히 나타난다. 의회가 권력분립의 개념속에서 자신의 국가권력을 행사함에 반하여, 법치국가영역은 국가로부터 사회의 영역보장이라는 측면에서 제시되어 진다.

그러나 이러한 역사적인 논의는 오는날 그대로 받아 들여질 수는 없다. 왜냐하면 권력의 개념이 두가지 의미로 사용되어 지기 때문이다.

– 국가적인 지배에 대한 참여, 즉 입법, 행정, 사법기능 ;
– 주민(국민)(Bevölkerung)속에서의 계급, 즉 군주, 귀족, 성직자계급, 시민계급.

역사적인 권력분립이론에서는 개별적 국가기능을 가능한 개별기관 혹은 계급에게 분배하는 것이 주된 관심사였다. 권력이란 국가적 지배의 한 부분을 행사하는 상태 혹은 계급을 의미한다. 이러한 권력분립의 사상의 전제조건은 거의 모든 관점에서 역사적으로 이미 존재하지 않는다. 오는날 더 이상 대안 혹은 대체논리로서 권력분립 혹은 민주주의가 문제되는 것이 아니라, 민주주의속에서의 권력분립(Gewaltenteilung in der Demokratie)이 문제된다. 이 민주주의속에서의 권력분립의 관념은 헌법에 따른 민주적이고 권력분립적인 국가형태를 조건지운다. 덧붙일 것은 민주주의원리의 정착과 관련하여 공동체는 더 이상 신분적으로(ständisch) 구성되어지지 않는다, 따라서 오늘날 특정한 사회적 세력들에 대한 국가기능의 분배는 더 이상 정치적인 관심사 또는 요청으로 받아들여 질 수 없다.

오늘날에는 더욱 더 다양한 국가기관의 조직적인 분리가 강조되어 진다. 왜냐하면 오늘날 권력분립은 기능의 분리로 표현되어 질 수 있기 때문이다.

독일 기본법 제20조 제2항은 국가권력을 특별한 기관들을 통해서 행사시키고 있다. 헌법적 원리에 따르면 현대적 의미의 권력분립이란 입법, 행정, 사법의 다른 기관들을 통한 국가권력의 행사를 의미한다. 서로 다른 기관들은 서로 다른 국가권력을 행사하는 것이 아니라, 국민으로부터 연원하는 국가권력의 헌법상의 권력분립의 원칙에 따른 하나의 국가권력(eine Staatsgewalt)을 행사하는 것이다.

여러 가지 측면에서 강조되었던 국가권력의 통일성(Einheit der Staatsgewalt)의 원칙은 조직적이고 정치적인 통일성을 의미하는 것이 아니라, 귀책상의 통일성(Zurechnungseineheit)을 의미한다 : 즉 그것은 모든 국가기관의 행위는 국가에 그 책임소재가 부여되어 지고, 그와 동시에 국가에 대하여 효력을 가지는 법적인 조건하에 놓이는 것을 의미한다(그것은 국가기관의 행위에 대한 책임과 그에 대한 법적인 통제를 의미한다).

권력분립은 점차적으로 권력분립적인 국가를 근거지우는 세가지 영역으로 설명되어 질 수 있다:

- 객관적인(물적인) 권력분립(sachliche Gewaltenteilung) 서로 다른 과제의 구별로서 개관적인 권력분립. 모든 국가기관임 동일한 과제를 수행한다면, 권력분립은 불가능하다. 과제수행의 차이는 과제의 차이를 전제로 한다. 그렇지만 헌법은 과제의 차이에 대해서 규정하는 것은 대개 소극적인 자세를 보이고 있다. 헌법은 입법과 행정에 대해서는 상세히 규정하고 있다. 그러나 사법에 대해서는 예외에 속한다(우리헌법 제101조 이하): 사법기능이 무엇인가에 대한 명확한 해명없이, 사법권은 법관으로 구성된 법원에 속한다라고 규정하고 있다.
- 기관적인 권력분립(organisatorische Gewaltenteilung) 국가기관의 구별로서의 기관적인 권력분립. 권력분립은 국가기능이 다른 특별한 기관에 부여될 때에만 의미가 있다는 점에서 기관의 차이를 전제로 하는 것이어야 한다. 이를 헌법은 입법, 행정, 사법에 대하여

각장에서 규정하고 있다(우리헌법, 제3장, 국회 제4장 정부(대통령, 행정부), 제5장 법원, 제6장 헌법재판소).

– 기능적인 권력분립(funktionale Gewaltenteilung) 각 기관에 대한 과제의 배분으로서 기능적 권력분립. 모든 특별한 기관은 자신의 특별한 과제를 수행한다. 이상적인 구분으로 볼 때에는 입법권은 국회, 행정권은 행정부, 사법권은 사법부에 부여되는 것이 이상적이다. 그러나 한편으로는 목적적합적인 고려(Zweckmäßigkeitserwägungen), 또 다른 한편으로는 정확한 과제의 구분의 곤란에 대한 논의가 받아들여 진다면, 이러한 헌법상의 도식은 단순하게 설명되어 질 수 없다.

권력분립의 의미와 목적은 민주주의적인 국가형태의 특별한 조건하에서 고려되어질 수 있다. 특히 모든 역사적인 헌법적 관심사들을 현재의 헌법속에 수용한다는 것은 불가능하다. 가능한한 다양한 계급들의 국가권력에 대한 정치적인 제휴나 협력을 통해서 자유보장에 기여하려는 국가권력의 본래의 목적은 그동안의 성과를 볼 때 달성되어졌다고 볼 수 있다. 계급이란 것은 더 이상 존재하지 않는다. 전체국민은 선거와 표결을 통해서 단순한 유일한 가지로서가 아니라 바로 전체국가권력의 행사에 참여한다. 헌법적인 권한분배의 측면에서 권력분립의 목적이나 그 의도하는 바는 다음과 같이 설명되어 질 수 있다.

권한의 기능적합적(funktionsgerecht)인 조정과 분배를 통한 국가권력의 합리화. 국가과제와 결정들은 그 기관의 정당성의 측면, 그기관의 기관적인 인적인 배치 그리고 그기관의 의사결정과정의 측면을 고려해 볼 때, 그 과제를 법적합적인 방식에 의하여 이행할 수 있는 가장 정당성이 부여되고 적합한 기관에 의해서 수행되어져야 한다. 국가기관의 개별분과로서 행위방식과 행위조직 자신의 과제의 귀납적 추론의 허용기준이 된다.

다양한 기관의 조직적인 대립을 통한 권력의 통제, 헌법상의 서로 다른 통제체계로부터 특히 권력분립의 자유보호적인 기능이 나온다. 행정부의 정치적인 통제에 대한 국회의 기능, 법원의 사법적 통제, 이러한 국가기관의 대립과 통제는 법의 효력과 우위를 공고히 한다. 그리고 권력분립은 법의 효력의 관철에 중요한 기능을 수행한다. 이러한 권력분립의 특성으로부터 헌법의 기관충실성(Verfassungsorgantreue)의 관념은 제한되어 지게 된다.

입법, 행정, 삽법의 세기관에 국가권력을 분립시킨다는 요구에 있어서 그 기관의 구분의 요구는 확정적인 것은 아니다. 권력분립의 원칙외에 국가기관상호간의 관계는 특히 헌법상의 민주주의 요청에 의해서 결정되어 진다. 그러나 이러한 세국가기관사이에는 동일한 서열이 존재하는 것은 아니다: 이세기관은 동일한 가치 혹은 동일한 자격과 권능을 갖는 것이 아니다.

모든 국가기관의 구분속에서 의회적인 입법자에게 우선권이 주어져야 한다. 법률의 우위의 요청은 입법자의 우위의 요청을 근거지운다. 이러한 법률의 우위의 요청은 행정과 사법의 법률에의 구속을 근거지운다. 의회는 직접적으로 민주적 정당성을 가진 국가기관으로서 주권자로서의 국민을 대변하는 최고의 국가기관이다. 견제와 균형(check and balances)으로서의 체계는 순수한 형태로는 실현되어질 수 없고 민주적인 원리의 특별한 수정하에서만 실현되어 질 수 있다.

권력분립의 원리가 중요한 의미는 권력의 분리와 구별 그리고 권력의 억제와 균형을 통한 개인의 자유와 권리보호라고 할 수 있다. 국가의 조직과 작용의 원리(Organisations- und Funktionsprinzip)로서 권력분립[133]은 법치국가적 기능, 민주적 그리고 가장 적합한 국가기관에으로 기능배분을 통한 국가과제의 분할과 이를 통한 효과적 수행이라는 세가지 목적을 추구하고 있다.[134]

전통적으로 국가권력을 입법권 · 행정권 · 사법권으로 분류하고 이를 각각 의회 · 행정부 · 법원에 나누어 맡김으로서 이들 국가기관 상호간에 견제와 균형을 실현시키기 위한 원리로서 권력분립의 원칙을 달리 3권분

133) H. Maurer, 「Staatsrecht I」, 6. Aufl., München 2010, § 12 Rn. 1.
134) Maurer, 위의 책, § 12 Rn. 2 ff.

립의 원칙이라고도 한다. 그리고 전통적인 권력분립이론이 수평적인 권력분립(horizontale Gewaltenteilung)만을 염두에 두고 있었음에도 불구하고, 오늘날에는 국가권력의 수직적인 분립(vertilkale Gewaltenteilung)[135]이 또한 중요시되어지고 있다. 그리고 권력분립의 원칙은 그 원칙의 현대적 전개과정에서 권력의 기계적이고 조직적인 분리를 통한 실효성있는 권력통제를 통한 국민의 자유와 권리보장을 기하려는 소극적 원리로서의 성격을 가졌지만, 오늘날에 있어서는 그 의미가 확대되어 국가권력을 민주적 정당성에 따라 창설하고 그 권력행사의 절차적 정당성을 보장하기 위한 적극적 원리로서의 성격을 갖는다.[136] 독일연방헌법재판소의 권력분립의 원칙에 대한 다음의 설명은 권력분립을 이러한 목적에서 이해하고 있는 근거가 될 수도 있다는 점에서 주목할만 하다: 국가의 결정은 그 기관의 조직화, 구성, 기능 그리고 의사결정방식에 있어서 최고의 전제조건을 갖추고 있는 기관에 의하여 내려질 경우에 가장 타당한 결정이 될 수 있다.[137]

유럽통합의 초기단계에 있어서는 권력분립의 원리를 근거지우기 위한 많은 노력이 행해졌다. 이것은 놀랄만한 일이 아니다: 권력분립의 중요성은 1789년의 프랑스의 인간과 시민의 권리선언 제16조에서 나타나고 있다. 이미 1950년대에 유럽공동체법원은 시민을 보호하고, 공동체기관에 의한 공권력 행사를 합리화시키기 위해서 권력분립의 원리를 적용하였다.[138] 그럼에도 불구하고 권력분립의 원리는 그 의미의 중요성을 점점 더 많이 상실하게 되었다. 왜냐하면 권력분립의 원리가 특정한 논의들에 대하여 적절한 해결책을 제시할 수 없었기 때문이다. 1960년대 초에 유럽공동체법원이 – 그 후 계속해서 유럽공동체법원 제1심 법원(CFI)이 –

135) 수직적 권력분립이론은 연방국가적 구조하에서의 연방과 지방과의 관계 혹은 중앙집권적 국가에서 지방자치제도의 전개의 권력분립적 구현형태의 측면에서 전개되고 있다.

136) 허영, 「헌법이론과 헌법」, 박영사 2008, 904쪽.

137) BVerfGE 68, 1 [86].

138) Case 9/56, Meroni v High Authority [1957/58] ECR 133, 152쪽.

기본권 보호 그리고 합리적 절차에 대한 원리 그리고 그와 동시에 합리적 행정의 원리를 발전시켰을 때, 보다 특별한 요구들이 권력분립의 원리를 대체하였다.[139] 이러한 원리들은 훨씬 더 정확하고 효율적이다.

공권력 행사의 합리화 그리고 개인의 보호를 목적으로 하고 있는 많은 (하부)원리들의 발전은 가장 많은 학문적 노력을 제공받아서 이루어진 헌법발전의 한 부분이다. 이러한 원리들은 특히 유럽연합의 기본권 헌장에서 나타난 바와 같이[140] 고도의 분화 그리고 발전을 나타낸다. 이와 관련된 적절한 토론은 유럽의 원리들의 이론적 원칙이 어떻게 개별 국가의 발전된 기본권 목록에 의존하고, 그럼에도 불구하고 그와 동시에 초국가적인 권한과 같은 특별한 헌법적 영역도 고려해야만 한다는 것을 나타내 보여주고 있다.

2. 수직적 맥락(vertical context)에서의 거버넌스 권한의 분배

권력분립의 원리는 그 분립의 방법에 따라 수평적 의미의 권력분립(Gewaltenteilung im horizontalen Sinne)과 수직적 의미의 권력분립(Gewaltenteilung im vertikalen Sinne)으로 구별되어질 수 있다. 수평적 의미의 권력분립이란 국가권력의 입법·행정·사법의 분리와 같이 동일한 수준에 있는 국가의 기관에 국가의 권력을 분담케하는 경우를 말하고, 수직적 의미의 권력분립이라 함은 프랑스의 이원정부제하에서의 집행권의 대통령과 내각의 분담과 같은 동일한 계열에 속한 권력의 분립을 의미한다. 그러나 권력분립의 중심적 문제는 권력의 수평적 분립이지, 동일한 권력의 분립을 의미하는 수직적 분립이 아니다.[141]

139) 후자에 대해서는, Case T－54/99, max.mobil v Commision [2002] ECR II－313, para 48.

140) Charter of Fundamental Rights of the European Union, OJ C 364, 18.12.2000, 8.

연방주의적 체제 혹은 어느 정도의 제도적 변화과정을 겪고 있는 체제에서의 헌법은 종종 보다 집중된 그리고 보다 덜 집중된 거버넌스의 구성요소들 사이의 관계를 설정한다(수직적 연방주의). 이러한 연방주의적 체제 하에서의 거버넌스의 분배는 특정한 규칙에 따른 명확한 권력배분뿐만 아니라, 특정한 단계에서 권력의 분배에 대한 결정과 관련하여 법원에 의하여 확립된 기준들도 포함하고 있다. 수평적인 권력분배와 마찬가지로 국제적 차원에서의 수직적인 권력분배는 전형적으로 규범형성적 헌법화와 규범제한적 헌법화의 구성요소들을 포함하고 있다. 즉 이것은 특정한 제한과 절차적 구속이 수반된 권한을 국제조직에 대하여 부여하는 것을 의미한다.

3. 우위성(supremacy)을 가진 법의 공동체

헌법규범은 일반적으로 규범의 위계질서상 헌법에 의하여 인정된 규범제정절차를 통하여 제정된 규범보다는 우위에 있다. Helmut Coing은 법체계설정의 목적에 대해서 다음과 같이 설명하고 있다: "법체계(Rechtsystem)는 최종적으로 사회적생활형태의 특정한 형태와 관련지워진 이성적인 원리의 총체(in einer Summe rationaler Prinzipien)안에서 정의관념 전체(das Ganze der Gerechtigkeit)를 실현시키려고하는 시도이다.[142)]" 이러한 법체계설정의 목적과 관련지어 볼 때, 법학방법론적인 고려에서 볼 때, 법체계는 법질서통일성의 관념없이는 성립될 수 없다. 특히 체계적 해석(systematische Auslegung)의 요청은 법질서 통일성의 확립의 주요한 전개수단이 된다.[143)] 이러한 법질서 통일성의 개념은 Hans Kelsen의 법질서의 단계구조이론(Die Theorie des Stufenbaus der Rechtsordnung)으로 소급되

141) 한태연, 헌법학, 법문사 1983, 267쪽.

142) Helmut Coing, Zur Geschichte des Privatrechtssystem, Frankfurt 1962, S. 28; Claus-Wilhelm Canaris, Systemdenken und Systembegriff in der Jurisprudenz 2., überarb. Aufl., Berlin 1983, S. 13 f.

143) Canaris, 위의 책, S. 14

어 질 수 있다. Kelsen의 법질서의 단계구조이론은 법질서 내에서의 규범 상호간의 관계 특히 헌법과 법률과의 관계를 문제삼게 된다. 결국 이것은 헌법의 우위(Vorrang der Verfassung) 라는 관념과 연결된다. 이 헌법의 우위의 확보의 문제는 규범통제의 근거가 된다.144) 국가권력의 법적인 구속을 제도적으로 보장하는 헌법은 모든 헌법하위규범에 대한 우위를 요구한다. 그리고 이러한 하위법의 헌법의 우위에 대한 구속에의 준수여부는 법관에 의하여 통제되어 진다.145) 헌법재판에 의하여 헌법의 우위를 실현시키는 국가체계나 원칙을 Verfassungsstaat146) 혹은 Konstitutionalismus147) 라 한다. 좁은의미의 헌법재판으로서 규범통제는 법률의 적법성 즉 헌법적합성에 대한 심사이다.

법체계는 실정법적인 의미에서 넓은 의미에서의 법치국가를 구성하는 법규정들의 전체로서 이해될 수 있다.148) 법질서내의 상위법의 원칙들과 내용들은 하위법을 통해서 보다 잘 실현되고 보장되어질 수 있다. 그와 동시에 상위법의 추상적 성격과 하위법에 의한 보충의 필요성은 불가피하게 상위법의 내용적 취약성(inhaltliche Schwäche)을 초래한다. 이러한 상위법의 내용적 취약성은 과연 규범의 위계질서(Normenhierachie)가 실재(Realität)로서 법질서 통일성이 잘 기능적으로 보장되고 있는 지 여부에 대한 의문을 제기하게 만들기도 한다. 물론 하위법에 의한 상위법의 구체

144) Reiner Wahl, Die Entwicklung des deutschen Verfassungsstaates bis 1866, in: Isensse/Kirchhof(Hrsg.) Handbuch des Staatsrechts Bd. I, Heidelberg 1987, Rdnr. 35; Reiner Wahl, Der Vorrang der Verfassung, Der Staat 20 (1980), S. 485; Hans Kelsen, Wesen und Entwicklung der Staatsgerichtsbarkeit, VVDStRL 5 (1929), S. 30 ff.

145) Görg Haverkate, Verfassungslehre Verfassung als Gerechtigkeitsordnung, München 1992, S. 13

146) Hans Hugo Klein, Verfassungsgerichtsbarkeit und Verfassungsstruktur. Vom Rechtstaat zum Verfassungsstaat, in: Steuerrecht, Verfassungsrecht, Finanzpolitik Festschrift für Franz Klein, Köln 1994, S. 512, 514 f.

147) Ralf Dreier, Konstitutionalismus und Legalismus, S. 88

148) Alexander Blankenagel, Tradition und Verfassung, Baden-Baden 1987, S. 63

화는 법질서의 단계를 고려해 볼 때 불가피하고 정당(legitim)하다. 그러나 여기에 하위법에 의한 상위법의 구체화가 반대로 상위법을 하위법에 적합하게 하는 방식으로 행해질 위험성이 존재한다. 이것을 Walter Leisner는 법률의 헌법적합성(die Verfassungsmäßigkeit der Gesetze)이 아니라 헌법의 법률적합성(die Gesetzesmäßigkeit der Verfassung)으로 표현했다.[149] 결국 이것은 Ralf Dreier의 다른 표현을 빌린다면 헌법주의(Konstitutionalismus)와 입법주의(Legalismus)의 갈등이라 할 수 있다.[150] 이 갈등의 해결척도는 기본권 보장을 통한 헌법의 규범성확보라고 할 수 있다. 헌법의 법률에 대한 우위를 정당화하기 위해서는 즉 규범의 위계질서의 확립을 위해서는 헌법은 정의관념에 관계되는 가치적인 요소를 포함하고 있어야한다.

이러한 법질서 통일성의 원리에 근거한 법질서의 확립의 요구가 과연 국제법 질서에도 적용될 수 있는가 그리고 이것이 적용가능하다면 어느 정도까지 실현될 수 있는가 하는 문제에 대하여 검토해 본다. 국제법의 형식적 근원(formal source)에 근거한 국제법의 형식적 혹은 체계적 단일성은 국제법의 헌법화를 위한 충분한 조건이 될 수 없다. 정당성에 대한 순수한 개념적 구상(purely formal concept of legitimacy) 역시 국제법의 헌법화를 위한 충분한 명제가 될 수 없다.

국제법의 헌법화 명제를 정당화 시키기 위하여 국제법상의 헌법주의 발자취를 찾기위한 시도로서 UN 헌장(UN-Charter)을 분석하기 보다는 헌법주의의 실질적 원리(substantive principles of constitutionalism)들에 대하여 고찰할려고 시도하는 것이 중요하다. 반대자들은 헌법주의와 헌법의 내용을 혼합하는 것은 형식(form)과 실질적 내용(substance)의 혼동을 초래할 수도 있다고 이의를 제기한다. 이러한 반대에도 불구하고 헌법과 관련해서는 형식과 그 실질적 내용이 서로 분리될 수 없다. 왜냐하면 어떤 법질서가 헌법을 가지고 있다면, 그 법질서 내에서는 그 전체 법질서가 충

---

149) Walter Leisner, Von der Verfassungsmäßigkeit der Gesetze zur Gesetzesmäßigkeit der Verfassung, Tübingen 1964, S. 23 f.; Schmidt, a.a.O., S. 20

150) Dreier, Konstitutionalismus und Legalismus, S. 514 f.

족해야만 실질적인 내용적 기준(substantive standard)이 반드시 존재하기 때문이다.

그럼에도 불구하고 이러한 실질적 내용들은 그 내용의 준수여부를 감독하고 강제할 수 있는 헌법재판소나 법원과 같은 결정기구(mechanism for decision making)를 통해서 그 법질서 내에서 효과적으로 실행된다. 그래서 대부분의 헌법은 다음의 두가지를 포함하고 있다: 법질서를 위한 일련의 일반적 기준들(general standard) 그리고 이러한 기준들을 실행하는 기구(machinery).

이와 관련하여 과연 어디에서 국제법의 헌법화를 충족화시키는 내용적 기준들을 찾을 수 있는가? 첫 번째로 이러한 기준들은 높은 순위를 가지는 국제법의 원리들(principles in international law) – 특히 절대적 규범(peremptory norm) 강제법(jus cogens)에서 찾을 수 있다. 그 다음에는 국내헌법에서 도출된 기준들(standards)에서 찾을 수 있다. 이와 관련해서는 어떻게 발견된 많은 국내헌법적 기준들이 어떻게 현재의 국제법 질서에 편입될 수 있는가 하는 문제가 제기된다. 이러한 국내헌법적 기준의 국제법 질서에 대한 편입의 결과는 국제법은 이상적 유형의 헌법(ideal-type constitution)의 정확한 내용을 잘 충족시킬 수 없다는 것이다. 국제법과 국내법의 영역과 각 영역에 적용되는 법원리가 다름에도 불구하고, 국제법의 헌법적 발전이 가지는 중요한 의미는 다음과 같이 정리될 수 있다. 국제법의 헌법전 발전은 환영해야할 뿐만 아니라, 국제법에 대하여 제기된 몇몇 국내적 반대(domestic objection)를 극복할 수 있다. 국제법은 결코 국내헌법과 같은 엄격한 의미에서의 헌법을 가질 수 없음에도 불구하고, 국제권력을 확립하고 통제하는 원리로서 국제적 헌법주의의 중요성은 절대로 간과될 수 없다.

일반적으로 국제법의 근본원칙들은 강제법(jus cogens) 혹은 국제법의 절대적 규범(peremptory norm)들 속에서 찾을 수 있다. 그러나 강제법(jus cogens)은 순수히 부정적 성격(negative character)을 가지는 느슨한 객관적 기준(objective standard)이다. 비엔나 조약법협약(the Vienna Convention on the Law of Treaties)은 강제법(jus cogens)에 대하여 규정하고 있다. 강제법은 비록 '전체로서의 국가의 국제적 공동체(international community of States as a whole)' 개념을 둘러싼 불명확성이 존재함에도 불구하고 전체로서의 국가의 국제적 공동체에 의하여 확립되었다. 강제법에 위반되는 어떠한 국제적 합의도 그 효력을 인정받을 수 없다, 즉 무효이다(void). 또한 국제사법재판소(ICJ)는 대세적 의무(erga omnes obligations)에 대한 구분에 대한 국민들의 자기결정(self-determination of peoples)을 존중하였다.[151] 강제법의 구성요소가 되는 대부분의 부정적 원칙들(negative priciples)은 넓은 의미의 국제적 헌법의 부분으로 개념적 정의가 내려진다. 그럼에도 불구하고 이러한 원칙들 그 자체가 어떤 헌법 그 자체를 근거지우는 것은 아니다. 이들은 또한 국가주권을 제한한다.

국가간의 합의의 대상이 되지 않은 모든 절대적 규범(peremptory norm)이 다 필연적으로 국제 헌법의 구성요소가 되는 것은 아니다. 각 국가들의 합의에 근거하여 자기결정의 원칙이 그러한 헌법적 특성을 가지게 된다. 왜냐하면 합의의 원칙은 누가 법적인 주체(legal subject)로 간주되는가 하는 문제를 포함하고 있기 때문이다. 그럼에도 불구하고 여기에는 이러한 합의의 실현기구(machinery of realization)가 존재하지 아니한다.

법의 지배의 기본적 구성요소들은 우선적 법의 원리들을 응고시킨 1960년대의 유럽의 헌법적 사고의 첫 번째 국면이었다. 1964년 카이저(J.H. Kaiser)는 법의 지배에 근거한 유럽국가의 탄생은 우리시대의 과업이라고 계획적으로 선언하였다.[152] 대부분의 법체계는 법치국가성과 동등 혹은 유사한 용어 하에서 적절한 구성요소들을 포함하고 있다; 대부분의 모든 언어에 의한 조약의 번역문은 국가와 관련된 용어를 유사하게 사용하고 있다. 이 용어는 그 속에 국가성의 구성요소가 포함되어 있기 때문

---

151) East Timor (Portugal v. Australia) 1995 I.C.J. 90 at 102, ¶ 29.

152) Joseph H. Kaiser, Bewahrung und Veränderung demokratischer und rechtsstaatlicher Verfassungsstruktur in den internationalen Gemeinschaften, VVDStRL 23 (1966) 1, S, 33.

에 불명확하다. 유럽공동체법원이 유럽공동체조약(EC) 제220조에서 추론한 바와 같이 '법(law)'이란 단어의 가중된 의미 속에서 '법의 지배'란 용어를 사용하는 것이 보다 정확한 것으로 보여진다. 하나의 법문화를 확립한다는 것은 유럽의 발전 그리고 통합에 있어서 지금까지 매우 중요한 의미를 지녀왔다.[153)]

아마도 법적인 통합을 위해서 가장 성과가 큰 이론적 개념은 국가적인 헌법적 사고와 관련된 계속성 그리고 혁신 양자 모두를 근거지우는 다양한 구성요소인 '법의 공동체(Rechtsgemeinschaft, community of law)[154)]'의 개념이다. 원리로서 법의 공동체개념은 조약내용의 광범위한 법적 발전에 대한 가장 큰 독립적 영향력을 행사하여 왔다. 책임 있는 법적 행위자는 민주주의에 대한 논의는 반드시 정치가들에게 맡겨져야만 한다고 단순하게 느끼는 데 반하여, 법의 지배의 많은 측면들을 그럴 필요가 없다고 생각하고 있다.

법규범은 사회적 관계를 규율한다. 법규범의 상호관련적인 (실제적) 유효성과 공평무사한 적용은 법의 지배의 구성요소이다. 이러한 법규범의 유효성과 공정한 적용은 – 규범적 용어로는 – 개인의 법적 평등의 첫 번째 표현이다. 법규범의 유효성은 적어도 기능을 하고 있는 국가에서는 보통 확실히 보장된다. 입법을 하고, 이를 집행하는 국가권력의 일반적 근원으로서 법의 지배의 이러한 측면은 대체로 중요하지 않은 주제 혹은 간단하게 자명한 것으로 받아들여진다. 국내법적 질서에 있어서 이 문제가 헌법적 주목을 받게 되는 것은 단지 법의 평등한 적용과 관련될 경우이다.[155)]

---

153) 아르민 폰 복단디/박진완 역, 유럽을 위한 헌법원리들, 헌법학연구 제13권 제3호, 한국헌법학회 2007, 902쪽,

154) Walter Hallstein, Die Europäische Gemeinschaft, Düsseldorf/Wien 1979, S. 51쪽; Manfred Zuleeg, Die Europäische Gemeinschaft als Rechtsgemeinschaft, NJW 1994, S. 545.

155) 독일 기본법 제3조 제1항; 법적 문제로서 선택적 적용의 현상에 대하여, 독일연방헌법재판소판례집 66, 331 355쪽 이하; 71, 354 362쪽; 아르민 폰 복단

국제공법은 공동체법에서 그 기원을 찾을 수 있다. 국제공법의 첫 번째 문제는 지금까지도 여전히 그 법의 유효성 그리고 사회적 관계에 대한 평등한 적용이다. 이것은 할스타인의 용어인 '법의 공동체'의 첫 번째 국면이다: 유럽연합은 단지 법의 공동체이다. 그리고 그 자신의 독자적 기관에 의한 강제력의 공동체는 아니다.[156] 그러한 까닭에 상황은 국가의 법체계의 상태와는 다르다. 초국가적인 법의 공동체 속에서 공동체법의 유효성에 대한 공동체의 체계적 관심 그리고 자신에게 이익을 주는 규범의 실행에 대한 개인의 이에 상응하는 이해관계가 서로 일치하여 조화를 이루고 있다: 입법자 (유럽연합) 그리고 수익자 (유럽연합의 시민) 양자 모두 구성국가의 국내법원을 필요로 한다. 적절한 법개념들, 무엇보다도 직접 적용성(direct applicability),[157] 우위(primacy)[158] 그리고 유효한 동일한 적용의 원리(principles of effective and uniform application)('동동성(equivalence)')[159]는 확고하게 양쪽의 이해관계에 기여하게 된다. 유럽법이 유럽통합의 발전을 위하여 '개인을 도구화했다'했다는 광범위하게 유포된 주장[160](인간의 존엄의 침해에 대한 함축적인 비난과 함께)은 공동체법의 이러한 기초에 대한 잘못된 이해를 표현한 것이다.[161]

아마도 유럽연합은 이미 확립된 국민국가보다 더 법의 지배에 의존

디/박진완 역, 유럽을 위한 헌법원리들, 903-904쪽,

156) Walter Hallstein, Die Europäische Gemeinschaft, Düsseldorf/Wien 1979, 53쪽 이하.

157) Case 26/62, 주 26을 참조; Case C-8/81, Becker [1982] ECR 53, paras 29 이하.

158) Case 6/64, Costa [1964] ECR 585 593쪽 이하; Case 92/78, Simmenthal v Commission [1979] ECR 777, para 39; Case C-213/89, Factortame [1990] ECR I-2433 para 19; Case C-285/98, Kreil [2000] ECR I-69.

159) Cases 205/82-215/82, 독일 우유대리점 [1983] ECR 2633, para 22; Case C-261/95, Palmisani [1997] ECR I-4025, para 27; Case C-404/97, Commision v Portugal [2000] ECR I-4897, para 55.

160) Thomas von Danwitz, Verwaltungsrechtliches System und Europäische Integration, 1996, 175쪽

161) 아르민 폰 복단디/박진완 역, 유럽을 위한 헌법원리들, 904쪽,

한다. 할스타인(Hallstein)이 유럽공동체는 법의 창조물이라고 이야기 할 때,[162] 이것은 국민국가적 특성에 근거한 국민국가의 지배적 이해에 반대하는 '법이전의 실체'로 이해되어져야만 한다(예를 들면, 하나의 국민, 하나의 확립된 조직체). 헌법 이전의 국가의 선재성 그리고 그와 동시에 단지 법의 구속력에만 의지한 통합의 전개에 대해서도 의문을 제기할 수 있다. 그럼에도 불구하고 언어 혹은 역사와 같은 다른 통합적 요소들의 부족함을 고려해 볼 때, 모든 유럽연합시민을 포용하는 결속력으로서 보통법(common law)의 현저한 중요성에 대해서는 거의 의문을 제기할 수 없다. 게다가 이미 토크빌(de Tocqueville)이 지적한 바와 같이 정치의 영역이 더욱 더 넓어지고 자유로워지면 질수록, 정치는 더욱 더 법에 의존하여만 한다. 이 점은 또한 정치학에 의하여서도 인정되고 있다.[163]

유럽법의 몇몇 측면들은 여러 종류의 유럽적 가치의 다양성과 조화되지 않고 경직되어 있는 것처럼 보인다. 이에 대한 원인은 부분적으로 구성국가의 법규정 혹은 법실무와 충돌하는 초국가적 법의 유효성의 확보에 있어서의 어려움에서 찾을 수 있다. 유효성의 정도를 고려하여 서로 충돌하는 이해관계들에 대한 헌법적 형량을 수행하는 원리들의 개발이 이미 행해졌다. 따라서 현 시점에서 원리의 충돌에 관한 일반적 이론적 원칙들에 의하여 보다 균형 잡힌 해결책을 찾는 것은 가능하다.

법은 중립적인 제3자에 의하여 갈등이 해결되어지는 것을 요구한다. 이에 상응한 법의 공동체의 원리는 다음을 의미한다: "구성국가 그리고 구성국가의 기관들은 그들에 의하여 채택된 법령들이 기본적인 헌법적 헌장, 조약에 합치하는지 여부에 대한 심사의 문제를 회피할 수 없다. 특히, … 조약은 사법적 구제의 완전한 체계를 확립하였다.[164]" 공동체 그리고 그와 동시에 구성국가의 차원에서의 포괄적인 법적 보호의 원리는

---

162) Hallstein 위의 책, 53쪽.

163) 아르민 폰 복단디/박진완 역, 유럽을 위한 헌법원리들, 905쪽,

164) Case 294/83, Les Verts v Parliament [1986] ECR 1339. para 23; Case T-17/00 R, Rethley et al v Parliament [2000] ECR II-2085, para 54.

가장 중요한 법적 발전을 초래하였다.[165] 이러한 배경을 무시한 그리고 사법적 구제에 있어서의 명백히 보이는 허점을 고려한 유럽공동체법원의 유럽공동체조약 제230조 제4항(유럽연합의 기능에 관한 조약 제263조 제4항)의 제한적 해석은 정당화될 수 없는 것으로 보인다.[166]

법의 공동체가 성립된 유럽연합차원에서의 법의 지배도 논쟁의 여지가 없는 것은 아니다. 유럽연합조약 제4부 그리고 제5부는 이 원리에 적합하다고 평가하기가 매우 어렵다. 유럽정상회의(European Council)의 역할은 특히 문제가 된다. 그럼에도 불구하고 법적인 측면에서 본다면 유럽정상회의는 유럽연합의 기관이다. 유럽연합의 기본권 헌장(Charter of Fundamental Rights of European Union)의 공포의 실패에서 나타난 바와 같이 유럽정상회의의 자기-이해는 유럽연합의 권한범위 밖에서 기능하는 기관이다. 19세기의 헌법적 정치체제의 왕과 유사하게 유럽정상회의는 어떤 다른 기관에 대하여 책임을 지지 않고, 오류를 범하지도 않는다. 종종 입법적 계획을 최종적으로 결정하는 이 기관은 자신을 헌법적 질서의 밖에 자리 잡게 하고, 법적책임 그리고 정치적 책임의 범위로부터 벗어나게

---

165) Claus Dieter Classen, Die Europäisierung der Verwaltungsgerichtsbarkeit, Tübingen 1996, 182쪽 이하; 다음을 참조 예를 들면, Case 222/84, Johnston [1986] ECR 1651, paras 13 이하; Cases C-6/90 그리고 9/90, Francovich [1991] ECR I-5357, paras 31; Case C-70/88, Parliament v Council [1990] ECR I-2041, paras 15 이하; Case C-2/88 Imm. Zwartveld [1990] ECR I-3365, para 16.

166) Case T-177/01, Jégo-Quéré v Commision [2002] ECR II-2635 이하, paras 41 이하에 대한 접근은 환영할만 하다; 또한 다음을 참조 법률자문관 (AG) Jacobs, Opinion of 21 March 2002 in Case C-50/00 P, Unión de Pequeños Agricultores v Council [2002] ECR I-6677, paras 59 이하. 유럽공동체법원은 이러한 조치를 조약의 수정을 요구하는 것으로 보는 유럽공동체법원 제1심 법원 그리고 법률자문관에 의하여 행해진 해석을 따르는 것을 거부하였다. Case C-50/00 P, ibid, paras 40 이하, 특히 para 45; 다음의 사례에서 유럽공동체법원에 의해 행해진 상소판결을 참조 Case 263/02 P, Commission v. Jégo-Quéré [2004] ECR I-0000, para 36; 아르민 폰 복단디/박진완 역, 유럽을 위한 헌법원리들, 906쪽.

만들고 있다.[167)]

4. 기본권의 보장

현대 헌법 속에서 보장되고 있는 기본권은 역사적 현실적으로 정치와 밀접한 관련을 가지고 있다. 기본권은 필연적으로 정치적 투쟁의 대가로 쟁취한 것이다. 그래서 항상 기본권의 해석과 적용의 문제는 항상 정치적인 분쟁(Streit)에 휩쓸려 들어간다. 이런 점에서 볼 때 기본권의 문제, 혹은 인권의 문제는 인정을 위한 투쟁(Kampf um Anerkennung), 인정의 정치(Politik der Anerkennung)를 위한 투쟁의 결과로도 볼 수 있다. 독일의 경우 기본법 제1조 제2항은 "그러므로 독일국민은 불가침·불가양의 인권을 모든 인간공동체, 세계의 평화와 정의의 기초로서 인정한다(Das Deutsche Volk bekennt sich darum zu unverletzlichen und unveräußerlichen Menschenrechten als Grundlage jeder menschlichen Gemeinschaft, des Friedens und der Gerechtigkeit in der Welt)"고 규정하고 있다. 독일 기본법 제1조 제2항 속에 표명되어진 불가침·불가양의 인권에 대한 독일 국민의 인정은 '그러므로(darum)'라는 표현을 통해서 기본법 제1조 제1항의 존엄보장(Würdegarantie)과 밀접하게 결부되어 있다. 우리헌법 역시 제10조에서 "모든 국민은 인간으로서의 존엄과 가치를 가지며, 행복을 추구할 권리를 가진다. 국가는 개인이 가지는 불가침의 기본적 인권을 확인하고 이를 보장할 의무를 진다"고 규정하고 있다. 인권은 존엄보장의 결과와 표현이다. 그러나 이것은 한편으로는 넓게 파악되고 또 다른 한편으로는 제한되어질 수 있는 모든 인권들이 존엄보장과 동일시되는 것을 의미하는 것은 아니다. 그렇다고 해서 인권에 대한 좁은 해석 그 자체를 존엄보호와 동

167) Case T-584/93, Roujansky v Council [1994] ECR II-585, para 12; Case C-253/94, Roujansky v Council [1995] ECR I-7, para 11; R. Lauwarts, *Constitutional Erosie*, 1994; 아르민 폰 복단디/박진완 역, 유럽을 위한 헌법원리들, 907쪽.

일하게 이해할 필요는 없다. 오히려 존엄보장을 넘어서고 거주이전의 자유, 집회의 자유, 혹은 의견발표의 자유와 같이 법률에 의하여 제한되어져만 하는 인권도 있다. 더 나아가서 인권은 기본법에 규정되어진 기본권과 동일시될 수 없다.

마찬가지로 인권은 독일 기본법 제19조 제2항 그리고 우리 헌법 제37조 제2항에서 보장된 기본권의 본질적 내용과 동일화될 수 없다. 기본권의 본질적 내용은 부분적으로 인권의 범위를 넘어서기도 하고, 부분적으로는 인권보다 협소하다. 기본권과 인권이 일치하지 않는 경우에는 처음에 예에 해당한다. 그것을 제외하면 인권의 이념은 기본권의 본질적 내용을 이루고 있는 것을 넘어선다.

기본권의 역사적 발전은 다음의 두가지 줄거리로 요약되어진다. 그 중 한 내용은 기본권을 국가이전에 선재하는 개인의 권리로 이해하는 입장이다. 왜냐하면 개인의 자유와 평등은 국가생성의 정당화된 조건이 때문이고 자유와 평등은 국가권력의 행사를 의무지우고 국가권력행사에 대한 한계를 설정하기 때문이다. 또 다른 내용은 독일의 기본권발전에 있어서 기본권을 인간으로서 개인에게 이미 인정된 권리가 아니라, 국가구성원으로서 개인에게 인정되는 권리로서, 즉 기본권이 국가이전에 존재하는 것이 아니라, 국가에 의하여 비로소 보장되는 권리로 이해하는 것이다.

이러한 양 입장의 차이와 마찬가지로 공통점도 정확히 확정되어질 수 있다. 국가와 사회에 선재하는 자유와 평등에 대한 자연법적인 관념이 인간이 사회와 국가없이 살 수 없다는 것을 부인하는 것은 아니기 때문에, 이러한 입장은 또한 기본권의 선재성을 통해서 기본권제한이 정당화 필요성을 의미하는 것이 된다.

기본권이 국가보다 선재한다는 것(vorstaatlich)은 국가에 대한 기본권의 행사가 정당화되어져야 한다는 것이 아니라, 그와 반대로 국가가 기본권을 제한하는 것이 정당화되어져야한다는 의미이다. 독일의 발전과정은 이러한 원리를 전적으로 인정하고 있다. 왜냐하면 독일의 발전과정은 국가권력이 정당화요구에 구속되어 있는 범위를 인정하고 있고, 이러한 범위는 단지 마지못해 확대되어진다. 이미 북아메리카와 프랑스가 국가의 생성을 (국민주권) 그리고 북아메리카가 또한 법률을(헌법의 우위(Vorrang der Verfassung)) 헌법의 척도에 의하여 평가한 반면에, 독일은 오래동안 단지 행정을 법률에 구속시킬 따름이었다(법률유보(Vorbehalt des Gesetzes)). 기본법 제1조 제2항 그리고 제3항을 통해서 비로소 기본권은 국가권력행사의 기초와 척도로서 기능하게 되었다. 이를 통해서 이해하기 쉽게 기본권의 공통개념(gemeinsame Begriff der Grundrechte)이 도출되어 진다: 기본권은 개인의 권리이고 국가에게 의무를 지운다. 기본권은 국가에게 정당화(Rechtsfertigung)를 요구하고 그러한 한에 있어서 기본권은 국가에 선재한다.

이러한 기본권 보장의 요구가 법질서 이전에 국가에 앞서서 선재하는 것이라면 이러한 요구는 국제적 인권보장의 요구에도 그대로 준용된다. UN헌장(UN Charter) 제2조는 국가의 기본적 권리와 의무를 개념정의하고 있다. 그러한 국가의 기본적 권리와 의무들 중에서 무력(force)의 사용금지는 강제법(jus cogens)에 속한다. 집단학살의 금지와 고문을 받지 아니할 권리와 같은 강제법적 성격(jus cogens nature)을 가지는 다른 규범들은 인권에 속한다. 그러한 이러한 서로 격리된 요소들(isolated elemente)은 국제공동체의 헌법의 토대가 되기에는 정합성(coherence)과 종합성(comprehensiveness)이 결여되어 있다. 당시 UN 사무총장이었던 Kofi Annan에 의하여 특별한 국제적 중요성을 가지는 것으로 인정된 25개의 국제조약의 인정과 이들 조약들에 대한 광범위한 비준과 보편적인 적용을 보장하기 위한 목적에서 열린 2000년 5월 17일의 밀레니엄 정상회의(Millenium Summit)의 개최는 국제법의 헌법화의 진행과정에 매우 중요한 의미를 가진다. 이들 조약들에 대한 각 국가들의 비준을 통하여 이 조약속의 강제법적 성격을 가지는 규칙들(rules of a jus cogens nature)은 국제법의 헌법적 구성요소들의 목록의 한 부분이 될 것이다. 그럼에도 불구하고 이러한 규칙들은 국제법 체계의 헌법화를 실현하기 위하여 필요하고 충분한 조건은 되지 않는다.

이와 관련하여 유럽연합에서의 기본권 보장의 요구실현에 대하여 검토해 본다. 유럽연합조약 제6조 제1항은 유럽연합의 창설근거가 되는 원리들 중의 제일 첫 번째 원리로서 자유(liberty)를 언급하고 있다. 이러한 원리(자유)가 독자적인 규범적 의미를 가져야 한다면, 그것은 다양한 특수한 자유들(specific freedoms)을 넘어서는 것이어만 한다. 왜냐하면 후자는 이 규정의 뒷부분에 나타나는 단어들인 '인권', '근본적 자유', 그리고 '법의 지배'로부터 완전히 추론될 수 있기 때문이다 자유가 여러 곳에 다양하게 규정된 사실은 자유가 다른 원리들 보다 우위에 있는 원리라는 의미로 이해되어야만 한다. 이러한 자유의 이해는 특권에 기반을 둔 사회질서, 혹은 국가사회주의, 파시즘, 공산주의, 혹은 다른 형태의 권위주의와 같은 억압적 정부형태의 단순한 거부의 의미로 그 내용이 약화될 수 없다. 그러한 이해는 최소한도의 해석이 될 것이다.

오히려 이러한 자유는 개인의 자유가 모든 유럽법을 위한 출발점 그리고 평가기준이 된다는 선언으로 이해될 수 있다: 유럽연합의 사법적 관할(jurisdiction)의 범위 내에서 모든 사람은 자유로운 법적 주체가 되고, 이러한 법질서 하에서 모든 사람은 법적으로 동등한 인격체로서 서로 교류하게 된다. 이것은 개념적으로 법과 사회에 대한 개인주의적 이해를 불러일으킨다. 이러한 인간에 대한 이해는 결코 자연(nature)에 의해서 부과된 것이 아니라, 오히려 유럽역사의 가장 중요한 문화유산, 서구세계에 있어서 대부분의 개인의 자기인식을 위한 근본적 요소이다.

혹자는 이러한 자유가 아주 특별한 보편적 원리라고 반론을 제기할 수도 있다. 이러한 반론은 근거가 있다고 볼 수도 있다. 그럼에도 불구하고 이러한 원리는 결코 모든 법질서 속에서 확고한 기반을 가질 수 없다는 점을 인정해야만 한다. 그리고 유럽연합법은 이러한 원리를 광범위하게 구체적인 법률관계 속에서 효과적으로 실현하는 유일한 초국가적인 법질서이다.

이러한 '자유' 원리의 관점에서 근본적인 그럼에도 불구하고 종종 기술적으로 (잘못)이해된 유럽법의 개념들이 유럽의 헌법적 전통과 밀접한 관련성을 갖게 된다. 그 첫 번째가 개인은 유럽법의 객체일 뿐만 아니라, 주체이다 라고 보고 있는 '직접효(direct effect)'의 개념이다. 이 관념이 유럽공동체 조약의 유럽헌법에로의 변용을 제시했다는 것은 우연의 일치가 아니다.[168)]

개인적 자유의 원리는 가장 초기 단계에서 부터 통합이론(integration theory)의 핵심적 요소가 되어 왔다. 할스타인(W Hallstein)은 유럽통합을 통합의 유럽대륙적 범위에로의 확장적 성격을 고려하여 개인의 자치적 행위영역의 매우 중요한 확장으로 이해하였다. 이러한 행위영역의 확장에 대한 헌법적 국면의 전개는 사법 무엇보다도 모든 계약법에 대한 헌법적 기능의 확대에 그 근거를 두고 있다 : 많은 이들은 사법을 개인적 자유의 체계적 질서로 생각하고 있다.[169)] 초기의 유럽공동체가 사실상 사법과 관련된 아무런 법규정을 제정하지 않았다 할 지 라도, 공동체는 개인이 매우 광범위한 영역에 있어서 계약을 체결하는 것을 도와주는 것을 통하여 그 출범이래로 계속적으로 중요한 사법적 영역을 유지하고 있었다. 이러한 관점에서 볼 때 시장의 자유와 경쟁법 그리고 그와 동시에 유럽공동체조약 제4조 제1항의 근본적인 중요성을 인식할 수 있다. 결국 자유롭고, 자치적인 유럽대륙 영역의 목표는 각 구성국가들의 내부에서는 실현될 수 없다 – 그러한 영역은 통합의 한 특정가치만을 구현하고 있다.[170)]

이러한 사적 자치는 유럽연합과 같이 (거의) 유럽대륙의 범위에 해당되는 하나의 이질적인 정치적 공동체 속에서 매우 중요한 의미를 가진다.

---

168) Case 26/62, van Gend & Loos [1963] ECR 1, 12쪽; P. Pescatore, The Doctrine of "Direct Effect", 8 *EL Rev* (1983) 155, 158쪽; 아르민 폰 복단디/박진완 역, 유럽을 위한 헌법원리들, 899–900쪽.

169) Hallstein, Die Wiederherstellung des Privatrechts, Schriften der Süddeutschen Juristen–Zeitung 1 (1946), S. 530쪽; Ernst–Joachim Mestmäcker, Die Wiederkehr der bürgerlichen Gesellschaft und ihres Rechts, Rechtshistorischen Journal 10 (1991) S. 177.

170) Entscheidungen des Bundesverfassungsgerichts(독일연방헌법재판소의 판례집) 89, 155 174쪽; 이 결정은 경제헌법의 특별한 중요성을 설명해 준다 ; 아르민 폰 복단디/박진완 역, 유럽을 위한 헌법원리들, 900쪽.

하나의 정치적 공동체가 보다 넓어지고, 보다 다양해지면 질수록, 자유로운 자치적-지배의 도구로서 정치와 법을 이해하는 것이 점점 더 어려워진다. 그러므로 사적 자치의 영역은 더욱 더 절대적으로 필요한 것이 된다.

그럼에도 불구하고 자유를 단지 형식적으로 사적 자치의 의미로 이해한다면, 자유의 개념을 잘못 이해한 것이 될 것이다: 그러한 자유는 항상 특권으로 변질될 위험성을 내포하고 있다. 진정한 자유는 단지 모든 법적 주체를 위한 동일한 자유로서 이해될 수 있다. 이것이 바로 유럽공동체법원(ECJ)의 판례법의 매우 중요한 방향을 설명해 주는 동동한 자유(equal liberty)의 개념이다: 구체적인 자유를 고려하여 유럽법질서의 주체들의 법적 지위를 동등화하는 것. 이에 관한 표현은 차별, 특히 노동자의 자유로운 이동의 자유, 일반적 차별의 금지, 유럽연합의 시민권에서 도출되는 권리들 그리고 결사의 자유에 대한 판례법들 속에서 찾을 수 있다. 이러한 판례법은 수십 년간의 통합 이후에도 여전히 이 원리가 내포하고 있는 자유로운 해방에 대한 거대한 잠재력을 보여주고 있다. 자유, 안전 그리고 사법의 영역(area of freedom, security and justice)의 설립목적을 단일시장에서 이 원리를 이용하기 위한 좁은 목적설정에서 찾기 보다는 이러한 동등한 자유의 관점에서 찾는다.[171)]

리스본 조약에 의한 유럽연합의 기본권 헌장의 법적인 구속력의 인정은 유럽연합의 법질서 자체의의 근본적 변동을 초래할 수 있다. 이것은 기본권이 유럽연합의 공적 행위에 대한 단순한 구속이 되는 것으로 부터, 구성국가의 국내적 상황 혹은 초국가적인 상황에 관계없이 모든 공권력을 지도하는 것으로 변화된다는 것을 의미한다. 유럽연합의 기본권 헌장이 법적인 구속력을 가지기 이전에 이미 유럽공동체법원은 이미 이 방향에 대한 중요한 행보를 취하였다. 유럽연합과 조금이라도 관련이 있으면, 유럽공동체법원은 구성국가의 국내법질서가 스트라스부르 법원(Strasbourg

---

171) 이러한 의미로는, Case C-187/01 그리고 C-385/01, Gözütok [2003] ECR I-1345 paras 36 이하; 아르민 폰 복단디/박진완 역, 유럽을 위한 헌법원리들, 901쪽.

Court)에 의하여 해석된 유럽인권협약(European Convention on Human Right, ECHR)과 그 의정서들(proctocols)을 존중할 것을 요구한다.[172)]

원리들의 이론적 원칙은 법의 지배와 그러한 발전을 만들어낼 수 있는 다른 원리들 사이의 충돌을 조정해야만 한다. 특히 다양성을 보호하는 여러 가지 원리들이 법원에 의해서 행해지는 어떤 특정 원리 혹은 가치에 기반을 둔 동일화 작업에 대한 제지를 요구한다. 더군다나 유럽연합의 통치구조적 헌법의 특징, 예를 들면 유럽연합의 차원에서 조직된 헌법제정권력의 결여는 원리들의 규범적 범위와 깊이를 결정하는 경우에 있어서 반드시 고려되어야만 한다. 헌법적 원리들의 전체적인 범위를 고려해 볼 때, 현재의 유럽연합에 있어서 초국가적인 기본권의 범위와 깊이를 확장하는 것은 결코 명백한 긍정적 발전이 아니라, 오히려 아주 모호한 상황의 전개이다. 아마도 유럽공동체법원은자신의 독자적인 기본권 판례법의 개발을 통해서가 아닌, 오히려 유럽인권협약의 기준에 가입하는 것을 통해서 이러한 위험에 대해서 대응할려고 시도하고 있다. 그럼에도 불구하고 유럽인권협약이 헌법적 다양성의 문제에 대하여 훨씬 더 호의적이고 구성국가의 헌법체계에 대하여 훨씬 더 수용적일 수 있는지 지 여부는 의문이다.

5. 민주주의

대부분의 모든 민주주의에 대한 이론적 이해에 있어서 가장 중요한

---

172) Case C－60/00, Carpenter [2002] ECR I－6279, paras 41 이하; Cases C－465/00, C－138/01 그리고 C－139/01, Österreichischer Rundfunk [2003] ECR I－4989, paras 71 이하; Case C－109/01, Akrich [2003] ECR I－0000, paras 58 이하; Case C－101/01, Lindqvist [2003] ECR I－0000, para 90; Case C－117/01, K.B. [2004] ECR I－0000, paras 33 이하; 이러한 판례법에 대한 상세한 내용은, Gabriele Britz, Bedeutung der EMRK für nationale Verwaltungsgerichte und Behörden, NJW 2004, S. 173; 아르민 폰 복단디/박진완 역, 유럽을 위한 헌법원리들, 912쪽.

요소는 시민의 자유로운 선거를 통한 정치가의 선출에 있다. 유럽연합에 대해서만 이와 다른 출발점을 설정해야만 할 아무런 합리적 근거가 없다. 선거는 유럽연합의 기관의 조직적 구성을 위한 민주적 정당성의 두 가지 방향들을 제공한다. 이러한 방향들은 유럽연합의 시민들의 전체에 의한 선거를 바탕으로 형성된 유럽의회 그리고 그 정당성이 민주적으로 조직된 구성국가의 국민에 근거하고 있는 유럽연합의 각료회의와 유럽정상회의를 통하여 각각 제도적으로 표현되고 있다. 현재의 헌법적 상황 속에서는 특히 유럽연합조약 제48조에 의하여 제시된 바와 같이 구성국가의 의회의 정당성의 명백한 우위 그리고 그와 동시에 유럽연합의 결정절차 속에서의 유럽연합의 각료회의와 유럽정상회의의 압도적인 우월성이 존재한다.[173]

유럽의회의 공동결정이 결코 모든 영역들에서의 권한으로 구체화되지 않았었고, 모든 중요한 개인적 결정들이 반드시 유럽의회의 승인을 필요로 하지 않고, 다른 기관들도 자신들의 행위에 있어서 유럽회의에 대해서 책임을 지지 않기 때문에, 이원적 정당성의 원리가 민주주의의 원리의 구체화로서 공식화될 수 있는지 여부에 대해서는 의문이 제기될 수 있다. 그렇지만 현재의 유럽의회의 권한범위는 이미 이원적 정당성의 원리의 가정을 인정하고 있다는 것에 대한 광범위한 합의가 형성되어 있다.[174] 유럽연합의 기능에 관한 조약 제294조에 의한 입법과정의 많은 부분들뿐만 아니라, 유럽연합의 기능에 관한 조약 제313조에 의한 예산 그리고 유럽연합조약 제49조에 의한 새로운 구성국가의 가입에 대한 결정에서 나타난 바와 같이 집행위원회(Commission)의 위원의 임명에 대한 결정 그리고 이러한 '통합의 정치적 원동력'은 이러한 이원적 정당성을 바탕으로

173) 아르민 폰 복단디/박진완 역, 유럽을 위한 헌법원리들, 918－919쪽.

174) 독일연방헌법재판소 판례집 89, 155쪽, 155쪽; 다음을 참조 von Bogdandy, Das Leitbild der dualistischen Legitimation für die europäische Verfassungsentwicklung, Kritische Vierteljahresschrift für Gesetzgebung und Rechtswissenschaft 2000, S. 284쪽.

하고 있다.[175)]

그럼에도 불구하고 현재의 법적 상황을 고려해 볼 때, 민주주의 원리는 오로지 유럽연합의 법률의 민주적 정당성은 유럽연합의 각료회의 그리고 유럽연합의회를 통하여 도출될 수 있다는 의미로서 이해될 수 있다. 그러나 유럽의 법체계는 어떤 기관이 어떤 특정한 사례에 대하여 구체적인 결정을 해야만 할 정도로 특성화되어 있지 않다.[176)] 어떤 특별한 법률의 정당성은 관련된 권한에 근거한 절차의 문제이다 : 그러한 전문영역에 대한 규율을 통해서 민주주의는 안정성을 증진시킬 수 있다. 그러나 절차 그 자체를 변경시킬 수는 없다.[177)] 의회의 권한을 증대시키라는 요구는 정치적인 영역의 문제로 남는다. 왜냐하면 그러한 요구는 거의 유럽연합의 민주주의의 원리에 근거를 둔 것이라고 볼 수 없기 때문이다.[178)]

민주주의의 원리의 법적 효과가 제한되어 있는 데 반하여, 그 원리가 내포하는 의미는 매우 크다. 초국가적인 의회가 어떤 국민을 대표하지 않는다 할지라도, 초국가적인 의회는 민주적 정당성을 획득할 수 있다. 게다가 집행기관(예를 들면 유럽연합의 각료회의) 역시 민주적 정당성을 가

175) 아르민 폰 복단디/박진완 역, 유럽을 위한 헌법원리들, 919쪽.

176) 적어도 유럽연합의 각료회의가 다수결로서 결정하는 그러한 영역에 있어서는, 유럽의회는 공동결정절차의 방식을 경유해서 참가해야만 한다.

177) 그래서 민주주의의 원리는 권한의 수평적 분배의 척도가 아니다; 다음 판례를 참조 Case C-300/89, 다음을 참조 주 79, paras 20 이하; 그러나 다음 자문의견을 참조 법률자문관 Tesauro, ibid, I-2892 이하; 아르민 폰 복단디/박진완 역, 유럽을 위한 헌법원리들, 920쪽.

178) 그러나 사례 T-353/00, Le Pen v Parliament [2003] ECR II-1729에 있어서의 유럽공동체법원 제1심 법원의 판시내용 그리고 사례 그리고 C-208/03 P-R, Le-Pen v Parliament [2003] I-7939 95 이하 속에서의 유럽공동체법원 소장의 명령서 속에서 나타난 접근방법은 너무 신중해서 개별적 법적 효과를 가지지 않는 것으로 판명된 구성원 중의 한명의 의석의 공석을 확정하는 의회의 자율적이고 포괄적인 권리를 거부하고 있다. 이러한 결론은 1976년의 법률 이후의 공동체법의 상태에 근거하고 있다. 유럽연합조약 제6조 제1항 속에 기술된 민주주의의 원리는 이와 관련하여 보다 중요성을 가질 수 있고, 가져야만 한다; 아르민 폰 복단디/박진완 역, 유럽을 위한 헌법원리들, 920쪽.

지고 있다. 이것은 그러한 기관들의 결정들이 민주적으로 문제가 있는 것으로 보는 국가헌법과 뚜렷한 대조를 보이고 있다. 심지어 연방헌법 속에서는 주정부의 대의기관의 민주적 정당성의 획득과 관련된 역할이 거의 인정되지 않고 있다. 단일의 국민의 관념은 너무나 확고하다. 특히 이점을 고려해 볼 때 민주주의를 실현하는 전통적인 전략의 수정은 더욱 명백해진다.[179]

구성국가의 헌법 속에서 민주주의의 원리는 전체 헌법구조 속에서의 의회의 특별한 지위에 의하여 보다 더 구체화된다. 바로 이 점에 있어서 유럽의 민주주의는 여전히 명확하지 않은 상황에 처해있다. 이 원리의 발전이 보다 더디어 지는 미해결의 상황에 직면하게 된다.

몇 가지 측면들은 간단하게 강조되어야만 한다. 유럽정부체제가 의회주의 정부체제가 되어야만 하는지 여부 그리고 그것이 가능하다면 어느 정도까지 그것이 허용될 수 있는지 여부가 하나의 관심사가 된다. 유럽연합의 차원에 적용시켜 본다면 이것은 유럽의회와 유럽연합의 집행위원회 사이의 관계와 관련성을 가진다. 법적인 측면에서 본다면 유럽의회의 유럽연합의 집행위원회의 구성에 대한 통제는 어떤 측면에서는 프랑스의 국민의회의 정부에 대한 통제보다도 더 강력하다.[180] 그럼에도 불구하고 반-의회정부제가 연약한 프랑스적 기반 위에서 실현되어져 왔는데 반하여, 유럽연합의 차원에서는 그러한 종류의 어떠한 체제도 성립되지 않았다. 유럽연합의 구조적 다양성이 그러한 의회주의 체제가 성립되는 것을 막고 있다는 주장이 사실상 제기될 수 있다. 따라서 의회모델은 유럽의회를 위한 선택의 문제로서 논의되고 있다. 최종적으로 어떠한 유럽의회체제가 성립될 것인가 하는 문제는 경험적인 측면에서, 헌법적 측면

---

179) 아르민 폰 복단디/박진완 역, 유럽을 위한 헌법원리들, 920쪽.

180) 프랑스 헌법 제8조 제1항에 의하면 대통령이 수상을 임명한다 ; 수상의 의회에 대한 종속은 프랑스 헌법 제50조에 의한 사퇴의무와 관련성을 가지고 있는 프랑스 헌법 제49조에 기인한다. 아르민 폰 복단디/박진완 역, 유럽을 위한 헌법원리들, 921쪽.

에서 그리고 정치적인 측면에서도 미해결의 문제로 보여진다.181)

또한 의회의 입법발안권의 불인정이 특징이 되어지고 있다. 이러한 특징은 20세기의 현실적 의회이론에 근거한 개념에 대한 지지를 표현한 것이다. 의회의 입법발안권의 불인정은 사회가 민주적 사고의 중요한 판단기준으로서 높이 평가하는 자기입법으로서의 입법에 대한 이해를 포기한 그러한 형태로 해석할 수 있다.182) 유럽의회의 전체조직은 과도하게 자치화 되어지는 행정적 관료주의에 대한 보호수단으로서 이해될 수 있다. 이러한 개념적 이해는 민주주의의 원리에 대한 절제된 이해를 지적한 것이다. 그렇지만 이것은 바로 그러한 논리전개에 대한 좋은 기대도 포함하고 있다. 법의 지배의 원리와 대조적으로 민주주의의 원리는 충분히 구체화된 전략이 필요하기 때문에, 이러한 유연성은 유럽공동체법원이 기관들 상호간의 영역 속에서의 법의 광범위한 발전을 위하여 민주주의 원리를 사용하지 않을 만큼 현명하다는 것을 보여주고 있다.183)

이미 확립된 국민국가의 헌법 이론적 원칙의 가장 중요한 개념적 수정은 대부분의 학자들이 민주적 헌법국가(심지어는 연방적 변형의 경우에도)의 기초로서 인정하고 있는 정치적 통일성(political unity)에 관한 것이다. 유럽연합은 그러한 정치적 통일성을 갖추고 있지 않다. 왜냐하면 유럽연합은 오히려 분리된, 국가별로 조직화된 국민들로 구성되어지고, 그 결과 구조적으로 어떠한 다수도 없는 소수로 서로 연결되어 있기 때문이다. 이러한 이해의 헌법적 표현의 예로서 다소 열거될 수 있는 것은 구성국가의 국민에 대한 존중의 보장, 국가를 창설하려는 의지의 결여, 광범위한 연대적 그리고 방어적 공동체의 결핍 그리고 그와 동시에 의사결정과정 속에서의 유럽연합의 각료회의(Council) 그리고 유럽정상회의(European Council)의 중심적 역할수행이다.184)

---

181) 아르민 폰 복단디/박진완 역, 유럽을 위한 헌법원리들, 921－922쪽.

182) A. Verhoven, *The European Union in search of a democratic and constitutional theory*, 2002 여러 부분에, 특히 34쪽 이하.

183) 아르민 폰 복단디/박진완 역, 유럽을 위한 헌법원리들, 922쪽.

국민국가적 헌법 속에서 민주주의의 원리는 – 모든 시민의 정치적 평등의 의미 속에서 – 헌법의 통치구조부분에 지대한 영향을 미치고 있는데 반하여, 유럽연합의 헌법적 통치기관은 동일한 수준에서의 다양성을 고려해야만 한다. 이것은 예를 들면 정치적 평등성의 원리에 대하여 가해진 몇몇 제한들 혹은 유럽의회의 상대적인 취약점을 설명하고, 아마도 정당화하는 이러한 특징이다. 어쩌면 이러한 요소들은 실질적으로 민주주의의 초국가적인 이해를 정의하는 요소들로서 이해될 수 있다. 또 다른 법적 문제는 민주주의의 원리가 사법적극주의를 불러일으킬 수 있는지 여부이다. 기관구성 그리고 기관 상호간의 범위 내에서 특히 유럽연합의 각료회의와 의회의 사이에서 사법적극주의는 단지 가장 좁게 설정된 한계의 범위 내에서만 가능하다. 참으로 유럽연합의 각료회의는 민주주의의 원리를 실현시키기 위한 이원적 정당성을 가지고 있다. 그리고 유럽연합의 헌법 속에서 유럽의회의 민주적 정당성보다 우선하는 것은 아무것도 없다.[185] 투명성, 관련당사자들의 참여[186] 그리고 내부적–기관조직법[187]의 영역들 속에서의 사법적 발전은 보다 더 중요한 의미를 가질 수 있다.[188]

---

184) 아르민 폰 복단디/박진완 역, 유럽을 위한 헌법원리들, 928쪽.

185) 유럽인권협약의 판례법 속에서의 그러한 접근방법 (특히 유럽인권협약, Mathews v United Kingdom Rep. 1999–I, 251쪽 이하)은 유럽연합법 하에서는 설득력을 가지지 않는다.

186) 특별협력자의 참여에 대한 유럽공동체법원의 제1심법원의 첫 번째 판례에 대해서는 다음을 참조, Case T–135/96, 주 79를 참조, paras 88 이하.

187) 유럽공동체법원의 제1심법원의 접근방법을 참조, Cases T–222/99, T–327/99 그리고 T–329/99, Martinez et al v Parliament [2001] ECR II–2823, para 195.

188) 아르민 폰 복단디/박진완 역, 유럽을 위한 헌법원리들, 929쪽.

Ⅵ. 국제법의 헌법화의 메커니즘에 의한 구체적 진행 과정의 예로서 유럽연합의 기본권 헌장

유럽연합조약(EUV) 제6조 제1항에 의하면 우선적인 유럽연합-기본권(EU-Grundrechte)의 법원(Rechtsquelle)[189]은 유럽연합의 기본권 헌장(Die Charta der Grundrechte der Europäischen Union / Charter of Fundamental Rights of the European Union)의 규정들이다. 그 외에도 조약의 기본권 관련규정들 그리고 유럽연합조약(EUV) 제6조 제3항에 의하여 유럽연합법원(EuGH)이 유럽법의 일반적 법원칙(allgemeine Rechtsgrundsätze)에서 도출한 기본권이 유럽연합-기본권의 법원을 형성한다. 유럽연합의 가장 중요한 법인식원(Rechtserkenntnisquelle)은 유럽연합조약 제6조 제3항에 언급된 유럽인권협약(Europäische Menschenrechtskonvention / European Convention on

189) 법원(Rechtsquellen)과 법인식원(Rechtserkenntnisquellen)이 구분된다. 법원은 법의 효력근거(Geltungsgrund des Rechts)를 형성하고, 법원은 직접적으로 법원칙(Rechtssätze)을 생산한다. 그 반면에 법인식원은 법원칙의 획득에 기여하는 기초를 포함하고 있다. 또한 이와 관련하여 직접적 법원(unmittelbare Rechtsquellen)과 간접적 법원(mittelbaren Rechtsquellen)으로의 구분 혹은 법효력원(Rechtsgeltungsquellen) 그리고 법인식원(Rechtserkenntnisquellen)으로 구분이 행해질 수 도 있다. 법인식원의 특징은 법원칙의 인식에 기여하는데서 찾을 수 있다. 따라서 법인식원에 대해서는 법원의 해석을 위한 단순한 목표지향기능(Orientierungsfunktion)이 인정된다. 그와 반대로 법원으로 분류된 법조문의 원문(Text)은 직접적인 효력을 가지는 권리를 이끌어 낼 수 있다. 유럽연합의 기본권의 영역에서 법원과 법인식원의 구분은 이하에서 설명하는 바와 같이 중요한 의미를 갇다. 무엇보다도 이러한 양자의 구분의 차이가 상대성을 가지기 때문에 법인식원의 중요도는 상황에 따라 변화한다. 일반적으로 법인식원이라는 개념보다는 법원개념이 친숙하게 받아들여지고 사용된다. 그리고 항상 위에서 언급한 것과 동일한 의미로 법원과 법인식원의 구분이 행해지는 것도 아니다. H. D. Jarass, Charta der Grundrechte der Europäischen Union, München 2010, Einl. Rn. 40.

Human Rights)[190]이다. 그 외에도 유럽연합조약 제6조 제3항은 유럽연합 구성국가(Mitgliedstaaten)들의 헌법적 전승(Verfassungsüberlieferung)을 법인식원으로 언급하고 있다. 그 외에도 기본권 헌장-주석(Charta-Erläuterungen)[191]도 법인식원이 된다. 유럽연합의 기본권 헌장 외에 유럽연합-기본권의 중요한 법원과 법인식원을 형성하는 유럽연합의 기본권 헌장, 유럽인권협약, 구성국가의 헌법적 전승 그리고 기본권-헌장 주석은 유럽연합의 기본권 헌장의 해석과 적용에 관한 일반규정의 해석과 적용에 있어서 중요한 연관성을 가지고 있다.

유럽공동체(European Commnity/Europäische Gemeinschaft)[192]의 설립조약에는 각 구성국가들의 헌법 속에 규정된 기본권 목록에 비견될 수 있는 기본권 목록이 포함되지 않았다. 기본권 헌장이 만들어 지기 전까지 유럽연합(European Union/Europäische Union)은 성문의 기본권 목록을 가지

---

190) '인권과 기본자유의 보호에 관한 유럽협약(die Europäische Konvention zum Schutze der Menschenrechte und Grundfreiheiten / European Convention for the Protection of Human Rights and Fundamental Freedoms)'은 일반적으로 '유럽인권협약'으로 명명된다.

191) 간단하게 기본권 헌장-주석(Charta-Erläuterungen)으로 정리할 수 있는, 기본권 제정회의 내지 유럽헌법제정의회의 의장단 회의(Präsidium des Grundrechts-bzw. des Verfassungskonvents)에 의하여 작성된 기본권 헌장의 주석(Erläuterungen zur Charta der Grundrechte)이 부가된다(ABl 2007 C 303/17). vgl. Jarass, Charta der Grundrechte der Europäischen Union, Art. 52 Rn. 87.

192) 유럽공동체는 1993년의 마스트리흐트 조약(Vertrag von Maastricht)에 의하여 1957년에 창설되었던 유럽경제공동체(Europäische Wirtschaftsgemeinschaft (EWG)/European Economic Community)를 대체한 초국가적 조직이다. 유럽공동체는 유럽연합의 세 개의 원주(Säule) 중에서 그 첫 번째 그리고 가장 중요한 부분이었다. 유럽공동체는 독자적 법인격(Rechtspersönlichkeit)을 가지고 있었다. 그러나 2009년 12월 1일 리스본 조약(Vertrages von Lissabon)의 효력발생과 더불어 유럽공동체는 소멸되었다. 유럽공동체의 후계자는 리스본 조약을 통하여 법인격을 취득한 유럽연합(Europäische Union)이 되었다. 유럽공동체의 설립근거가 된, 유럽공동체조약(EG-Vertrag)은 유럽연합의 기능에 관한 조약(Vertrag über die Arbeitsweise der Europäischen Union(AEU-Vertrag))으로 대체되었다.

고 있지 않았다. 물론 그 이전의 1952년의 석탄과 철강에 관한 유럽공동체(ECSC/EGKS), 유럽공동체(EC), 유럽 원자력 공동체(Euratom/EAG)의 창설조약들(Gründungsverträge)이 체결되었던 당시에 기본권 목록 도입에 대한 논의가 무시된 것은 아니었지만, 기본권 목록의 수용은 필요한 것으로 받아들여지지 않았다. 왜냐하면 조약체결당사자인 각 국가들은 구성국가(Mitgliedstaaten) 속에서의 충분한 기본권보호라는 전제를 출발점으로 삼고 있었기 때문이다. 유럽공동체 설립조약의 이러한 기본권 보장에 대한 침묵은 공동체조약의 중요한 특성으로 간주되었다. 그 당시에는 이러한 기본권 목록의 결여가 특별한 문제가 되지는 않았다. 왜나하면 공동체 조약들 속에 포함된 공동체의 우선적 법(Primärrecht)[193]들은 공동체 구성국가들에 대하여 그리고 부분적인 범위속에서 구성국가들의 시민들에 대하여 직접적인 효력을 발휘할 수 있었기 때문이다.[194] 기본권이 유럽공동체의 영역에서는 특별한 의미를 가지지 못한다는 당시의 결론은 너무 성급한 것이고 잘못된 것이었다는 것이 그 후에 계속적으로 인식되기 시작하였다.

유럽공동체 설립조약에서의 기본권 보장에 대한 공통적 기반의 결여로 인하여 유럽연합의 기본권 보장과 유럽연합의 각 구성국가의 헌법상의 기본권 보장의 관계의 문제는 서로 다른 법영역들(Rechtskreise)이 인식될 경우에만 그 대답이 주어질 수 있다. 유럽의 법영역의 내부에서는 기본권 보장이 다양한 법영역들 속에서 보장되어진다. 이러한 다양한 법영역들은 독일연방헌법재판소(BVerfG)와 같은 각 구성국가의 헌법재판소를 통한 기본권보호, 유럽의 차원에서 유럽법원(ECJ/EuGH) 그리고 유럽인권

---

193) 우선적 공동체법(primäres Gemeinschaftsrecht)이라는 불리는 우선적 법은 일차적으로 창설조약(의정서와 부속서도 포함)에 의하여 형성된다. 그러나 또한 그 외에도 공동체법의 일반적 법원칙과 같은 불문법적인 규칙도 포함된다. 이렇게 볼 때 우선적 공동체법 속에 ① 공동체 창설조약 그리고 공동체의 기본질서로서 창설조약에 부속된 구성부분들, ② 공동체법의 일반적 법원칙들, 공동체 기본권이 포함된다. vgl. M. Herdegen, Europarecht, 11. Aufl., 2009, § 9 Rn. 4.

194) S. Broß, Grundrechte und Grundwerte in Europa, JZ 2003, S. 431.

법원(ECtHR/EGMR)을 통한 기본권보호로 나누어 질 수 있다.[195] 예컨대 유럽연합의 한 구성국가인 독일연방공화국 내에서는 헌법인 기본법상의 기본권이 효력을 가진다. 기본법상의 기본권의 효력의 준수여부를 독일연방헌법재판소는 감시한다. 그러나 유럽의 영역에서의 상황은 이와 다르게 설명되어 진다.

유럽법원(EuGH)은 1964년 7월 15일의 Costa/ENEL 결정(Costa/ENEL-Entscheidung)[196] 이래로 각 구성국가의 법질서(당연히 또한 각 구성국가의 헌법)에 대한 공동체법(Gemeinschaftsrecht)의 절대적 우위를 설정하였고, 그와 동시에 공동체법을 위한 독점적인 심사권한(Prüfungskompentenz)의 인정을 요구하였다. 또한 독일연방헌법재판소(BVerfG)는 이러한 유럽공동

---

195) 리스본 조약은 유럽연합법원(Gerichtshof der Europäischen Union)으로 명칭이 변경된 유럽공동체법원(Gerichtshof der Europäischen Gemeinschaften)에 대한 규정들을 더욱 더 개선·발전시켰다. 유럽연합법원은 공동의 외교정책과 안보정책에 대해서는 원칙적으로 관할권을 가지지 않는다. 리스본 조약에 따른 유럽연합조약(EUV) 제40조의 준수에 대한 통제(Kontrolle) 그리고 자연인 혹은 법인에 대한 제한적인 결정의 법적합성에 대한 감시에 대해서는 예외가 인정된다 (리스본 조약에 따른 유럽연합조약(EUV-Lissabon) 제24조 제1항 제2하부항(UAbs.) 제5문; 유럽연합의 기능에 관한 조약(AEUV) 제275조). 자유, 안전 그리고 권리의 공간적 영역(Gebiet des Raums der Freiheit, der Sicherheit und des Rechts)에 대해서는 원칙적으로 유럽연합법원은 관할권을 가진다. 구성국가의 경찰 혹은 형사소추기관의 처분의 유효성 혹은 비례성에 대한 심사 그리고 공적인 질서유지와 내적인 안전의 보호를 위한 구성국가의 관할권의 인식에 대해서는 예외가 인정된다 (유럽연합의 기능에 관한 조약(AEUV) 제276조). 그 외에도 리스본 조약은 소송의 종류 특히 무효소송(Nichtigkeitsklage)에 대해서 개정을 하였다. 박진완, 리스본 조약에 대한 독일연방헌법재판소 결정의 분석, 세계헌법연구 제18권 제1호, 세계헌법학회 한국학회 2012, 303-304쪽; Luxemburg에 소재하고 있는 유럽연합법원(EuGH)은 Straßburg에 있는 유럽평의회(Europarat)의 기관인 유럽인권법원(EGMR)과는 구별된다. 유럽연합법원, 유럽인권법원 그리고 독일연방헌법재판소와의 관계에 대해서는 Sven-R. Eiffler, Der Grundrechtsschutz durch BVerfG, EGMR und EUGH, JuS 1999, S. 1068 ff.; Felix Ekardt, EuGH, EGMR und BVerfG: Die dritte Gewalt im transnationalen Mehrebenensystem, Kritische Justiz 2006, 381 ff.

196) EuGH, Rs. 6/64 Slg. 1964, 1251.

체법의 우위를 근본원칙 속에서 인정하였다. 그러나 연방헌법재판소는 각 국성국가법에 대한 공동체법의 우위의 근거를 한편으로는 창설조약(Gründungsvertrag)에서 찾는 것이 아니라, 공동체 조약에 대한 동의법률(Zustimmungsgesetz)에서 찾았다(독일 기본법 제59조 참조). 또 다른 한편으로는 독일 연방헌법재판소는 이에 대한 다른 근거를 독일 기본법 제24조 제1항 내지 1992년의 기본법 속에서는 제23조 제1항의 통합의 권한부여(Integrartionsermächtigung)규정에서 찾고 있다.[197] 그 외에도 1950년 11월 4일 로마에서 서명된 유럽 평의회(Europarat)의 유럽인권협약(Europäische Menschenrechtskonvention / European Convention on Human Rights)을 근거로 한 유럽인권법원의 기본권 보호가 있다.

이러한 성문의 기본권 목록의 부재에도 불구하고 유럽법원을 통한 유럽공동체의 기본권 보호는 계속적으로 이어져 왔다. 유럽법원은 1969년 이후의 자신의 결정 속에서 무엇보다도 일반적 법원칙들을 통해서 기본권보호를 발전시켜 왔다.[198] 그러나 성문의 기본권 목록없이 각 구성국가법에 대한 공동체법의 우위의 원칙의 인정을 바탕으로 전개된 유럽법원의 법관법에 의한 법형성(richterliche Rechtsfortbildung)의한 유럽연합의 기본권보장 보장시도는 체계적으로 한계를 가질 수밖에 없다. 국내법과 같은 강력한 헌법적 구조의 뒷받침 없이, 즉 성문의 기본권목록 없이 단지 법원의 법형성에만 의존하여 행해지는 기본권 보장시도의 문제점을 극복하기 위한 새로운 헌법적 해결시도로서 고전적인 헌법제정과정과 유사한 성문의 기본권 목록을 제정할 필요가 있다는 주장이 정치권에서 뿐만 아니라 학계에서도 제기되었다. 독일 연방헌법재판소도 1974년의 조건-I(Solange-I) 결정 속에서 유럽공동체가 독일 기본법상의 기본권 목록에 비견될 수 있는 성문의 기본권 목록을 가지는 것이 바람직하다는 입장을

197) BVerfGE 89, 155 ff. (Maastricht) 결정의 내용이 BVerfGE 102, 147 ff. (바나나시장규정의 헌법적합성)에서 확인되고 있다.

198) EuGH, Urteil vom 12. 11. 1969 – Rs. 29/69 (Stauder/Ulm) –, Slg. 1969, 419 (425).

피력했다.[199] 1974년 조건 I 결정(Solange-I-Beschluss)[200]에서 처음으로 독일연방헌법재판소는 유럽공동체의 법규범과 독일헌법 사이의 모순(Widersprüche)에 대하여 판단하였다. 결과적으로 독일연방헌법재판소는 모든 개별적 사안에서 독일법의 유럽법과의 합치여부를 직접 심사하였다.[201]

유럽법원의 판결을 통한 유럽의 기본권 보호가 각 구성국가들의 헌법상의 기본권 보장 수준, 예컨대 독일 기본법상의 기본권 보장수준에 필적할 만한 수준으로 행해지게 되었기 때문에,[202] 이러한 인식과 주장은 유럽의 독자적인 성문의 기본권 목록제정논의로 쉽게 연결되지는 않았다. 1999년 4월 27일의 독일 Köln에서 개최된 독일 연방법무부(Bundesministerium der Justiz) 그리고 독일의 유럽위원회(Europäische Kommision)가 함께 개최한 '유럽의 기본권 헌장(eine europäische Charta der Grundrechte)'이라는 주제의 공동포럼에서 유럽연합법 영역에서 성문의 기본권 목록을 채택하려는 시도가 명시적으로 표현되고 가시화되었다. 많은 발표자와 토론자 그리고 정치계, 학계 그리고 실무계의 참가자들은 기본권 헌장제정의 근거, 제정절차, 가능한 내용들, 기본권의 구속력 그리고 기본권 주체성, 권리보호의 강화 그리고 미래의 유럽연합의 헌법화 등에 대하여 발표를 하고 열띤 토론을 펼쳤다.[203]

---

199) BVerfG, Beschluß vom 29. 5. 1974 – 2 BvL 52-71 –, BVerfGE 37, 271; T. Schmitz, Die EU-Grundrechtscharta aus grundrechtsdogmatischer und grundrechtstheoretischer Sicht, JZ 2001, S. 833.

200) BVerfGE 37, 271 ff.

201) http://de.wikipedia.org/wiki/Solange_I.

202) H.-W. Arndt, Europarecht, 7. Aufl., Heidelberg 2004, S. 115. 이러한 사실을 독일 연방헌법재판소는 BVerfGE 73, 339 [378] 결정(Solange II-Entscheidung)에서 확인하고 있다.

203) S. Eickmeier, Eine europäische Charta der Grundrechte, DVBl 1999, S. 1026. 이 논문에는 Köln포럼의 발표와 토론들에 관한 내용이 잘 기술되어 있다.

1. 유럽연합의 기본권 헌장의 제정

1992년 2월 7일의 마스트리히트(Maastricht)조약[204] 체결 이후 계속적으로 이어지는 유럽통합을 위한 새로운 조약개정과정에도 불구하고, 2000년 이후에야 비로소 유럽연합은 유럽연합－기본권 헌장(EU－Grundrechtschartag)이라는 형식을 통해서 비록 그것이 비구속적인 것이라 할 지라도 성문의 기본권 목록(Grundrechtekatalog)을 가지게 되었다. Maastricht조약을 통한 유럽연합의 창설은 유럽의 통합에 있어서 새로운 장을 여는 계기가 된다. Maastricht조약 체결 이후 유럽연합은 매우 바쁘게 새롭게 개정된 다음의 조약을 체결하면서 유럽통합을 위한 노력을 가속화 하였다 : 1997년 10월 2일의 암스테르담(Amsterdam) 조약, 2000년 12월 11일의 니스(Nice/Nizza)조약, 그리고 2003년 7월 18일의 유럽헌법제정회의(Europäischer Konvent)[205]

---

204) 유럽헌법의 이상은 확대된 유럽의 본질적 부분 그리고 정당화된 개혁의 반영으로서 제기되어진 것이다. 이러한 유럽헌법의 이상에 대한 원래의 아이디어(original idea)는 유럽연합을 위한 스피넬리 기초조약(Spinelli's Draft Treaty)에서 찾을수 있다. 1980년대의 시작과 더불어 기존의 유럽공동체(EG) 내에서 「제2세대의 유럽(Europa der zweiten Generation)」이라는 표제어 아래 아주 강력한 개혁에 대한 논의가 제기되었다. 여러 가지 측면에서 제기된 유럽정책적인 주도권과 개혁제안들에 있어서 Altiero Spinelli에 의하여 제안되고, 1984년 2월 14일 유럽의회에서 의결된 「유럽연합의 창설에 관한 조약초안(Entwurf eines Vertrages zur Gründung der Europäischen Union)」이 무엇보다 특히 중요한 역할을 수행하였다. 이런 점에서 한편으로는 오늘날 불가능하지는 않지만, 유럽연합의 광범위한 법적 관련성을 배제하고 유럽공동체법을 법기술적 입장에서 접근할 수 없다는 입장을 F. Snyder는 견지하고 있다 (Snyder, The unfinished constitution of the European Union: principles, process and culture, in Weiler/M. Wind, European, Constitutionalism beyond the State, Cambridge University Press 55－56 (2003)). 1992년 2월 7일에 체결된 Maastricht조약을 통한 유럽연합의 창설은 유럽의 통합에 있어서 새로운 장을 열었다. 유럽연합을 유럽통합의 전개과정은 미래에도 계속이어질 진행형이라는 것을 고려해 볼 때 유럽헌법에 관한 논의는 그 이전의 유럽공동체가 아니라 유럽연합을 바탕으로 해서 전개되어야만 한다.

205) 첫 번째 유럽회의(der erste europäische Konvent)는 Roman Herzog의 지휘

의 유럽헌법조약의 초안(Entwurf des Vertrags über eine Verfassung für Europa) 그리고 2004년 2004년 6월 17일－18일 브뤼셀(Brüssel)에서 개최된 유럽정상회의(Europäischer Rat)의 공식적 채택.[206]

1999년 Köln과 Tempere의 유럽위원회는 처음으로 유럽연합의 기본권 헌장을 마련하는 권한이 부여된 기본권 제정회의(Grundrechte－Konvent)를 구성하였다. 기본권 제정회의는 기본권 헌장을 제정함으로써 불문의 공동체법과 1950년의 유럽연합시민에 대한 유럽인권협약의 적용 사이에 위치하고 있는 유럽의 기본권의 복잡한 지위를 보다 확실하게 그리고 예측가능하게 만들려고 하였다. 기본권 제정회의는 구성국가들의 국가 그리고 정부수반에 의하여 임명된 대의원 그리고 유럽위원회의 구성원뿐만 아니라 다수가 유럽의회 그리고 구성국가의 의회의원인 62명으로 구성되어졌다. 위원회의 의장은 독일 연방대통령을 역임한 Roman Herzog이 선임되어졌다. 이 위원회는 2000년 10월 2일 54개 조항으로 구성된 유럽연합의 기본권 헌장을 제정하였다.

2000년 12월초 프랑스 니스(Nizza)에서 개최된 유럽정상회담에서 미래의 유럽공동체조약개정(Vertragsreform)의 최종목적이 분명히 드러나게 되었다. 2000년 12월 7일 유럽 이사회(der Europäische Rat)의 승인하에 유럽의회(Europäischer Parlament), 이사회(각료이사회(Ministerrat))그리고 위원회(Kommision)는 유럽연합의 기본권 헌장을 공포하였다. 유럽헌법제정에 있어서 중요한 발전적 의미를 가지는 유럽연합의 기본권 헌장선언은 유

아래 1999년 12월부터 2000년 10월 사이에 유럽연합의 기본권 헌장(Charta der Grundrechte der Europäischen Union)을 작성한 기본권 제정회의(Grundrechte－Konvent)이다. 유럽헌법제정회의(der Europäische Konvent (Verfassungskonvent))는 2002년 2월 28일부터 2003년 7월 20일 사이에 유럽헌법조약의 초안(Entwurf für den Vertrag über eine Verfassung)을 마련한 회의이다.

206) 유럽연합의 기본권 헌장선언과 유럽헌법조약제정을 통한 기본권 헌장의 헌법에의 편입에 이르는 과정과 별도로 물론 유럽 평의회(Europarat)의 유럽인권협약(europäische Menschenrechtskonvention) 그리고 1961년 10월 18일의 유럽사회헌장(europäische Sozialcharta)과 같은 성문의 기본권 목록제정시도가 행해졌다. Broß, JZ 2003, S. 429.

럽헌법의 계속적인 성장부분에 대한 공식화로서의 의미를 가진다. 유럽연합의 기본권 헌장은 그 이전의 유럽에서의 기본권 보호를 법적으로 성문화시키는 성격과 계수적 성격을 가진다. 유럽기본권 헌장은 기본권보호와 관련된 여기저기 흩어진 공동체법의 법원들을 법전으로 성문화시킨 것이다. 또한 유럽기본권 헌장은 기존의 유럽인권협약과 유럽사회헌장(European Sozialcharta/Europäsiche Sozialcharta)[207]의 권리보장을 그대로 수용하여 계수한 것이다.[208] 이러한 기본적 입장은 유럽헌법조약에도 그대로 이어진다. 2000년 12월 7일 유럽연합의 기본권 헌장의 공포로 인하여 유럽연합은 처음으로 독자적인 기본권 목록을 가지게 되었다. 유럽연합의 기본권 헌장은 통일적인 유럽의 기본권보호를 강화시키기 위한 그 동안의 노력의 결과이다.

니스 회의에서 유럽연합의 기본권 헌장의 선언은 유럽통합(europäische Integration)의 최종적 목적이 바로 기본권공동체(Grundrechtsgemeinschaft)이어야 한다는 것을 명확히 하는 계기가 되었다. 유럽연합은 기본권 헌장에 관한 조약의 목적에서 기본권보호가 유럽연합의 기초원리(Gründprinzip)이고 유럽연합의 정당성(Legitimität)을 위한 포기할 수 없는 전제조건이라는 것을 명시함으로써 유럽통합의 근거로서 기본권의 중요성을 강조하고 있다. 이런 점에서 유럽연합의 기본권 헌장은 유럽시민이 자신이 속한 구성국가의 헌법적 전통들을 넘어서서 하나의 공통적인 유럽적 정체성(europäische Identität)을 형성하는 중요한 요소가 된다.[209] 유

207) 유럽사회헌장(Europäische Sozialcharta(ESC))은 유럽평의회(Council of Europe/Europarat)에 의하여 발의되어서 1961년 유럽평의회의 구성국가의 다수결에 의하여 의결된, 조약비준국가 내부에서 광범위한 사회적 권리를 보장하는 국제법적인 구속력을 가지는 협약(Abkommen)이다. 유럽사회헌장은 1965년 2월 26일 효력을 발생하였다. 유럽사회헌장은 1996년에 개정된 유럽사회헌장은 1999년 효력을 발생하여, 현재까지 유효하게 적용되고 있다.

208) R. Arnold, Begriff und Entwicklung des Europäischen Verfassungsrechts, in: Festschrift für H. Maurer zum 70. Geburtstag, 2001, S. 863.

209) S. Leutheusser-Schnarrenberger, Der Entwicklung des Schutzes der Grundrechte der EU, ZRP 2002, S. 331.

럽통합의 핵심적 요소로서 기본권에 대한 강조는 유럽연합조약(Vertrag über die Europäische Union) 제6조에서도 그 근거를 찾을 수 있다. 유럽연합조약(EUV) 제6조는 제1항에서 "연합(die Union)은 법치국가성과 마찬가지로 자유, 민주주의, 인권과 기본적 자유의 존중에 근거를 두고 있다. 왜냐하면 이러한 원칙들은 모든 가입국가들이 공통된 것이기 때문이다"고 함으로써 유럽연합창설에 대한 근거원리의 공통적 분모로서 기본적 자유의 보장을 들고 있다. 동 조약 제6조 제2항에서는 "연합은 기본권이 1950년 11월 4일 로마에서 서명된 인권과 자유의 보호를 위한 협약(Konvention zum Schutze der Menschenrechte und Grundfreiheiten) (약칭 유럽인권협약) 속에서 보장되어지고 그리고 공동체법의 일반적 원칙들로서 가입국가들의 공통적인 헌법전통 속에서 기본권이 도출되어지는 바와 같이 기본권을 존중한다"고 함으로써 유럽연합의 목적이 기본권보장영역의 확대와 강화에 있다는 것을 분명히 하고 있다.

유럽연합의 기본권 헌장은 유럽의 헌법적 구조의 허약성을 극복하기 위한 새로운 헌법적 해결시도의 출발점이다. 기본권 헌장의 제정은 고전적 헌법제정과정을 채택하여 그 결과로서 고전적인 성문헌법을 제정할 필요가 있다는 주장을 실현하기 위한 중요한 전단계 조치라는 점에서 그 중요성이 인식될 수 있다. 유럽연합기본권 헌장에 포함된 54개조의 기본권목록이 이미 유럽인권협약(EMRK)에서 유효하게 보장되어진 기본권보호수준을 반영한 것인 동시에 몇몇의 이러한 보장수준을 넘어서는 혁신적 내용을 포함하고 있다는 점[210)]은 인류의 지금까지의 기본권 보장수준의 진보를 확인할 수 있는 척도가 된다. 이러한 점에서 유럽공동체의 기본권 헌장이 가지는 의미는 유럽헌법조약의 맹아인 동시에 그 정당성의 근거로서의 역할의 수행 그 이상의 의미를 갖는다고 볼 수 있다. 유럽헌법조약의 핵심적 내용으로서 유럽의 공통적인 기본권의 규범화의 확대와 심화는 우선적으로 각 구성국가 혹은 그 이상의 초국가성의 형태를 띤 국

---

210) C. Grabenwarter, Die Charta der Grundrechte für die Europäische Union, DVBl 2001, S. 1 ff.

가결합으로서 유럽연합, 더 나아가서 새로운 연방국가 형태로서의 공동체 내의 모든 인간을 구속하는 근본적 가치의 지속적 토대로서의 국가이해와 인간상의 확인을 전제로 하고 있다.[211)]

그럼에도 불구하고 법적인 규범력의 실현에 있어서는 유럽연합의 기본권 헌장은 미흡한 요소를 가지고 있다. 기본권 헌장의 선언적 공포는 헌장에 대하여 직접적인 구속력이 아닌, 단지 간접적인 구속력만을 부여하는 근거가 된다. 이러한 형식적 한계는 기본권 헌장의 의미를 그 당시의 현실적 상황에서 하나의 정치적 설명 혹은 제도적 해석으로 한정시킨다. 기본권 헌장이 유럽연합의 조약의 내용 속에 받아들여지지 않는 한에서는, 기본권 헌장은 법적인 법적인 구속력을 가질 수 없다. 2000년 10월 13-14일 양일간의 Biarritz의 유럽 이사회(Europäisccher Rat)에서 영국은 유럽연합의 기본권 헌장이 법적인 구속력을 가지지 않는다는 것을 확인하고 있다. 이러한 점을 고려하여 유럽법원 그리고 각 구성국가의 법원들도 기본권 헌장을 직접적으로 적용하는 것이 아니라 법해석에 있어서 최대한 고려할 수밖에 없다. 기본권 헌장 제51조는 유럽연합의 기본권 헌장의 적용범위를 규정하고 있다. 유럽위원회는 기본권 헌장을 이차적 공동체법(sekundäres Gemeinschaftsrecht)[212)]의 법적인 근거로서 적용하는 것을 인정하지 않았다. 그럼에도 불구하고 유럽연합의 기관들은 기본권 헌장을 자신들의 이차적 권리적인 행위에 있어서 고려해야 할 정치적 의무를 지고 있다.[213)] 유럽연합의 기본권 헌장이 이러한 한계를 넘어서서 법적인 구속력을 확보하기 위한 유일한 조건은 바로 유럽연합의 기본권 헌장의 유럽연합의 조약에 편입이다. 이와 관련하여 기본권 헌장이 유럽연합의

211) Vgl. S. Broß, Grundrechte und Grundwerte in Europa, JZ 2003, S. 429 ff.; J. Snapp, Die Menschenrechte als Grundlage der nationalen und europäischen Verfassungen, JZ 2003, S. 217 ff.

212) 이차적 공동체법은 유럽공동체조약에 근거한 유럽공동체의 기관에 의하여 만들어진 법을 포함한다. K.-D. Borchardt, Die rechtlichen Grundlagen der Europäischen Union, 2. Aufl., 2002, Rdnr. 67.

213) Leutheusser-Schnarrenberger, ZRP 2002, S. 331.

조약 속에 편입될 수 있는지 여부 그리고 어느 정도까지 편입될 수 있는가에 대한 논의가 진행된다. 이러한 논의에 대한 결론이 조약개정의 형태로 진행된 유럽헌법조약의 성립이다. 기본권 헌장은 자신이 유럽헌법조약 속으로 편입되는 경우에만 법적인 구속력을 가지게 된다. 이러한 유럽연합의 기본권 헌장의 법적인 구속력에 대한 비판적 견해에도 불구하고 기본권 헌장은 유럽연합시민의 기본권 보호수준을 높이기 위한 초석으로 해석되어질 수 있다. 유럽연합의 기본권 헌장 선언의 의미는 선언 그 자체에서만 찾을 것이 아니라, 그 이후에 이어서는 유럽헌법제정논의 과정과 관련하여서 동태적·거시적 측면에서 파악되어져야만 한다. 이러한 관점에서 볼 때 유럽연합의 기본권 헌장이 가지는 의미는 유럽헌법제정논의의 출발점이었다는 데에서 찾을 수 있다. 니스(Nizza)회의에서 영국과 스칸디나비아반도 국가들이 은밀하게 잠행적으로 진행되는 유럽헌법제정과정에 대한 우려에서 기본권 헌장을 조약 속에 편입하는 것을 반대한 사실을 고려해 보면 그 의미를 간접적으로 추론할 수 있다.[214]

2. 유럽연합의 기본권 헌장의 법적 구속력 인정의 문제

유럽연합의 기본권 헌장 그 자체는 유효한 법(geltendes Recht)이 될 수가 없었다. 2000년 기본권 헌장의 선언적 공포는 헌장에 대하여 직접적인 법적인 구속력이 아닌, 단지 간접적인 구속력만을 부여하는 것이어서, 기본권 헌장은 그 법적인 규범력의 실현에 있어서는 대단히 빈약한 요소를 가지고 있다.

기본권 헌장은 법적인 구속력을 가지지 못했음에도 불구하고, 유럽연합법원의 법무관들(Generalanwälte/Advocates General)은 기본권 헌장을 즉시 보조적 해석(Auslegungshilfe)으로 고려하였다.[215] 그러나 오랫동안의

---

214) Vgl. Leutheusser-Schnarrenberger, ZRP 2002, S. 332.

215) 2001년 2월 1일의 법무관(Generalanwalt) Alber의 최종의견(Schlussantrag), TNT Traco (C-340/99, Slg. 2001, I-4109, Nr. 94), 2001년 2월 8일의 법무관

망설임 후에 유럽연합법원(EuGH)은 기본권 헌장과 관련을 가지기 시작하였다. 그 첫 번째 시도는 이에 대한 고려근거가 명백히 기본권 헌장과 관련성을 가지는 가족의 추가이민에 대한 지침(Richtlinie über Familienzusammenführung)의 해석에서 나타났다.[216] 그 후에 유럽연합법원은 구체적인 암시도 없이 이미 인정된 특정한 권리를 확실히 확인하는 것을 강조하면서 어떤 입법행위(Rechtsakt)에 대한 고려근거 속에서 기본권 헌장을 바로 관련시키고 있다.[217]

Tizzano의 최종의견, BECTU(C-173/99, Slg. 2001, I-4881, Nr. 28), 2001년 7월 10일의 법무관 Léger의 최종의견, Hautala(C-353/99 P, Slg. 2001, I-9565, Nrn, 82 und 83), 2001년 9월 20일의 법무관 Mischo의 최종의견, Booker Aquaculture und Hydro Seafood(C-20/00 und C-64/00, Slg. 2003, I-7411, Nr. 126), 2004년 6월 29일의 법무관 Poiares Maduro의 최종의견, Nardone (C-181/03 P, Slg. 2005, I-199, Nr. 51) 그리고 2004년 10월 14일의 여성법무관 Kokott의 최종의견, Berlusconi u.a.(C-387/02, C-391/02 und C-403/02, Slg. 2005, I-3565, Fußnote 83); Juliane Kokott/Christoph Sobotta, Die Charta der Grundrechte der Europäischen Union nach den Inkrafttreten des Vertrags von Lissabon, EuGRZ 2010, S. 265.

216) Vgl. das Urteil vom 27. Juni 2006, Parlament/Rat(C-540/03, Slg. 2006, I-5769, EuGRZ 2006, 417 Randnr. 38), und vom 29. Januar 2008, Promusicae(C-275/06, Slg. 2008, I-271, EuGRZ 2008, 131 Randnr. 64); Kokott/Sobotta, EuGRZ 2010, S. 265.

217) 효과적인 권리보호의 원칙에 관한 2007년 3월 13일의 판결(Urteile), Ubinet (C-432/05, Slg. 2007, I-2271, EuGRZ 2007, 439, Randnr. 37), 2008년 9월 3일의 판결, Kadi und Al Barakaat International Foundation/Rat und Kommission (C-402/05 P und C-415/05 P, Slg. 2008, I-6351, EuGRZ 2008, 480, Randnr. 335), 2008년 12월 16일의 판결, Masdar (UK)/Kommission (C-47/07 P, Slg. 2008, I-9761, Randnr. 50), 2009년 7월 16일의 판결, Der Grüne Punkt – Duales System Deutschland/Kommission (C-385/07 P., Slg. 2009 I-0000, Randnr. 195). 또한 다음의 판례를 참조. 2007년 5월 3일의 판결, Advocaten voor de Wereld (C-303/05, Slg. 2007, I-3633, EuGRZ 2007, 273, Randnr. 46), 범죄행위와 형벌과의 관련성 속에서의 법률적합성의 원칙(Grundsatz der Gesetzesmäßigkeit) 그리고 평등과 차별금지 원칙에 대한, 2007년 12월 11일의 판결, International Transport Workers' Federation und Finnish Seamen's Union (C-485/05, Slg. 2007, I-10779, EuGRZ 2008, 50, Randnrn. 43 f.), 그리고 2007년 12월 18일의 판결, Laval un Partneri (C-341/05, Slg.

기본권 헌장의 구속력을 확보하기 위하여 2004년 10월 29일 로마에서 유럽연합의 국가수반 그리고 정부수반들에 의하여 서명된 유럽헌법조약(Vertrag über eine Verfassung für Europa)은 조약의 제2편(Teil Ⅱ) 속에 기본권 헌장을 편입시켜서 유럽헌법조약에 대한 비준절차가 완료되는 시점에서 유럽연합의 기본권 헌장에 대하여 법적인 구속력을 부여할려고 시도하였다. 당시의 유럽헌법조약에 대한 비준절차가 완료되지 않은 시점에서 유럽연합의 기관의 기본권 헌장에 대한 자발적인 자기구속(Selbstbindung)의 문제가 제기되었다. 이러한 기본권 헌장에 대한 자기구속여부에 관계없이 기본권 헌장은 일반적인 법원칙에서 도출되는 기본권을 위한 본질적인 법인식원을 형성한다.[218] 그렇다 하더라도 그 당시에 유럽법원(EuGH)은 일반적인 법원칙에서 도출되는 기본권의 법인식원으로서 기본권 헌장을 명백히 원용하지는 않았다.[219] 그러나 이미 제1심금의 유럽법원(EuG)에 의해서는 자주 원용되었다.[220] 일반적으로 유럽법원의 제1심급은 유럽연합의 기본권 헌장은 설사 법적인 구속력을 가지지 않는다 할 지라도, 헌장에 규정된 권리들의 공동체법질서(Gemeinschaftsrechtsordnung)에서의 의미는 분명히 확인하였다.[221]

2007, I-11767, EuGRZ 2008, 39, Rdnrn. 90 f.), 결사의 자유에 대해서는 2008년 2월 14일의 판결, Dynamic Medien (C-244/06, Slg. 2008, I-505, EuGRZ 2008, 148, Randnr. 41), 어린이의 보호와 사생활 영역에 관한 2008년 2월 14일의 판결, Varec (C-450/06, Slg. 2008, I-581, EuGRZ 2008, 136 Randnr. 48); Kokott/Sobotta, 위의 논문, S. 265.

218) Jarass, EU-Grundrechte, München 2005, § 2 Rn. 4.

219) Vgl. 예를 들면 EuGH, Rs. 101/01, Slg. 2003, 525 ff.; Jarass, EU-Grundrechte, § 2 Rn. 4.

220) 예를 들면 2004년의 EuG, Rs. 239/01, Slg. 2004, II-ss Rn. 119; Rs. 67/00, Slg. 2004, II-ss Rn. 178; Rs. 204/00, Slg. 2004, II-ss Rn. 94; Rs. 136/02, Slg. 2004, II-ss Rn. 70; Rs. 165/03, Slg. 2004, II-ss Rn. 56; Jarass, EU-Grundrechte, § 2 Rn. 4.

221) EuG, Rs. 377/00, Slg. 2004, II-ss Rn. 122; 유럽헌법조약의 최종적 부결이 확정되기 전인 당시에서 유럽연합의 기본권 헌장에 대한 법적인 구속력 인정의 근거를 Jarass교수는 다음과 같이 설명하고 있다: "이러한 기본권 헌장의 유

3. 기본권 헌장의 유럽헌법조약에의 편입

공동체법의 일반적 법원칙으로서 유럽법원의 판결을 통해서 확인된 기본권들에 대한 2000년 12월 7일의 니스에서의 유럽연합의 기본권 헌장을 통한 공포는 기본권 헌장의 구속력인정으로 연결되지 못하였다. 유럽연합의 기본권 헌장은 이차적 권리적인 행위로서의 특성 혹은 기관 상호간의 협약 혹은 제도내부적인 합의로서의 성격을 가지지 아니한다. 유럽연합의 기본권 헌장의 공포는 상호간에 구속력이 확보된 선언이 아닌 일방적 정치적선언의 성격을 가지고 있는 기관내부적인 선언의 형태로 행해졌다.[222)]

유럽연합의 미래에 대한 2001년의 니스회의에서의 선언 제23호는 유럽연합의 개혁과정 속에서의 유럽연합의 기본권 헌장의 지위문제는 1999년 Köln회의의 결론에 따라서 다루어야 한다고 규정하고 있다. R. Herzog의 주도아래 2000년 10월 2일 54개 조항으로 구성된 유럽연합의 기본권 헌장을 제정한 기본권 제정회의(Grundrechte－Konvent)의 활동 이

럽공동체법질서에서의 중요성을 감안하여 기본권 헌장은 그 넓은 적용범위에 있어서 실질적으로 이미 효력을 가지는 우선적 법(Primärrecht)으로 인정되었다. 그 근거는 다음의 두가지 측면에서 찾을 수 있다. 이에 대한 첫 번째 근거는 기본권 헌장 속의 많은 기본권들은 유럽법원이 특히 유럽인권협약의 영향을 받아서 발전시킨, 일반적 법원칙에서 도출되는 권리들에 상응한다는 점이다. 또 다른 두 번째 근거는 기본권 헌장상의 일련의 권리들이 이미 유럽공동체 조약에서 나타난 것들이라는 점이다. 기본권 헌장상의 권리가 위의 두 가지 경우에 해당되지 않는다면, 그러한 권리들은 단지 포괄적으로 단순한 원칙(bloße Grundsätze)들의 문제로 다루어 진다. 이러한 한에 있어서는 이 권리들에 대해서는 유효한 우선적 법으로서의 속성이 인정되는 두 경우와는 다르게 그 차이가 부각된다. 전체적으로 본다면 기본권 헌장에 규정된 권리들은 대체로 공동체 관습(acquis communitare)의 범위를 넘어서지 않는다. 따라서 이미 유럽공동체의 법질서 속에서 이미 효력을 권리들이 유럽연합의 기본권 헌장을 통하여 보다 가시적으로 드러났다고 볼 수 있다. Jarass, EU－Grundrechte, § 2 Rn. 4.

222) A. Weber, DVBl 2003, S. 221.

후의 유럽연합의 기본권 헌장의 법적인 구속력 확보와 이의 장래의 유럽 헌법조약의 편입의 문제는 니스회의 이후의 2004년의 국가 및 정부수반 회의에서 결정되어지게 되었다. 기본권 제정회의의 성공은 2001/2002년의 유럽헌법제정회의 구성 및 소집으로 연결되어진다. 2001년 12월 15일 Laeken에서 행해진 유럽연합의 미래에 대한 유럽위원회의 선언은 '유럽의 미래를 위한 회의(Konvent zur Zukunft Europas)'로 일컫어 지는 헌법제정 회의로서 유럽회의(Europäischer Konvent)[223]의 구성으로 나타나게 된다. 전체 105명으로 구성된 유럽회의의 과제는 대체로 2003년 중반까지 유럽 헌법의 최종안을 마련하는 것이었다.

2002년 10월 28일 유럽 헌법회의 의장단 회의는 헌법조약의 예비안의 제6조에 미래의 헌법안에 유럽기본권 헌장을 편입시킨다는 것을 규정함으로써, 기본권 헌장이 그 후 헌법조약에 편입되는 것을 법적인 구속력을 취득할 수 있는 계기를 마련하였다. 그 후 유럽연합의 기본권 헌장은 유럽헌법조약 제2편에 수용된다. 유럽헌법조약 속에서의 기본권 헌장의 이러한 배치는 기본권 헌장을 헌법조약의 외부에 부속된 법적인 구속력을 가지는 의정서(Protokol) 속에 편입하자는 영국측의 주장과 마치 독일 기본법에 규정된 방식과 같이 헌법의 신성한 부분으로서 헌법의 앞 부분에 규정하자는 독일의 주장 사이의 타협의 형태로 받아들여진 것이다.[224]

비교적 쉬운 기본권 목록제정의 문제를 다루던 이전의 기본권 제정회의와 비교해 볼 때 헌법제정회의의 과제는 유럽연합의 확대와 관련된 문제들, 유럽연합의 중심기관의 개혁 그리고 유럽연합과 구성국가 간의 권한의 배분문제 등과 같은 현재의 25개국 그리고 그 이상으로 확대되어질 유럽연합의 난문제들을 다루는 것이었다.[225] 유럽연합조약 체제의 유

---

223) 유럽회의 구성과 활동에 대한 설명은 T. Oppermann, Vom Nizza－Vertrag 2001 zum Europäischen Verfassungskonvent 2002/2003, DVBl 2003, S. 4; ders,, Europäischer Verfassungskonvent und Regierungskonferenz 2002－2004, DVBl 2004, S. 1265.

224) Oppermann, Eine Verfassung für Europäische Union, 2. Teil, DVBl 2003, S. 1242.

지와 관련된 기본권 헌장의 의미 그리고 그 기능에 대한 문제는 유럽회의의 준비과정에서 잘 다루어졌다. 이와 관련하여 유럽회의의 제2연구단 속에서는 유럽헌법조약 상의 기본권 보호와 관련하여 다음의 세가지 선택권(Optionen)이 언급되어졌다 : ① 계속적인 발전을 위한 영역은 행정과 법원에 맡기는 것을 통한 현상(Status quo)의 유지, ② 유럽연합조약 제6조 제2항 속에서의 기본권 헌장의 고정, ③ 헌법조약 속에로의 기본권 헌장의 편입을 통한 헌법제정행위. 헌법제정회의는 제3의 선택안 – 기본권 헌장의 유럽헌법조약에의 편입 – 을 좋은 근거들을 가지고 채택하였다.[226] 이미 2002년 10월 22일 헌법제정회의의 작업집단 II(Arbeitsgruppe II)는 최종보고서를 제출하였다. 그 최종보고서 속에는 모든 구성원들이 유럽연합의 기본권 헌장에 대하여 법적인 구속력이 부여된 법규범으로서의 특성인정과 헌법적 순위를 부여하는 형식으로의 고려를 지지한다는 내용이 담겨 있었다.[227] 헌법제정회의 의장단 회의(Präsidium des Konvent)[228]는 2003년 2월의 1조에서 16조까지의 헌법조약(안)에 대하여 두개의 변형(Variante)을 시도하였다. 2002년 2월 28일 Brüssel에 있는 유럽의회 건물에서 활동을 시작한 유럽 회의는 2003년 6월 13일 유럽헌법초안(Entwurf)을 승인하였다.

2004년 6월 18일 브뤼셀에서의 정상회의에서 유럽헌법안의 의결을

225) Oppermann, DVBl 2003, S. 3.

226) 이에 대한 보다 상세한 설명은 다음을 참조 A. Weber, Einheit und Vielfalt der Europäischen Grundrechtsordnung(en) – Zur Inkorporation der Grundrechtscharta in einer europäischen Verfassungsvertrag –, DVBl 2003, S. 220 f.; R. Steinz, in: Streinz (Hrsg.), Verrtrag über die Europäische Union und Vertrag zur Gründung der Europäischen Gemeinschaft, 1. Aufl., 2003), Vorbem. Grundrechte – Charta Rdnr. 12 ff.

227) 2002년 그룹 II의 최종보고서 CONV 354/02. Grabenwarter, EuGRZ 2004, S. 563.

228) 헌법제정회의의 의장단 회의는 의장 그리고 2명의 부의장 그리고 그 외의 9명의 헌법제정회의의원을 포함한 12명의 의원으로 구성된다. Oppermann, DVBl 2004, S. 1265; T. Oppermann, Eine Verfassung für die Europäische Union 1. Teil, DVBl 2003, S. 1166.

통하여 유럽헌법제정과정에 관한 논의가 사실상 완성되었다. 그 후 유럽헌법조약은 2004년 10월 29일 로마에서 유럽연합의 국가수반 그리고 정부수반들에 의하여 서명되었다. 이러한 2004년의 유럽헌법조약은 2002년부터 2003년까지 브뤼셀에서 개최된 유럽헌법제정회의(Europäischer Verfassungskonvent) 그리고 이어서 2003년부터 2004년까지의 유럽연합정부회의(EU-Regierungskonferenz)의 공동작업의 결과이다.229) 이러한 유럽헌법조약에 대한 유럽연합의 국가수반 혹은 정부수반의 서명은 전통적으로 국가에 부속되어진 헌법개념이 유럽연합과 같은 초국가적인 공동체(supranationale Gemeinschaften) 속에도 그대로 적용될 수 있다는 것을 의미한다.230) 유럽헌법조약에로의 편입으로 인하여 유럽의 기본권 헌장의 직접적 효력이 명백히 명령되어지게 되었다. 그러나 여전히 유럽헌법조약은 그 효력발생에 필요한 구성국가를 통한 비준이 완료되는 시점인 2007년 1월 1일 전까지는 그 효력을 발생할 수 없다. 유럽헌법조약의 핵심적 부분은 제2편의 기본권 목록(Katalog von Grundrechten)임에도 불구하고, 주목할 만한 방식으로 진행된 유럽회의의 논의과정에서 기본권의 문제는 단지 비교적으로 제한된 역할만 수행하였다. 왜냐하면 유럽연합의 기본권 보장에 대해서는 이미 2000년의 기본권 제정회의(Grundrechte-Konvent)에서 이에 대한 충분한 검토작업이 사전에 이루어졌고, 이미 그 성과가 유럽연합의 기본권 헌장이라는 형태로 채택되었기 때문에 유럽헌법조약제정과정에서 이에 대한 논의는 특별히 새로운 점을 찾을 수 있었기 때문이다.231) 이러한 까닭에 2002년 10월 28일의 유럽회의 의장단에 의하여 제시된 헌법조약의 임시안은 제6조에서 장래의 헌법안에의 유럽연합의 기본권 헌장의 수용에 대한 언급을 포함하고 있다.232) 그럼에도 불구하고 유럽헌법제정회의에서는 독자적인 연구단을 구성하여 기본권 헌장에 대

229) Vgl. Oppermann, DVBl 2004, S. 1264.
230) Vgl. Arnold, in: Festschrift für H. Maurer zum 70. Geburtstag, S. 856.
231) Vgl. Schmitz, JZ 2001, S. 833 f.
232) Vgl. Weber, DVBl 2003, S. 220.

하여 검토하였고, 그 결과 몇가지 개정이 이루어 졌다. 2003년 7월 18일의 유럽헌법초안은 다양한 의정서와 선언을 포함한 하나의 전문과 4편(Teile)으로 구성된 총 465개의 조문으로 구성된다: 전문, 제1편 조직헌법 59개의 조문, 제2편(기본권 헌장) 전문을 포함한 54개의 조문, 제3편(정치적 영역 그리고 작업방식) 342개의 조문, 제4편(최종규정) 10개의 조문, 5개의 의정서와 3개의 선언으로 구성되어 있다.[233]

유럽공동체의 기본권 목록은 유럽연합헌법조약 제2편에 편입되었다. 제2편의 기본권 헌장은 전문(Präambel), 제1부 인간의 존엄(Würde des Menschen),[234] 제2부 자유(Freiheiten),[235] 제3부 평등(Gleichheit),[236] 제4부 연대(Solidarität),[237] 제5부 시민권(Bürgerrechte),[238] 제6부 사법적 권리(justizielle Rechte),[239] 제7부 헌장의 해석과 적용에 관한 일반규정[240] 등 모두 54개조로 구성되어 있다. 이미 잘 알려진 바와 같이 유럽연합의 기본권 헌장은 그 내용에 있어서 매우 다양한 형태의 기본권들을 규정하고 있다. 자유권, 사법적 보장(Justizgarantien), 적극적 지위의 시민권(Bürgerrechte des status activus) 외에도 연대(Solidarität)의 장에서 개인보호적인 성격을 가지고 있지 않은 단순한 근본원칙들(원리들)을 규정하고 있는 조항들이 있다.[241] 기본권 헌장의 내용은 대부분 유럽법원(EuGH)이 법관법의 적용을 통하여 발전시킨 것 내지 유럽의 문서들 속에서 가장 다양한 특성들을 가지고 있는 것을 성문화한 것이다. 유럽연합의 기본권 헌장의 유럽헌법

233) Oppermann, DVBl 2003, S. 167.
234) Art. II－61 — Art. II－65.
235) Art. II－66 — Art. II－79.
236) Art. II－80 — Art. II－86.
237) Art. II－87 — Art. II－98.
238) Art. II－99 — Art. II－106.
239) Art. II－107 — Art. II－110.
240) Art. II－111 — Art. II－114.
241) Grabenwarter, DVBl 2001, S. 9 f. ders., Die Europäische Grundrechte－Charta, in: Ehlers (Hrsg.), Europäische Grundrechte und Grundfreiheiten (2003), § 19 Rn. 5 ff.

조약에의 수용이 가지는 독자적 의미는 우선적 기본권 헌장의 법적인 구속력(Rechtsverbindlichkeit) 확보라고 할 수 있다.[242]

4. 리스본 조약에서의 기본권 헌장에 대한 구속력 인정

결국 유럽헌법조약의 제2편(Teil II)에 유럽연합의 기본권 헌장을 수용함으로써 기본권 헌장에 대한 법적인 구속력을 확보할려고 하였던 시도가, 2005년 5월의 프랑스와 6월의 네덜란드에서의 국민투표를 통한 유럽헌법조약 비준안에 부결로 인하여 좌초되었다. 통일적인 조약상의 조문들을 통하여 유럽통합의 법적 토대를 마련할려고 시도한 유럽헌법조약을 대체하는 개정조약(Reform Treaty, Reformvertrag)인 리스본 조약(Treaty of Lisbon, Vertrag von Lissabon)은 유럽헌법조약처럼 기본권 헌장을 유럽연합 조약의 구성부분으로 편입하고 않고, 단지 유럽연합조약 제6조 제1항 제1 하부항(Art. 6 Abs. 1 UAbs 1 EUV) 규정을 통하여 유럽연합의 기본권 헌장에 구속력을 부여하기로 결정하였다. 이를 통해서 유럽연합의 기본권 헌장은 기본권의 의미와 특성을 완전히 강조하는 독자적인 문서로 남게 되었다.

1) 기본권 헌장의 구속력과 효력발생 시점

유럽연합조약(EUV) 제6조 제1항은 「유럽연합의 기본권 헌장의 2007년 12월 12일 스트라스부르(Strasbourg/Straßburg)에서 개정된 유럽연합의 기본권 헌장 속에서 규정된 권리(Rechte), 자유(Freiheiten) 그리고 원칙(Grundsätze)을 인정한다. 왜냐하면 기본권 헌장과 조약은 법적으로 동일한 효력순위를 가지기(gleichrangig) 때문이다.

조약 속에서 확정된 유럽연합의 관할권(Zuständigkeit)은 기본권 헌장

---

242) Vgl. Weber, BVBl, 2003, S. 220.

의 규정을 통하여 어떠한 방식으로도 확장되지 않는다. 기본권 헌장 속에 규정된 권리, 자유 그리고 원칙은 이들의 해석과 적용에 대하여 규정하고 있는 기본권 헌장 제7편(Teil Ⅶ)의 일반규정에 따라 그리고 이러한 규정들의 기원(Quelle)을 명시하고 있는 기본권 헌장 속에 인용된 주석(Erläuterungen)에 대한 적당한 고려 하에서 해석되어야 한다」고 규정하고 있다. 유럽연합조약 제6조 제1항 제1하부항(UAbs.) 제1문은 기본권 헌장 전체에 대한 법적인 구속력의 인정을 선언하고 있다. 따라서 유럽연합조약 제6조 제1항 제1하부항(UAbs.) 제1문은 기본권 헌장에 포함된 권리, 자유 그리고 원칙에 대하여 조약과 동일한 효력을 인정한다. 이와 관련하여 원칙은 독자적인 법적 성격(Rechtscharakter)을 가지는데 반하여, 권리와 자유는 원래의 의미의 기본권에 해당한다. 그럼에도 불구하고 유럽연합조약 제6조 제1항 제1하부항(UAbs.) 제1문은 원칙이 단순한 프로그램원칙(Programmgrundsätze)이 아닌, 기본권 헌장 제51조 제1항 제2문의 기본권 보호의무자(Grundrechtsverpflichtete)가 준수해야만 하는 구속력있는 법(verbindliches Recht)으로서의 효력을 인정하고 있다.[243] 기본권 헌장은 2009년 12월 1일 법적인 구속력의 인정을 통해서, 유럽연합－기본권이 순수한 법원(echte－Rechtsquelle)이 되었다.

유럽연합의 기본권은 명백히 소급효(Rückwirkung)를 인정하고 있지 않기 때문에, 기본권 헌장은 단지 기본권 헌장의 효력발생 이후에 발생한 상황에 대해서만 유효하게 적용된다. 그러나 기본권 헌장의 효력발생이전에 발생한 상황이라 할 지라도, 그 상황이 계속적으로 효력을 가지고 있다면 기본권 헌장의 적용범위에 포함된다.[244] 이러한 소급효의 예외의 인정(부진정 소급효의 허용에 있어서) 유럽인권법원(EGMR)은 유럽법원보다 훨씬 더 신중하다. 유럽인권법원은 단순한 제한의 계속적 진행만으로 충분

243) Thorsten Kingreen, in: Christian Calliess/Matthias Ruffert, EUV/EGV, München 2007, GRCh Art. 52 Rn. 14.

244) EuGH, Rs. 360/00, Slg. 2002, I－5089 Rn. 26; Jarass, Charta der Grundrechte der Europäischen Union, Einl. Rn. 7.

한 것이 아니라, 별도로 지속되는 행위가 새로운 침해를 야기하는 것을 요구한다.[245]

2) 2000년의 기본권 헌장과 최종적 기본권 헌장의 차이

이 최종적 기본권 헌장은 2000년 12월 12일 에 공포된 기본권 헌장과 내용적으로는 거의 일치한다. 유럽헌법조약에도 규정되었던 기본권 헌장 제52조 제4항-제7항이 추가되었다. 그 외에도 기본권 헌장 제42조의 문서에 대한 접근권(Recht auf Zugang zu Dokumenten)에 있어서 기본권 보장의무자(Verpflichten)의 범위가 확대되었다. 기본권 헌장 제51조 제1항 제1호의 규정에 있어서 (광의의) 적용범위((weiter) Anwendungsbereich)가 명백히 표시되었다. 최종적으로 참조된 내용들(Verweisungen)과 연관된 내용들(Bezugnahmen)이 리스본 개정조약의 변경 조건들에 맞게 조정되었다.[246]

리스본 조약에 의하면 유럽연합의 기본권 보호는 다음의 두가지 토대에 근거하고 있다 : 조약들과 법적으로 동등한 효력이 부여되고, 이를 통하여 법적인 구속력(Rechtsverbindlichkeit)을 가지고 있는 2007년 12월 12일 새롭게 개정된 유럽연합의 기본권 헌장(der Charta der Grundrechte der Europäischen Union)[247] (리스본 조약에 따른 유럽연합조약(EUV-Lissabon) 제6조 제1항) 그리고 그와 별도로 유럽연합법의 일반적 법원칙으로서 계속적으로 효력을 발생하고 있는 불문의 유럽연합의 기본권(ungeschriebene Unionsgrundrechte) (리스본 조약에 따른 유럽연합조약(EUV-Lissabon) 제6조 제3항). 이러한 유럽연합의 기본권 보호를 위한 이러한 두개의 기초는 유럽연합이 1950년 11월 4일의 인권과 기본자유의 보호를 위한 유럽협약(die Europäische Konvention zum Schutz der Menschenrechte und Grundfreiheiten), 즉 유럽인권협약[248]에 가입할 권한과 의무를 부여하고

---

245) Jarass, Charta der Grundrechte der Europäischen Union, Einl. Rn. 7.
246) Jarass, Charta der Grundrechte der Europäischen Union, Einl. Rn. 5.
247) ABl Nr. C 303/1; BGBl 2008 Ⅱ S. 1165 ff.

있는 리스본 조약에 따른 유럽연합조약 제6조 제2항에 의하여 보충되어진다.[249]

리스본 조약은 이러한 사정을 변경시켰다. 이후부터 유럽연합조약 제6조 제1항은 유럽연합은 기본권 헌장 속에 나타된 권리(Rechte), 자유(Freiheiten) 그리고 원칙들(Grundsätze)을 인정한다고 규정하고 있다. 그리고 그 외에도 기본권 헌장과 조약이 동일한 효력순위를 가진다(gleichrangig)고 명백히 확인하고 있다. 유럽연합법원은 이 규정에 대하여 이미 비교적 최근인 2010년의 판례에서 언급하고 있다.[250]

5. 기본권 헌장의 효력순위 그리고 다른 우선적 법과의 관계

유럽연합조약 제6조 제1항 제1하부항이 조약과 기본권 헌장이 동일한 효력순위(Rang)를 가진다고 규정하고 있기 때문에, 기본권 헌장 속에 규정된 기본권과 원칙들은 우선적 법(Primärrecht)으로 인정된다.[251] 즉 기본권 헌장 상의 기본권은 성문의 우선적 유럽연합법과 동일한 효력을 가진다. 그 외에도 기본권은 일반적 법원칙으로서의 그 구조, 내용 그리고 내용적 의미 때문에 헌법적 순위를 가진다. 유럽연합의 공권력에 대한 개인의 근본적 권리로서 기본권은 유럽연합의 권력행사에 대한 한계설정과 권력행사의 정당화 근거로서 기능하고, 유럽연합의 규범적 위계질서(Normenhierarichie)의 최상위에 위치한다.[252] 유럽연합-기본권의 기능과

---

248) BGBl 2002 Ⅱ S. 1054.

249) BVerfG, Urteil v. 30. 6. 2009 – 2 BvE 2/08 Rn. 35.

250) 2010년 1월 19일의 판결, Kücükdeveci (c-557/07, EuGRZ 2010, 62, Randnr. 22) 그리고 2010년 3월 4일의 판결, Chakroum (C-578/08), NVwZ 2010, 697, Randnr. 48.

251) EuGH, Rs. 555/07 v. 19.1.10, Rn. 22.

252) Vgl. E. Pache, in: F. S. Sebastian/M. Heselhaus (Hrsg.), Handbuch der Europäischen Grundrechte, München 2006, § 4 Rn. 124.

도출과정을 통해서도 기본권 헌장의 우선적 법으로서의 지위와 헌법적 지위가 인정될 수 있다. 유럽연합 기본권 헌장은 유럽연합의 헌법으로서의 지위가 인정될 수 있기 때문에, 기본권 헌장의 유럽연합의 법질서의 단계구조에 있어서 최상위에 위치하는 법규범이 된다.[253] 이렇게 기본권 헌장-기본권(Charta-Grundrechte)은 일반적 법원칙으로서 우선적 유럽연합법의 핵심적 부분을 형성하고 있기 때문에, 기본권 헌장-기본권은 이미 이전에 우선적 법의 부분으로서 인정되었던 일반적 법원칙에서 도출된 기본권도 동일한 효력을 가진다.[254]

기본권 헌장 제6조 제1항 제1하부항 제1문에 의하여 기본권 헌장-기본권과 그 이외 다른 우선적 법은 유럽연합법의 규범적 위계질서(Normenhierarchie), 즉 유럽연합의 법질서의 단계구조에서 서로 동일한 효력순위를 가진다. 그래서 양조항이 서로 충돌하는 경우에는 다양한 특별규정이 있는 경우을 제외하고는 실제적 조화의 원칙(Grundsatz der praktischen Konkordanz)에 따라 신중한 조정이 행해져야만 한다. 이러한 충돌의 경우 서로 충돌하는 양 규정들은 서로 다른 규정들을 제한하고 있다. 특히 기본권의 가치결정(Wertentscheidnungen)은 그 이외의 우선적 법의 해석 있어서 고려되어야만 한다. 그럼에도 불구하고 기본권 헌장-기본권과 다른 우선적 법과의 충돌의 경우에 있어서 최종적으로 기본권에 대하여 일반적인 우위를 인정하는 것은 설득력이 없을 수 있다.[255]

개별적 사례들에 있어서 전적으로 그 이외의 우선적 법, 예를 들면 경쟁법(Wettbewerbsrecht)에 대하여 우위가 인정될 수 있다. 왜냐하면 허용

---

253) Jarass, Charta der Grundrehcte der Europäischen Union, Einl. Rn. 9; Eckhard Pache, in: F. Sebastian M. Heselhaus/Carsten Nowak (Hrsg.), Handbuch der Europäischen Grundrechte, München 2006, § 4 Rn. 122.

254) Pache, Heselhaus/Nowak (Hrsg.), Handbuch der Europäischen Grundrechte, § 4 Rn. 120.

255) Hans-Werner Rengeling/Peter Szczekalla, Grundrechte in der Euorpäischen Union, Köln; Berlin; München 2004, § 3 Rn. 255; Jarass, Charta der Grundrechte der Europäischen Union, Einl. Rn. 10.

가능한 기본권 제한이 그 이외의 우선적 법규범을 통해서 행해질 수 있기 때문이다. 또 다른 측면에서 특정한 사례들에 있어서는 유럽법원이 무역정책에 대하여 결정한 바와 같이, 조약의 특정한 규정들에 대한 기본권의 우위가 우위가 인정될 수 있다.[256] Jarass교수는 기본권 헌장-기본권과 그 이외의 다른 우선적 법은 서로 동일한 효력을 가지기 때문에, 그 이외의 다른 우선적 법에 대하여 기본권적합적 해석(grundrechtskonforme Auslegung)을 해야한다고 하는 것은 타당하지 않다고 해석하고 있다.[257] 그러나 H.-W. Rengeling/P. Szczekalla는 이러한 양자의 충돌의 해결기준과 관련하여 기본권이 보장될 수 있는지 그리고 보장되지 않는지는 적어도 모든 국가법질서 혹은 초국가적 법질서의 핵심적 내용으로 미리 규정되어 있다고 전제하고 있다. 따라서 이러한 법질서의 선재적 구분의 한계를 넘어서지 않는 범위내에서, 가능한 기본적 적합적 해석을 통한 해결이 행해질 수 있는 사례에 있어서는 최종적 목적인 기본권의 우위가 인정되어야 한다고 해석하고 있다.[258] 기본권 헌장-기본권은 모든 이차적 법(Sekundärrecht) 그리고 보다 낮은 순위의 우선적 법의 해석에 있어서 척도가 된다. 그래서 유럽연합법원에 의한 이차적 법의 해석에 있어서는 적어도 일반적으로 기본권적합적 해석이 행해진다.[259]

그러나 두 개의 부분영역에 있어서는 일종의 조약규정의 해석적 우위(Auslegungsvorrang der Vertragsregelungen)가 인정된다. 한편으로 이것은 기본권 헌장 제52조 제2항의 영역에 있어서 인정된다. 기본권 헌장 제52조 제2항은 조약 속에 규정된 기본권 헌장을 통하여 인정된 조약 속에 규정된 권리의 행사는 조약 속에 확정된 조건과 한계의 범위 내에서 행해져야 한다는 것을 요구한다. 즉 기본권을 통하여 인정된 권리의 행사에

256) EuGH, Rs. 402/05, Slg. 2008, I-6513, Rn. 301; Jarass, Charta der Grundrechte der Europäischen Union, Einl. Rn. 10.
257) Jarass, Charta der Grundrechte der Europäischen Union, Einl. Rn. 10.
258) Rengeling/Szczekalla, Grundrechte in der Euorpäischen Union, § 3 Rn. 255.
259) Pache, Heselhaus/Nowak (Hrsg.), Handbuch der Europäischen Grundrechte, § 4 Rn. 136.

있어서 조약내용의 존중을 요구한다는 점을 고려해 볼 때, 이것은 기본권에 대한 조약의 해석적 우위의 한 예가 된다.

그 외에도 유럽연합조약 제6조 제1항 제1하부항 그리고 기본권 헌장 제51조 제2항은 기본권 헌장의 규정들이 조약 속의 확정된 유럽연합의 관할권을 어떠한 방식으로 확대하지 못한다고 규정하고 있기 때문에 이 경우도 기본권 헌장-기본권 규정에 대한 조약규정의 해석적 우위의 한 예가 된다.

기본권 헌장상의 기본권의 다른 법에 대한 우위는 이차적 법(sekundäres Recht)과 제삼차적 법(tertiäres Recht)에 대한 우위, 구성국가의 국내법에 대한 우위 그리고 국제법에 대한 우위를 나누어 볼 수 있다.

1) 이차적 법 그리고 삼차적 법에 대한 우위

유럽연합조약 제6조 제1항 제1하부항에 의하여 기본본권 헌장 속에 규정된 기본권은 조약과 동일한 효력을 가진다. 따라서 기본권 헌장 속의 기본권은 우선적 법에 해당하기 때문에, 이차적 법과 삼차적 법에 대하여 우위가 인정된다. 따라서 기본권 헌장-기본권은 유럽연합의 기관에 의하여 제정된 모든 이차적 법의 우선적 법과의 합치여부에 대한 법적합성통제의 기준이 된다. 이러한 법적합성여부에 대하 심사는 유럽연합의 기능에 관한 조약 제263조에 의하여 유럽연합법원이 행한다. 기본권 헌장-기본권에 위반되는 이차적 유럽연합법(sekundäres Unionsrecht)은 무효이다(unwirksam). 이러한 무효결정을 피하기 위하여, 이차적 법은 가능한 한 기본권적합적으로(grundrechtskonform) 해석되어야만 한다.[260] 바로 여기에 일반적인 이차적 법의 우선적 법적합적 해석(allgemeine primärrechtskonforme Auslegung des Sekundärrechts)의 요구가 적용된다.[261] 이러한 우선적 법의

260) EuGH, Rs. 46/87, Slg. 1989, 2859 Rn. 12; Rs. 101/01, Slg. 2003, I-12971 Rn. 87; Rs. 305/05, Slg. 2007, I-5305 Rn. 28.

261) 이에 대해서는 EuGH, Rs. 314/89, Slg. 1991, I-1647 Rn. 17; Rs. 90/90, Slg. 1991, I-3617 Rn. 12; Rs. 98/91, Slg. 1994, I-223 Rn. 9; Jarass, Charta der

우위를 바탕으로 하여 유럽법원은 자신의 일관된 판례를 통해서 이차적 법의 우선적 법적합적 해석의 명령(Geobt der primärrechtskonformen Auslegung des Sekundärrechts)을 근거지웠다.[262] 독일의 헌법합치적 법률해석의 개념적 원용없이 바로 도입된 이러한 이차법의 우선적 법적합석 해석의 명령은 법실무와 이론 양쪽 모두 지지를 받고 있다. 왜냐하면 이러한 방식을 통하여 유럽연합의 법원론(Rechtsquellenlehre der Union)이 더욱 더 심화될 수 있기 때문이다.[263]

2) 구성국가의 국내법에 대한 우위

유럽연합-기본권은 유럽연합법의 부분으로서 모든 구성국가의 국내법보다 우선한다. 구성국가의 국내법에 대한 유럽연합법의 우위를 명백히 확인한 유럽헌법조약(유럽헌법조약 제I-6조)과 달리 리스본 조약은 이를 규정하지 않았다.[264] 유럽연합법의 우위는 2007년 12월 13일 서명된 리스본 조약을 수용한 정부회의의 체결행위에 대한 설명 제17호(die Erklärung Nr. 17 zur Schlussakte der Regierungskonferenz) 속에서 언급되고 있다[265]. 유럽연합-기본권에 위반되는 국내법은 직접적으로 효력을 가지고 있는 유럽연합법에 위반되는 국내법에 대하여 일반적으로 인정되는 것과 마찬가지로 적용될 수 없다. 따라서 모든 구성국가들의 국가기관, 특히 법원과 행정기관은 이를 주의해야만 한다. 유럽연합-기본권의 우위는 또한 구성국

Grundrechte der Europäischen Union, Einl. Rn. 53.

262) EuGH, Rs. 218/82, Slg. 1983, 4063 Rn. 15 (Kommission/Rat); Rs. 201 und 202/85, Slg. 1986, 3477 Rn. 21 (Klensch/Staatssekretär); Rs. C-314/89, Slg. 1991, 1647 Rn. 17 (Rauh); Rs. C-98/91, Slg. 1994, I-248 Rn. 9 (Herbrink); Rs. 1/02, Slg. 2004, 3219, Rn. 30 (Borgmann); Rs. 305/05, Slg. 2007, I-5305 Rn. 28; Ruffert, Calliess/Ruffert, EUV/EGV, EGV Art. 249 Rn. 15.

263) Ruffert, Calliess/Ruffert, EUV/EGV, EGV Art. 249 Rn. 15.

264) Martin Borowsky, in: Jürgen Meyer (Hrsg.), Charta der Grundrechte der Europäischen Union, 3. Aufl., Baden-Baden 2011, Art. 53 Rn. 10.

265) Borowsky, in: Meyer (Hrsg.), Charta der Grundrechte der Europäischen Union, Art. 53 Rn. 10 Fn. 454.

가의 헌법과의 관계에서도 인정된다. 경우에 따라서는 구성국가의 국내법은 기본권의 빛 속에서, 즉 유럽연합-기본권 적합적으로(EU-Grundrechtskonform) 해석되어야만 한다.[266] 이러한 구성국가의 국내법의 유럽연합-기본권적합적 해석이 행해지는 한에서는 이러한 해석의 규칙과 한계도 준수되어야 한다.[267] 따라서 기본권적합적 해석이 실정법 규정에 반하는 해석(Auslegung contra legem)이 되어서는 안된다.[268]

또 다른 측면에서 구성국가의 국내법규정이 또한 유럽연합-기본권을 제한할 수 있다는 점에 대한 고려도 필요하다. 기본권이 구성국가에 대하여 구속력을 가지는 한에서는, 구성국가는 기본권 제한의 권한을 가진다. 이것은 구성국가가 관련 유럽연합-기본권을 보장하고, 이러한 기본권 보장에 상응하는 제한을 할 수 있다는 것을 의미한다. 또한 구성국가는 그 이외의 유럽연합법 역시 제한할 수 있다. 명백히 개별국가의 법률 혹은 개별국가의 법규정 그리고 관행에 근거한 기본권에 대해서는 구성국가의 국내법규정은 특별한 의미를 가진다.[269]

3) 국제법에 대한 우위

유럽연합-기본권은 국제적 제도(internationale Einrichtungen)를 구속하지 않는다. 그럼에도 불구하고 유럽연합-기본권은 유럽연합에 의하여 체결된 국제협약에 우선한다. 왜냐하면 이러한 국제협약은 유럽공동체조약(EGV) 제300조 제7항에 의하여 오로지 이차적 법에만 우선하기 때문이다. 국제협약에 의한 의무부여(Verpflichtungen)는 유럽연합법의 헌법적 원칙, 특히 기본권에 의하여 평가된다.[270] 이것은 예를 들면 UN-안전보장

---

266) Jarass, Charta der Grundrechte der Europäischen Union, Einl. Rn. 54.
267) 이와 관련하여 예를 들면. EuGH, Rs. 264/96, Slg. 1998, I-4695 Rn. 31; Rs. 397/01, Slg. 2004, I-8835 Rn. 114; Rs. 105/03, Slg. 2005, I-5282 Rn. 43.
268) EuGH, Rs. 105/03, Slg. 2005, I-5285 Rn. 47; Rs. 212/04, Slg. 2006, I-6057 Rn. 110.
269) Jarass, Charta der Grundrechte der Europäischen Union, Einl. Rn. 55.
270) EuGH, Rs. 402/05, Slg. 2008, I-6513 Rn. 285, 304, 316, 326; 이와 다른 입

이사회의 결의와 같이 유럽연합입법(Unionsakte)으로 전환된 그러한 의무부여에 대해서도 타당하게 적용된다.[271] 1958년 1월 1일 (내지 가입일자) 체결된 조약에 대한 유럽연합의 기능에 관한 조약(AEUV) 제351조 (이전의 유럽공동체조약(EG) 제307조) 속의 특별규정은 이것을 아무것도 변경시킬 수 없다.[272] 또 다른 측면에서 예를 들면 기본권 제한에 대한 판단에 있어서, 국제적 의무부과는 적합하게 고려될 수 있다.[273] 국제법 속에 규정된 기본권 내지 인권과의 관계에 대해서는 기본권 헌장 제53조가 독자적 규정을 포함하고 있다.[274]

6. 기본권 보호수준의 현실적 조정

기본권 헌장 공포 이전의 공동체 차원의 기본권 보호의 기본적 출발점은 기본권을 유럽법원이 구성국가의 공통적인 헌법적 전승(Verfassungsüberlieferung) 그리고 구성국가에 의하여 체결된 조약들 특히 유럽인권협약과 일치되어서 보장되어져야만 하는 일반적인 법원칙(allgemeine Rechtsgrundsätze)에 속한다고 보는 유럽법원의 입장이다.[275] 유럽법원은 기본권 보장에 관한 자신의 판례의 발달과정에서 법원은 다음의 두가지 법인식원(Rechtserkenntnisquelle)을 열어놓았다[276] : 구성국가들의 헌법적 전승 그

장 EuG, Rs. 228/02, Slg. 2006, II-4665 Rn. 107.

271) EuGH, Rs. 402/05, Slg. 2008, I-6513 Rn. 286, 296; 다른 견해 EuG, Rs. 253/02, Slg. 2006, II-253 Rn. 116.

272) EuGH, Rs. 402/05, Slg. 2008, I-6513 Rn. 303.

273) EuGH, Rs. 402/05, Slg. 2008, I-6513 Rn. 256.

274) Jarass, Charta der Grundrechte der Europäischen Union, Einl. Rn. 56.

275) Vgl. u.a. EuGH, Rs. 29/69, Slg. 1969, 419/425 Rn. 3 Stauder; EuGH, Rs. 11/70, Slg. 1970, 1125/1135 Rn. 3-4 Internationale Handelsgesellschaft; EuGH, Rs. 4/73, Slg. 1974, 491/507 Rn. 13 Nold/Kommision; 보다 - 잘요약된 - EuGH, Rs. 44/79, Slg. 1979, 3727/3744 f. Rn. 15 Hauer; S. Magiera, Die Bedeutung der Grundrechtecharta, in: D. H. Scheuing (Hrsg.), Europäische Verfassungsordnung, Baden-Baden 2003, S. 119.

276) T. Kingreen, Theorie und Dogmatik der Grundrechte im europäischen

리고 유럽인권협약. 유럽의 기본권 보호의 필요성은 바로 유럽법원에 의하여 행하여진 두가지 근본적 결단에 근거를 두고 있다: 공동체법의 직접적인 적용가능성 그리고 공동체법의 통일적인 효력확보의 입장에서 구성국가의 기본권규정의 적용가능성을 허용할 수 없는 공동체법의 우위를 통한 공동체법의 직접적 적용가능성을 통하여 발생하는 공동체의 법률행위를 통한 개인의 직접적인 기본권 관련성. 이러한 유럽법원의 판례적 입장을 입법화한 것은 유럽연합이 유럽인권협약 속에서 보장되어지고 그리고 공동체법의 일반적 원칙들로서 가입국가들의 공통적인 헌법전통 속에서 도출되어지는 기본권을 그대로 존중한다는 것을 규정한 유럽연합조약 (Vertrag über die Europäische Union) 제6조 제2항이다.[277] 이러한 유럽법원의 근본적 결정내용의 유럽연합조약 제6조 제2항을 통한 입법적 실정화는 유럽연합의 기본권 보장전개에 있어서 작지만 실질적으로 아주 의미있는 진보적 행보였다. 유럽법원의 결정에 있어서 기본권의 의미의 계속적인 중요성의 증가 그리고 기본권 도그마틱에 관련된 많은 문제점들을 단지 이러한 개별적 규범만으로 잘 다룰 수가 없었기 때문에 이러한 입법화 시도는 불가피한 것이었다.

유럽연합의 기본권 헌장을 통한 기본권 보호를 통하여 유럽엽합은 기존의 유럽법원을 통한 집정관적인 법형성의 비방을 통해서 기본권 보호의 한계를 벗어날 수 있는 계기를 마련하였다. 유럽연합의 기본권 헌장의 기본권 목록은 즉 유럽연합의 기본권 헌장은 초주권화의 진행과정에 대하여 정당성을 부여하는 일반적인 유럽의 기본권 보장수준에 대한 예견가능한 인식을 포함하고 있다. 유럽법원의 법관법을 통한 기본권 보호는 실정법적인 기본권보장체계에 익숙한 유럽의 법률가가 풀어야할 숙제로 학계와 실무에서 각인되어 졌다. 유럽법원의 일관된 판례와 다수견해에 따르면 유럽연합의 기본권은 유럽시민이 누리는 기본자유의 한계의 한계로서 작용한다: 왜냐하면 기본자유를 제한하는 구성국가는 제한의 정

Verfassungsrecht, EuGRZ 2004, S. 570.

277) Magiera, Die Bedeutung der Grundrechtecharta, S. 120.

당화(Rechtfertigung) 영역에 있어서 동시에 유럽연합의 기본권에 구속되기 때문이다.[278] 이를 다르게 보다 극단화시켜서 표현한다면 다음과 같다: 기본자유의 적용범위가 열려 있다면, 그와 동시에 유럽연합의 기본권의 적용범위도 열려져 있다 그리고 구성국가의 기본권의 적용범위는 닫혀져 있다.[279] 이러한 기본적 입장을 고려해 본다면 유럽연합시민이 누리게 되는 기본자유의 범위를 광범위하게 확대하여 규정하고 있는 유럽연합의 기본권 헌장은 유럽연합시민의 기본권 보장전개에 있어서 획기적인 의미를 가진다. 이것은 또한 기본권 보장사에 있어서 유럽연합의 독자적인 성과로 받아들여질 수 있다. 그럼에도 불구하고 국가적 실체가 확보되지 않은 유럽연합에 있어서 각 구성국가의 국적으로 바탕으로 하여 부가적으로 인정된 유럽연합시민권을 바탕으로한 기본권 보장문제는 현실적인 한계를 가질 수 밖에 없다. 이러한 기본권 보장의 현실적 한계는 ① 유럽연합의 구조적 한계 ② 기존의 유럽인권법원 그리고 구성국가의 기본권 보장수준의 고려에 따른 한계를 구분해 볼 수 있다.

1) 유럽연합의 구조적 한계

이와 관련하여 유럽연합의 기본권 헌장 제51조는 제1항 제1문는 기본권 헌장의 내용들은 보충성의 원칙(Subsidiaritätsprinzip)의 유보 하에 유

---

278) EuGH, Rs. C-260/89, Slg. 1991, I-2925 Rdnr 42 f. = EuGRZ 1991, S. 274 - *ERT*; Rs. C-368/95, Slg. 1997, I-3689 Rdnr. 24 ff. = EuGRZ 1997, S. 344; T. Jürgensen/I. Schlünder, EG-Grundrechtsschutz gegenüber Maßnahmen der Mitgliedstaaten, AöR 121 (1996), S. 213 ff.; J. Kühling, Grundrechtskontrolle durch den EuGH: Kommunikationsfreiheit und Pluralismussicherung im Gemeinschaftsrecht, EuGRZ 1997, S. 299 f.; M. Ruffert, Die Mitgliedstaaten der Europäischen Gemeinschaft als Verpflichte der Gemeinschaftsgrundrechte, EuGRZ 1995, S. 528 f.; M. Ruffert, Schlüsselfragen der Europäischen Verfassung der Zukunft, Grundrechte - Institutionen - Kompetenzen - Ratifizierung, EuR 2004, S. 178 f.; Kinggreen, EuGRZ 2004, S. 576.

279) Kingreen, EuGRZ 2004, S. 576.

럽연합의 권리의 실행에 관련된 경우에만 따른 유럽연합의 기관(Organe), 제도들(Einrichtungen) 그리고 그 외의 부서(sonstige Stelle)에 대한 효력을 가진다고 규정하고 있다. 동조 제2문은 이러한 권리의 실행과정에 상응하게 유럽연합의 기관들은 권리를 존중하고, 원칙들을 지키고, 그 기관의 권한에 상응하게 그리고 헌법의 다른 편 속에서 연합에 부여된 권한들의 한계의 유지범위 속에서 원칙들의 적용을 증진한다고 규정하고 있다. 이러한 동조 제1항의 기본권 헌장의 효력범위의 한계설정은 일반적으로 헌법국가에서 기본권 효력보장범위의 확대와 강화의 강조가 필연적으로 헌법재판의 확대와 강화로 이어진 상황과 마찬가지로, 기본권 헌장의 기본권의 효력강화는 유럽연합의 권한확대와 강화의 근거로 작용할 수 있다는 염려에서 나온 것이라고 생각해 본다.

기본권 헌장의 적용범위를 확정하는 기본권 헌장 제51조 제2항에서 첫번째의 해석기준이 발견될 수 있다: "이러한 헌장은 연합법의 효력범위를 연합의 관할(Zuständigkeit)의 범위 밖으로 확대하지 않고, 새로운 관할 혹은 유럽연합에 대한 새로운 과제를 근거지우지 않는다. 헌장은 조약 속에서 확정된 관할과 과제를 변경하지 않는다." 이 규정은 기본권 헌장이 미래의 유럽연합의 권한확장적 효과 혹은 최소한도의 권한흡입적 효과를 초래할 수 있다는 우려를 고려한 것이라고 해석할 수 있다.[280] 기본권 헌장 제51 제1항이 기본권 헌장의 원칙적인 적용범위를 규정한 것이라면, 제2항은 기본권 헌장의 적용범위의 한계를 설정한 것이라고 해석할 수 있다. 양 조항의 핵심적 내용은 바로 기본권 헌장은 조약 속에서 확정된 관할과 과제들의 확대와 변경을 초래할 수 없다는 것이다.[281] 따라서 기본권 헌장은 기본권 헌장 제51조 제2항에서 규정된 바와 같이 조약 속에서 확정된 관할과 과제의 범위를 넘어서는 유럽연합법의 효력범위를 확대를 야기할 수 없다.[282]

---

280) M. Borowski, in: Meyer (Hrsg.), Charta der Grundrechte der Europäischen Union, Art. 51 Rn. 14, 37 ff.;

281) Borowski, ebd., Art. 51 Rnr. 37.

2) 유럽인권법원 그리고 구성국가의 기본권 보장수준의 고려에 의한 한계

이러한 유럽연합의 구조적 한계에 따른 기본권 보장의 제한에도 불구하고 유럽연합의 기본권 헌장을 통한 기본권 보호의 전개는 유럽연합 체제가 기존의 경제공동체에서 정치적 공동체로의 이전을 확정짓는 요소가 된다. 유럽연합의 기본권 헌장에 대한 법적인 구속력의 확보를 통해서 유럽연합의 기본권 보장과 각 구성국가의 기본권 보장은 하나의 기본권 결합체(Grundrechtsverbund)를 형성하는 기초가 된다. 그러나 이러한 기본권 공동체의 안정성은 – 기본권 결합체가 이전의 기본자유(Grundfreiheit)의 형태로 보장되던 유럽공동체 그리고 연합의 기본권 보장의 성과들을 무시하고 사장시키지 않는 경우에만 보장될 수 있다. 이러한 기존의 유럽법원 그리고 유럽인권법원을 통한 기본권 보장의 성과들의 계승과 발전 시도로서 유럽연합이 기본권 헌장은 그 이전의 기본권 보장을 통하여 확인된 기본자유를 편입시키고 있다. 기본권 헌장 제52조 제2항의 규정은 「조약 속에 규정되어 있는 기본권 헌장을 통하여 인정된 권리의 행사는 조약 속에서 확정된 조건들과 한계들의 범위 속에서 행해진다」고 규정하고 있다.

유럽연합의 기본권 헌장 제52조 제3항 제1문은 「이 기본권 헌장이 유럽인권협약을 통해서 보장된 권리에 상응하는 권리들을 포함하고 있는 한에서는, 이러한 권리들은 유럽인권협약 속에서 인정된 것과 동일한 의미와 적용범위를 가진다」라고 규정하고 있다. 제2문에서는 「이러한 규정들이 유럽연합의 권리들의 계속적인 보호에 반하는 것은 아니다」라고 규정하고 있다. 유럽연합의 기본권 헌장 제52조 제3항 제1문에 의하여 유럽법원은 유럽인권법원(EGMR)이 유럽인권협약상의 권리들에 대하여 자신

282) 기본권 헌장 제51조 제2항에 대한 헌법제정회의의 의장단 회의에서 현실화된 해석적 설명들, CONV 828/03 REV vom 18. 7. 2003, S. 47; Borowski, ebd., Art. 51 Rn. 45.

이 판례를 제시한 기준들을 벗어나지 못한다. 이렇게 볼 때 유럽연합의 기본권 헌장 제52조 제3항 제1문은 다양한 기본권 보호영역의 공동작업은 보호영역 각 영역에서 전개되는 기본권 보호 상호간의 충돌사례를 유럽인권협약의 보호영역의 우위를 인정하는 방법에서 그 해결책을 찾고 있다고 볼 수 있다. 유럽연합의 기본권 헌장 제53조 또한 이러한 해석적 입장에 대한 근거로 원용될 수 있다. 유럽연합의 기본권 헌장 제53조는「기본권 헌장의 어떠한 규정도 유럽연합 혹은 모든 유럽연합의 구성국가가 체결당사자인 국제법상의 협약들(Übereinkünfte), 구성국가의 헌법, 그 중에서도 특히 유럽인권협약과 같은 유럽연합의 법 그리고 국제법을 통하여 각각의 적용범위 속에서 인정되어지는 인권 그리고 기본자유의 제한 혹은 침해로 해석될 수 없다」고 규정하고 있다. 이 조항은 유럽기본권 헌장의 보호수준(Schtuzniveau)에 관한 규정이다. 이 보호수준 규정은 유럽연합의 기본권 헌장 제51조 제1항에서 제시된 기본권 헌장의 적용범위를 확인하고 윤곽을 설정한다. 기본권 헌장의 적용범위 밖에서 각 구성국가가 순수한 구성국가의 내부적인 기본권의 현실적 상황에 대한 고려 속에서 상이한 보다 높은 수준을 유지할 것인가에 대하여 결정하는 것은 그 구성국가에 맡겨진 재량사항이다. 유럽공동체법의 전통적 기본자유(Grund-freiheiten)[283)]에 대하여도 이와 유사한 논리가 적용된다. 따라서 기본권 헌장의 해석규칙으로서 보호수준-규칙은 유럽공동체의 기본적 자유에 의하여 창조된 법적인 상태를 변함없이 유지하여야만 한다는 의미로 이해된다. 그 외에 이 해석규칙은 유럽연합의 기본권 헌장 제52조 제3항의 해석규칙이 다른 해석규칙보다 우선한다는 이미 내려진 해석적 결론을

283) 유럽공동체의 공동시장은 공동체의 자유로운 상품, 사람, 서비스, 자본의 자유로운 왕래로 특징지워 진다(유럽공동체 조약 제14조 제2항). 이러한 상품, 사람, 서비스, 자본의 자유로운 왕래의 보장을 유럽공동체의 네 개의 기본적 자유(Grundfreiheit)이다. 그 외에도 자유로운 화폐지불의 보장을 제5의 기본자유로 이해하기도 한다. Herdegen, Europrarecht, Rdnr. 281; vgl. D. Ehlers, Die Grundfreiheiten des europäischen Gemeinschaftsrechts (Teil I), JURA 2001, S. 266 ff.

유럽인권협약에 대한 특별한 강조를 통하여 확인하고 있다.[284] 이것은 유럽인권협약의 기본권 해석규칙의 수준이 다른 기본권보호영역의 기본권 보호수준보다 우선한다는 입장이다.

유럽헌법조약의 권위있는 해석자로서 유럽법원은 개별 사안에서 각 권리들에 대하여 어느 정도의 의미와 적용범위가 부여될 수 있는 지에 대하여 구체적으로 결정한다. 이 과정에서 유럽법원은 유럽인권법원이 유럽인권협약상의 권리들에 대하여 날카롭게 제시한 기준들을 검토하게 된다. 유럽법원은 유럽인권협약에 대한 유럽인권법원의 우위성을 인정하여야만 하고, 유럽연합의 기본권 헌장 제52조 제3항 제1문의 적용과정 속에서 이러한 유럽인권법원의 기준을 벗어나는 해석을 도모해서는 않된다. 유럽연합조약 제6조 제2항에의한 유럽연합의 유럽인권협약에의 가입을 통해서 이러한 유럽인권협약상의 기본권 보장과 유럽헌법조약상의 기본권 질서의 차이점이 가볍게 극복되어지게 되었다. 이러한 유럽인권협약에의 가입은 유럽법원에게 유럽인권법원과의 관계에서 쉽게 극복할 수 없는 해석적 한계를 부과하는 계기가 된다. 그리하여 단지 유럽법원은 각 구성국가들의 권리보장수준을 넘어서는 유럽인권협약상의 권리들의 해석적 역동성을 유럽인권법원과 함께 실행할 책임을 지게 된다.

유럽연합의 유럽인권협약에 대한 가입을 통하여 기본권 침해자와 국제법적인 책임 사이의 일치가 도출되어질 뿐만 아니라, 유럽인권협약 상의 권리들에 대한 해석에 있어서 유럽법원(EuGH)에 대한 유럽인권법원(EGMR)의 최종적 해석권이 인정되어지게 된다. 그럼에도 불구하고 유럽연합의 유럽인권협약에로의 가입은 유럽법원의 유럽인권법원에로의 심급적인 종속을 초래하지는 않을 것이다. 그것은 아마도 스트라스부르적인 통제체계(Straßbrugger Kontrollystem)의 보충성의 원칙의 고려하에서 국가적 심급(구성국가의 헌법재판소)과 유럽인권법원 사이의 관계와 마찬가지로 2단계의 기본권 보호체계를 창설하는 것이 된다.

---

284) Dorf, JZ 2005, S. 130.

그 외에도 유럽연합의 기본권 헌장 제52조 제4항은 구성국가들의 전체적인 헌법적 전승(Verfassungsüberlieferungen)으로부터 도출된 기본권이 기본권 헌장에 인정되어지는 한에 있어서는, 이 기본권들은 이러한 전승들과 합치되게 해석되어야 한다고 규정함으로써 기본권 해석에 있어서 각 구성국가의 헌법해석적 전통을 고려할 것을 요구하고 있다. 이러한 해석규칙은 유럽법원이 불문적 공동체기본권과의 관련성 속에서 실무화된 가치평가적 비교법적 관점과 관련이 있다.[285] 이러한 유럽법원에 의하여 이전에 적용되었던 가치평가적 비교법적 관점은 현재는 더 이상 유럽연합의 기본권 도출에 기여하는 것이 아니라, 유럽연합의 영역에서의 기본권 해석을 위한 목적에서 행해지는 각 구성국가의 기본권 존속의 추론을 위한 것이다. 유럽연합의 기본권 헌장 제52조 제4항의 해석규칙과 관련된 현실적 문제점은 구성국가의 공통적인 헌법적 전승 속에서 기본권의 형식으로 구전된 기본권이 기본권 헌장에 규정되어있는 경우에 발생하게 된다.[286] 이 해석규칙의 의미와 목적은 유럽연합영역에서의 기본권 보장영역과 구성국가들의 기본권 보장영역과의 해석적 동일수준을 이끌어 내는 것이다. 유럽연합의 기본권 헌장 제52조 제6항은 「개별 구성국가들의 법규(Rechtsvorschriften)와 관습(Gepflogenheiten)은 이 기본권 헌장에서 규정된 것과 같이 전체 범위 속에서 고려될 수 있다」고 규정하고 있다. 각 개별 구성국가들의 법질서에 대한 고려는 그 내용과 범위가 이러한 방식으로 가볍게 상대화될 수 없는 급부권(Leistungsgrundrechte)과의 관련성 속에서 행해질 수 있다.

유럽연합의 기본권 헌장 제52조 제7항은 기본권 헌장의 해석을 위한 지침으로서 작성된 해석적 설명들(Erläuterungen)은 유럽연합과 구성국가들의 법원에 의하여 적당하게 고려되어질 수 있다고 규정하고 있다. 해석적

---

285) 이것은 유럽헌법제정회의 의장단 회의에서 구체화된 유럽헌법조약 제2편 제52조 제4항에 대한 해석적 설명의 내용이다. CONV 828/1/03 REV 1 vom 18. 7. 2003, S. 51; Dorf, JZ 2005, S. 129.

286) Dorf, ebenda.

설명들은 단순한 해석적 보조(bloße Intepretationshilfe)로서 이해된다. 그런 점에서 해석적 설명들은 구속력있는 법규범으로서의 성격을 가지지 못한다. 단지 적당하게 법원의 법해석과정에서 고려되어질 있기 때문에, 법원은 해석적 설명을 독자적인 사법적 해석으로 취할 수 있는 가능성이 완전히 봉쇄된 것은 아니다.

3) 기본권 보장에 있어서 유럽연합법원의 독자적 역할의 가능성

유럽연합법원은 유럽연합의 일곱기관들 중의 하나이다(유럽연합조약 제19조). 리스본 조약의 효력발생 이후 유럽연합의 전체법원체계는 유럽연합법원(Corut of Justice of the European Union/Gerichtshof der Europäischen Union)으로 명칭이 변경되었다. 유럽연합법원의 법원조직은 다음의 세가지 독자적 법원으로 구성되어 있다: 일반유럽법원(Europäischer Gerichtshof(EuGH)), 유럽연합법원(Gericht der Europäischen Union (EuG 이전에 유럽법원의 제1심으로 명명된)), 전문법원(Fachgerichte)으로 구성된다. 지금까지 유일한 전문법원은 유럽연합의 공적역무에 대한 법원(Gericht für den öffentlichen Dienst der Europäischen Union)이다.

유럽연합법원의 주요업무는 유럽연합조약 제19조에 의하면 조약의 해석과 적용에 있어서 법의 존중의 확보이다. 이러한 유럽연합법원의 업무수행에 대한 공동협력을 하기 위하여 구성국가는 자신의 관할영역에서 유럽연합시민이 유럽연합법에서 도출되는 자신의 권리를 구성국가의 법원에서 효력을 관철할 수 있는 필수적인 법적인 권리구제수단을 인정해야만 한다. 우선적으로 유럽연합법원의 유럽법의 해석과 관련된 자신의 독점적 행사가능성에 대하여 살펴본다. 다른 모든 제도들 특히 구성국가의 관청과 법원들은 유럽법을 해석하는 것이 아니라 단지 적용만할 수 있을 뿐이다. 유럽연합법원은 이전의 유럽공동체조약(EGV) 제220조 속에서의 자신의 조약에 대한 해석권한을 유럽공동체조약 제292조를 참조하여 독점적 권한으로 해석하였다.[287] 물론 유럽연합의 기본권 헌장을 통한 기본권 공동체의 안정성은 이전의 유럽인권협약체계에서의 유럽인권법원 그리고 각 구성국가의 법원을 통하여 보장된 기본권 보장의 성과들을 계승발전시키는 것을 통하여 증대될 수 있다. 그러나 유럽연합조약 제6조 제3항에 의하여 유럽연합이 유럽인권협약체제에 가입하고 그에 대한 형식적 종속성을 규정한 본래의 목적은 유럽법원을 통한 기존의 다양한 기본권 보장체제의 수용과 통합이라고 해석할 수 있다. 이런 점에서 볼 때 이전의 기본자유와 유럽연합의 기본권 헌장의 기본권 목록의 동일한 평가와 중요성부여가 요구되어지고, 또한 이러한 요구는 유럽시민의 기본권 보장에 있어서 핵심적 내용이 되어야 한다. 그럼에도 불구하고 유럽연합의 기본권 헌장의 기본권목록에 포함된 기본권 보장 내용들은 유럽헌법의 독자적인 기본권 해석척도에 의하여 해석되어질 가능성은 열려 있다. 왜냐하면 유럽연합조약체제하에서의 기본권 해석과 적용들은 당연히 유럽법원을 통한 기본권에 대한 법적용과정에서 보다 구체화되어질 것이기 때문이다. 이런 점에서 유럽연합-기본권의 보장자로서의 유럽연합법원(EuGH)의 역할은 계속적으로 강조 그리고 증대될 것이다. 유럽연합법원을 통한 기본권 보호를 위한 소송법적인 수단의 도입에 있어서의 소극적 태도는 중요한 결함으로 확정되어져야만 한다.

기본권보호를 위한 소송수단으로서 유럽연합의 기능에 관한 조약(AEUV) 제263조와 제264조에 의한 유럽연합법원에 대한 무효소송(Nichtigkeitsklage)의 제기가 고려될 수 있다. 무효소송을 통해서 유럽연합의 기관 그리고 그 이외의 유럽연합의 지위(예를 들면 대위원(Agenturen과 같은)의 행위가 감독될 수 있다. 구성국가, 유럽연합의 기관 그리고 자연인과 법인은 무효소송을 통하여 법적인 행위가 법위반이라는 것을 확인받을 수 있다. 유럽연합의 기능에 관한 조약 제263조 제4항은 「모든 자연인 혹은 법인은... 자신에 대하여 행해진 혹은 자신과 직접적으로 그리고 개별적으로 관련된 행위(Handlungen), 그리고 자신과 직접적으로 관련성을 가지

---

287) EuGH, Gutachten 1/91, EWR I, Slg. 1991, I-6079 Rn. 21.

고 어떠한 실행조치(Durchführungsmaßnahmen)도 수반되지 않는 명령적 성격(Verordnungscharakter)을 가지는 법규범(Rechtsakte)에 대하여 소송을 제기할 수 있다」고 규정하고 있다. 따라서 개인이나 법인이 소송권한(Klagebefugnis)을 가지고 위해서는 관련된 행위나 법규범이 직접적으로 그리고 개별적으로 관련성을 가져야만 한다. 유럽연합의 기능에 관한 조약 제256조 제6항에 의하면 무효소송은 처분이 공포된 날 혹은 행위가 원고에게 통지된 날 혹은 통지가 없는 경우에는 처분이 행해진 것을 안 날로부터 2개월 이내에 제기해야만 한다. 유럽연합의 기능에 관한 조약(AEUV) 제256조에 의하면 유럽법원 제1심(das Europäische Gericht in erster Instanz)과 유럽법원 제2심(der Europäische Gerichtshof in zweiter Instanz)으로 구성된다.

유럽연합의 기능에 관한 조약 제263조의 무효소송을 통한 개인소송 가능성(Individualklagemöglichkeit)은 유럽헌법상의 개인의 기본권 보호 즉 유럽연합시민의 기본권 보호에 있어서 특히 중요한 역할을 수행하게 될 것이다. 왜냐하면 이러한 개인소송의 보장형태는 독일과 우리나라의 헌법소원제도와 같은 기본권 소원(Grundrechtsbeschwerde)제도로서의 역할을 수행할 수 있기 때문이다.[288] 이것은 기존의 유럽공동체 조약 제230조 제4항에 의한 개인의 무효소송(Nichtkeitsklage Einzelner)의 보장형태를 유럽연합의 기능에 관한 조약 제263조 제4항의 직접소송(Direktklage)의 보장형태로 수용계승한 것이다.[289] 무효소송은 공동체기관의 행위에 대한 개인의 객관적 법적 통제와 주관적 권리보호의 가능성을 동시에 열어놓은 것이라는 점에서 매우 중요하다.[290] 이런 점에서 무효소송은 우리 헌법재

---

288) N. Reich, Zur Notwendigkeit einer Europäischen Grundrechtsbescchwerde, ZRP 2000, S. 375ö 제정회의의 기록(Konvents-Dokumente). CONV 72/02, I.3; CONV 354/02.

289) A. Thiele, Das Rechtsschutzsystem nach den Vertrag von Lissbon – (K)ein Schritt nach vorn?, EuR 2010, S. 43.

290) Vgl. F. Mayer, Individualrechtsschutz im Europäischen Verfassungsrecht, DVBl 2004, S 609; 같은이, Wer soll Hüter der europäischen Verfassung sein?,

판에서 인정되는 헌법소원의 이중적 기능처럼 유럽법질서의 객관적 보호 그리고 개인의 기본권 보호의 두가지 상이한 목적을 동시에 추구하고 있다. 무효소송은 개인이 직접적으로 개인이 관련된 공동체의 법적 행위에 의하여 권리침해를 받게 되는 경우에 한하여 제기할 수 있다.

4) 구성국가의 기본권 보호수준에 의한 유럽연합법의 심사 – 독일의 예

독일의 경우 공동체법의 국내의 기본권에 대한 우위가 효력을 가져야만 하는가 하는 문제에 대한 오랫동안 논쟁이 이어져 왔다. 이 문제는 특히 파생되어진 공동체법으로서 유럽공동체의 이차법(EG–Sekundärrecht)이 독일헌법인 기본법에 의하여 심사될 수 있는가 하는 문제, 즉 독일의 경우 독일연방헌법재판소가 유럽공동체–규정(EG–Verornung)을 국내의 기본권에 의하여 심사할 수 있는가 하는 문제와 관련하여 실제적 의미를 가진다. 1974년 독일연방헌법재판소는 이른바 "조건 I"–결정(Solange I–Entscheidung)에서 유럽법원이 유럽공동체규정의 유효성을 유럽공동체조약 제234조에 의한 절차 속에서 미리 확인할 것을 요구하는 심판제청절차(Vorlae)를 유추적용하여 독일기본법 제100조 제1항에 의한 구체적 규범통제절차에서 유럽공동체규정을 심사하는 것을 허용하였다.[291] 1974년의 조건 I 결정(Solange–I–Beschluss)에 처음으로 독일연방헌법재판소는 유럽공동체의 법규범과 독일헌법 사이의 모순(Widersprüche)에 대하여 판단하였다. 결과적으로 독일연방헌법재판소는 모든 개별적 사안에서 독일법의 유럽법과의 합치여부를 직접 심사하였다. 1974년의 독일연방헌법재판소의 조건 I 결정은(Solange–I–Beschluss)은 법원의 구체적 규범통제(konkrete Normenkontrolle)에서의 위헌법률심판제청(Vorlage)에 대한 결정이다. 위헌제청법원은 유럽공동체의 명령(Verordnung der Europäischen

---

AöR 129 (2004), S. 245 f.

291) BVerfGE 37, 271 [283].

Gemeinschaft)[292)]을 적용할 수 없다고 판단하였다. 왜냐하면 그 유럽공동체의 명령은 독일기본법(Grundgesetz)의 기본권에 위반되기 때문이다.

(BVerfGE 37, 271 ff.). 이전에 유럽법원(EuGH)은 유럽공동체조약(EG-Vertrag) 제177조에 의한 법원의 제청(Vorlage)에 대한 결정에서 명령의 유효성(Gültigkeit)을 확인하였다. 기본법 제100조의 구체적 규범통제에 의하면 독일연방헌법재판소는 단지 독일의 형식적인 기본법 제정이후에 제정된 법률만 심사할 수 있음에도 불구하고, 독일연방헌법재판소는 유럽공동체의 명령에 대한 심판제청을 허용하였다. 연방헌법재판소는 심판제청에 대한 허가의 이유(Begründung)로서 공동체법(Gemeinschaftsrecht)은 형식적 법률(formelle Gesetze)과 법규명령(Rechtsverordnungen)(기본법 제80조)의 구분을 하고 있지 않다는 것을 들고 있다. 명령의 효력형태(Wirkungsweise)는 법률과 동일하다. 따라서 독일의 국가권력은 공동체명령(Gemeinschaftsverordnungen)을 실행해야만 하고, 이 실행과정에서 기본권에 구속되어야만 한다(독일기본법 제1조 제3항). 이에 대한 독일연방헌법재판소의 심사는 독일기본법 제100조의 기본정신에 따라 명령되었고, 이것은 또한 공동체와 공동체의 이익보호를 위한 것이었다.

이 결정에서 독일연방헌법재판소는 유럽공동체-규정에 대한 구체적 규범통제절차의 허용근거를 다음과 같이 설명하고 있다: "유럽공동체의 통합과정이 공동체법이 의회에 의하여 제정되고, 효력이 부여된 기본법의 기본권목록과 대등한 기본권목록을 포함하고 있을만큼 진행되어지지 않

292) 유럽연합의 명령(Verordnung der Europäischen Union)은 유럽연합의 입법행위(Rechtsakt der Europäischen Union)이다. 유럽공동체의 명령(Verordnung der Europäischen Gemeinschaft)은 시간이 흐름에 따라 유럽연합의 명령(Verordnungen der Europäischen Union)으로서 효력을 가짐에도 불구하고, 2009년 11월 30일까지 명령이 발령되었으면, 그것은 유럽공동체의 명령이고, 1993년 11월 1일까지 발령되었으면 유럽경제공동체의 명령 (Verordnung der Europäischen Wirtschaftsgemeinschaft)이다. 명령은 유럽연합의 이차분의 부분(Teil des Sekundärrechts der Union)이다. http://de.wikipedia.org/wiki/Verordnung_(EU).

는 한에 있어서는, 공동체조약 제177조(현재 제234조) 속에 요구된 유럽법원의 결정의 제청 후에 독일법원의 독일연방헌법재판소에 대한 제청은 허용되어지고, 법원이 재판의 전제가 된 공동체법이 기본법의 기본권과 충돌하기 때문에, 그 공동체법에 대한 유럽법원의 해석이 적용될수 없다고 해석하는 경우에는 명령되어진다".

독일연방헌법재판소의 유럽공동체 규정에 대한 헌법불합치결정은 결과적으로 모든 유럽공동체-규정은 국내적으로 법적인 효력을 가질수 없다는 것을 확인한 것이 되었다. 유럽공동체는 이 결정을 통하여 공동체법의 우위와 유럽법원의 규범폐기독점권(Verwerfungsmonopol)에 대한 손상을 경험하게 되었다. 독일연방헌법재판소 외에도 이미 1973년의 판결에서 이탈리아헌법재판소(das italienische Verfassungsgericht)도 특정한 이탈리아 헌법의 근본원리들의 고려하에서 최종적인 법통제권을 가진다고 결정하였다. 그럼에도 불구하고 독일연방헌법재판소의 이 결정에 대한 강력한 비판은 미리 예견되어진 것이었다. 그럼에도 불구하고 이 결정은 그 후에 나타나는 조건II-결정(Solange II-Entscheidung)에 대한 기폭제가 되었다.[293)]

그 후 독일연방헌법재판소는 독일의 기본권척도에 의한 공동체법의 심사에 대한 본질적인 제한을 하게 된다. 1986년 독일 연방헌법재판소는 이차적 공동체법에 대한 독일 기본권에 의한 심사에 관한 초기의 판례인 조건-I 결정의 입장에서 방향을 전환하였다. 독일연방헌법재판소는 여러 번 유럽법원에 의하여 유효한 것으로 판결된 유럽공동체-규정에 근거를 둔 독일연방행정법원의 판결에 대한 헌법소원에 대한 결정으로서 유명한 조건 II-결정(Solange II-Entscheidung)에서 이차적 공동체법의 독일의 기본권과의 합치여부에 대한 심사를 중단하였다[294)]: "유럽공동체, 특히 유럽공동체의 법원의 결정이 본질적인 측면에서 기본법에 의하여 필수불가

293) J. Scherer, Solange II: Ein grundrechtspolitischer Kompromiß, JA 1987, S. 484.

294) BVerfGE 73, 339 [387].

결하게 명령된 기본권 보호와 동일한 주의가 부여된, 무엇보다도 기본권의 본질적 내용이 일반적으로 보장되고 있는 한에 있어서는 공동체의 공권력(Hochheitsgewalt)에 대한 효과적인 기본권 보호를 수행하고 있는 한에 있어서는, 독일연방헌법재판소는 독일연방의 고권의 범위 속에서 독일법원과 관청의 행위에 대한 법적인 토대로서 요구되어지는 파생된 공동체법의 적용가능성에 대한 자신의 재판권을 더 이상 행사하지 않고, 이러한 법들을 더 이상 기본권의 기본권 척도에 의하여 심사하지 아니한다. 이와 관련된 기본법 제100조 제1항의 심판제청은 허용되지 않는다."

헌법소원의 허용여부와 관련하여 조건 II-결정은 다음과 같은 효과를 가져왔다: 유럽공동체-규정에 대한 직접적인 헌법소원이 제기된다면, 이에 대해서는 기본법 제93조 제1항 4a호, 독일 연방헌법재판소법(BVerfGG) 제90조의 의미 속의 소원대상성(Beschwerdegegenstand)을 인정할 수 없다. 왜냐하면 단지 독일의 국가권력의 행위만이 헌법소원의 대상이 될 수 있기 때문이다. 그와 반대로 유럽공동체-규정에 직접적인 근거를 두고 있는 독일 공권력의 행위에 대한(예컨대 유럽공동체-규정이 행정행위의 근거가 된다면) 헌법소원이 제기된다면, 그 행위에 대한 헌법소원대상성은 허용될 수 있으나, 이 경우 독일연방헌법재판소는 소원권(Beschwerdebefugnis)을 가지지 못한다. 왜냐하면 독일연방헌법재판소는 조건 II-결정에서 판시한 바와 같이 심사가능성을 가지지 못하기 때문에 기본권침해를 확정할 수 없기 때문이다.[295]

독일연방헌법재판소의 초기의 판례에 의하면 직접적으로 초주권적인 고권행위(supranationale Hoheitsakte)에 대하여 헌법소원이 제기될 수 없었다. 왜냐하면 이 경우에는 독일의 공권력의 행위가 문제될 수 없기 때문이다. 그러나 독일 연방헌법재판소는 1993년 10월 12일의 유럽연합조약에 대한 동의법률에 대한 헌법소원(Verfassungsbeschwerde gegen das Gesetz zum Vertrag über die Europäische Union (Maastricht-Vertrag))에서 이러한 입장을

---

295) Arndt, Europarecht, S. 109.

변경하면서 유럽공동체의 기본권 보호에 있어서 새로운 입장을 전개하였다[296]: "독일연방헌법재판소는 자신의 권한을 통하여 (vgl. BVerfGE 37, 271 [280 ff.]; 73, 339 [376 f.]) 독일의 거주자를 위한 기본권의 효과적 보호를 또한 공동체의 고권(Hoheitsgewalt)에 대해서도 확실히 보장하고, 이러한 기본법에 의하여 필수불가결하게 명령된 기본권 보호에 대하여 본질적인 측면에서 동일한 주의를 기울이게 하는 것, 특히 기본권의 본질적 내용을 일반적으로 보장하는 것을 보장한다. 독일연방헌법재판소는 이러한 본질적 내용을 또한 공동체의 고권에 대하여도 보장한다(vgl. BVerfGE 73, 339 [386]). 또한 구성국가의 국가권력과 분리된 초주권적 기관의 특별한 공권력의 행위도 독일의 기본권 주체와 관련성을 가진다. 이러한 행위는 기본법의 기본권 보장 그리고 독일에서의 기본권 보호와 이를 위하여 독일의 국가기관에 대해서만 그 대상을 한정하고 있지 않는 연방헌법재판소의 과제와 연결된다(BVerfGE 58, 1 [27]과 상이). 무엇보다도 독일연방헌법재판소는 독일에서의 파생된 공동체법의 적용가능성에 대한 자신의 재판권을 유럽공동체의 전 지역에서의 모든 개별사례에 있어서 기본권을 보장하는 유럽법원과의 협력관계 속에서 행사한다. 이러한 까닭에 독일연방헌법재판소는 필수불가결한 기본권 수준의 일반적 보장(vgl. BVerfGE 73, 339 [387])을 제한할 수 있다."

Maastricht결정의 의미를 학계에서는 어떻게 이해하여야 하는가 하는 문제와 관련하여 많은 논쟁이 제기되었다. 우선적으로 다시 독일 연방헌법재판소가 공동체에 있어서 기본권 보호기준에 대한 일반적 감독에 관한 심사권한을 철회했다는 것에 다시 주의를 기울어야 한다. 이 결정에서 독일연방헌법재판소는 "필수불가결한 기본권수준의 일반적 보호"를 철회하였다.[297] 이와 관련하여 주의할 점은 독일 연방헌법재판소가 유럽공동체-규정에 대한 자신의 심사권한을 포기한 것이 아니라, 독일 연방헌법재판소가 적절하다고 인정한 기본권 보호수준의 고려 속에서 심사가 유

296) BVerfGE 85, 155 [174 f.].
297) BVerfGE 89, 155 [175].

보될 수 있다는 의미이다. 따라서 유럽법원이 중요한 기본권 영역에 있어서 독일적 관점에서 필수불가결한 기본권 수준을 벗어나는 경우에는, 잠재적으로 계속 존속되고 있는 심사권한이 다시 현실화될 수 있다. 이 과정에서 모든 전제된 기본권 수준과의 차이가 독일연방헌법재판소의 심사권한을 다시 활성화시키는 것은 아니다. 일련의 결정 속에서의 혹은 특히 중요한 비중을 가지는 개별사례에서의 유럽법원의 결정이 본질적으로 비교가능한 기본권보호에 있어서 독일 기본권 수준보다 내려가는 경우에 있어서만, 조건-유보(Solange-Vorbehalt)는 현실화될 수 있다.[298] 이렇게 볼 때 Maastricht 결정의 해석에 대한 지배적 견해는 동 결정 의미를 독일연방헌법재판소가 원칙적으로는 조건-II(Solange-II) 결정의 입장을 유지하였다할 지라도, 독일연방헌법재판소가 독일에서의 파생된 공동체법의 적용가능성에 대한 자신의 재판권을 - 비록 그것이 유럽법원과의 공동협력관계 속에서라고 할 지라도 - 다시 행사하도록 수정했다는 데서 찾고 있다.[299] 헌법소원권의 행사와 관련된 이 결정의 의미는 유럽공동체가 기본법에 의하여 필수불가결하게 명령된 기본권 보호를 일반적으로 보장하고 있는 한에 있어서는, 독일연방헌법재판소는 조건 II-결정을 계속 유지하는 입장에서 헌법소원에 대한 심판권이 없기 때문에 헌법소원이 허용될 수 없다는 입장이다. 독일기본법 제100조 제1항 제1문의 유추적용에 의한 독일연방헌법재판소에 대한 구체적 규범통제절차를 위한 심판제청은 일반적으로 헌법위반의 확신의 결여로 인하여 허용될 수 없다. 왜냐하면 유럽공동체의 기본권 보호수준이 독일기본법에 의하여 필수불가결한 것으로 명령된 기본권 보호수준보다 내려가지 않는 한에 있어서는, 법적용자는 유럽공동체의 이차법(EG- Sekundärrecht)을 위헌이라고 볼 수 없기 때문이다.[300] 그 후 독일연방헌법재판소는 Frankfurt 행정법원의 기

298) Herdegen, Europarecht, Rdnr. 244.

299) Arndt, Europarecht, S. 110; Borchardt, Die rechtlichen Grundlagen der Europäischen Union, Rdnr. 124.

300) Vgl. Arndt, ebd. 110 f.

본법 제100조 제1항 제1문의 유추적용에 의한 유럽공동체－바나나시장규정(EG－Bananenmarktordnung)에 대한 구체적 규범통제 제청에 대하여 새로운 유럽법원과의 충돌을 피하기 위하여 각하하였다.[301] 독일연방헌법재판소의 바나나시장규정－결정은 기존의 Maastricht 결정의 입장을 변경하지 않은 것이다. 독일연방헌법재판소는 Maastricht 결정에서 필수불가결하게 명령된 기본권 보호(unabdingbarer gebotener Grundrechtsschutz)의 의미를 독일 기본법 제19조 제2항의 기본권의 본질적 내용(Wesensgehalt der Grundrechte)의 의미로 이해하였다. 그럼에도 불구하고 유럽공동체의 이차법에 의한 국내의 기본권 침해를 필수불가결하게 명령된 기본권 수준의 침해로 해석하는 견해도 존재한다.[302]

7. 기본권 위반의 법적 효과의 확정 기본권-청

유럽차원에서의 효과적인 기본권 보호의 강화를 위해서 유럽연합은 권리장전(bill of rights)의 형태로 기본권 헌장을 제정하였다. 효과적인 기본권 보호를 위해서는 어떻게 기본권 효력의 관철이 행해질 수 있는가에 대하여 철저한 검토가 요구된다. 이와 관련하여 우선적으로 기본권 위반(Grundrechtsverstöße)과 그 위반의 법적효과에 대한 검토가 요구된다. 유럽연합의 기본권의 효력의 관철에 기여하는 중요한 특별기관은 기본권 대리인(Grundrechte－Agentur)이다. 기본권 위반은 유럽연합의 기관의 기본권 위반과 구성국가의 기본권 위반으로 나누어 볼 수 있다.

유럽연합조약 제19조에 의하면 유럽연합법원(EuGH)의 주된 업무는

---

301) BVerfGE 102, 147 [164]. Frankfurt 행정법원의 심판제청은 유럽연합이 보다 복잡한 수입허가기준을 갖춘 바나나시장규정(Bananenmarktordnung)을 독일의 반대를 무릅쓰고 제정한 것은 이 규정의 기준에 의하여 불이익을 당하게 되는 이른바 "달러－바나나(Dollar－Bananen)"를 수입하는 독일의 업자들의 영업상 생존이 위협받는 상황을 야기하기 때문에, 이를 통해서 헌법상의 재산권 보장의 침해가 성립된다는 것을 전제로 한 것이다.

302) Arndt, ebd., S. 111.

조약의 해석과 적용에 있어서 권리보호이다. 이러한 유럽연합법원의 업무 실현을 위하여 구성국가 역시 공동협력을 한다. 왜냐하면 구성국가 역시 자신의 관할권의 영역 속에서 유럽연합의 시민인 구성국가의 국민이 유럽연합법에 근거한 자신의 권리를 구성국가의 법원을 통하여 인정받을 수 있도록 하기 위하여 필요한 법적구제수단을 마련해야만 하기 때문이다.

1) 유럽연합의 기관의 기본권 위반

(1) 법위반으로서 기본권 위반의 법적 효과로서 무효 그리고 손해배상

유럽연합조약 제2조는 인권의 존중을 유럽연합의 근본적 가치로 들고 있다. 따라서 인권에 위반되는 어떤 유럽연합의 공권력의 행사는 적법한 것으로 인정될 수 있다. 따라서 유럽연합-기본권에 위반되는 유럽연합의 기관, 제도 그리고 그 이외의 지위의 행위들은 법위반이다(rechtswidrig). 이러한 공권력의 행사에 대한 기본권위반 선언을 회피하기 위하여, 유럽연합법원 기본권 적합적 해석이 가능한 경우에는 기본권 적합적 해석을 시도해야만 한다.303)

기본권에 위반되는 법적 행위(Rechtsakte)는 무효이다(unwirksam). 다만 평등기본권(Gleichheitsgrundrechte) 그리고 절차기본권(Verfahrensgrundrechte)의 경우에는 제한이 가능하다. 그러나 오로지 유럽법원만이 어떤 법적 행위가 무효라고 확정할 수 있는 권한을 가진다. 유럽법원은 무효소송(Nichtigkeitsklage) 혹은 사전결정절차(Vorabentscheidungsverfahren) (유럽연합의 기능에 관한 조약 제267조)를 통하여 이러한 결정을 할 수 있다. 사전결정절차(Vorabentscheidungsverfahren(유럽연합의 기능에 관한 조약(AEUV) 제267조): 구성국가의 법원은 예를 독일연방재정법원 혹은 독일연방법원(Bundesgerichtsgerichtshof)나 연방재정법원(Bundesfinanzhof)과 같은 최종심(letzte Instanz)이 문제되는 한에서는 유럽연합법원의 해석의 문제를 유럽

---

303) Jarass

연합법원(EuGH)에 제청할 수 있다 내지 제청해야만 한다. 그 외에도 구성국가의 국내법원은 유럽의 입법행위(Gesetzgebungsakt)가 유효한지 여부에 대하여 심사를 의뢰할 수 있다. 이러한 제청절차는 특별한 정도로 유럽연합법의 효력관철에 노력해야만 하는 구성국가의 법원을 통한 유럽연합법의 통일적 적용을 보장해준다. 구성국가의 국내법원이 어떤 문제를 제청하기 위해서는, 자신의 업무수행이 유럽연합법의 해석 내지 유효성을 전제로 해야만 한다. 유럽연합법의 해석 내지 유효성은 법원의 결정에 있어서 중요한 의미를 가져야만 하고(entscheidungserheblich), 유럽연합법의 해석이 이미 미리 행해지지 않아야만 한다 달려있어야만 한다. 구성구가의 법원은 유럽연합법원의 결정이 있기 전까지 재판을 중지한다. 제청된 문제들은 우선적으로 모든 공용어로 번역되어서 공보에 공고된다. 이를 통해서 구성국가 그리고 유럽연합의 기관들을 포함한 모든 참여 당사자들(beteiligte Parteien)에 의견을 표명할 기회가 부여된다. 법원의 판결이 내려지기 전에 구두변론 그리고 법무관[304]의 최종적 의견제출(Schlüssanträge des Generalanwalts)이 행해진다. 제청법원과 다른 법원은 유사한 사건에 있어서 유럽법원의 판결(Urteil)에 구속된다.

따라서 이러한 유럽법원의 결정이 내려지기 전에는 법적 행위는 그 행위의 기본권 위반성에도 불구하고 유효하게 다루어 진다. 단지 중대하고 명백한 기본권 위반(schwerwiegende und offenkundige Grundrechtsverstöße)의 경우에는, 그 행위는 예외적으로 법적으로 처음부터 무효이다(inexistent). 동시에 사전결정절차가 개시된 경우에는, 이를 넘어서서 (가처분과 같은) 잠정적인 권리보호의 영역에서는 예외가 존재한다.[305] 최종적으로 구체적인 전제조건 하에서는 법원의 재판과정에서 부수적 심사권

---

304) 유럽연합법원의 법무관(Generalänwalte am Europäischen Gerichtshof)은 법원의 결정에 있어서 유럽법원의 재판관(Richter)을 지원한다.

305) EuGH, Rs. 143/88, Slg. 1991, I－415 Rn. 19 f.; Rs. 465/93, Slg. 1995, I－3761 Rn. 40 ff.; Rs. 334/95, Slg. 1997, I－4517 Rn. 44, 47; Jarass, Charta der Grundrechrte der Europäischen Union, Einl. Rn. 59.

(Recht der Inzidentsprüfung)이 인정된다.306)

행정절차 속에서 기본권에 위반되는 법적 행위는 처음부터 무효가(inexistent) 아닌 한에서는 일반적으로 적용된다. 이를 통해서 기본권에 대한 구속이 현저하게 상대화된다. 그 외에도 독일의 경우 기본법(Grundgesetz) 속에서 행정기관은 유럽연합법에 위반되는 국내법을 적용해서는 안된다는 판단을 내리고 있다.307) 그래서 행정기관은 특별한 주의를 가지고 기본권적합적 해석(grundrechtskonforme Auslegung)의 가능성을 심사해야만 한다.308)

기본권 헌장의 기본권은 예외없이 기본권 주체의 권리보장에 기여한다. 따라서 기본권에 위반되는 유럽연합의 기관의 행위는 법위반(rechtwidrig)이기 때문에, 기본권 주체는 유럽연합의 기능에 관한 조약(AEUV) 제41조 제3항 그리고 제340조 제2항에 의하여 이러한 행위에 근거한 손해에 대한 배상청구권(Anspruch auf Ersatz von Schäden)을 가진다. 그러나 이러한 손해배상청구권의 인정을 위해서는 손해배상책임의 다른 전제조건들이 주어져 있어야만 한다. 그리고 법위반의 충분한 조건이 주어져야만 한다. 손해배상청구권은 독일의 경우와 달리, 입법에 의한 기본권 위반의 경우에도 인정된다.309) 손해배상청구권은 물질적 손해와 정신적 손해 모두에 대해서 인정되는데, 특히 정신적 손해에 대한 손해배상청구의 인정은 기본권 보호에 있어서 중요한 의미를 가진다.

(2) 유럽연합 그리고 유럽연합법원의 제1심법원에 의한 권리보호

실체법적인 기본권 보장은 기본권 위반에 대한 사법적 구제청구권의 보장, 그리고 더 나아가서 헌법소원(Verfassungsbeschwerde)과 헌법소송법

306) Jarass, Charta der Grundrechrte der Europäischen Union, Einl. Rn. 59.
307) 이에 관해서는 Jarass, Grunfragen der innerstaatlichen Bedeutung des EG－Rechts. Die Vorgaben des Rechts der Europäischen Gemeinschaft für die nationale Rechtsanwendung und die nationale Rechtsetzung nach Maastricht, Köln; Berlin; Bonn; München, 1994, S. 102 f.
308) Jarass, Charta der Grundrechrte der Europäischen Union, Einl. Rn. 60.
309) Jarass, Charta der Grundrechrte der Europäischen Union, Einl. Rn. 61.

적인 기본권 보호수단의 보장을 통해서 완성된다. 그럼에도 불구하고 유럽연합은 유럽연합의 기관에 의한 기본권 침해에 대하여 독자적인 법적 구제수단, 특히 독일과 우리나라의 헌법소원제도와 같은 보충적인 기본권 보호제도를 마련하지 않고 있다.

유럽연합의 기관의 행위에 의한 기본권 침해에 대하여 기본권 주체가 고려할 수 있는 가장 중요한 법적인 구제수단은 유럽연합의 기능에 관한 조약 제263조 제4항에 의한 무효소송(Nichtigkeitsklage)이다. 유럽연합의 기능에 관한 조약 제263조와 제264조에 의한 무효소송(또한 취소소송(Anfechtungsklage))을 통해서 유럽연합의 기관 그리고 이외의 다른 제도들의 기본권 침해여부가 감독될 수 있다. 구성국가, 유럽연합의 기관 그리고 자연인과 법인은 무효소송을 통하여 어떤 법적 행위(Rechtsakt)가 법위반(rechtswidrig)이라는 것을 확인받을 수 있다. 무효소송의 청구적격(Klagebefugnis)을 가지기 위해서는 개인은 개인에 대하여 직접적으로 적용되고, 별도의 집행해위를 필요로 하지 않는 법규명령과 같이 유럽연합 기관의 행위가 직접적으로(unmittelbar) 그리고 개인적으로(individuell) 관련성을 가져야만 한다. 무효소송은 유럽연합의 기능에 관한 조약 제263조 제6항에 의하여 2개월 이내에 제기해야만 한다. 유럽연합의 기능에 관한 조약 제256조에 의하여 일반적으로 유럽법원(das Europäische Gericht/the General Court) 제1심 그리고 유럽법원(der Europäischer Gerichtshof/Court of Jusitice) 제2심의 유럽법원에 의하여 결정이 내려진다.

기본권 주체에 대하여 혜택을 주는 법적 행위의 부작위에 대하여 기본권 주체가 제기하는 유럽연합의 기능에 관한 조약(AEUV) 제265조 제3항에 의한 부작위에 대한 소송(Untätigkeitsklage)의 제기에 대해서는 보다 좁은 한계가 설정된다. 부작위에 대한 소송을 통해서 유럽정상회의(Europäischer Rat), 각료회의(Rat), 집행위원회(Kommission), 유럽의회, 유럽은행 혹은 이러한 제도들에 속하지 않는 유럽연합의 기관이 특정한 법적 행위를 하지 않았다는 것, 즉 이러한 기관들의 특정행위에 대한 부작위를 확인할 수 있다. 특정한 전제조건 하에서는 구성국가, 유럽연합의 기관에 대해서도 청구능력이 인정된다. 이외에 기본권 위반의 확인 혹은 제거를 위한 다른 소송수단은 존재하지 않는다.

기본권 위반이 문제되는 많은 사례들에 있어서 유럽연합의 기능에 관한 조약(AEUV) 제268조에 의한 손해배상청구소송(Schadenersatzklage)을 통한 권리보호가 행해질 수 있다. 유럽법원의 제2심 내지 제1심에 대한 소송가능성이 열려있는 한에서는, 기본권 위반은 또한 다른 사례들 속에서 사전문제(Vorfrage)로서 부수적 심사(Inzidentprüfung)의 형태로 다루어질 수 있다.[310] 그러나 유럽연합의 기능에 관한 조약(AEUV) 제227조에 의한 소송에 대해서는 무효소송의 가능성이 존재하지 아니한다.[311]

서로 다른 유럽연합의 기관 그리고 구성국가가 기본권 침해의 경우에 유럽연합의 기능에 관한 조약 제263조 제1항에 의하여 소송청구적격(klagebefugt)을 가진다는 실무적으로 특별한 의미가 없다. 조약침해절차에서의 기본권 침해에 주장에 대해서 동일한 논리가 유효하게 적용된다. 유럽공동체조약이 사법적 권리구제에 대한 완전한 체계를 포함하고 있다는 주장은 또한 기본권을 고려해 볼 때 놀랄만한 것이다. 하여튼 유럽연합의 기능에 관한 조약 제263조의 새규정을 통해서 몇몇 문제들이 극복되었다.[312]

공동의 외교정책과 안보정책(gemeinsame Außen- und Sicherheitspolitik)의 영역에 있어서도 설명한 바와 같이 기본권이 적용된다. 그러나 특별한 경우를 제외하고는 이러한 영역에 있어서의 처분(Maßnahme)에 대해서는 원칙적으로 유럽연합의 기능에 관한 조약 제275조 제1항에 의한 유럽법원에 의한 심사가 행해질 수 없기 때문에, 이에 대한 기본권 위반의 확정 역시 유효하게 행해질 수 없다. 그러나 자연인과 법인에 대한 공동의 외교정책과 안보정책적 결정이 유럽연합의 기능에 관한 조약 제263조 제4항의 전제조건을 충족시키는 경우에는, 유럽연합법원은 유럽연합의 기능

---

310) EuGH, Rs. 263/02, Slg. 2004, I-3423, Rn. 30.
311) Jarass, Charta der Grundrechte der Europäischen Union, Einl. 64
312) Jarass, Charta der Grundrechte der Europäischen Union, Einl. 65.

에 관한 조약 제275조 제2항에 의하여 관할권을 가진다. 이것은 기본권 침해에 있어서 중요한 의미를 가진다.[313)]

(3) 구성국가의 법원에 의한 권리보호

유럽연합의 기관, 제도 그리고 그 이외의 지위의 행위가 유럽연합-기본권을 침해하였다 할 지라도, 그러한 행위가 바로 직접적으로 구성국가의 법원에 의한 심사대상이 되지 않는다.[314)] 이러한 한에서는 유럽연합법원의 관할권에 대해서는 독점적 성격이 인정된다. 그러나 권리보호의 흠결에 대해서는 구성국가의 법원에 의한 (간접적인) 권리보호의 가능성이 사용될 수 있다.[315)]

이러한 구성국가 법원의 관할권의 한계에 관계없이 구성국가의 법원은 기본권 헌장 전문(Präambel) 제5조 제2문에서 도출될 수 있는 바와 같이 유럽연합-기본권의 해석과 적용에 참가할 수 있다. 적법하게 제기된 소송상의 청구에 대한 사전문제(Vorfrage)에 대한 답변이 필요한에서는, 구성국가의 법원은 유럽연합-기관의 기본권 위반을 사전문제로서 유효하게 확정할 수 있다(부수적 심사(Inzidentprüfung)). 예를 들어 명령(Verorndun)에 근거한 행정행위에 대한 취소소송(Anfechtungsklage)이 제기된 경우에는, 구성국가의 법원은 명령의 유럽연합-기본권 위반 여부를 심사할 수 있고, 심사해야만 한다.[316)] 이를 넘어서서 구성국가의 법원이 구체적인 관련성 속에서 유럽연합의 법적 행위의 적용불가능성(Unanwend- barkeit)을 확인할 수 있는, 확인소송(Feststellungsklage)이 고려될 수 있다.[317)] 그런한

---

313) Jarass, Charta der Grundrechte der Europäischen Union, Einl. 66.

314) EuGH, Rs. 11/70, Slg. 1970, 1125 Rn. 3; Rs. 44/79, Slg. 1979, 3727 Rn. 14.

315) Jarass, Charta der Grundrechte der Europäischen Union, Einl. 67.

316) 그러나 당사자가 문제가 된 법적 행위(Rechtsakt)에 대한 무효소송(Nichtigkeitsklage)을 통하여 이 문제를 먼저 검토하였다면, 부수적 통제의 가능성은 허용되지 않는다. Jarass, Charta der Grundrechte der Europäischen Union, Einl. 68.

317) E. Pache, in: F. S. M. Heselhaus/C Nowak (Hrsg.), Handbuch der Europäischen Grundrechte, München 2006, § 8 Rn. 60; Jarass, Charta der Grundrechte der Europäischen Union, Einl. 68.

사례에서 법원이 유럽연합의 법적 행위에 대한 기본권 위반을 인정한다면, 구성국가의 법원은 그 법적 행위를 단순하게 적용하지 않을 뿐만 아니라, 유럽연합의 기능에 과한 조약 제267조에 의한 사전결정절차(Vorabentscheidungsverfahren)를 통하여 이 문제에 대한 검토를 유럽연합에 제청할 수 있다.[318] 최종적으로 유럽연합의 기관의 법적 행위에 의한 기본권 침해는 그러한 법적 행위에 근거한 구성국가의 결정의 존속력(Bestandskraft)과 법적 효력(Rechtskraft)을 깨뜨릴 수 있다.[319]

2) 구성국가의 기본권 위반

(1) 법위반 그리고 적용불가능성

유럽연합-기본권이 적용가능한 한에서는 구성국가의 기관이 유럽연합-기본권을 위반했다면, 구성국가의 기관의 행위는 법위반이다(rechtswidrig). 유럽연합의 기본권에 위반되는 구성국가의 법규정은 유럽연합법의 우위(Vorrang des Unionsrechts) 때문에 적용불가능하다. 이러한 유럽연합법의 우위는 구성국가의 헌법과 형식적 법률에 대해서도 유효하게 적용된다.[320] 이와 관련하여 유럽연합의 기본권 헌장상의 기본권과 유럽인권협약상의 기본권의 차이가 명백히 드러난다. 존속력을 가지는 행정행위(bestandskräftige Verwaltungsakte)라 할 지라도, 유럽연합-기본권에 위반되면 강제될 수 없다. 기본권 적합적 해석(grundrechtskonforme Auslegung)이 가능하다면, 또 다른 측면에서 기본권 위반의 가능성은 없어진다. 구성국가의 법과 개별사례에서의 결정의 유럽연합-기본권과 합치여부와 관련하여 구성국가의 법과 개별사례에서의 결정에 대한 심사권과 심사의무 그리고 기본권 위반의 경우에 있어서 구성국가의 법과 개별사례에서의

---

318) Vgl. U. Ehricke, in: R, Streinz (Hrsg.), EUV/EGV, München 2003, Art. 234 Rn. 16; B. Wagner, in: C. Callies/M. Ruffert (Hrsg.), EUV/EGV, München 2007, Art. 234 EGV Rn. 32.

319) Jarass, Charta der Grundrechte der Europäischen Union, Einl. 68.

320) Jarass, Charta der Grundrechte der Europäischen Union, Einl. 69.

결정의 부적용의 의무는 모든 법원, 그러나 또한 행정기관에 대해서도 인정된다.[321)]

구성국가의 국내기관이 유럽연합-기본권에 위반되고, 기본권 위반이 기본권 주체에게 손해를 발생시키면, 이것은 유럽연합법의 침해 때문에 구성국가의 손해배상책임을 발생시킨다. 이에 상응하게 유럽연합법원에 의하여 발전된 개념은 여기에서는 적용되지 않는다. 그러한 한에서는 유럽연합의 기관의 위반의 경우에는 손해배상청구에 대하여 알맞은 상세한 논증이 제시되어야만 한다. 왜냐하면 유사하게 전제조건이 성립되지 않기 때문이다. 그 외에도 궁극적으로 구성국가의 법에 대한 책임요구가 존재할 수 있다.[322)]

(2) 권리보호

유럽연합-기본권에 위반된 구성국가의 기관의 행위에 대해서는 구성국가의 국내법에 의하여 해당 행위에 대하여 고려될 수 있는 법적 구제수단이 적용된다. 예를 들면 형식적 법률(förmliche Gesetze) 혹은 법규명령(Rechtsverordnungen)에 대한 법적인 구제수단이 마련되어 있지 않은 경우에는, 단지 부수적 통제(inzidente Kontrolle)가 고려될 수 있다. 관련당사자인 유럽연합의 시민이 부수적 통제를 통한 유효한 법적 보호를 받을 수 있는 한에서는, 기본권 헌장 제47조의 법적보호의 보장(Rechtsschutzgarantie)의 내용은 그대로 적용된다. 이러한 부수적 통제도 적용될 수 없는 경우에는, 구성국가의 소송법이 적절하게 상황에 맞게 해석되고 적용되어야만 한다.[323)]

유럽연합의 기본권의 해석에 대한 의문이 존재한다면, 구성국가의 법원은 유럽법원에 대한 사전결정절차(Vorabentscheidungsverfahren)를 제청할 수 있다. 이전의 유럽공동체조약 제234조(현재의 유럽연합의 기능에 관한 조약 제267조) 제4항의 전제조건에 해당하는 경우에는 사전결정절차에 대한

321) Jarass, Charta der Grundrechte der Europäischen Union, Einl. 69.
322) Jarass, Charta der Grundrechte der Europäischen Union, Einl. Rn. 70.
323) Jarass, Charta der Grundrechte der Europäischen Union, Einl. Rn. 71,

제청을 해야만 한다. 유럽연합법원은 국가간의 상황이 공동체법의 적용범위에 해당되면, 사전결정절차 속에서 유럽연합법원이 확실하게 보장하고 있는, 특히 유럽인권협약에서 도출되는 기본권이 이 상황에서 존중되고 있는지를 판달하기 위하여 필요한 모든 해석적 지침들(Auslegungshinweise)을 구성국가의 법원에 제시한다.[324] 이러한 근거하에서 구성국가의 법원이 유럽연합-기본권에 근거한 구성국가의 법규정에 대한 최종적 판단을 한다. 그러나 부분적으로 유럽연합법원의 해석적 지침들은 구성국가의 법원에 대하여 더 이상의 자유로운 적용영역(Anwendungsspielraum)을 허용하지 않는다.[325]

구성국가의 기본권 침해에 있어서 집행위원회(Kommission)는 최종적으로 유럽연합의 기능에 관한 조약 제258조에 의하여 조약침해절차(Vertragsverletzungsverfahren)를 제청할 수 있다. 이 절차에 본질적 특성에 따라 이 절차는 아주 중요한 사례들에 대해서만 적용된다.[326] 리스본 조약은 유럽공동체조약(EUV) 제226조(유럽연합의 기능에 관한 조약(AEUV) 제258조) 및 제227조(유럽연합의 기능에 관한 조약 제259조)를 변경없이 그대로 수용하였다. 따라서 감독소송(Aufsichtklage)으로 일컬어지는 조약침해절차는 유럽연합의 기능에 관한 조약 제258조-제260조에 규정되어 있다[327]. 이 절차에 의하면 유럽연합의 집행위원회(EU-Kommission)와 구성국가는 구성국가의 유럽연합법 위반을 유효하게 만들 수 있다. 따라서 유럽연합조약과 동일한 규범적 효력을 가진즌 기본권 헌장속의 기본권 위반에 대해서도 조약침해절차를 제청할 수 있다. 유럽연합의 집행위원회에 의하여 제청되는 조약침해절차는 유럽연합의 법질서의 유지에 중요한 역

324) EuGH, Rs. 112/00, Slg. 2003, I-5659 Rn. 75; 이와 유사한 EuGH, Rs. 159/90, Slg. 1991, I-4685 Rn. 31; Rs. 260/89, Slg. 1991, I-2925 Rn. 42.

325) 예를 들면 EuGH, Rs. 288/89, Slg. 1991, I-4007 Rn. 24, 29; Rs. 353/89, Slg. 1991, I-4069 Rn. 21 ff., 38 ff.

326) Jarass, Charta der Grundrechte der Europäischen Union. Einl. Rn. 73.

327) Vgl. A. Thiele, Das Rechtsschutzsystem nach den Vertrag von Lissabon – (K)ein Schritt nach vorn?, EuR 2010, S. 34 f.

할을 수행한다. 조약의 수호자로서 유럽연합의 집행위원회는 원칙적으로 구성국가에 의한 객관적 조약침해를 막기 위한 의무를 부담한다. 급박한 조약침해가능성 혹은 이미 행해진 조약침해의 경우에 있어서 유럽연합의 집행위원회는 즉시 조약침해절차를 제청할 것이 아니라, 협상과정을 통한 유효한 합의도출을 시도해야만 한다. 조약침해절차는 사전절차(Vorverfahren)와 사법절차(gerichtliches Verfahren)로 구분된다[328]: 사전절차 속에서 집행위원회는 각 구성국가에 대하여 경고장(Mahnschreiben)을 통해서 독촉을 하거나 혹은 구성국가의 의견청취후에 이유가 제시된 입장을 표명할 수 있다. 사법적 절차는 소(Klage)를 통하여 제청된다. 구성국가가 이유가 제시된 집행위원회의 입장표명을 수용하지 않는 경우에, 조약침해절차에 대한 제청이 행해질 수 있다.

비사법적인 사전절차는 원칙적으로 유럽연합법원에 대한 조약침해절차제청의 허용의 전제조건이다. 사전절차는 상황에 대한 구체적 해명 그리고 구성국가의 입장에 대한 공식적인 청문의 보장에 기여한다. 사전절차와 사법절차 양자 모두는 이미 경고장이 최종적인 장래의 절차의 대상(Gegenstand)을 한정할 수 있도록 동일한 소송물(Streitgegenstand)을 가져야만 한다. 어떤 구성국가가 조약침해절차를 신청할려고 한다면, 사전절차를 거쳐야만 한다. 이 경우에는 유럽연합의 기능에 관한 조약(AEUV) 제259조에 의하여 유럽연합의 집행위원회(Kommission)가 절차를 진행한다. 사법절차의 청구가 있으면, 유럽연합법원은 구성국가가 유럽연합법을 위반했는지 여부에 대하여 판결(Urteil)을 통해서 결정한다. 유럽연합법원이 구성국가의 유럽연합법 위반을 인정하였다면, 관련구성국가는 유럽연합법원의 판결에서 제시된 조치(Maßnahme)를 이행해야만 한다. 어떤 구성국가가 유럽연합법원의 판결을 이행하지 않는 경우에는 유럽연합법원은 유럽연합의 집행위원회의 신청을 통하여 개별 사안에 있어서 적합하

---

328) http://de.wikipedia.org/wiki/Vertragsverletzungsverfahren#Vertragsverletzungsverfahren.

게 산정된 강제금(Zwangsgeld)을 부과할 수 있다.[329]

(3) 중대한 기본권 위반에 대한 제재

유럽연합법의 실행 범위 밖에서의 구성국가에 대한 기본권의 제한된 효력실현은 유럽연합조약 제7조에 근거한다. 유럽연합의 가치 그리고 그와 더불어 어느 경우이든 기본권 헌장 속에서 규정된 기본권의 핵심적 내용의 중대한 침해를 일반적으로 금지하는 것이 구성국가의 입장에서 볼 때에는 또한 그리고 바로 유럽연합법의 실행의 범위를 벗어나는 것이다. 유럽연합조약 제7조 제3항 제1하부항에 의하여 구성국가를 통한 유럽연합의 가치의 중대한 (그리고 지속적인) 침해는 구성국가의 권리인정의 정지를 초래할 수 있다.[330]

3) 기본권청(Agentur für Grundrechte)

유럽연합-기본권의 효력실현에 또한 유럽연합의 기본권청(Die Agentur der Europäischen Union für Grundrechte/European Union Agency for Fundamental Rights)이 기여한다. 그 소재지를 비인(Wien)에 두고 있는 유럽연합의 기본권청은 유럽에서의 기본권의 보호를 감독하는 전문가위원회(Expertenkommission)이다. 유럽연합의 기본권청은 법인이고 무엇보다도 기본권 사무에 관한 정보와 자료들을 제공하는 것이 책무이다. 기본권청은 기본권 문제에 있어서 유럽연합의 기관과 제도들을 지원하고, 기본권에 대한 공공성을 환기시킨다. 그 외에도 기본권청은 기본권의 영역에서 활동하고 있는 비국가적인 조직과 제도와 공동협력을 한다. 기본권청은 완전한 독립성을 가지고 명령 168/2007 제16조에 의한 자신의 과제를 수행한다.[331] 유럽연합의 기본권청은 2007년 2월 15일의 유럽연합-각료회의명령(EU-Ratsverordnung) 168/2007[332]에 의하여 창설되었다. 이 기관

329) http://de.wikipedia.org/wiki/Vertragsverletzungsverfahren#Vertragsverletzungsverfahren.

330) Jarass, Charta der Grundrechte der Europäischen Union. Einl. Rn. 74.

331) Jarass, Charta der Grundrechte der Europäischen Union, Einl. Rn. 75.

의 전신은 유럽 인종주의와 외국인 혐오 관찰기관(Europäische Stelle zur Beobachtung von Rassismus und Fremdenfeindlichkeit(EUMC))이다. 오로지 인종주의와 외국인 혐오의 등장에 대한 감독을 하던 전신기관과 달리 유럽연합의 기본권청의 활동은 유럽연합의 적극적인 기본권 정책실행의 근거가 되는 유럽연합의 기본권 헌장과 밀접한 관련성을 가지고 있다. 유럽연합의 기본권청은 업무영역은 리스본 조약을 통하여 실질적으로 확대되었다. 2008년 유럽연합-각료회의결정(EU-Ratsbeschluss)을 통하여 유럽연합의 기본권청은 2007년에서 2012년까지 다음의 업무영역에 전념한다[333]: ① 인종주의, 외국인 혐오 그리고 이로 인하여 나타난 불관용(Intoleranz), ② 성별, 인종 혹은 민족적 출신, 종교 혹은 세계관, 장애, 연령 혹은 성적인 지향에 의한 차별 그리고 소수자에 대한 차별 및 이러한 사유들의 모든 조합들(다중적 차별(Mehrfachdiskriminierung)), ② 희생자에 대한 배상(Entschädigung von Opfern), ③ 어린이보호를 포함한 어린이의 권리(Rechte des Kindes), 이민자의 망명, 이주 통합. ④ 비자(Visa)와 국경통제, ④ 유럽연합의 민주적 실행과정에 대한 유럽연합시민의 참가 und Grenzkontrolle, ⑤ 정보사회 그리고 특히 사적 영역의 존중과 개인정보의 보호, ⑥ 효율적이고 독립적인 사법에 대한 접근

기본권청은 유럽연합-기관, 유럽연합의 구성국가, 유럽연합의 가입후보자 그리고 유럽연합의 잠재적-가입후보자 및 공중에 대하여 발생가능한 문제점들을 공지하고, 그 해결방법을 제시하는 학문적 연구를 행한다. 그 외에도 기본권청은 유럽연합의 법제정에 대한 자문을 행한다. 그러나 기본권 침해에 대한 개인소원에 대한 업무는 행하지 않는다. 이것은 유럽인권법원(Europäischer Gerichtshof für Menschenrechte)의 업무이기 때문이다.[334]

---

332) Verordnung von 15. 2. 2007 (ABl 2007 L 53/1).

333) http://de.wikipedia.org/wiki/Agentur_der_Europ%C3%A4ischen_Union_f%C3%BCr_ Grundrechte.

334) http://de.wikipedia.org/wiki/Agentur_der_Europ%C3%A4ischen_Union_f%C3%BCr_Grundrechte.

제2장 글로벌 거버넌스와 국제법의 헌법화

Ⅰ. 서

글로벌 거버넌스(global governance) 국내법상의 국가와 같이 특별한 강제권력을 가진 해결자가 없는, 한 국가 혹은 지역을 넘어서서 여러 국가들가들과 지역들에 영향을 미치는 문제들을 해결하는 것을 목적으로 하는 초국가적 주체들의 정치적인 상호작용이다. 글로벌 거버넌스의 현대적 문제점들은 세계화(Globalization)의 진행과정과의 연관성 속에서 발생한다. 우리 시대에 직면하고 있는 중요한 현상으로서 세계화(Globalization)는 인간생활의 대부분의 영역에 있어서 사람들(peoples), 제도들(institutions), 국가(states) 그리고 체계(systems)의 국제적 상호관련성(interconnectedness)을 기하급수적으로 증가시키고 있다. 세계화는 특히 경제적·사회적·문화적·기술적·환경적 혹은 정치적 영역과 관련성을 가진다. 이미 이러한 영역들에서 제기되는 논점과 문제점들은 점점 더 그 스케일이 커져서 세계적(global) 차원으로 확대되어 졌다. 거대한 국경을 넘어서는 사람들의 이동, 신속하고 광범위한 자본의 이동, 질병의 확산, 환경의 악화, 남과 북 사이의(between North and South) 빈부차이의 확산, 테러리스트 조직(terrorist networks) 발달, 인권의 남용(abuse), 국가간의 무기경쟁 등은 이러한 세계화와 관련된 중요한 현상들이다.[1)]

우리가 영향을 주기도 하고, 영향을 받기도 하는 이러한 세계적 변화(global changes)는 국가안에서 전통적으로 보존되어온 법적 가치(legal values)가 국제적 영역에서도 유지되고 다시 제도화될 수 있는지 여부, 그리고 이것이 가능하다면 어떻게 그렇게 될 수 있는가 에 대한 생각을 하

1) Spencer Zifcak, Introduction, in Zifcak (ed.), Globalization and the Rule of Law, London: Routledge, 1 (2005).

게 만든다. 이러한 세계화 문제와 관련하여 법의 지배(rule of law)의 원리도 이렇게 새롭게 바뀌고 발전된 형태로 전환되어야만 하는가 하는 문제를 제기하기도 한다.

세계화 과정 속에서 국내법질서에 타당하게 적용되는 헌법주의(constitutionalism) 혹은 법의 지배(rule of law)의 원리는 점점 더 세계적으로, 즉 국제법질서에도 자신의 원리적·제도적 내용들을 실현하고 있다. 이와 관련하여 어떻게 법의 지배 원리를 현재의 세계적 맥락(global context) 속에서 적용할 수 있도록 법의 지배의 과념을 재개념화(reconceptualization) 할 수 있는가 하는 문제가 제기된다. 세계화(globalization)에 대한 많은 학문적 저술 속에서는 세계화의 본질, 영향 그리고 결과에 대하여 많은 다양한 견해가 제시될 수 있음에도 불구하고, 법현실적 실무(practice)에서는 세계화의 문제는 국내헌법에서 실현되는 헌법주의 혹은 법의 지배(rule of law)의 국제법적인 영역에로의 확산의 문제와 관련성을 가진다. 어떻게 국내적 영역에 친숙한 개념인 법의 지배(rule of law)가 계속적으로 증가되어지는 국제적 영역에서 가장 잘 이해되고, 기능할 수 있는가 하는 원칙적 문제가 제기된다. 이러한 문제제기는 인권, 국제무역, 상업 그리고 국제정치와 안보와 중심적인 법적 가치의 재개념화(reconceptualization)와 재적용(reapplication)에 대한 논의와 관련성을 가지고 있다. 이러한 법의 지배를 전세계적인 영역에서 적용하는 것을 강조하게 만드는 가치들을 Spencer Zifcak은 가치들은 적법성(legality), 평등(equality), 정당성(legitimacy), 책임성(accountablity), 근본적 인권에 대한 책임(commitment to fundamental human rights)을 들고 있다.[2)]

세계화(globalization)에 대한 많은 학문적 저술 속에서는 세계화의 본질, 영향 그리고 결과에 대하여 많은 다양한 견해가 제시될 수 있음에도 불구하고, 법현실적 실무(practice)에서는 세계화의 문제는 국내헌법에서 실현되는 헌법주의(constitutionalism) 혹은 법의 지배(rule of law)의 국제법적인

2) Zifcak, 위의 책, 2.

영역에로의 확산의 문제와 관련성을 가진다. 어떻게 국내적 영역에 친숙한 개념인 법의 지배(rule of law)가 계속적으로 증가되어지는 국제적 영역에서 가장 잘 이해되고, 기능할 수 있는가 하는 원칙적 문제가 제기된다. 이러한 법적인 문제를 최근에 국제법 이론에서는 이른바 국제법의 헌법화(constitutionalization of international law)라는 명제로 접근하고 있다. 이러한 국제법의 헌법화 문제와 관련하여 글로벌 거버넌스(global governance), 인권의 국제적 보호와 세계경제질서의 규제 등의 문제가 포함된다. 특히 세계경제질서의 규제의 문제와 관련하여 국제법의 헌법화로 인한 국제적 하부체계의 헌법화의 문제로서 세계무역기구의 헌법화 문제(cosntitutionalization of the world trade organization)가 역시 제기된다. 세계무역기구(WTO)와 연관하여 헌법화라는 용어는 단지 최초의 초국가적 구조(protosupranational structure)의 출현, 새로운 사회계약(social contract) 혹은 헌법의 요소를 나타내는 역할, 세계무역기구 속에서 법과 질서의 근본적 이상을 개발시키거나[3] 혹은 사법적 결정(judicial decision-making)을 통해서 헌법적 규범과 구조들이 만들어지는 규범적 진행과정[4] 그리고 최종적으로는 공동체(community)의 이해관계와 세계적 관심사에 대한 존중을 목표로 한 세계무역기구(WTO)의 계속적인 성장과 관련된 진로설정.[5] 이러한 세계무역기구에 대한 국제법의 헌법화 진행과정을 고려해 볼 때, 헌법화라는 용어가 너무 막연하게 사용되고 있고, 많을 요소들을 포함하고 있지만, 단지 보

---

3) 이와 관련된 발표자료로서 Meinhard Hilf, Die Konstitutionalisierung der Welthandelsordnung. Struktur, Institutionen und Verfahren, 40 Berichte der Deutschen Gesellschaft für Völkerrecht 2003, S. 257.

4) Debora Z. Cass, The Constitutionalization of International Trade Law: Judicial Norm-Generation as the Engine of Constitutional Development in International Trade, 12 EJIL 39 (2001) 72; Deborah Z. Cass, The Constitutionalization of the World Trade Organisation. Legitimacy, Democracy and Community in the international Trading System, Oxford University Press 2005.

5) 이와 관련해서는 다음을 참조. Wolfgang Benedek, Die Konstitutionalisierung der Welthandelsordnung. Kompentenz und Rechtsordnung der WTO, 49 Berichte der Deutschen Gesellschaft für Völkerrecht 283 (2003).

다 강한 국가의 의무를 부과하는 하나의 일반적 방향설정만을 제시하고 있다. 국제무역기구의 헌법화는 여전히 아직도 달성되지 않고 있다.[6)]

Ⅱ. 세계화의 개념과 신자유주의적인 세계화에 대한 대응의 문제

세계화는 기술의 괄목할 만한 발전, 특히 정보 기술의 발달을 통해서 더욱 촉진된다. 세계화와 관계있는 기본적 개념들로는 세계적인 협력적 지배(global governance), 인권의 국제적 보호, 세계경제질서의 규제 등을 들 수 있다. 특히 1990년대 중반이래로 협력적 지배, 즉 협치 개념은 신자유적인 세계화(neoliberal globalization)의 정치적 토대가 되고 있다. 세계화는 적어도 다음의 두가지 명백한 현상들을 포함하고 있다. 첫 번째는 경제적, 사회적, 기술적 그리고 정치적 활동의 많은 양상들이 국제적인 범위에서 증가하는 것이고, 두 번째는 이러한 모든 영역들에 속에서의 국가와 사회 사이의 상호작용의 수준의 강화가 존재하는 것을 의미한다.[7)]

Joseph Stiglitz는 세계화 개념을 다음과 같이 정의하고 있다 : 세계화의 관념은 매우 단순하다. 의사소통 비용(communication costs), 운송비용 그리고 상품과 생산요소에 대한 인위적 장벽의 감소가 세계경제의 보다 밀접한 통합을 초래한다. 세계화는 상품과 서비스 뿐만 아니라 자본과 지식 그리고 보다 적은 단위의 사람들의 이동성을 포함하고 있다. 세계화는 시장의 통합 뿐만 아니라 세계시민사회(global civil society)의 출현까지도 포함하고 있다.[8)] Boaventura de Sousa Santos는 국가 간의 경제적인 빈

---

6) Wahl, Konstitutionalisierung – Leitbegriff oder Allerweltsbegriff?, S. 206.

7) Spencer Zifcak, Globalizing the rule of law, in Zifcak (ed.), Globalization and the Rule of Law, London: Routledge, 2005, 32.

8) Joseph Stiglitz. 'Globalization and Development', in D. Held and M. Koenig-Archibugi, Taming Globalization: frontiers of governance, Cambridge: Polity,

부격차와 이로 인한 경제적 종속을 보다 강화시키고, 결과적으로 경제적 약소국의 경제적 주권의 약화를 초래하는 신자유적인 세계화 개념과 구별되는 반-지배적 세계화(counter-hegemonic globalization) 개념을 제시하면서, 이러한 후자의 반-지배적 세계화 개념은 전자의 신자유적인 세계화 개념에 저항하는 의미로 사용하고 있다.[9] 그는 반지배적 세계화 개념을 다음과 같이 정의하고 있다: "지배적 세계화(hegemonic globalization)의 경제적, 사회적 그리고 정치적 결과에 대항해서 싸우고, 지배적 세계화 개념의 기초가 되는 세계적 발전 개념(conceptions of world development)에 도전하고, 그리고 이에 대한 대안적 개념(alternaitve conceptions)을 제시하는 일련의 광범위한 네트워크(network), 조직 그리고 시대적 동향(movements)."[10] 반-지배적 세계화 개념은 불평등한 권력적 관계의 산물인 사회적 격리(social exclusion)에 대한 투쟁에 초점을 맞추고 있다. 반-지배적 세계화 개념은 물질적, 사회적, 정치적, 문화적 그리고 상징적 자원들의 재분배를 목표로 하고 있는 재분배 윤리(redistributive ethos)를 기반으로 하고 있다.[11] 세계화는 권력(power), 오리엔테이션(orientations), 정체성(identity) 그리고 네트워크(Network)의 다양한 미래적 전망을 가지고 있는 초국가적인 행위자들(transnational actors)에 의하여 국민주권국가(sovereign national states)가 훼손되는 것으로 설명한다.[12]

각 나라의 주권이 더 이상 자국민의 인권보호의 완전한 틀이 못하는 세계화과정은 필연적으로 국내적 인권보호체제 침식을 초래하고 있다. 이

2003, P. 37.

9) Boaventura de Sousa Santos, Toward a New Leagl Common Sense, London: Butterworths, 2002, Chapters 5, 9.

10) Santos, Beyond neoliberal governance: the World Social Forum as subaltern cosmopolitan politics and legality in Santos and César A. Rodríguez-Garavito (eds.), Law and Globalization from below. Toward a Cosmopolitan Legality, Cambridge: Cambridge University Press, 2005, 29.

11) Id.

12) Jürgen Habermas, Hat die Konstitutionalisierung des Völkerrechts noch eine Chance, in: 같은이, Der gespaltene Westen, Frankfurt am Main 2004, S. 174.

러한 국내적 인권보장체계의 와해에 대한 가능한 해결책은 이러한 인권보호의 국제화의 구축과 강화를 통한 국제적 연대의 강화에서 찾아야 할 것이다. 세계화는 범죄예방, 이민의 통제, 무기와 약물의 유입, 자본의 유출, 사업의 실행, 환경, 무역 그리고 투자의 보호 등과 관련하여 국가의 규제권의 한계와 무력함을 노출시킨다. 이러한 사태의 진전에 대하여 국가는 더 이상 제어능력을 완전하게 유지할 수 없다. 따라서 세계화가 국민국가의 주권을 훼손한다는 것은 특정한 사회적, 환경적 그리고 인권보호가 국내적 차원에서의 헌법적 보호가 손상된다는 것을 의미한다. 국내적인 헌법적 보호체제의 무력화는 이러한 규제를 세계화의 중요한 구성요소로 만드는 필요한 규제의 국제화(internationalization of necessary regulations)를 요구한다. 이러한 필요한 규제의 국제화는 오랫동안 계속 진행되고 있다.

이러한 세계화가 가져오는 역설적 상황에 대한 세계화에 대한 사회학적인 법적 지식(sociolagel knowledge)의 당혹스러움은 여러 가지 형태로 표출되고 있다. 2000년 이후 새로운 천년의 도래는 지배적인 신자유적인 세계화(hegemonic, neoliberal globalization)를 지지하는 국내적 혹은 국제적 법적 개념(national and interantion legal institutions)의 변형(transformation) 혹은 대체(replacement)를 목적으로 하는 분위기를 한껏 고조시켰다. 이와 관련하여 다양하게 조직된 반지배적 운동과 조직들(counterhegemonic movements and organizations) 그리고 유기적으로 연결된 국제적 네트워크(transnational network) "신자유적인 개념들에는 대안이 없다(there is no alterantive to neoliberal institutions)"는 운명론적 이데올로기(fatalistic ideology)의 실상을 전하고 있다. 이에 대한 반대적 운동들의 이니시어티브(initiatitive)도 매우 다양한 형태로 제기되고 있다.13)

브라질(Brazil)의 사회적으로 무시된 (주류사회에서 과소평가된) 공동체

13) Boaventura de Sousa Santos and César A. Rodrígues－Garavito, Law, politics, and the subaltern in counter－hegemonic globalization in Santos and Rodríguez－Garavito (eds.), Law and Globalization from below. Toward a Cosmopolitan Legality, Cambridge: Cambridge University Press, 2005, 1.

와 진보적 정당들(marginalized community and progressive parties)이 그들을 공적 예산(public budget)의 배분과정과 같은 공적인 영역으로부터 효과적으로 배제시키는 국내적 그리고 국제적 규제 구조(regulatory framework)를 변화시키고 민주화하는 운동을 전개하였다.[14)]

세계화된 남과 북(global North and South)에서 비정부기구(NGOs), 노동조합(unions), 소비자, 노동자 그리고 다른 주체들이 근로조건들에 대한 시장친화적인 규제들(market-friendly regulation)에 대하여 조직화된 저항을 하고, 지적재산권과 미국에서의 노동착취(sweatshops)의 확산, 아프리카인들 사이의 AIDS의 광범위한 전염과 유럽에서의 환경을 악화시키는 상황에 대하여 책임의식을 불어넣는 시도들을 하고 있다.[15)]

진보적 행동주의자-연구자들(progressive activist-researchers), 신념을 가진 사람들 그리고 미국에서의 소외된 공동체의 구성원들(marginalized communities) - 해고된 근로자들, 이주노동자 그리고 비정규적 노동자들(informal loborers)의 내부적 제3세계(the "inner Third World") - 코스모폴리탄적인 정체성(cosmopolitan identities)과 배제적 이데올로기(exclusionary ideologies)에 반대하는 법적 규칙 그리고 이민법(laws of immigration)을 총체적으로 수용하기 위하여 결집하였다.[16)]

가장 소외된 계층들(the most marginalized classes)을 포함한 사회운동들은 - 토지없는 소작농들, 생계형 농부(subsistence farmers) 그리고 토착원주민들(indigenous peoples) - 땅, 그들의 문화 그리고 환경에 대한 그들의 권리를 주장하기 위하여 전략적으로 국내법원과 초국가적인 지원 네트워크(transnational advocacy networks TANs)를 동원한다(mobilize).[17)] 세계사회포럼(World Social Forum)과 같이 현재 잘 확립된 지역적 그리고 세계적 메커니즘(regional and global mechanism)을 통하여 명확하게 제시된

14) Santos and Rodríguez-Garavito, 위의 책, 1.
15) Santos and Rodríguez-Garavito, 위의 책, 1.
16) Santos and Rodríguez-Garavito, 위의 책, 2.
17) Santos and Rodríguez-Garavito, 위의 책, 2.

이러한 무수한 제안들(initiatives)은 다른 세계가 가능하다는 것을 보여줄 뿐만 아니라 상향식의 법적 개혁 속에의 논의도 행해지고 있다.[18]

특히 2008년이래로 세계를 뒤흔들고 있는 재정적 그리고 경제적 위기는 초국가적 수준에서의 보다 많은 규제와 질서정립을 요구한다. 세계화의 개념적 속성 속에 내포되어 있는 이러한 경제적인 종속의 위험성을 고려해 볼 때, 글로벌 거버넌스와 관련된 법적 논의의 전개과정은 이러한 경제적 문제로 인한 피해와 손해를 최대한 축소시키는 것을 보장할 수 있어야만 한다. 글로벌 거버넌스에 대한 법적 논의는 글로벌 거버넌스 현상에 대응할 수 있는 국제공법적 체계의 확립을 위한 국제법의 내용적 전환과 발달을 요구한다. 기존의 주권개념의 한계를 넘어서는 새로운 국제공법적 체계의 새로운 변형과 발달과정은 새롭게 세계화된 체계의 구성적 잠재력을 최적화시키는 데 기여하게 될 것이다.

Ⅲ. 세계화와 글로벌 거버넌스

세계화와 관련된 상황이 이렇게 전개된다면, 국제적 거버넌스와 법의 새로운 형식들이 세계화와 관련된 해악(harm)과 피해(damage)를 제한하고, 새로운 세계화 체계(globalizing system)의 구성적인 잠재력을 극대화하기 위한 시도가 필요하다. 위에서 설명한 바와 같이 세계화 과정을 통하여 각 개별국가는 주권의 벽이 여러 가지 어려운 상황에 직면에 산산히 부서지는 것을 체험하게 된다. 그럼에도 불구하고 다음의 두가지 특별한 경우에는 여전히 주권을 충분히 강조할 가치가 있다.[19]

세계화의 계기가 되는 기술과 통신의 급격한 발전은 전례가 없을 정도의 재정적 그리고 경제적 상호의존성을 심화시키고, 이를 통해서 경제

---

18) Santos and Rodríguez－Garavito, 위의 책, 2.
19) Zifcak, 앞의 책, 33.

적 성장의 잠재력을 증가시킨다. 이 과정에서 시장은 보다 더 통합되어지고, 이 과정에서 무역은 자유화되고, 자유로운 투장의 보장이 이루어지고, 경쟁은 더욱 더 강화되고, 그 결과 시장에서의 가격은 인하되고, 지구 전체의 삶의 수준은 높아진다. 결국 이러한 세계화라는 광범위한 목적 추구과정에서 각 국가는 그들의 경제적 주권(economic sovereignty)의 일정부분을 희생을 수반하게 된다.[20]

세계화는 정보통신혁명을 통한 국제적 영역에서의 인권신장의 기회를 확대시켰지만 그와 동시에 세계 여러 국가의 경제적 빈부격차와 경제적 종속을 강화시켰다. 기술과 통신의 발전은 전례가 없을 정도의 재정적 그리고 경제적 상호의존성 그리고 경제적 성장에 대한 잠재력을 증가시켰다. 시장은 점점 더 통합되어 지고, 자유로운 무역과 투자가 행해지고, 경쟁은 증가되고, 가격은 낮아지고, 지구를 가로지르는 삶의 수준을 높아진다는 희망이 생기게 되었다. 이러한 희망은 단지 부분적으로 그리고 매우 불평등하게 실현되었다. 이러한 광범위한 목적의 추구과정에서 경제적 주권(economic sovereignty)의 희생이란 문제가 발생한다. 왜냐하면 세계화가 전개될 당시부터 각 국가들은 불평등한 상태로 존재하고 있었기 때문이다. 이것은 마치 근대시민법사회의 평균적 정의에 바탕을 둔 형식적 평등의 실현이 자본주의의 모순을 가중시킨 것과 같은 상황이다.

세계화의 개념적 속성에 이러한 위험성이 내포되어 있다면 국제적인 협력적 지배와 국제법의 새로운 형식은 이러한 경제적 문제로 인한 피해와 손해를 최대한 축소시키는 것을 보장할 수 있는 발달된 내용을 요구하고, 새롭게 세계화된 체계의 구성적 잠재력(constructive potential)을 최대화시키는 것이다. 이러한 세계화 과정에서 발생한 헌법이론에서의 가장 큰 희생자는 주권개념이다. 주권의 벽은 이러한 다양한 발달과정을 거치면서 무너지게 되었다.

국제법의 헌법화 문제와 관련하여 글로벌 거버넌스(global governance),

---

20) Zifcak, Globalizing the rule of law, 위의 책, 33.

인권의 국제적 보호와 세계경제질서의 규제 등의 문제가 포함된다. 특히 세계경제질서의 규제의 문제와 관련하여 국제법의 헌법화로 인한 국제적 하부체계의 헌법화의 문제로서 세계무역기구의 헌법화 문제(cosntitutionalization of the world trade organization)가 역시 제기된다. 세계무역기구(WTO)와 연관하여 헌법화라는 용어는 단지 최초의 초국가적 구조(protosupranational structure)의 출현, 새로운 사회계약(social contract) 혹은 헌법의 요소를 나타내는 역할, 세계무역기구 속에서 법과 질서의 근본적 이상을 개발시키거나[21] 혹은 사법적 결정(judicial decision－making)을 통해서 헌법적 규범과 구조들이 만들어지는 규범적 진행과정 그리고 최종적으로는 공동체(community)의 이해관계와 세계적 관심사에 대한 존중을 목표로 한 세계무역기구(WTO)의 계속적인 성장과 관련된 진로설정.[22] 이러한 세계무역기구에 대한 국제법의 헌법화 진행과정을 고려해 볼 때, 헌법화라는 용어가 너무 막연하게 사용되고 있고, 많을 요소들을 포함하고 있지만, 단지 보다 강한 국가의 의무를 부과하는 하나의 일반적 방향설정만을 제시하고 있다. 국제무역기구의 헌법화는 여전히 아직도 달성되지 않고 있다.

글로벌 거버넌스의 확대를 통해서 야기된 세계화는 기존의 국제법 체계를 망가뜨릴 수도 있는 과정이라고 주장하는 견해도 있다.[23] 2008년 이후 세계경제를 뒤흔들고 있는 재정경제적위기, 특히 유럽금융시장의 지속되는 위기 상황은 과연 현재가 강력한 초국가적 '규제적극주의(regulatory

21) 이와 관련된 발표자료로서 Meinhard Hilf, Die Konstitutionalisierung der Welthandelsordnung. Struktur, Institutionen und Verfahren, 40 Berichte der Deutschen Gesellschaft für Völkerrecht 2003, S. 257.

22) 이와 관련해서는 다음을 참조. Wolfgang Benedek, Die Konstitutionalisierung der Welthandelsordnung. Kompentenz und Rechtsordnung der WTO, Berichte der Deutschen Gesellschaft für Völkerrecht 49 (2003), S. 283.

23) P. Zumbansen, Die vergangene Zukunft des Völkerrechts, KJ 2001, S. 46, 59 ff.; Armin von Bogdandy, Demokratie, Globalisierung, Zukunft des Völkerrechts – eine Bestandsaufnahme, ZaöRV 63 (2003), S. 854

activism)'를 특징지워질 수 있는 "규제의 황금기(golden era of regulation)'인지에 대해서는 의문이 제기된다. 이와 관련하여 우리는 오히려 결과적으로 발생하는 재규제주의 혹은 재배열(consequential regulation or reordering)로 보고 싶다.24)

초국가적인 조정적 거버넌스(transnational regulatory governance)에 대하여 진지하게 검토하기 위해서는, 이 개념을 종속적 변수(dependant variable)로 다룰 필요가 있다. 우리의 현재의 초국가적 사회를 잘 묘사하고 있는 초국가적인 조정적 거번넌스에 의한 규제적 변화는 일반적으로 투쟁, 갈등, 저항, 협상, 그리고 고통스런 통합과 관련성을 가지고 있다.25) 이러한 초국가적인 조정적 거버넌스의 역동성을 잘 설명하기 위해서는 우리는 몇몇 기본적인 개념적 논의(conceptual debates)를 다시 해야만 한다. 특히 초국가적인 조정적 거버넌스의 다방면의 복잡성을 잘 파악하기 위해서, 우선적으로 이 개념의 핵심적 구성요소들(key constitutive elements)을 검토할 필요가 있다. 이러한 개념적 구성요소들을 잘 파악하기 위해서는 여러 사회과학적 학문분야들을 통털어서 진행되는 학문적 논의와 토론들의 바탕 위에서 이와 관련된 행위자들(actors)과 적용되는 규칙들의 본질적 특성(nature of rules)을 검토해야만 한다.26) 세계화로 인하여 발생하는 세계질서의 재조정은 이에 관여하는 행위자들의 증가를 야기한다. 이러한 결과는 또한 이에 대하여 적용되는 규칙의 본질적 특성들과 그 규칙들의 수용구조의 심대한 변화를 초래한다.

---

24) Marie-Laure Djelic & Kerstin Sahlin, Reordering the World: Transnational Regulatory Governance and its Challenges in David Levi-Faur (ed.) The Oxford Handbook of Governance, Oxford University Press 745 (2012).

25) Marie-Laure Djelic & Kerstin Sahlin, 위의 책, 746.

26) Marie-Laure Djelic & Kerstin Sahlin, 위의 책, 746.

Ⅳ. 글로벌 거버넌스의 공법적 정당화 문제

우리는 국제적 거래에 대한 요구와 명령(transactional demand and command)으로서 글로벌 거버넌스를 어떻게 이해할 것인가? 글로벌 거버넌스의 문제를 단지 사적인 쌍방간의 계약체결의 문제로 보아야만 할 것인가? 이렇게 거버넌스 개념을 이해하는 입장을 거래주의(transactionalism)[27]로 명명된다. 이러한 거래주의적 입장은 거버넌스를 사적인 쌍방간의 의사합치의 문제 즉 계약의 문제로 이해하는 입장이다. 그러나 이와 대조적으로 글로벌 거버넌스를 국제법의 헌법화 실현의 문제와 관련된 공적인 사안의 문제로 보아서, 이에 대하여 공법적 분석을 시도하는 연구적 경향도 존재한다. 이러한 연구방법은 세계적 거버넌스(Global Governance)의 개념의 요점이 되는 공적인 사안(öffentlichen Angelegenheiten)에 대한 규율에 있어서 나타나는 근본적인 변천과정에 공법적인 전망을 제시하는 것이 그 목적이다.

독일에 있어서 UN의 안전보장이사회의 탈리반과 알카에다 제재위원회(Taliban- und Al-Qaida-Sanktionsausschusses des Sicherheitsrates der Veinten Nationen)의 결정을 통하여 베를린(Berlin)에서의 부동산매각이 저지되거나,[28] 엘베강(Elbtal)의 관련지역이 UNESCO의 세계문화유산목에 등재되어 있기 때문에, 드레스덴(Dresden)에서의 다리의 건축이 법적인 반대에 의하여 중단되는 경우에[29] 경제협력개발기구(OECD)의 피사연구

---

27) Joseph H. H. Weiler, The Geology of International Law – Governance, Democracy and Legitimacy, ZaöRV 64 (2004), S. 553.

28) EuGH, C-`117 / 06, Möllendorf, Slg. 2007, S. Iß08361, 알카에다와 탈레반 제재위원회에 대해서는. Clemens A. Feinäugle, The UN Security Council Al-Qaida and Taliban Sanctions Committee: Emerging Principles of International Institutional Law for the Protection of Individuals?, German Law Journal 9 (2008), S. 1513.

29) Diana Zacharias, The UNESO Regime for the Protection of World Heritage

(Pisa-Studie)의 결과로 인하여 독일의 어린아이들에게 중요한 교육제도(Bildungssystem)의 근본적 개혁이 행지는 것[30]과 같은 이러한 예들은 국제기관들의 거버넌스-행위들이 국내적 사안에 대하여 의미있는 법적 혹은 사실적 영향력을 행사하는 것을 보여주고 있다.

이러한 세계적 거버넌스-행위(Governance-Aktivitäten)에 대하여 공법학은 법적인 윤곽조건들(rechtliche Rahmenbedigungen)을 설정해야만 하는 과제를 가지게 된다. 그렇다면 이러한 세계적 거버넌스-행위들에 대한 현재의 수준에서의 정당성의 요구를 충족시키기는 것을 확실히 보장하기 위해서는, 이러한 거버넌스-행위들은 어떻게 그리고 누구에 의하여 통제되고, 법적인 판단척도들(rechtliche Maßstäbe)을 발전시킬 것인가 하는 문제가 제기된다.[31]

세계적 거버넌스 문제들을 둘러싸고 다루어지는 법적인 명제들(Thesen)과 대응과정(Vorgehen)은 다음의 세가지 진행과정으로 요약될 수 있다: 첫 번째 진행과정은 연구대상을 보다 구체화하는 과정이고, 두 번째 진행과정은 어떻게 확정된 연구대상의 법위를 법적으로 상세하게 설정하는 것이고, 세 번째 그리고 마지막 진행과정은 전체적인 연구계획을 상세하게 설명하는 것이다.

글로벌 거버넌스연구에 대한 첫 번째 조치로서 연구대상의 문제와 관련하여 세계적 거버넌스-논의(Global-Governance-Diskurs)가 설사 현재의 국제관계형성에 있어서 새로운 중요한 새로운 전망(Perspektiven)을 제시해 준다는 것의 인정이 매우 중요하다. 그러나 또한 공법적 측면에

---

as Prototype of an Autonomy-Gaining International Institution, German Law Jouranl 9 (2008), S. 1833.

30) Von Bogdandy/Matthias Goldmann, Die Ausübung internationaler öffentlicher Gewalt durch Politikbewertung. Die PISA-Studie der OECD als Muster einer neuen völkerrechtlicher Handlungsform, ZaöRV 69 (2009), S. 51.

31) Armin von Bogdandy/Philipp Dann/Matthias Goldmann, Völkerrecht als öffentliches Recht: Konturen eines rechtlichen Rahmens für Global Governance, Der Staat 49 (2010), S. 24.

있어서 글로벌 거버넌스 개념에 있어서는 보다 구체적으로 설명하면 이를 통해서 일방적으로 개인의 자기결정(Selbstbestimmung des Individuums)을 침해하는 행위(Akte)와 동일시하는 공법에 타당하게 적용되는 연구대상을 설정하는 것이 허용되지 않기 때문에 공법적 측면에서 글로벌 거버넌스 개념은 결함이 있다(difizitär).

국가의 일방적 행위와 개별주체의 가기결정 사이의 긴장관계를 규율하는 자유민주적 헌법질서의 전통에 있어서 자기결정(Selbstbestimmung)은 공법의 중요한 기본원칙이 된다. 공법질서에 있어서 모든 국가권력이 정당화되기 위해서는 공법(öffentliches Recht)에 의하여 그 근거가 부여되거나 한계가 설정되어야만 한다. 특히 국제기관법(law of international institution)에 대한 공법적 접근은 글로벌 거버넌스 현상에 대한 보다 깊은 법적 이해를 얻기 위한 방법이 된다.[32]

V. 글로벌 거버넌스에 대한 공법적 접근

정당화가 필요한 거버넌스-현상의 범위와 그리고 그와 동시에 연구대상을 보다 상세히 확정하기 위해서는, 우리는 국제적 공권력 행사의 개념(Begriff der Ausübung internationaler öffentlicher Gewalt)을 정립해야만 한다. 국제기관들의 모든 거버넌스 행위들이 그것이 행정적 혹은 정부 사이의(intergovernmental) 행위이든지 간에 그것이 개인, 사적인 결사, 기업, 국가 그리고 다른 공법적 기관들의 행위들을 결정하는 한에서는, 국제적 공권력의 행사로 보아야 한다. 이러한 주장은 글로벌 거버넌스 현상에 대한 공법적 접근이 적합하다고 판단하고, 글로벌 거버넌스의 정당성(Legitimität)을 위한 법적인 척도의 개발을 위한 이론적 착안점을 통하여

32) Von Bogdandy, General Principles of International Public Authority : Sketching a Research Field, 9 German Law Journal 1909, 1914 (2008).

세계적 거버넌스의 개념을 보충한다.[33]

추상적인 측면에서 기존의 연구방법론에 적합하게 글로벌 거버넌스 개념을 잘 설명하고 있는 이러한 개념구상은 국제법의 헌법화라는 국제법질서의 역사적 변형과정에 많은 기여를 하게 될 것이다. 이러한 개념적 구상이라는 목적설정에 기초하여 제기되는 두 번째 문제는 어떻게 국제적 기관의 권리를 공법적 접근방식을 통하여 국제적 공권력의 행사(Ausübung internationaler öffentlicher Gewalt/exercise of international public authority)로 개념적 발전을 시도할 수 있는가 하는 것이다.

글로벌거버넌스를 법적으로 보다 정교하게 접근할려고 하는 시도는 국제법의 헌법화라는 현재의 연구경향 외에도 글로벌 행정법(Global Administrative Law),[34] 국제적 행정법(internationales Verwaltungsrecht)의 생성[35]이라는 학문적 이해관계를 잉태시키고 있다. 이러한 국제적 공권력 행사의 분석과 비판을 위한 기본적 개념구상의 착안을 Armin von Bogdandy교수와 Philipp Dann 그리고 Matthias Goldmann은 여러 가지 측면에서 매우 유용하다고 보고 있다.[36]

세 번째로 이러한 개념구상의 착안점을 기존의 공법적인 법학방법론적 측면에서 어떻게 접근할 것인가 하는 것이 문제가 된다. 결국 그것은 글로벌 거버넌스 연구의 구체적 개별적인 내용들이 이를 통해서 제시될

---

33) Von Bogdandy/Dann/Goldmann, 앞의 논문, S. 24 f.

34) Benedict Kingsbury/Nico Kirsch/Richard Stewart, The Emergence of Global Administrative Law, Law and Contemporarz Problems 68 (2005), p. 15; Sabino Cassese, Administratve Law Without the State? The Challenge of Global Regulation, New York University Journal of International Law and Politics 37 (2005), p. 663; Daniel C. Esty, Good Governance at the Supranational Scale : Globalizing Administrative Law, Yale Law Journal 115 (2006), p. 1490; von Bogdandy/Dann/Goldmann, 앞의 논문, S. 25.

35) Eberhard Schmidt-Aßmann, Die Herausforderung der Verwatlungsrechtswissenschaft durch Internationalisierung der Verwaltungsbezeichungen, Der Staat 45 (2006), S. 315; Von Bogdandy/Dann/Goldmann, 앞의 논문, S. 25.

36) Von Bogdandy/Dann/Goldmann, 앞의 논문, S. 25.

것이다.

글로벌 거버넌스 개념에 대한 법학적인 연구의 긍정적 측면과 부정적 측면에 대한 분석이 요구된다.[37] 글로벌 거버넌스 개념은 1990년대 중반이래로 많은 학문분야 속에서 세계화 현상을 기술하고 있는 아주 광범위하게 전개된 분석영역(Analyserahmen)을 잘 설명하고 있다.[38] 비록 거버넌스 개념에 대한 이해가 개별적 사안에 있어서는 종종 논쟁이 여지가 있다고 하더라도, 거버넌스 개념의 확정에 매우 중요한 의미를 가지는 다음의 네가지 핵심적 내용을 도출해 낼 수 있다.

첫 번째로 글로벌 거버넌스 개념은 국제적 기관의 역할을 인정한다고 하더라도, 그와 별도로 개인의 역할과 마찬가지로 사적 혹은 복합적 성격을 가진 행위자와 수단(Akteuren und Instrumenten privater oder hybrider Natur)의 의미를 강조한다. 거버넌스는 즉 단지 고권적인 행위주체(hoh-

---

37) 글로벌 거버넌스 개념의 생성과 관련해서는. James N. Rosenau, Governance, Order and Change in World Politics, in: James N. Rosenau/Ernst Otto Czempiel (ed.), Governance Without Government, Cambridge 1992, p. 1; Jan Kooiman, Findings, Recommendations and Speculations, in: 같은이 (ed.), Modern Governance: New Government-Society Interactions, London 1993, p. 249; Von Bogdandy/Dann/Goldmann, 앞의 논문, S. 25.

38) Martin Hawson/Timothy Sinclair, The Emergence of Global Governance Theory, in 같은 이 (eds.) Approaches to Glboal Governance Theory, Albany 1999, p. 3; Arthur Benz, Governance - Modebegriff oder nützliches Sozialwissenschaftliches Konzept?, in: 같은이 (Hrsg.), Governance - Regieren in komplexen Regelsystemen, Wiesbaden 2004, S. 11; Renate Mayntz, Governance Theory as fortentwickelte Steuerungstheorie?, in: Gunnar Folke Schuppert (Hrsg.), Governance-Forschung. Verweisung über Stand und Entwicklung, 2. Aufl., Baden-Baden 2006, S. 11. 그 외에 Governance에 대한 최근의 연구는 다음을 참조 Gunnar Folke Schuppert (Hrsg.),Gobak governance and the role of non-state actors, Baden-Baden 2006; Gunnar Folke Schuppert/Andreas Voßkuhle (Hrsg.), Governance von und durch Wissen, Baden-Baden 2008; Gunnar Folke Schuppert, Governance and Rechtssetzung. Grundfragen einer modernen Regelungswissenschaften, Baden-Baden 2011.

heitliche Handlungsträger)에게만 해당되는 개념은 아니다.

두 번째로 글로벌 거버넌스 개념은 비형식화(Entformalisierung)를 설명하고 있다. 글로벌 거버넌스와 관련성을 가지는 수많은 기관들(Institutionen), 절차들(Verfahrens) 그리고 수단들(Instrumente)이 전통적인 법개념을 가지고서는 파악될 수 없다.

세 번째로 글로벌 거버넌스는 행위자에 대해서는 예방적 방어적 개념이고, 구조와 절차에 대해서는 유도적 개념이다. 국제적(international)이라는 것과 구별되는 글로벌(globale)이라는 표현의 사용에서 명백히 나타나는 바와 같이 현대적인 거버넌스 행위들의 다면적인 특성(Mehrebenen-charakter)이 강조된다. 이것은 각 법영역에 따른 구분, 즉 국제적, 초국가적 공권력(internationale, supranationale öffentliche Gewalt)과 국가적 공권력(nationale öffentliche Gewalt)의 구분을 포기하는 경향을 띠게 된다. 따라서 글로벌 거버넌스라는 개념은 국가적 공권력의 행사 뿐만 국제적인 초국가적 공권력의 행사까지 포함하는 혼합적 성격의 개념이라고 볼 수 있다.

위의 네가지 글로벌 거버넌스의 핵심적 내용들은, 이른바 현실적인, 즉 이른바 국가지향적인 그리고 권력지향적인 질서관념(Ordnungsvorstellung)에 대한 대안을 제시하고, 국제법의 현실적 의미 혹은 다른 전통적 의미들을 조화롭게 높이 평가하지 않는 현상들에 대한 우리의 시야를 열어주는 글로벌 거버넌스 개념의 공헌을 잘 나타내고 있다.

당연히 이러한 역사적 현상을 설명하는 전문용어(Terminologie)가 가치중립적인 경우는 매우 드물다. 그래서 글로벌 거버넌스는 이른바 국제관계의 자유주의적 개념(sog. liberale Konzeption)의 영향을 크게 받았고, 그와 동시에 정부이론(Regimetheorie)의 범위 속에서 현실적인 질서관념의 대안을 찾는 제도주의적 전통(Tradition des Institutionalismus)을 기반으로 하고 있다.[39] 국제관계에 대한 많은 자유주의적 이론(liberale Theorie)에

39) Michael Barnet/Raymond Duvall, Power in Global Governance, in: 같은이들 (eds.), Power in Global Governance, Cambridge 2005, p. 1 (7); Michael Zürn, Institutionalisierte Ungleichheit in der Weltpolitik. Jenseits der Alternative

대하여 전형적으로 해당되는 규범적인 난맥상들이 글로벌 거버넌스에는 수반된다는 이미 처음부터 예견된 상황이었다. 그리하여 글로벌 거버넌스는 일반적으로 그 근거에 대한 질문을 거의 제기할 수 없는 능률성의 도그마(Dogma der Effizienz)을 추구하는 서구 속(im Westlichen)에서의 기술가정치적 과정(technokratischer Prozeß)으로 정의될 수 있다.[40]

곧 이어 이러한 글로벌 거버넌스 개념에 대한 비판이 곧 제기된다. 다양한 글로벌 거버넌스 행위들의 정당성(Legitimität)은 많은 학문적 연구를 통해서 나타난 비판에 직면하게 된다.[41] 이러한 반론들은 국제적 기관들(internationale Institutionen)을 글로벌 거버넌스를 뒷받침하는 중요한 참여자로서 그리고 추진동력으로서 인정하는 것과 관련성을 가진다. 그래서 이미 몇몇 국제기관들은 개인적 권리(individualrechte)와 집단적 자결권(kollektive Selbstbestimmung)을 위협하는 요소로 받아들여 지고 있다. 이와

"Global Governance" versus "American Empire", Politische Vierteljahresschrift 48 (2007), S. 680.

40) 이러한 개념정의와 관련되는 문헌들은 Robert Ratham, Politics in a Floating World, in: Martin Hawson/Timothy Sinclair (eds.) Approaches to Glboal Governance Theory, Albany 1999, p. 23; Martti Koskenniemi, Global Governance and Public International Law, Kritische Justiz 37 (2004), S. 241.

41) 예를 들면 Amichai Cohen, Bureaucratic internalization: Domestic Governmental Agencies and Legitimization of International Law, 30 Georgetown Journal of International Law 1079-1144 (2005); Ruth W. Grant/Robert O. Keohane, Accountability and Abuses of Power in World Poliics, 99 American Political Science Review 29-43 (2005); Robert Howse/Kalypso Nicolaiies, Enhancing WTO Legitimacy: Constitutionalization or Global Subsidiarity?, 16 Governance 73-94 (2003); Anne-Marie Slaughter, The Accountability of Government Networks, 8 Indiana Journal of Global Legal Studies 347-367 (2000-2001); Wahl, Der einzelne in der Welt jenseits des Staates, in: 같은이 (Hrsg.), Verfassungsstaat, Europäsierung, Internationalisierung, Frankfurt am Main 2003, S. 53ö Weiler, The Geology of International Law - Governance, Democracy and Legitimacy, ZaöRV 64 (2004), S. 547; Michael Zürn, Global Governance and Legitimacy Problems, Government and Opposi 39 (2004), S. 260; Von Bogdandy, Globalization and Europe: How to Square Democracy and Globalization, 15 European Journal of International Law 885-906 (2004).

관련하여 많은 견해들이 세계적 차원의 정의문제(globale Gerechtigkeitsfragen)를 제기하고 있고, 이 문제와 관련하여 첨예한 논쟁이 진행되고 있다.

개인적 권리와 관련하여 국제적 기관들이 개인의 권리에 대한 중대한 침해를 하는 경우에 있어서 이에 대한 권리보호의 보장(Rechtsschutzgarantien) 그리고 절차적 보장(Verfahrensgarantien)이 결여되어 있다는 비판이 집중적으로 제기되었다. UN의 안전보장이사회(United Nations Security Council)가 만들어 내는 테러혐의자 명단은 국가적 차원에서는(auf nationaler Ebene) 거의 허용될 수 없는 그러한 거버넌스 행위들에 대한 하나의 극적인 사례가 된다.[42] 국제적 기관들의 정책(Politik)이 국내적인 민주적 과정에 지속적인 방식으로 영향력을 미칠 수 있음에도 불구하고, 국제적 기관들은 집단적 자결권(kollektive Selbstbestimmung)의 관점에서 자신들의 정책에 대한 이해관계를 가지는 자들(Betroffenen)과 어느 정도의 거리를 두면서 업무를 수행하고 있다.

이를 넘어서서 국제기관은 – 다른 모든 국내행정관청들(nationale Behörde)과 마찬가지로 거의 통제되지 않는 비밀적인 관료정치(Geheimbürokratie)의 측면을 내보이고 있거나[43] 혹은 세계적 차원(globale Ebene)

---

42) Clemens A. Feinäugle, The UN Security Council Al－Quida and Taliban Sanctions Committee: Emerging Principles of International Institutional Law for the Protection of Individuals?, 9 German Law Journal 1513－1538 (2008); Diana Zacharias, The UNESO Regime for the Protection of World Heritage as Prototype of an Autonomy－Gaining International Institution, 9 German Law Jouranl 1833－1864 (2008); Karen Kaiser, WIPO's International Registration of Trademarks: An International Administrative Act Subject to Examination by the Designated Contracting Parties, 9 German Law Journal 1597－1624 (2008); Maja Smrkolj, International Institutions and Individualized Decision－Making: An Example of UNHCR's Refuge Status Determination 9 German Law Jouranl 1779－1803 (2008).; von Bogdandy/Dann/Goldmann, 앞의 논문 (주 307), S. 28.

43) Ingo Venzke, International Bureaucracies from a Political Science Perspective – Agency, Authority and International Institutional Law, 9 German Law Jouranl 1401－1428 (2008); Ravi Anfonso Pereira, Why Would International Administrative Activity Be Any Less Legitimate? – A Study of the Codex

에서 사회적 정의의 실현을 증진시키는 대신에, 어떤 특정된 국가들 혹은 집단들의 특별한 이익을 위하여 활동하고 있다. 글로벌 거버넌스 현상에 대한 학문적인 비판적 견해를 고려해 볼 때 결과적으로 글로벌 거버넌스는 오늘날 동의에서부터 거부까지 다양한 견해의 스펙트럼이 발생하고 있다.

Ⅵ. 글로벌 거버넌스의 대체개념으로서 국제적 공권력의 행사

글로벌 거버넌스 현상을 공법적 측면에서 어떻게 정당화시킬수 있는가 하는 문제와 관련하여 우선적으로 공법적 측면에서 글로벌 거버넌스를 이해하는 착안점(Ansatzpunkt)을 어디에서 찾을 것인가 하는 문제가 제기된다. 이러한 문제의 출발점은 바로 모든 행위들을 행위주체들의 자결권을 침해하는 일방적 행위(einseitige, die Selbstbestimmung beeinträchtigende Akte)로 분류할 수 있는가 하는 것이다.

일반적으로 공법(öffentliches Recht)은 자신의 자유민주적 전통(freiheitlich-demokratische Tradition)에 따르면 적어도 다음의 두가지 기능을 가진다: 한 편으로 공법은 단지 공권적 토대 하에서만 행사되어지는 공권력(öffentliche Gewalt)을 근거지운다. 또 다른 한편으로는 공권력은 공법의 실질적 그리고 절차적 척도(materielle und prozedurale Maßstäbe)를 통하여 통제되거나 한계가 설정된다.[44] 그러한 한에서는 공권력의 정당성에 대한 의심을 확정력있는 법위반적 판결 속에서 표현하기도 한다. 자유민주국가에서는 사회적 평화와 법적 안정성이 매우 중요한 가치가 되므로, 경우에 따라서는

Alimentarius Commission, 9 German Law Jouranl 1693-1718 (2008); von Bogdandy/Dann/Goldmann, 앞의 논문 (주 307), S. 28.

44) Eberhardt Schmidt-Aßmann, Das Allgemeine Verwaltungsrecht als Ordnungsidee, 2. Aufl., Berlin; Heidelberg 2004, S. 16 ff.

양자는 서로 개념임에도 불구하고, 정당성(Legitimität)의 문제가 적법성(Legalität)의 문제로 표현될 수도 있다.

이러한 공권력의 제한과 통제라는 공법의 목적이 글로벌 거버넌스의 개념에 대해서 적용되기 위해서는 자기결정(Selbstbestimmung)을 일방적으로 침해하는 행위에 대한 실용적 개념(praktikabeler Begriff)이 필요하다. 글로벌 거버넌스의 개념은 이러한 목적을 위해서는 불충분하다. 글로벌 거버넌스 개념의 공헌은 확실히 인정되지만, 특히 이러한 새로운 정치적으로 중요한 현상의 시야(Blickfeld)를 확대시키는 것은 자기결정에 일방적으로 한계를 설정하고, 그로 인하여 특별히 정당화가 필요한(legitimationsbedürftig) 행위를 확인(Identifikation)하는 데 있어서 특별한 도움을 줄 수 없다. 글로벌 거버넌스의 개념 속에는 사적인 행위(private Handlungen)와 공적인 행위(öffentliche Handlungen) 그리고 공식적 행위(formelle Handlungen)와 비공식적 행위(informelle Handlungen)의 구분이 사라진다. 그 외에도 글로벌 거버넌스는 특별한, 개별적으로 확인가능한 효력을 가진, 특별하고 개별적으로 확인가능한 주체의 행위의 전체(Gesamtheit von Handlungen)라기보다는 과정(Prozeß)으로 이해되어야 한다. 따라서 글로벌 거버넌스개념의 틀을 통하여 일방적이고, 정당화가 필요한 행위(einseitige legitimsbedürftige Handlungen)를 비일방적이고 그와 동시에 정당화가 필요없는 행위와 구분하고, 전자를 책임을 지는 행위주체에게 귀속시키는 것은 완전히 불가능한 것이라고 볼 수는 없지만, 그것은 매우 어려운 작업이 된다.

그럼에도 불구하고 이러한 구분은 책임의 귀속에 대한 지정과 마찬가지로 공법의 공권력발동의 법적 근거제시적 기능과 공권력의 제한과 통제의 기능의 실현을 위해서 필요한 전제조건이 된다. 단지 일방적으로 자기결정에 영향을 미치는 행위만이 공법적으로(öffentlich-rechtlich) 근거지워지고 제한될 수 있다. 이러한 공법의 한계설정기능은 한계가 설정되어질 수 있는 확인가능한 행위주체(identifizierbare Handlungssubjekte)의 인정에 달려 있다. 결론적으로 글로벌 거버넌스는 국제적인 영역에 있어서 공법적 대상(Gegenstand des öffentlichen Rechts)에 대한 법적 이해를 위한 개념적 근거(konzeptionelle Grundlage)로 볼 수 없다.[45] 이러한 까닭에 글로벌 거버넌스라는 개념과 별도로 국제적 공권력 행사의 개념(Begriff der Ausübung internationaler öffentlicher Gewalt)을 글로벌 거버넌스 개념 분석의 핵심적 틀로 추가해야만 한다. 이것은 국제법을 공법(Völkerrecht als öffentliches Recht)으로 이해하는 것을 전제로 하는 것이라고 볼 수 있다. 이러한 기본적인 개념적 설정은 공법의 기능에 보다 적합하게 나타나는 글로벌 거버넌스 현상을 설명하는 현상들에 대한 이해에 매우 유용한 연구분석틀이 될 것이다.

위에서 언급한 바와 같이 Armin von Bogdandy, Philip Dann 그리고 Matthias Goldmann은 글로벌 거버넌스에 대한 공법적 접근을 하기 위해서는, 글로벌 거버넌스 개념만 가지고는 불충분하기 때문에 국제적 공권력의 행사의 개념으로의 개념이전이 필요하다는 것을 주장하고 있다. 이러한 입장에 의하면 글로벌 거버넌스 개념으로부터 다른 권리주체를 결정하는, 즉 다시말하면 법적인 정당화가 요구되고, 그 결과 공법적 틀(public law framework)에 의하여 정당화되는 방식에 의하여 다른 권리주체의 자유를 제한하는 국제적 공권력의 행사의 개념(Begriff der internationalen Gewalt/exercise of international public authority)에로의 이전은 필수적인 것이 된다.[46]

이것을 다른 말로 표현하면 글로벌 거버넌스 개념은 대부분 기능적 측면에 그 중점을 두고 있는데 반하여, 국제공법적 입장에서 글로벌 거버넌스 현상에 대하여 접근하는 것은 이러한 단순한 기능주의(functionalism)를 넘어서는 규범적 측면에 중점을 둔다는 점이다. 이것은 국제적 공권력의 행사 개념이 글로벌 거버넌스 개념을 통해서 접근하고 해명할 수 없는 문제점들을 보다 집중적으로 다룰 수 있게 만든다는 것을 의미한다. 그럼

45) Von Bogdandy/Dann/Goldmann, 앞의 논문, S. 30.

46) Von Bogdandy, Dann and Goldmann, Developing the Publicness of Public International Law: Towards a Legal Framework for Global Governance Activities, 9 German Law Journal 1375, 1381 (2008).

에도 불구하고 이러한 개념이전이 글로벌 거버넌스 개념 그 자체의 완전한 폐기를 의미하는 것은 아니다. 왜냐하면 글로벌 거버넌스 개념이 열어줄 수 있는 광범위한 인식범위 역시 포기될 수 없는 영역이기 때문이다. 왜냐하면 글로벌 거버넌스에 대한 연구는 사회적 조정(gesellschaftliche Stuerung)은 법적 구속력이 있는 행위(rechtsverbindliche Handlungen) 뿐만 아니라 혹은 법적으로 조직화된 주체(Akteure)에 의해서도 행해진다는 것을 설득력있게 보여주고 있기 때문이다.[47]

공권력 행사의 개념은 국가의 권력독점과 주권적 영토지배권에 근거하여 형성되었기 때문에, 국제적 공권력 행사의 개념은 이 개념에 대한 중대한 개념적 혁신(conceptual innovation)을 요구한다. 어떻게 국제적 공권력 행사 개념을 정확하게 정의할 수 있을까 하는 문제와 관련하여 우선적으로 권력(Gewalt/authority)의 개념을 다른 주체를 결정하고, 그 주체의 자유를 제한하는, 즉 다시말하면 일방적으로 그 주체의 법적인 혹은 사실적 상황을 형성하는 법적능력(Rechtsmacht/legal capacity)으로 정의할 수 있다.[48]

행사(Ausübung/exercise)는 이러한 법적 능력의 실현, 특히 개별적 결정 혹은 일반적-추상적 규범들과 같은 정형화된 행위유형들의 발현을 이용한 , 그러나 순위(rangking)와 같은 정보의 전파를 통한 법적 능력의 실현이다.[49] 이러한 권력의 행사의 결과로서 결정(determination)은 구속력이 있을 수도 있고 혹은 그렇지 않을 수도 있다. 어떤 행위가 다른 권리

---

47) Von Bogdandy/Dann/Goldmann, 앞의 논문, S. 30.

48) Von Bogdandy/Dann/Goldmann, 앞의 논문, S. 30 f. Von Bogdandy/Dann/Goldmann은 자신들의 공권력(Authority) 개념은 누가, 어떠한 자격을 가지고 있는가 그리고 선택의 방식에 대한 기대의 구조로 정의되는, 어떠한 기준과 절차에 의하여 어떤 결정을 내릴 권한을 가지고 있는가에 대한 New Haven School의 authority 개념과 구분된다고 설명하고 있다. 사실상 이들 학파의 concept of authority는 Bogdandy/Dann/Goldmann의 정당성의 개념(concept of legitimacy)과 유사하다고 설명하고 있다. von Bogdandy, Dann and Goldmann, 앞의 논문, p. 1382 Footnote 18.

49) Von Bogdandy/Dann/Goldmann, 앞의 논문, S. 31.

주체의 동의없이 그의 법적 상황을 변경시킨다면, 그 행위는 구속력이 있다. 글로벌 거버넌스의 기능을 고려해 볼 때, 공권력의 개념은 넓게 이해되어야만 하고, 법적구속력이 있는 행위의 범위를 넘어서는 것이어만 한다.[50] 권력의 개념에 대한 광의적 이해는 조정적 행위(conditioning acts)가 구속력있는 법적 행위와 마찬가지로 결과적으로 동일한 방식에 의하여 개인의 자유와 공적인 자기결정(public selfdetermination)을 제한할 수 있다는 경험적 인식에 근거하고 있다. 이러한 국제적 공권력의 행사라는 개념설정을 통해서 조정적 행위에 의존하는 글로벌 거버넌스에 법적 구조를 제공할 수 있다. 국제기관은 종종 이러한 개념설정작업에 의하여 파생되는 새로운 이해를 공유하고, 그와 동시에 독일 기본법 속에서의 권력에 대한 이러한 광범위한 이해도 최근에 계속적으로 확립되어 왔다.[51]

그러나 모든 지배권력의 행사가 국제적(international) 그리고 공적(öffentlich/public)인 특성이 부여되는 것은 아니다. 국제적 공권력의 행사 개념의 제2의 구성요소 그리고 제3의 구성요소로서 공적인 그리고 국제적인 것은 무엇을 의미하는가? 국제적 공권력은 적어도 국가와 같은 공적인 행위자(öffentliche Akteure) 그 자체에 의하여 정의된 혹은 정의되어야만 하는 공적인 과제를 실현하기 위하여, 이러한 공적인 행위자의 공동의 국제적 행위를 통하여 수여된 권한으로 이해될 수 있다.[52] 권력행사에 대한 국제적인 그리고 공적인 특성부여는 바로 그 법적 근거(Rechtsgrundlage)에 달려있다. 물론 이러한 공적인 특성에 대한 개념정의가 형식주의적인, 서구의 전통적인 헌법적 전통과 가치에 의하여 형성된 의미와 다소 어긋날 수도 있다. 아마도 이러한 어긋남과 그로 인하여 발생하는 차이점은 전통적인 국내적 헌법주의의 이상과 가치들을 국제적 영역에 바로 전용할 수 없다는 점에서 그 원인을 찾을 수 있다. 왜냐하면 국내공권력과 국제기관 사이에는 여전히 근본적인 차이가 존재하고 있기 때문이다. 그럼에도 불

---

50) Von Bogdandy/Dann/Goldmann, 앞의 논문, S. 31.
51) Von Bogdandy/Dann/Goldmann, 앞의 논문, S. 32.
52) Von Bogdandy/Dann/Goldmann, 앞의 논문, S. 32 f.

구하고 국내법질서와 마찬가지로 국제법질서에서의 헌법적 기능의 핵심적 내용이 국제법의 핵심적 원리들이 모든 형태의 정치적 권력을 정당화하고 제한하는 것이라고 판단한다면, 국제적 공권력의 개념설정은 그 정당성을 인정받을 수 있다.

글로벌 거버넌스에 대한 공법적 연구로서 국제적 공권력 행사 개념설정의 정당화에 있어서 발생하는 어려운 문제점들의 하나는 사법에 의하여 조직된 혹은 결코 공권력이 전혀 부여되지 않은 혼성조직이 공권력의 행사를 위임받은 기관처럼 공익을 증진하는 활동을 하는 경우이다. 특히 엄격한 의미에서 공권력을 행사하지는 않지만, 공권력의 행사와 비교해 볼 때 거의 그와 유사한 조건이 부과되는 '국제도메인관리기구' 혹은 '국제인터넷주소관리기구'로 명명되는 'ICANN'(Internet Corporation for Assigned Names and Numbers)의 활동은 그러한 예가 될 수 있다.[53]

전통적으로 초국가적 규제 혹은 조정의 문제는 주로 정치학 혹은 국제관계에 대한 관한 저작물 속에서 국가중심적 관점에서 다루어져 왔다. 국가영역 내부에서 뿐만 국가를 벗어난 영역에 있어서 국가가 조정의 중심적 기둥이 된다는 생각도 여전히 현재까지 주장되기도 한다. 거버넌스이론은 사회적 통제가 국가에 의하여 행해지고, 국가적 범위 속에 한정된다는 관점에 대한 나타난 것이다. '정부없는 정부(government without government)'라는 캐치플레이즈(catchphrase)는 이러한 상황을 잘 설명하고 있다.

초국가적인 조정적 거버넌스(transnational rugulatory governance)는 영토(territoial grounds) 그리고 국가의 자치(national autonomy) 혹은 주권(sovereignty)이 당연히 인정되는 것으로 볼 수 없다는 인식의 전환을 요구하고 있다. 왜냐하면 국가영토의 내부에서 행해진 것과 국가를 가로질러서 혹은 국가를 벗어나서 행해진 것을 분리하는 것이 점점 더 어려워지기 때문이다.

---

53) Von Bogdandy/Dann/Goldmann, 앞의 논문, S. 34.

초국가적(transnational)이라는 용어가 국민-국가의 소멸을 의미하는 것은 아니라 할 지다도, 이 용어는 국가는 단지 이러한 행위자들(actors)의 한 유형(one type)에 불과하다는 것을 알려준다. 이러한 국가 외에도 국제적 영역에서의 행위자는 개인(individual), 집단(groups), 운동(movements), 사업(business), 기업(enterprises) 등을 들 수 있다.

초국가적 공간에 나타나는 글로벌 거버넌스의 헌법적 실행(constitutional practice)에 관한 헌법적 담론(constitutional discourse)은 이제 더 이상 생소한 것이 아님에도 불구하고, 경우에 따라서는 다소 이상한 주제로 받아들여질 수 있다. 왜냐하면 역사적 배경을 가지고 전개되는 헌법적 담론은 주로 - 그러나 독점적인 것은 아님에도 불구하고 - 주로 국내법적인 차원에서 전개되었기 때문이다. 그러나 오늘날 초국가적 거버넌스(transnational governance)의 많은 공간들 속에서 국제공법적 담론의 증대가 목격되고 있다. 이에 대한 대응으로서 국제적 헌법의 존재와 효력에 대하여 연구하는 학문적 분야가 급격하게 증가하고 있다. 이러한 상황은 국가를 넘어서는 헌법질서의 개념적 일관성 그리고 규범적 바람직함에 대하여 검토하고, 세계적 헌법주의(global constitutionalism)에 대한 논의에 있어서 무엇이 문제가 되는지에 대해서 연구할 필요성을 제기하게 만든다.

제3장 국가법의 헌법화

Ⅰ. 서

국가법은 전체 국가법질서의 부분영역인 동시에 고전적인 국제법질서의 출발점이 되는 국가의 법적인 기본질서이다.. 국가법은 국가권력과 국가권력의 행사의 법적 근거에 대해서 규정하고 있을 뿐만 아니라, 그 이외의 다른 국가법 규범의 생성과 효력발생의 법적인 전제조건에 대해서도 결정하고 있다.[1] 이러한 국가법은 공법(öffentliches Recht)의 부분영역에 속한다. 국가법의 본질적 내용은 성문헌법(formelles Verfassungsrecht)에 규정되어 있다. 여기에서 이야기하는 성문헌법은 형식적 의미의 헌법을 말한다. 따라서 국가법의 개념을 정립하기 위해서는 항상 동시에 헌법개념에 대한 이해도 병행되어야만 한다. 특히 헌법은 과거에 국가법과 동의어로 사용되기도 하였고, 오늘날에도 종종 그렇게 사용하고 있기 때문에, 헌법과 국가법을 구별하는 것은 헌법의 개념과 성격을 이해함에 있어 선결적인 과제이다.

국가란 인간의 공동생활을 보장하기 위한 하나의 지속적이고, 정당한 그리고 평화로운 질서를 확립하는 인간의 노력의 결과이다. 아리스토텔레스(Aristoteles)의 고전적인 정치학에 따르면 정치적 동물(zoon politikon)로서, 즉 공동체적 존재로서 인간이 자신의 본성을 가장 잘 실현하기 위해서는 정치적 공동체인 국가의 사회적 형성과정의 틀을 벗어나지 않아야 한다고 강조하고 있다. 아리스토텔레스는 인간은 폴리스(Polis) 또는 시비타스(Civitas)라는 인륜적 공동체(sittliche Gemeinschaft)로서 당시의 도시국가 안에서, 즉 상호주관적으로 분배되어진 덕(Tugend)의 공유를 통해서 자신의 인간적 본성을 사회적 범위 내에서 실현시킬 수 있다고 보았다.

---

1) Hartmut Maurer, Staatsrecht I, 6. Aufl., München 2010, § 1 Rn. 1.

아리스토텔레스는 국가를 인간의 공동생활의 시작부터 존재하고, 인간의 자발적인 의사와 결정에 근거한 완전한 공동체형성을 위한 필요적이고 가능한 목적을 실현시키는 공동체로서 이해하고 있다. 따라서 국가는 인간의 삶을 의해서 생성되어지고, 인간의 완전한 삶의 보장을 위해서 존재한다.

국가가 인간의 공동생활의 시작과 더불어 자연적으로 발생했다는 논거는 매우 국가의 목적확정에 중요한 의미를 가진다. 이것은 국가가 인간의 현실적 공동생활에 따른 실제적 불가피성으로 인하여 발생했고, 그와 동시에 인간은 국가적 공동생활을 통하여 인간의 완성을 성취할 수 있다는 것을 의미한다. 따라서 인격체로서 인간의 국가적 존재로서의 특징부여는 인간과 문명의 보호를 위한 인간의 자연적인 연대성(Solidarität), 즉 인간의 인간에 대한 의존성을 증명하는 근거가 된다. 인간의 공동생활과 밀접한 관련을 가지는 국가와 관련된 규범인 국가법과 헌법과의 관계 그리고 국가에 관한 학문인 국가학(Staatslehre) 그리고 국가철학(Staatsphilosophie)과 국가의 법질서의 기본규범인 국가법(Staatsrecht)의 관계에 대해서 살펴본다.

Ⅱ. 국가법과 헌법

인간의 구체적인 공동체 형성과정에 나타난 정치적 삶의 현실적 발현과정으로서 국가는 법적으로 조직화된 지배조직을 가지고 있는 영역적 제한을 가지는 인간의 정치적 공동체이다. 이러한 현실의 구체적 역사적 전개과정 속에 있는 인간공동체로서 국가에 대한 법적인 기초를 확립하고, 국가내에서 성공적인 정치과정을 보장하는 질서와 이를 뒷받침 하는 규범적 프로그램을 형성·전개하여 나가는 것은 헌법(constitution, Verfassung)이다. 이러한 국가의 지배질서는 자체적으로 정당성(legitimacy, Legitimität)을 필요로 한다. 따라서 국가와 구체적 헌법질서의 정당성의 근거는 국민주권원리(sovereignty of people, Volkssouveränität)와 국민의 헌법제정권력행사에 근거하여 성립하는 헌법국가(Verfassungsstaat)의 원리이다.[2] 이러한 까닭에 헌법의 개념을 이해하기 위해서는 우선적으로 국가법(Staatsrecht)에 대한 이해가 필요하다. 왜냐하면 헌법의 영역에서 국가가 어떠한 자리를 차지하고 있으며, 헌법은 국가 이외에 무엇을 규율하고 있는지를 이해할 필요가 있기 때문이다. 궁극적으로 이러한 헌법과 국가법의 관계는 형식적 의미의 헌법(formelles Verfassungsrecht)과 실질적 의미의 헌법(materielles Verfassungsrecht)의 개념적 구분과 직접적 관련성을 가진다.

국가법은 전체 국가법질서의 부분영역이다. 국가법은 국가권력과 국가권력의 행사의 법적 근거에 대해서 규정하고 있을 뿐만 아니라, 그 이외의 다른 국가법 규범의 생성과 효력발생의 법적인 전제조건에 대해서도 결정하고 있다.[3] 이러한 국가법은 공법(öffentliches Recht)의 부분영역에 속한다. 국가법의 본질적 내용은 성문헌법(formelles Verfassungsrecht)에 규정되어 있다. 여기에서 이야기하는 성문헌법은 형식적 의미의 헌법을 말한다. 따라서 국가법의 개념을 정립하기 위해서는 항상 동시에 헌법개념에 대한 이해도 병행되어야만 한다. 특히 헌법은 과거에 국가법과 동의어로 사용되기도 하였고, 오늘날에도 종종 그렇게 사용하고 있기 때문에, 헌법과 국가법을 구별하는 것은 헌법의 개념과 성격을 이해함에 있어 선결적인 과제이다.

독일의 유명한 국가법학자 Paul Laband는 국가법을 다음과 같이 정의하고 있다[4]: "국가법은 국가의 헌법, 국가기관의 권한 그리고 국가의 활동을 규율하는 근본원칙들에 관한 학문(Lehre)이다." 국가법의 규율대상은 국가이다. 국가법의 규율대상은 일반적인 국가가 아닌, 예컨대 우리

2) Vgl. Peter Badura, Gedanken zur Grundfrage der Staatsphilosophie, in: Burkhardt Ziemske (Hrsg.), Staatsphilosophie und Rechtspolitik. Festschrift für M. Kriele zum 65. Geburtstag, München 1997, S. 804.

3) Maurer, Staatsrecht I, § 1 Rn. 1.

4) Paul Laband, in: Bernd Schlüter (Hrsg.), Staatliche Vorlesunngen, Berlin 2004, S. 149.

대한민국과 같이 현실적으로 존재하는 구체적인 국가이다. 따라서 국가법은 국가의 기초, 최고국가기관의 구성과 업무범위 그리고 국가에 대한 국민의 기본적 권리 등을 규정하고 있다. 이런 점에서 볼 때 국가법은 실질적 의미의 헌법(materielles Verfassungsrecht)에 해당한다. 그럼에도 불구하고 국가법의 가장 중요한 법원은 성문헌법 즉 형식적 의미의 헌법(formelles Verfassungsrecht)이다. 왜냐하면 국가법의 중요한 내용들이 성문헌법전 속에 규정되어 있기 때문이다.[5] 그 구체적 내용은 다음과 같다[6]:

- 예를 들면 의회민주주의, 헌법상의 경제질서, 중앙과 지방의 분권화 등과 같은 국가형태의 판단기준이 되는 근본적 결정들;
- 국회, 행정부 그리고 헌법재판소를 포함한 사법부와 같은 최고국가기관의 조직;
- 이러한 국가기관들의 업무범위와 본질적 기능;
- 기본권 보장을 통한 국가와 국민의 기본권 관계.

국가의 상위권력과 행사와 관련된 정치영역이 국가법의 주된 실무적 적용범위가 된다. 국가법은 국가권력의 획득, 국가권력의 행사와 그 한계 그리고 국가권력의 통제에 대하여 규율하고 있다. 즉 국가법은 국가가 어떻게 조직되고, 누가 국가를 위하여 행위하고, 그리고 이러한 행위자에 대하여 어떠한 과제와 권한들이 부여되는지 여부에 대하여 규율한다.[7] 국가의 통치기구의 조직과 이에 의한 국가기능의 행사에 대하여 규정하고 있는 국가조직법(Staatsorganisationsrecht) 혹은 국가기능법(Staatsfunktionsrecht)에 해당되는 법규범들이 이러한 내용의 국가법의 주된 법원(Rechtsquelle)이 된다. 그 외에도 국가법은 국가와 국민간의 기본적 관계를 설정하는 기본권에 대해서도 규정하고 있다. 헌법상의 기본권 규정 그리고 이를 보다 구체화하고 있는 법률 이하의 규범들이 이러한 내용의 국가법의 핵심

---

5) Ekkehart Strein/Götz Frank, Staatsrecht, 21. Aufl., Tübingen 2010, S. 12.

6) Vgl. Maurer, Staatsrecht I. § 1 Rn. 29.

7) Christoph Degenhart, Staatsrecht I. Staatsorganisationsrecht, 25. Aufl., Heidelberg 2009, § 1 Rn. 1.

적 법원이 된다.

국가법은 공법의 핵심적 내용을 이루는 행정법과도 밀접한 관련성을 가진다. 그러나 행정법은 최고헌법기관의 근본적 결정과 활동이 아닌, 행정행위, 행정조직 그리고 행정절차와 같은 행정과 관련되어 있다. 행정법은 주요내용은 상위법인 헌법에 의하여 결정된다. 그럼에도 불구하고 행정의 헌법에 대한 영향력이 완전히 차단된 것은 아니다.[8] 결국 국가법 = 실질적 의미의 헌법이라는 결론이 도출된다.

Ⅲ. 국가법과 국가학의 구별

구체적인 현실국가에 대한 연구목표나 방향설정에 있어서 국가법과 국가학은 구별되어 진다. 국가학은 정치학 그리고 국가철학적인 국가에 대한 질문들을 고려하여 과거 그리고 현재 속에서의 다양한 국가의 전개과정을 연구의 출발점으로 설정하고 있다. 따라서 국가학은 주로 국가의 개념과 본질, 정당화, 국가의 목적설정, 국가의 기능 그리고 국가의 형성과정 등에 대하여 보다 상세하게 검토한다. 과거에는 주로 국가의 가능성, 필요성, 목적 그리고 한계의 문제를 다루고 있는 국가철학(Staatsphilosophie)과 밀접한 관련성을 가지고 형성되어진 국가 그리고 정부형태에 관한 학문으로서 국가학(Staatslehre)은 오늘날의 자신의 보다 상세한 분석적 영역을 정치학(political science)에 양보하고 있다. 민주적 헌법국가에 대한 역사적 정당성의 기초를 제공하는 학문으로 성립된 일반국가학(allgemeine Staatslehre)은 독자적인 학문적 연구나 인식목적의 필요에서 나온 것이 아닌 대학에서의 법학교육의 필요성에서 파생한 학문이었지만, 현재에 있어서는 그 방법론적인 측면에서 학문적 정체성이 불확실한 분야가 되어버렸다.

---

8) Vgl. Maurer, Staatsrecht I, § 1 Rn. 31.

국가법적인 실증주의시대의 수십년간 법학과의 결합을 통해서 법의 역사적, 이념적, 사회적 기초를 유지하여 왔던 일반국가학은 제1차 세계대전이후 국가학의 정치학 그리고 사회학적인 연구분야에로의 개방을 통해서, 점차적으로 이론적인 힘(theoretische Kraft)을 상실하게 되었다. 헌법학의 새로운 학파인 Rudolf Smend 그리고 C. Schmitt는 이러한 오래된 국가학을 점차적으로 대체해나갔다.

일반적 국가학은 중요한 문제들과 그 대상들, 그것인 국가학의 연구영역으로 소급되어질 수 없는 한에 있어서는, 오늘날에는 이러한 문제들을 방법론적으로 적합하게 다루는 정치학, 사회학, 법이론과 법학방법론, 헌법사와 국가철학의 영역속에 존재한다. 독일의 경우 법실증주의시대의 일반국가학(Allgemeine Staatslehre)은 제1차 세계대전 이후에 점차적으로 헌법학(Verfassungslehre)으로 대체되어졌다. 이러한 전환과정에 특히 중요한 역할을 한 헌법학자는 루돌프 스멘트(Rudof Smend) 그리고 칼 슈미트(Carl Schmitt)라는 저명학자였다. 이와 관련하여 헌법학 혹은 국가법학(Staatsrechtslehre)의 영역에 계속 남을 수 없는 국가학의 본질적 질문들과 연구대상들은 오늘날 정치학, 사회학, 법이론, 법학방법론, 헌법사 그리고 헌법철학의 연구대상으로 넘어가게 되었다. 이렇게 볼 때 국가학이 다양한 국가법질서의 규범과 제도들에 대한 이론적 연구와 이의 체계화를 하고 있는 한에서는, 국가학은 국가법학을 보충하는 학문적 영역으로 자리매김할 수 있다.

Ⅳ. 국가학과 국가철학의 구별

오늘날 국가학은 법학에 의하여 등한시되는 학문분야이다. 그럼에도 불구하고 국가법은 국가학 혹은 국가이론적 기초와 단절된 채로 이론적 구성을 할 수 없다. 국가법이 다시 자신의 국가이론적 기초를 우선적으로 국가에 대한 자부심과 강력하고, 인상적인 국가관을 기반으로 하고 있는 과거의 국가이론의 현대적으로 재구성하고 있는 국가이론에서 찾아야만 할 것이다. 물론 이러한 국가이론을 바탕으로 하여 국가법이 현대국가에 대한 법적인 이론적 기초의 구축을 시도하는 작업이 어느 정도의 설득력과 타당성을 확보할 수 있을지 여부는 여전히 미지수이다. 왜냐하면 현재까지의 국가발전과 관련된 인류의 진보적 성취에도 불구하고, 여전히 현대에도 국가를 둘러싼 이상과 현실의 괴리는 여전히 국가이론이 풀여야 할 근본적 숙제로 남아있기 때문이다. 아리스토텔레스(Aristoteles)이래로 많은 정치학자들의 주장처럼 국가적 삶이 정치적 동물인 인간의 실존과 밀접한 관련을 가지고 있다. 따라서 현대국가에서 정치와 법은 아주 밀접한 관련성을 가지면서 국가의 목적 및 이론적 기초와 과제를 규정하고 있다. 이런 점에서 볼 때 정치와 법의 중요한 문제들이 국가의 과거, 현재 그리고 미래와 밀접한 관련을 가지고 전개되어져 왔고, 또한 앞으로도 전개될 것이라는 점은 자명한 사실이다.

국가이론은 주로 다음의 문제를 주된 화두로 삼고 있다: 국가란 무엇이고, 국가를 어떠한 상태로 존재해야 하는가? 국가철학과 국가이론의 차이는 다음과 같이 구분될 수 있다. 국가철학의 이론적 출발점은 규범적인 것(normativ)인데, 그에 반하여 국가이론은 존재의 학문(Seinswissenschaft)이다. 따라서 국가학 혹은 국가이론이 규명해야 하는 본질적 문제는 '국가란 무엇인가' 하는 존재론적 문제이다. 그에 반해서 국가철학(Staatsphilosophie)이 화두로 삼는 근본문제는 '국가란 어떻게 존재하는가' 하는 당위적 질문이 될 것이다. 이러한 국가학 혹은 국가철학의 물론 국가현상을 둘러싼 접근방법의 차이를 다음과 같이 정리할 수 있다: ① 국가철학이 추구하는 주제는 고대 이래로 국가법의 핵심적 주제로 인식된 바람직한 국가상에 대한 논의들과 밀접한 관련을 가진다. 이러한 점을 고려해 볼 때 국가철학의 연구의 출발점은 규범적 연구관점이다. ② 이에 반해서 국가이론의 착안점은 경험적인 사회연구연구와 밀접한 관련을 가지는 존재학(Seinswissenschaft)이다.[9] 그러나 정치와 법의 접점에 존재하는 국가현상은 단순한 경험적 사회연구만을 수단으로 하여 규명될 수 없다. 왜냐하면 사회제도(Institution)로서 존재(Sein)에서 출발한 국가는 당위(Sollen)와 존재(Sein)의 혼합체이기 때문이다. 국가가 사회와 다른 것은 그 핵심 속에서 이상을 품고 있기 때문이다. 따라서 국가는 자신이 품고 있는 이상을 현실세계에 실행해 나가는 실제적 동력기관이다. 이러한 국가에 의하여 실현되는 이상은 그 국가에 소속된 인간의 의지에 바탕을 둔 규범적인 것이다. 따라서 국가는 당위로서 자신의 이상을 존재인 현실 속에서 실현시킨다는 점을 고려해 볼 때 국가는 당위와 존재의 이중적 성격을 가진다.[10]

국가철학은 국가의 가능성, 필요성, 목적 그리고 한계의 문제를 다룬다. 국가철학의 근본적 질문들로부터 생성된 고려들을 새로운 시대에는 다음을 통해서 확정되어져야 한다[11]:

- 복지(Wohlfahrt), 사회적 정의(soziale Gerechtigkeit) 그리고 자연적인 삶의 토대(natürlichen Lebensgrundlagen)에 대한 국가의 잠재적이고 포괄적인 책임;
- 실질적인 생존(materielle Existenz)과 개인적인 자기결정(individuelle Selbstbestimmung)의 조건들의 국제화(die Internationalisierung);
- 무엇보다도 대중매체에 의하여 영향을 받는 여론(öffentliche Meinung) 그리고 지적인 문화혁명을 통하여 강화되어진 우선적으로 국가에 의하여 주도되는 민주주의의 형식적 원칙의 반제도적인 발전;
- 중요한 정치적 형식원리로서 국가의 퇴조(쇠퇴) 혹은 진부성(낡음)에 대한 프로그램적인 요구들과 이론적으로 근거지워진 예측들.

9) Udp Di Fabio, Das Recht offener Staaten, Tübingen 1998, S. 1.
10) Ebenda.
11) Badura, Gedanken zur Grundfrage der Staatsphilosophie, S. 798.

V. 국가의 역사성

국가는 이상(Idee)과 현실(Wirklichkeit)이다. 그 자신의 다양한 형식을 통해서 볼 때 국가는 정치적 공동체의 구체적인 삶의 형식(Lebensform)이다.[12] 유럽에 있어서 르네상스, 종교개혁 그리고 시민적 계몽 이래로 유럽에 있어서 지배적 사상이 되었던 개인주의적 국가상은 Giambattista Vico, Johann Gottfried Herder 그리고 Georg Wilhelm Friedrich Hegel의 숙고한 국가의 역사성(Geschichtlichkeit des Staates)에 속한다.[13] 그러나 인간의 생존을 고려한 이러한 개인주의적 입장에서의 국가의 개념정의가 그 자체가 국가의 시발점 그리고 의미의 도식으로 받아들여지고, 따라서 국가가 추상적으로 개인적인 자유와 결정의 산물로만 받아들여진다면, 이러한 국가적 사고는 지금까지 나타난 국가의 역사성을 통하여 국가에 대하여 제시되어진 경로를 벗어나게 된다. 왜냐하면 국가의 존재 그 자체가 문제되는 한에서는 항상 국가의 개인보호적인, 그러나 항상 동시에 개인을 위협할 수도 있는 권력 그 자체가 문제되었기 때문이다. K. Poper의 역사주의에 대한 검토는 이러한 논의에 중요한 도움이 된다.

극단적인 개인주의, 정치와 철학에 있어서 합리주의는 모든 이의 완전한 만족을 위한 공동체를 위한 Utopia로서 국가를 전제로 하고 있다. 그러나 현실적인 역사적 발전의 전개과정으로서 서구에서의 시민혁명 혹은 사회혁명을 통한 기존의 체제극복을 통한 새로운 체제의 정당화 혹은 이러한 정당화를 위한 기반으로 사회계약론에 의한 국가권력의 정당화 시도가 행해진다. 헌법국가의 사상적 구성원리로서 계약이론은 정치적 과정의 정당화부여 조건으로서 통일(Einigung)과 합의(Verständigung)를 요구한다. 바로 여기에 헌법에서 이야기 하는 계약이론(Vertragstheorie)의 한계

12) Ebd., S. 799.
13) Ebenda.

가 도출된다. 왜냐하면 현실적으로 국가는 개인 간의 의사합치의 산물이 아니라, 자신이 가지고 있는 강제력을 통하여 평화를 건설하기 때문이다. 결국 국가는 개인의 의사합치의 산물이 아니라, 개인의 자유와 복지를 의해서 자신의 권력적 수단을 이용한다.14) 더 나아가서 단순히 사회계약적인 합의의 원리가 개인적인 이해관계를 추구하기 위한 수단으로 이해되어 지고, 이 수준에서만 정당화된다면, 사회계약적인 합의의 원리는 공공복리(Gemeinwohl)와 정의(Gerechtigkeit)의 효력근거와 척도로서 기능할 수 없다. 결국 국가를 단순히 개인적 목적의 추구의 원리만 이해한다면, 개인의 생활의 범위를 넘어서는 공동체적인 정의, 공공복리의 요청의 고려를 위한 공간은 성립될 수 없다.

헌법은 국가를 받아들여야만 납득근거를 제시한다. 이것은 헌법이 국가의 정당성의 근거로서 기능하고, 이러한 의미에서는 헌법이 통합의 근거가되는 것을 의미한다. 또 다른 측면에선는 국가는 헌법의 보장자로서 헌법에 기여한다. 따라서 국가와 헌법은 서로 목적과 수단의 관계에 있다. 국가와 관련된 헌법규정의 주된 목적은 국가권력의 정당화, 국가권력의 구성, 통제, 한계설정, 조정이다. 이것은 자유주의적 헌법원리의 핵심적 내용으로서 무제한적인 개인의 자유와 원칙적으로 제한적인 속성을 가지는 국가권력과의 관계의 조정원리로서 배분의 원리의 핵심적 내용이 된다.

Ⅵ. 소 결

국가와 헌법은 밀접한 관계를 가지고 있다. 헌법의 주된 규율대상인 국가에 대한 개념적 정의를 시도하는 것은 쉽지 않다. 자신에게 소속되어 있는 시민들의 정치적, 경제적 그리고 법적인 생활기반으로서 국가의 과

14) Ebenda.

제는 끊임없이 확장되고, 국가의 행위수단들은 새롭게 정의되기 때문이다. 국가를 개념적으로 정의할 수 없다는 입장의 주된 근거는 국가와 인간에 관련된 중요한 문제들, 즉 국가 속에서의 인간생활의 전개과정을 개념적으로 정의하는 데 있어서의 어려움이라 할 수 있다. 국가라는 개념자체는 비록 변하지 않는다 할 지라도, 현실로서 존재하는 국가 그 자체는 매우 다양한 형태로 변화되어질 수 있기 때문이다. 왜냐하면 국가개념의 대상으로서 국가는 역사성을 가지므로 역사의 변화에 따라 변화되어질 수 있고, 궁극적으로 고정될 수 없는 것이기 때문이다. 이런 점에서 국가에 대한 개념정의는 국가의 과거, 현재 그리고 미래에서의 과제까지도 고려한 것이어야 한다.

따라서 국가를 하나의 개념으로 정의한다면 이러한 개념에 포괄되어질 수 없는 국가의 속성은 국가의 개념 속에 포괄되어질 수 없다는 데 그 문제점이 있다. 하나의 복합적인 총체적 현실로서 국가는 어떤 하나의 일반화된 개념적 특성에 바탕을 둔 인식적 관점으로만 설명되어질 수 없다. 왜냐하면 현실로서 국가는 개념으로서 국가에 앞서 존재하는 개념화될 수 없다. 그럼에도 불구하고 우리는 국가를 인식·파악 그리고 지배·가능한 현실의 한부분으로 규범화하기 위해서는 이에 대한 어느 정도의 개념적 정의가 필요하다.

제 4 장 국가법의 헌법화과정으로서 국가 속에서의 기본권 보장

Ⅰ. 서

18세기 후반의 서구의 시민혁명의 산물로서 현대적 헌법국가적 프로그램적 배경을 이루는 기본권은 하나의 법적인 자유보장의 역사적 형식으로서 서구의 오랜 역사적 전통속에서 발전되어 온 것이다.[1] 민주적 헌법국가에서의 자유롭고 평등한 인격적 존재로서의 국가에 대한 개인의 주관적 권리로서의 기본권의 보장의 문제는 근대 헌법주의(Konstitutionalismus)의 가장 중요한 배경적 기초를 이루고 있다. 자연법과 인도주의적 입장에서 그 역사적 배경을 찾을 수 있는 인권(Menschenrechte)의 국가적 실현형태로서 기본권은 헌법국가(Verfassungsstaat)속에서만 비로소 국가적인 주권(Souveränität)의 제한과 목적으로서의 자신의 법적·정치적 영역을 확보할 수 있기 때문이다.[2] 따라서 자연권과 인본주의의 기초로서 기본권은 오늘날 법질서의 근본규범으로서 인간의 존엄(Menschenwürde)을 근거지우고 유지하는 중요한 기초가 된다. 이것은 개인의 자유보장의 기초로서 기본권보장 없이는 더 이상 국가의 법질서의 정당성은 유지될 수 없다는 것을 의미한다.

기본권적인 자유보장이 없다면 개인은 자신의 인격성을 발현하고 확정할 수가 없다. 물론 자유를 공공복리(Gemeinwohl)를 보장하는 사회적

---

1) Vgl. Dieter Grimm, Die Grundrechte im Entstehungszusammenhang der bürgerlichen Gesellschaft, in: ders., Die Zukunft der Verfassung, Frankfurt am Main 1991, S. 67.

2) Vgl. Peter Pernhalter, Grundrechtsdogmatik und allgemeine Staatlehre, in: Manfred Nowak (Hrsg.), Fortschritt im Bewußtsein der Grund- und Menschenrechte. Festschrift für Felix Ermacora, Kehl 1988, S. 606.

법률적합성(die sozialen Gesetzesmäßigkeiten)의 원칙에 효력을 부여하는 수단으로서 이해한다면, 자유는 더 이상 자신의 의향에 따라 행동할 수 있는 것을 의미하는 것은 아니다. 그러나 인간적인 삶의 의미의 충족수단으로서의 자유는 인간성 그 자체에 그 근거를 두고 있고, 자연적인 법률적합성의 원칙의 전제조건으로서 공공복리의 측면에서 당연히 요청되어 진다. 이렇게 볼 때 자유는 더 이상 개인에게 이질적인 가치나 목적의 강요의 수단이 아니라, 개인의 자발적인 인격발현과 형성의 요구의 표현으로 이해되어 져야 하는 것이다.[3] 이러한 자유와 대조적으로 평등은 자유와의 관련성속에서만 논의되어 질 수 있다는 점에서, 평등은 자유속에서의 평등(Gleichheit in der Freiheit)을 의미한다.[4] 따라서 평등이 자유개념속에 내재된 자유속에서의 평등을 의미한다면, 모든 평등한 개인에게 동일한 자유의 조건을 제시하고 이를 보장해야만 하는 근거를 국가는 더 이상 자유와 이질적인 사회적인 덕목에서 찾을 것이 아니라 자유개념 그 자체에서 찾아야 할 것이다. 왜냐하면 법개념(Rechtsbegriffe)으로서 평등은 기본권적인 자유의 구성요건적 전제조건들(Tatbestandliche Vorraussetzungen)을 충족한 모든 사람들에게 일반적으로 평등한 자유를 보장하라는 요구의 표출이다.[5] 이렇게 볼 때 헌법주의의 중요한 기초로서 자유와 평등은 개인적인 자유보장의 원칙하에서 그 일치점을 찾을 수 있다. 따라서 개인의 권리보장을 그 핵심으로 삼고 있는 근대적 헌법주의에 있어서 헌법의 유일한 정당성의 근거는 기본권이라 할 수 있다. 기본권은 자유주의적인

---

3) 이런 견지에서 본다면 그 사회나 민족의 특정한 가치를 반영하고 있는 기본권의 국가속에서의 실현을 강조하고 있는 R. Smend의 기본권관과 이를 추종하고 있는 입장들은 엄밀히 말하면 개인의 자유보장과 인격성의 실현보장과는 유리된 단체적인 성격과 가지고 있다는 점에서 비판을 받을 수 있다. Detlef Göldner, Grundrechte und Grundwerte, in: Günter Püttner (Hrsg.), Festschrift Otto Bachof zum 70 Geburtstag, München 1984, S. 25 f.

4) Grimm, Bürgerlichkeit im Recht, in: ders., Recht und Staat der bürgerlichen Gesellschaft, Frankfurt am Main 1987, S. 12.

5) Vgl. Josef Isensee, Wer definiert die Freiheitsrechte, Heidelberg; Karlsruhe 1980, S. 50 f.

헌법국가의 구성적 요소로서 기능한다.

"권리의 보장이 확립되지 아니하고, 권력의 분립이 규정되지 아니한 사회는 헌법을 가진 것으로 볼 수 없다"는 1789년의 프랑스의 인간과 시민의 권리선언(Déclaration de droits de l'homme e du citoyen von 1789) 제16조는 개인의 자유보장을 위한 기초로서 기본권은 인권사상으로부터 유래된 것임을 명백히 나타내고 있다. 인간의 자유를 위한 투쟁의 역사의 결과로서 나타난 기본권 관념은 개인의 자유영역을 위한 전제로서 국가에 대립되는 사회영역의 확립을 요구한다. 국가에 대한 투쟁적·항의적 개념으로서 기본권은 개인의 자유에 대한 자각의 근거로서 자연법과 이성법을 주장한 17·18세기의 계몽주의 철학을 그 근거로 하고 있다는 점에서 근대적인 사고의 산물이다. 그렇다면 근대의 인권선언들(Menschenrechtserklärungen)은 과연 어디로 부터 유래한 것인가? 어디로부터 불가양의 그리고 불가침적인 인권의 역사적 근거와 뿌리를 찾을 수 있을까? 기본권 혹은 인권의 역사적 근원에 대해서는 다양한 의견이 제기되어진다.[6)]기본권의 역사적 연원으로서 프랑스 대혁명, 미국의 권리장전(Bill of Right)의 근거로서 종교의 자유[7)] 혹은 고대 그리이스와 로마의 자연법관념(stoische Naturrechtslehre)[8)] 등이 거론되어 지고 있다. 기본권의 기원에

6) 기본권의 기원에 대한 중요한 저작으로는 다음을 참조: Roman Schnur (Hrsg.), Zur Geschichte der Erklärung der Menschenrechte, Wege der Forschung, Bd. XI, Darmstadt 1964.; Fritz Hartung/Gerhard Commichau, Die Entwicklung der Menschen– und Bürgerrechte von 1776 bis zur Gegenwart, 6. Aufl., Göttingen ; Zürich 1998; Alfred Voigt, Geschichte der Grundrechte, Stuttgart 1948; Martin Kriele, Zur Geschichte der Grund– und Menschenrechte, in: Nobert Achterberg (Hrsg.), Festschrift für H문 Ulrich Scupin zum 70. Geburtstag, Berlin 1973, S. 187 ff.

7) Vgl. Thomas Gertler S. J., Religionsfreiheit – das erste Menschenrecht, James Madisons Schrift "Memorial and Remonstrance" als Quellentext für das Verständnis der Religionsfreiheit, ThPh 75 (2000), S. 523 ff.; Kriele, ebd., S. 196 f.

8) Vgl. J. Seifert, Die vierfache Quelle der Menschenwürde als Fundament der Menschenrechte, in: B. Ziemske/T. Langheid/H. Wilms/G. Haverkate (Hrsg.),

대한 다양한 견해들 중에는 1789년 8월 26일의 인간과 시민의 권리선언의 기초를 이루었던 근대의 계몽사상적 기반에서 견해도 있고, 종교의 자유를 제도적으로 보장하게 한 양심의 자유로운 결정을 강조하는 프로테스탄트의 원리에서 그 기원을 찾는 견해도 있고,[9] 기본권을 제도화된 저항권으로 이해해서 스토아철학과 기독교의 자연법전통에서 그 기원을 찾는 견해도 있다.[10] 원기본권(Urgrundrechte)으로서 인권의 기원에 대한 프랑스의 유명한 정치학자인 Emile Boutmy와 독일의 Georg Jellinek의 논쟁에서는 Boutmy는 인권의 기원을 사상사적 측면에서 프랑스의 계몽주의 철학의 대표자인 J. J. Rousseau의 사상에서 찾고 있다.[11] Boutmy는 미국의 권리장전들(bills of Rights)과 프랑스의 인간과 시민의 권리선언의 차이를 미합중국에서의 모든 인권선언들은 법원에서 이러한 권리들을 원용할 수 있는 방식으로 규정되어 있다는 점에서 찾고 있다.[12]

이에 반하여 Jellinek는 제도사적인 측면에서 인권의 기원은 17·18세기의 시민혁명에 그 기원을 두고 있는 것이 아니라, 종교개혁에서부터 유래하는 최초의 실정화된 기본권으로서 종교의 자유라고 보고 있다.[13] 이러한 Jellinek의 입장은 종교의 자유는 종교개혁의 결과이지 혁명의 결과는 아니라는 것을 전제로 한 것이다.[14] Jellinek에 의하면 개인의 불가

Festschrift für M. Kriele zum 65. Geburtstag, München 1997, S. 170, H. Hofmann, Zur Herkunft der Menschenrechtserklärungen, JuS 1988, S. 842.

9) Gertler S. J., ThPh 75 (2000), S. 523 ff.; vgl. Jörg Paul Müller, Religionsfreiheit – ihre Bedeutung, ihre innere und äußere Gefährdung, JöR 45 (1997), S. 1.

10) Kriele, in: Festschrift für Scupin zum 70. Geburtstag, S. 187.

11) Vgl. Kriele, ebd., S. 190 f.

12) Émile G. Boutmy, Die Erklärung der Menschen– und Bürgerrechte und Georg Jellinek (1092), 독일어 번역이 수록되어 있는, in: Roman Schnur (Hrsg.), Zur Geschichte der Erklärung der Menschenrechte, S. 78, 88 f.; Christian Starck, Die philosophischen Grundlagen der Menschenrechte, in: Festschrift für Peter Badura zum siebzigsten Geburtstag, Tübingen 2004, S. 568.

13) Vgl. Hasso Hofmann, JuS 1988, S. 845; Kriele, ebd., S. 195 f.

양이고, 선천적인 신성불가침의 권리를 법률에 의하여 규정하려는 생각은 철학적 기원을 가지는 것이 아니라 종교적 기원을 가지는 것이다. 그에 의하면 지금까지 프랑스 혁명의 결과로서 생각된 것이 실제적으로는 종교개혁과 그 투쟁의 결과라고 주장하고 있다.[15] 그는 1776년의 버어지니아권리장전(Virginia Bill of Right), 및 기타 당시 영국의 식민지로서 미국 각주의 헌법에 규정된 권리장전이 1789년의 프랑스의 인권선언의 모델을 이루고 있으므로 인권의 역사는 미국연방헌법 및 각주의 헌법들 속에 보장된 종교의 자유라고 주장하고 있다. 이러한 Jellinek의 주장의 타당성은 미합중국의 건국의 아버지이며 제4대 대통령을 역임하고, 종교의 자유에 대한 최초의 법적인 보장인 버어지니아 권리장전(Virginia Bill of Rights) 제16조의 작성에 관여한 James Madison(1751-1836)의 주장에서 그 근거를 찾을 수 있다. Virginia주는 권리장전의 제정을 통하여 근대적 의미의 최초의 권리선언을 제정한 미국의 주가 된다. 권리선언의 초안의 제정자인 George Mason은 초안의 마지막 조(article)에서 종교의 자유를 단지 종교적 관용(Regligionstoleranz)의 차원에서만 규정하였다[16]. 이에 대한 젊은 의원인 Madison은 단순한 종교적 관용을 넘어서는 것을 규정한 다른 내용의 텍스트를 요구하였다. Madison은 국가에 의해서 보장되어야만 하는 전국가적인 종교의 자유의 보장을 요구하는 자신의 초안을 제출하였다. Madison은 Thomas Jefferson(1743-1826, 미합중국 제3대 대통령)과 공동으로 그들의 고향인 Virginia주에서 종교의 자유의 보장을 관철하였다.

이러한 원기본권에 대한 논쟁을 고려해 볼 때, 논쟁의 대상으로서 인권의 근거를 단지 근대적인 역사적 사고와 경험의 산물로만 이해되어질 것이 아니라, 보다 더 역사적으로 소급시킬수는 없는가 하는 질문이

14) Georg Jellinek, Die Erklärung der Menschen- und Bürgerrechte 4. Aufl., hgg. v. Walter Jellinek, München-Leibzig 1927, Schnur (Hrsg.), Zur Geschichte der Erklärung der Menschenrechte, Wege der Forschung, S. 1-77.

15) Jellinek, ebd., S. 53 f.

16) Gertler S. J., ThPh 75 (2000), S. 524.

제기된다? 이에 대한 하나의 해결책으로서 헌법개념의 역사적 전개와 국가개념의 상관관계를 이론적 측면에서 고찰해보는 것은 매우 중요한 작업이라고 생각한다. 이것은 사전적 문제로서 근대적인 의미의 헌법개념의 본질적 요소로서 기본권을 단순히 근대이후의 시민혁명을 수반한 시민적 법치국가성의 결과로만 이해할 것인가의 문제이다. 이것은 헌법의 정당성의 근거인 기본권논의의 출발점으로서 국가로부터 자유로운 사회영역을 전제해야만 하는가, 아니면 국가 속에서의 개인의 지위와 권리보장의 근거를 이러한 국가와 사회의 구별을 전제로 하지 않은 기본권적 사고에서 찾을 수 있는 가의 문제이다. 기본권의 보장과 실현의 문제는 이미 국가관념을 전제로 한 것이고, 그리고 국가는 그 구성원으로서 개인을 기반으로 성립된다는 점에서 본다면, 반드시 이러한 국가와 사회의 엄격한 구별을 전제로 한 기본권관념이 오늘날에도 보편적인 헌법관념의 토대로서 자리잡을 수 있을까? 국가와 사회의 엄격한 구별을 전제로한 시민적 법치국가의 경험이 존재하지 않은 독일과 같은 유럽국가들이나 우리나라와 같이 외국법제를 단지 계수한 나라들의 헌법적 근거로서 기본권해석의 근거를 그들에게 이질적인 인권적인 측면에서 일방적으로 국가적대적인 헌법이론의 토대위에서만 구축하여야만 하는가? 국가는 항상 기본권이론 속에서는 항상 적대적인 괴물로만 존재하여여만 하는가? 이에 대한 고찰의 문제로서 고대그리이스에 있어서 Aristoteles의 정치철학과 R. Smend의 헌법이론적 입장을 살펴보기로 한다.

Ⅱ. Aritosteles의 인륜적 질서로서의 국가

국가학 또는 헌법학에 있어서 헌법의 개념은 여러 가지 의미로서 전개되어 지고 있지만, 이러한 다양한 개념들 중의 유일한 공통분모는 헌법은 국가의 법적인 기본질서(rechtliche Grundordnung)라는 점에서 규범적

질서라는 것이다: 실재적인 헌법(reale Verfassung)을 진보적이고 효과적으로 형성하는 그리고 조직되어진 국가의 법적인 기본질서를 형성하는 근거로서 헌법은 규범적 헌법(normative Verfassung)속에서 자신의 특별한 내용을 전개한다.[17] 따라서 헌법의 대상은 국가속에서의 개인의 지위보장문제를 포함한 국가의 지배체제에 대한 관한 근본적 물음들이라 할 수 있다. 이러한 국가의 법적인 기본질서로서 헌법이해는 고대 그리이스의 정치철학에서도 이미 나타나고 있다. 특히 저자는 R. Smend의 국가속에서의 생활현실로서의 기본권이해를 통한 헌법관념의 출발점을 고대 그리이스의 Aristoteles의 사상세계에까지 소급해봄으로서, 차후에 전개될 수도 있는 한국적인 헌법적 세계관 형성작업에도 응용할 수 있다는 다소 순진한 발상에서 이를 고찰한다. 그리이스적인 자연법사상은 부분적으로는 고대 종교적-신화적인 법관념(Rechtsvorstellung)이 반영된 것이고, 또 부분적으로는 법률에 대한 자연(Natur), 혹은 자연에 대한 법률의 주장으로 논증되어진 것이다.[18] 헌법의 근거 특히 인권의 근거로서 기본권의 기원은 초기 그리이스의 몇 몇 현자들의 만인의 자연적인 평등을 기반으로 한 원칙적인 자유관념에서 명백한 기원을 찾는 것 대신에, 기본권의 기원으로서 원기본권은 Aristoteles정치철학으로 큰 영향을 받았다는 개괄적인 주장이 제기되기도 한다. Aristoteles의 고전적인 정치학에 따르면 정치적 동물(zoon politikon)로서, 즉 공동체적 존재로서 인간은 자신의 내적인 본성(Natur)을 실현하기 위해서 정치적 공동체의 사회적인 형성범위의 틀속에 머물러야 한다. 따라서 인간은 Polis 또는 Civitas라는 인륜적 공동체(sittliche Gemeinschaft)안에서, 즉 상호주관적으로 분배되어진 덕(Tugend)의 공유를 통해서 자신의 인간적인 본성에 대한 사회적 확정을 할 수 있다. 이러한 목적적인 인간이해의 출발점에 있어서 정치에 대한 고전적이고 전통적인 입장은 덕을 실현하는 행위의 인륜적 질서(sittliche Ordnung)를

---

17) Vgl. Michael Sachs, in: 같은이 (Hrsg.), Gundgesetz. Komentar, 5. Aufl., München 2009, Einf. Rdnr. 1.

18) Hoffmann, Zur Herkunft der Menschenrechtserklärungen, NJW 1988, S. 842.

이론적으로 구명하고 확정하고, 이러한 인륜적 질서의 범위내에서 개인의 실재적이고 교육적인 양성을 가장 적합한 방법으로 구현하는 것을 정치의 과제로 보고 있다. 이렇게 본다면 Aristoteles에 있어서 정치의 의미는 항상 적절한 제도(Institutionen)와 법률(Gesetz)[19]에 대한 연구인 동시에, 선량하고 정당한 삶(gutes und gerechtes Leben)에 대한 가르침이다.[20]

Aristoteles의 저서에 따르면 실재적 철학(praktische Philosophie)으로서 정치(Politik)가 선량하고 정당한 삶에 대한 가르침이라면 그것은 윤리(Ethik)의 확장이라고 할 수 있다. 그의 니코마코스 윤리학(Nicomachische Ethik)의 다섯 번째 책(EN V3, 1130a3－5)에 따르면, 완전한 덕목(vollkommene Tugend)으로서 정의는 타인과 관련성을 가지고 있다는 점에서 타인의 이익(Gut des anderen)으로 정의되어 지고 있다.[21] 그의 정의관념에 따르면, 정의롭게 행위하려는 자는 자신에게 이로운 것을 행하는 것이 아니라 타인에게 유익한 행위를 하여야 한다는 것이다. 이러한 타인에게 유익한 행위의 요청으로서 정의관념에 대하여 Aristoteles는 무엇이 정의인가에 대한 여러 가지 다양한 견해가 제시될 수 있고, 이러한 다양한 정의관념은 시대에 따라 변할 수 있다는 것을 니코마코스윤리학(EN I 1, 1094b14－16)에서 암시하고 있다. 그렇다면 이러한 정의관념의 다양성과 불확정성의 원인은 어디에서 오는 것일 까? Aristoteles는 그에 대한 대답을 자연(Natur)에서가 아니라, 전통적인 인습(Herkommen)에게 찾고 있다(EN I 1, 1094b17).[22] 결국 이것은 정의에 관한 규범이 사회적으로 조건지어진 협약(Konvention)으로서 관습의 반영이 아니냐 라는 명제로 귀착된다.

Aristotels는 그 당시의 헌법에 해당되는 nomoi와 시민적 삶의 풍속

---

19) Aristoteles는 특별할 정도로의 명확성을 가지고 헌법과 법률개념을 구별하고 있다. Demetrios L. Kyriazis－Gouvelis, Der moderne Verfassungsbegriff und seine historischen Wurzeln, JöR 39 (1990), S. 57 f.

20) Axel Honneth, Kampf um Anerkennung, 2. Aufl., Frankfurt am Main 1998, S. 13 f.

21) Aristoteles, Die Nicomachische Ethik, 6. Aufl., dtv, 1986, S. 153 f.

22) Aristoteles, ebd., S. 56.

적 윤리(Ehos)와의 구별 혹은 대립을 인정하고 있지 않다, 이것은 행위의 인륜성(Sittlichkeit)이 인륜적 도덕(Sitte)과 법률(Gesetz)로부터 유리되어 질 수 없다는 것을 의미한다. 이렇게 볼 때 Aristoteles적 정치적 세계관에 따르면 정치적 동물로서 인간의 본성(Natur)실현은 당시의 Polis적 세계관, 즉 국가적 세계관에 달려 있는 것이다.[23)] 이러한 Aristoteles의 사회철학으로서 정치에 대한 이해를 살펴볼 때, 개인적으로는 국가안에서 인륜적 이념의 실현체로서 국가의 역할을 강조한 Hegel적 세계관을 바탕으로 하고 있는 Smend의 통합이론의 뿌리가 여기에 있는 것이 아닌가 하는 생각이 된다.

그러나 오늘날의 정의에 대한 논의의 측면에서 볼 때, 정의와 실재적 이성(praktische Vermunft)의 척도가 어떤 특정한 문화나 사회에 따라 달라질 수 있다는 주장은 다문화사회(multikulturelle Gesellschaft)의 전개와 관련된 소수집단의 민족적 정체성(ethnische Identität)의 보장의 요구와 관련지어 생각해 본다면, 오늘날에도 설득력이나 그 의미를 가질 수 있다고 생각해 본다. 바로 이러한 다양한 정의관념의 형성가능성의 인정은 결국 Hegel의 인정(Anerkennung)의 문제를 현대적으로 계승하고 재해석한 독일의 A. Honneth나 카나다의 Charles Taylor의 인정철학의 본질적 문제의 기반이 된다고 볼 수 있다. 그렇지만 이러한 다양한 인습에 바탕을 둔 다양한 정의관념의 인정은 결국 다양한 도덕(Moral)의 형성은, 정의의 원리로서 본질적으로 같은 것은 같게 취급하고, 본질적으로 다른 것은 다르게 취급하라는 정의의 본질적 요청에도 타당한 것이다.

이러한 정의관념의 특정한 문화나 사회종속성의 요구는 단지 다양한 도덕의 형성의 정당화와 유지의 측면에서는 바람직하지만, 기존의 형성된 사회적 질서를 판단하고 비판할 수 있는 타당한 객관적인 정의의 일반적인 근본원칙들이 존재할 수 있는가 하는 문제제기를 비켜갈 수 없다. 바로 이러한 객관적이고 일반적인 정의의 근본원칙이 바로 오늘날 인권보

23) Jürgen Habermas, Theorie und Praxis, Frankfurt am Main 1978, S. 48.

장이 요구라는 점은 그 누구도 부인할 수 없는 자명한 사실이라면, 바로 인권의 근거도 바로 이러한 정의의 일반원칙의 척도가 무엇인가에서 찾아야 할 것이다. 이런 의미에서 Aristoteles의 정의의 척도가 무엇인가를 살펴보는 것은 중요한 의미를 가진다. Aristoteles의 정의관념을 살펴보기 전에 용어적인 구분이 필요한 것은 그가 정당한 것(gerecht)과 정의(Gerechtigkei)를 구분하였다는 것이다. 정당하다(gerecht)는 말의 단어적 의미는 많은 의미를 내포하고 있지만, 정당하다는 것과 정의의 근본적 차이점은 다음과 같다: 정당하다는 것은 한번의 한 개인의 하나의 인륜적 도덕적인 특성(eine sittliche Eigenschaft einer Person), 즉 정의의 덕목(die Tugend der Gerechtigkeit)으로 정의될 수 있다.[24] Aristoteles는 정의를 극단적인 것(die Extreme)으로서 부정의(Ungerechtigkeit)에 반대개념으로서 중용(eine Mitte)으로 설정하고 있다(EN V 9, 1133b32−35). 그는 정의를 정당하게 행위하려는 사람이 정당한 것을 위해 결정하고 그에 따라 행위하고 그리고 타인과의 관계에서 혹은 타인상호간의 관계에서 자신이 원하는 것을 다른 사람보다 많이 부여 받거나, 해로운 것으로 부터 다른 사람보다 더 멀어질 수 있도록 재화나 기회를 분배받는 것이 아니라, 비례적 평등(propotionale Gleichheit)에 따라 이러한 분배작업이 이루어 지는 것이라고 하고 있다(EN V 9, 1134a1−6).[25] 이렇게 본다면 그에 있어서 정의라는 것은 자신을 위해서 정당한 것(das Gerechte)을 실현시키려는 것을 목적으로하는 인간의 태도(Haltung)를 의미한다.[26] 이에 비해서 독일의 법적 사고에 있어서는 Aristoteles와 같은 정당한 것과 정의의 구별은 인정되어지지 않고, 정의를 개인적인 특성으로서의 정의(Gerechtigkeit als Eigenschaft einer Person)와 인적인 관계의 특성으로서의 정의(Gerechtigkeit als Eigneschaft einer Beziehung)로 구분하고 있다.[27]

---

24) F. Ricken S. J., Aristoteles über Gerechtigkeit und Gleichheit, ThPh 73 (1998), S. 161.

25) Aristoteles, Nikomachische Ethik, S. 167.

26) Ricken S. J., ThPh 73 (1998), S. 162.

Aristoteles는 모든 공동체적(Alles Gemeinsame)인 것은 정당한 것(das Gerechte)을 통해서 존속되어질 수 있다고 보았다. 따라서 그에게 있어서는 정당한 것은 인간적인 공동생활의 안정된 형태의 필수적인 조건이다(EN Ⅷ 11, 1159b27). 정당한 것이 공동생활의 필수적인 조건이라면 공동체(Gemeinschaft)이라는 명제와 관련하여, 공동체는 무엇을 통해서 존속·유지되어질 수 있는가하는 문제가 제기되어질 수 있다. 이에 대한 해답을 Aristoteles는 국가공동체의 부분들로서 모든 공동체는 어떤 특정한 이익을 위해서 결합되어 있다는 데서 찾고 있다.[28] 정치적 공동체가 처음부터 어떤 특정한 이익을 위해서 생겨나고 존속되어 질 수 있다는 것은, 입법자로 이러한 공동의 이익을 위해서 노력해야 하고, 모든 사람에게 유익한 것을 정당하다고 선언하도록 만든다(EN Ⅷ 11, 1160a11f.).[29] 이렇게 본다면 공동체의 발생과 유지에 필요한 두 번째 필수조건은 공통적인 이해(ein gemeinsame Interesse), 즉 각 개인의 타인과의 협동속에서 실현시킬수 있는 하나의 이익(ein Gut)인 것이다. Aristoteles는 이러한 두가지 조건들을 정당한 것의 개념적 확정을 통해서 서로 결합시키고 있다, 왜냐하면 그에 있어서 정당하다는 것은 공통적인 이익을 의미하기 때문이다.[30]

Aristoteles는 정의의 두가지 근본형식을 제시하고 있다. 그 하나는 평균적 정의(iustitia communitativa, die ausgleichende Gerechtigkeit)로서, 즉 이것은 산술적 평등(arithmetische Gleichheit)(EN V 7, 1132a2)을 의미한다. 이것은 인간과 인간사이의 계약관계, 특히 채권·채무관계를 규율하는 것을 그 목적으로 하고 있다. 물건의 가치, 가격, 임대주택, 임대이자, 손해,

---

27) Ricken S. J., ebenda.

28) Klaus Adomeit, Rechts- und Staatsphilosophie Bd. I: Antike, 2. Aufl., Heidelberg 1992, S. 73 f.

29) Aristoteles, Nikomachische Ethik, S. 245 f.

30) Ricken S. J., ThPh 73 (1998), S. 162. Aristoteles는 공통의 이익을 정당한 것의 개념으로 확정시키기위한 예로서 같은 배를 타고 있는 사람의 집단을 들고 있다. 이 공동체는 돈을 벌기위해서 배를 타고 바다에 나간 사람들로 구성되어 있다. 돈을 벌기 위한 그들의 목적은 항해중의 그들의 공동협력을 통해서만 달성되어질 수 있는 것이다(EN Ⅷ 11, 1160a15f.).

손해배상 등에 관한 보상의 문제와 관련되어 제기되어지는 정의라는 점에서 평균적 정의는 사법의 정의인 것이다.[31] 보상의 문제로서 평균적 정의는 특정개인이 타인에게 손해를 가하고, 본인은 이를 통하여 이익을 취할 때 적용될 수 있는 것으로서, 이 경우에 정당 혹은 평등한 상태를 실현하는 것은 손해이전의 상태로 회복시켜 놓는 것이다. 이것은 그 손해를 가해서 이득을 취한 자의 이득을 박탈하고, 손해를 당한 자에게는 보상해주는 것을 목적으로 한다. 언제를 정당한 출발상태로 보고, 무엇을 부당한 이득, 혹은 손해로 볼 것인가에 대한 척도를 미리 전제한다는 점에서 평균적 정의는 이차적인 성격을 가진다.[32] Aristoteles의 정의의 또 다른 형식은 기하학적인 평등(geometrische Gleichheit)(EN V 7, 1131b13)의 문제로서 이것은 화폐나 그 밖의 다른 가치의 분배에 대한 공적인 인정의 배분에 있어서 효력을 가지는 것이다. 이 경우에는 평등의 문제로서 어떤자에게 타인과 동일한 것을 배분할 것인가 혹은 그렇게 하지 않을까 여부가 문제된다. 여기에서는 같은 것은 같게, 다른 것은 다르게 다루는 것이 분배의 정당한 조건으로 받아들여 진다. 그러나 배분적 정의의 실현에 있어서 제기되는 가장 중요한 문제는 무슨 척도를 가지고 어떤 사람들은 평등하고, 또 어떤 사람들은 불평등하고, 그리고 정당한 분배를 위한 각 사람의 가치를 어떻게 확정할 것인가 하는 것이다. 이 문제에 대하여 Aristoteles는 각 공동체의 형식에 따라 그 척도들은 다양하고, 그리고 그 척도들은 그 공동체의 목적으로부터 나오는 것이라고 일반적으로 이야기하고 있다[33]. 이것은 오늘날 사회국가(soziale Staat)원리의 실현과 관련하여 그 의미와 효력을 가지고 있는 배분적 정의(iustitia distributiva, die verteilende Gerechtigkeit)의 문제인 것이다. 분배는 많은 좋은 근거하에서는 재분배(Umverteilen)를 의미한다.[34] 이런 점에서 배분적 정의는 공법,

---

31) Adomeit, a.a.O., S. 103.
32) Ricken S. J., ThPh 73 (1998), S. 168.
33) Ricken S. J., ThPh73 (1998), S. 168.
34) Adomeit, a.a.O., S. 103.

특히 사회법에서의 정의인 것이다.

근원적으로 사회적인 현실로부터 성장하여 최고의 효력과 순위를 가지는 국가규범의 체계로서, 즉 국가의 근본질서로서 헌법이해의 출발점은 Aristoteles로 시작된다. Aristoteles는 특별할 정도로의 명확성을 가지고 헌법(Verfassung)과 법률(Gesetz)개념을 구별하고 있다. 그에 따르면 법률은 공무원과 정치권력의 행사와 그들의 권력행사의 통제에 관한 척도에 관한 규정들이다. 그리고 이러한 법률규정은 헌법의 틀을 구성하고 있고, 각 해당 법률은 개별 적 헌법형식들에 적합하여야한다고 함으로써 오늘날의 헌법의 우위(Vorrang der Verfassung)의 근거가 되는 주장을 하고 있다.[35] 그리고 더 나아가 그는 헌법을 어떻게 정부권력이 분할되어지고, 오떠한 기관이 헌법을 제정하고, 무엇이 각 개별적인 사회의 목적인가에 대하여 결정하는 문제에 관한 국가의 질서라고 이해하고 있다(Pol. 1289a 15-18).[36] Aristoteles의 헌법이해에 나타난 정부권력의 분할의 필요성의 관점을 Montesquieu는 받아들였고, 그는 그 당시의 이러한 모범으로서 영국의 헌법적 현실을 들고 있다.[37] 그리고 이러한 입장은 1789년의 프랑스의 인간과 시민의 권리선언 제16조 "권리의 보장이 확립되지 아니하고, 권력의 분립이 규정되지 아니한 사회는 헌법을 가진 것으로 볼 수 없다"를 통해서 권력분립이 인권보장을 위한 기초임을 나타내고 있다. 이렇게 본다면 권력분립적인 사고에 의한 개인의 권리보장의 요구는 Aristoteles의 정치철학으로부터 유래된 것임을 명백히 알 수 있다.

그러나 Aristoteles의 정치적 세계관과 정의관념을 살펴볼 때, 개인의 인격성의 발현과 확정의 조건으로서 국가로부터 자유로운 본질적인 자유관념에 대한 근본적인 언급이 없다는 점은 그의 세계관에서 과연 기본권의 토대를 발견할 수 있을 까 하는 의문을 제기하게 만든다. 정의를 실현하는 것이 그 목적상 공공복리(Gemeinwohl)를 보장함으로서 공동체의

35) Kyriazis-Gouvelis, JöR 39 (1990), S. 57 f
36) Aristoteles, Politik, dtv 1973, S. 137.
37) Kyriazis-Gouvelis, JöR 39 (1990), S. 56.

목적과 이상을 구현하는 것이라 하더라도, 이러한 공공복리 실현의 요청으로서 정의실현의 요구가 개인의 의사결정의 자유, 더 나아가. 인간성 그 자체를 속박할 수 있는 것이라면 그것은 의미가 없다는 것을 우리는 역사의 과오를 통해서 배워왔다. 정의실현의 수단으로서 평등의 구현은 자유와 관련성속에서만 논의되어야 한다. 자유를 배제한 평등의 추구의 결과도 우리는 사회주의의 역사적 경험을 통해서 배워왔다. 따라서 이러한 평등의 자유관련성을 배제한 채, 정의로서 평등의 실현만을 강조한 Aristoteles의 세계관속에서는 모든 평등한 개인에게 동일한 자유의 조건을 제시하고 이를 보장할 근거로서 자유영역이 결여되어 있다. 이런 점에서 개인과 유리된 이질적인 공동체적인 목적과 그 덕목에서 정의실현의 기준을 찾는 그의 입장은, 근대이후의 천부인권관념을 바탕으로한 기본권 사상과 직접적인 관련이 없다. 그러나 위에서 지적한 대로 Montesqieu의 권력분립적인 사고가 Aristoteles로부터 나온 것이라는 지적은 의미가 있다. 고대 그리이스 시대에 있어서는 몇몇 개별적인 소피스트의 가르침은 별도로 하더라도 일반적으로 당시에 일반적으로 인정되었던 노예제도에서 보편적인 평등과 자유관념은 인정될 수 없었다. 로마시대에 있어서도 Cicero를 통해서 만인평등적인 보편적 관념의 인정되어 질 수 있다 하더라도 일반적인 자유와 평등관념은 인정될 수 없다. 그러나 Aristoteles는 각 개인이 조화롭게 정의실현을 할 수 있는 정치공동체인 국가를 인륜적 질서의 실현과정으로 본 점에서 철저하게 국가지향적인 것이었다고 볼 수 있다. 이러한 Aristoteles적인 사고와 연장선상에서 필자는 Smend의 국가지향적인 기본권이론을 살펴보고자 한다.

Ⅲ. 기본권이론에서 국가적 논의의 필요성

국가와 사회의 엄격한 구별을 전제로 하지 않은, 즉 국가와 사회의 일원론적인 통합론적인 관점에서 그 사회나 국가에 특유한 민족적인 가치질서의 형성을 기본권적인 통합질서로서 보는 Smend적인 기본권이해는 모든 나라와 국가에 타당한 헌법개념과 헌법이론형성의 전제조건으로 기능할 수 있는가? 학문적 사대주의의 극복차원에서 기독교적인 인권관념과 서구적인 시민혁명의 토대가 결여된 한국적인 헌법적 세계관의 출발점의 근거로서 Smend의 헌법개념을 응용해 보는 것은 의미가 있다고 생각해 본다. 이것은 마치 외국에서 들어온 외국산과일을 우리풍토에 적합하게 개량해서 한국화시켜서 한국적인 과일을 만드는 작업의 출발점인 것이다. Smend가 미국, 영국, 프랑스의 국가이론을 비교해서 독일적 헌법이론을 구축하려 했던 입장은 우리에게도 충분히 응용가능한 것이다.[38] 물론 "통합(Integration)은 근원적으로 복구이고 그러나 그것은 개별적인 요소로부터 유래되는 통일성(Einheit), 혹은 전체성(Ganzheit)의 형성과 생성으로서 단순한 결합된 부분들의 총체이상을 의미한다"[39]는 Smend의 통합에 대한 정의를 살펴보면, 그의 이론속에 Nazis의 국가사회주의적인 전체성정당화요소가 내포되어 있음을 부인할 수 없다. Smend의 통합에 대한 정의를 살펴볼 때, 통합개념은 어원적으로는 국가적인 통일성(Einheit) 구축을 위한 것이 아니라 전체성(Ganzheit)실현을 위한 것이라는 비판이 제기된다.[40] Smend적 통합론적 헌법관의 독재이론적 정당화요소의 독소는 배제되어져야 한다. 특히 국가미학적인 측면에서 잘 배색되어진 조화적인 상징(Harmoniebild)으로 접목된 기본권에 대한 가치도입은 국가적 통일성의 형성에는 기여했지만, 궁극적으로는 기본권의 전국가적인 효력보장의 요구를 도둑맞게 했다는 점에서 본질적인 비판을 받고 있다.[41] Smend

38) Vgl. R. Smend, Verfassung und Verfassungsrecht, in: ders., Staatsrechtliche Abhandlungen und andere Aufsätze, 3. Aufl., Berlin 1994, S. 186.

39) Smend, Integration, in: ders., Staatsrechtliche Abhandlungen und andere Aufsätze, S. 482.

40) Göldner, Grundrechte und Grundwerte, in: Festschrift für Bachof zum 70. Geburtstag, S. 27.

41) Göldner, ebd., S. 24.

자신은 시민적 법치국가개념이 국가에 대한 시민적 자유보장의 영역으로서 국가에 대한 사회의 엄격한 구별을 전제로 하고 있는 내적으로 비정치적이고 국가적대적인 시민계급의 정치적인 방어와 국가로 부터의 자유보장영역확보의 체계로서 시민적 법치국가 개념(bürgerlicher Rechtsstaat)은 독일역사에 존재하지 않는 다는 전제하에서, 독일적인 현실에 적합한 헌법이론구축을 위한 시도로서 이러한 통합이론적 헌법적 논의를 시도한 것이다.[42] 이런 맥락에서 Smend는 하나의 가치·이익·문화체계(Wert-, Güter-, ein Kultursystem)로서 민족통합(Volksintegration)의 문제를 실현시키는 수단으로서 기본권을 이해하고 있다.[43] 그의 통합이론에 따르면 기본권은 정치적인 통일성(politische Einheit)을 형성하는 합의점(Konsens)을 근거 지우는 근본가치(Grundwerte)를 가지고 있다. 이런 의미에서 Smend에 있어서 기본권은 하나의 가치질서로서 정치적 성격을 띠고 있다.[44] 따라서 위에서 적시한 Smend의 헌법이론의 결함은 별도로 하고, Smend가 헌법을 국가적인 현실적인 삶의 법적질서로서 통합과정[45] 그 자체로서 보면서 각 독일의 역사적·민족적 현실에 맞는 헌법이론구축을 시도한 관점은 각 국가의 개별적인 특수상황에 따른 헌법이론의 형성을 가능케 하는 중요한 전제가 될 수 있다고 생각한다. 바로 여기에 그의 이론의 탁월성과 참조할 만한 좋은 착상이 있는 것은 아닐까? 그러나 그의 민족적·문화적 가치추구와 관련된 기본권논의는 동시에 그의 기본권이론의 중요한 결정으로 작용할 수 있다. 왜냐하면 그의 헌법상의 가치도입은 철저한 가치상대주의(Wertrelativismus)적인 사고에 서있다는 점에서 확고한 헌법상의 규범적 토대를 제시할 수 없기 때문이다.

---

42) Smend, Bürger und Bourgeois in deutschen Staatsrecht, in; Staatlche Abhandlungen und andere Aufsätze, S. 314 f.

43) Smend, Verfassung und Verfassungsrecht, in; Staatlche Abhandlungen und andere Aufsätze, S. 264.

44) Albert Bleckmann, Staatsrecht II, 4. Aufl., Köln ; Berlin ; Bonn ; München 1997, § 11 Rdnr. 147.

45) Smend, Verfassung und Verfassungsrecht, S. 189.

Ⅳ. 인권의 국가 속에서의 변용형태로서 기본권

피치자의 동의에 그 존립기반을 두고 있는 J. Locke의 정부개념하에서의 인간은 T. Hobbes의 주장과 같이 사실상 자유로운 것이 아니라 사회계약의 체결을 통해서 권리가 부여된 것으로 간주되어 지고, 이를 통해서 인간은 권리형태로서 확립된 국가에 대한 우위성을 획득한다. Locke는 Hobbes와는 달리 어떤 자연상태(Naturzustand)에서 출발한 것이 아니라 어떤 자연법상태(Nautrrechtszustand)에서 출발하였다.[46] 방종의 상태(state of licens)가 아닌 자유의 상태(state of liberty)를 전제로 하고 있는 Locke의 자연상태에서 인간은 자신의 신체와 생명 그리고 재산에 대한 통제받지 않는 자유를 가지지만, 이러한 자연상태를 지배하는 자연법의 지배를 받는다. 이러한 자연법의 핵심적 내용은 모든 인간은 평등하고 독립된 존재이기 때문에, 인간은 어느 누구도 타인의 생명, 건강, 자유 그리고 소유물에 대한 권리를 침해할 수 없다는 것이다. 이러한 인도주의적 관점에 따라 신의 모상 그리고 창조되어진 창조자로서의 인간상을 그 사상적 기반으로 하고 있는 Locke에 있어서 인간의 존엄의 핵심은 바로 자유이다. 그렇지 않으면 어떠한 자기구상 그리고 인륜성도 불가능하기 때문이다.[47] 자유를 보장해 줄 수 있는 천부적이고 불가양의 인권관념만이 인간의 존엄에 바탕을 둔 인간의 존엄실현의 근거라고 할 수 있다. 유럽고대와 그리고 특히 중세의 국가와 사회의 연관성에 바탕을 둔 정치적 사고로부터 해방자 역할을 수행한 천부적이고 불가양의 인권관념은 국가, 교회 그리고 신분에 대한 개인의 법적인 인격성의 확보를 허락하는 구성적인 구분을 정치적인 사고에 있어서 가능케하는 계기가 되었다. 이것은 그 이후의 시민국가의 전개에 있어서 국가와 사회의 엄격한 구분을 전제로 한 시민적 법치국가

46) Udo Di Fabio, Das Recht offener Staaten, Tübingen 1998, S. 62.
47) Di Fabio, ebenda.

성립의 주요한 근거가 된다. 절대적인 국가권력의 헌법적인 한계설정과 모든 국가현상의 민주적인 절차속으로의 이행을 위한 발전은 인권을 국가적인 기본권(staatliche Grundrechte), 즉 자유－, 평등－, 재산－, 국민권(Freiheits－, Gleichheits－, Eigentums－ und Staatsbürgerrechte)으로서 이해하는 두 번째 인권관념의 형성의 길을 열었다.[48]

인권과 기본권 양자는 그 의미가 서로 중첩되는 부분도 있지만, 분명히 양자는 구별되어 질 수 있다. 그러나 그럼에도 불구하고 양자는 서로 혼용되어 사용되어지는 경향을 보이고 있다. M. Kriele는 인권과 기본권에 대하여 다음과 같이 설명하고 있다 : "기본권과 인권은 자주 혼용되어 같은 의미로 사용되어지는 경향이 있다. 그럼에도 불구하고 그 기원이나 언어의 관용적 표현의 측면에서도 다음과 같이 구별되어질 수 있다: 기본권은 실정헌법상의 권리(positives Recht)인 데 비하여, 인권은 자연권(Naturrecht)이다. 이론적 측면에서 이 차이는 매우 중요한 의미를 가진다. 인권은 시간적으로 영원히, 그리고 공간적으로 어디에서든지 타당한 것이다. 왜냐하면 인권은 자연(Natur) 혹은 신의 창조속에 그 근원을 가지는 것으로서, 신성과 확고부동성을 그 특징으로 한다. 이와 대조적으로 기본권은 한단계 낮은 효력을 가진다. 기본권은 법적－ 그리고 제도적으로 보장된 인권을 의미한다. 따라서 그 효력은 시간과 장소에 의하여 제한되어질 수 있다."[49] 이렇게 볼 때 독일의 경우 동독 국경수비대 총격사건에서 Radbruch공식(Formel)[50]에 의하여 초실정법적인 인권관념을 가지고 개인

---

48) Di Fabio, ebd., S. 62 f.

49) Kriele, Zur Geschichte der Grund－ und Menschenrechte, S. 188; 같은이, Einführung in das Staatslehre, 5. Aufl., Stuttgart u. a.1994, S. 132.

50) 정의와 법적 안정성의 갈등에 대한 해결기준인 Radbruch 공식을 Radbruch는 다음과 같이 정의하고 있다: "정의와 법적안정성의 갈등은 법규정(Satzung)과 권력을 통해서 보장된 실정법이 내용적으로 부정의하고(ungerecht) 합목적성에 적합하지 않더라도(unzweckmäßig), 실정법의 정의에 대한 위반이 타당하지 않은 법(unrichtiges Recht)으로서 법률이 정의에게 할 정도로 참을 수 없을 정도에 이른 경우가 아니라면, 실정법에 대하여 역시 우위가 인정되는 형태로 해결되어야만 한다." Gustav Radbruch, Gesetzliches Unrecht und übergesetzliches

을 처벌한 근거가 인권이 국가에 의하여 보장된 인권으로서 기본권보다는 더 상위에 있다는 주장은 Kriele적 관점에서는 타당한 것이라고 생각해 본다. 동독의 국가범죄의 처벌을 통한 과거청산과 관련하여 두가지 상이한 법원에 대한 논의가 제기된다: 그 당시의 동독의 실정법 혹은 동독시절에도 당연히 효력을 발생하고는 있었지만 동독의 법질서가 따르지 않고 관철시키지 않은 자연법적 원칙들. 이와 관련하여 국경수비대 사건에서 독일 연방법원(BGH)은 동독국경을 탈출하려는 자에 대한 총격을 정당화하고 있는 동독시절 당시의 실정법인 동독국경법(GrezG) 제27조 제2항 그리고 공화국이탈(Repulbikflucht)을 처벌하고 있는 동독 형법(DDR-StGB) 제213조에 의한 법률에 규정되지 않은 국경이탈죄(ungesetzliche Grenzübertritt)의 상위법 합치여부여부가 재판의 핵심적 문제 되었다.[51] 독일연방법원은 이러한 동독의 법률들이 특히 동독국경법 제27조 제2항이 1974년 동독정부의 비준을 통하여 승인되고 서독과 마찬가지로 동독에서도 1976년에 효력을 발생한 국제법인 1966년의 시민적 그리고 정치적 권리에 대한 국제협약(Interantionaler Pakt über bürgerliche und politische Recht, IPbpR)에 위배되기 때문에 무효라는 법리를 적용하였다. 독일연방법원은 이러한 동독의 법률들이 특히 시민적 그리고 정치적 권리에 대한 국제협약 제6조의 생명권(Recht auf Leben) 그리고 제12조의 출국의 자유(Ausreisefreiheit)를 침해한다고 보았다.[52] 이 결정에서 독일연방법원은 기

Recht, in: Süddeutsche Juristen Zeitung 1 (1946), S. 107; in: (mit einer Einführung von Winfried Hassemer), Gesetzliches Unrecht und übergesetzliches Recht (1946), Baden-Baden 2002 S. 11. 이러한 Rabruch의 주장을 고려해보면 결국 실정법에 의한 불법, 즉 법률적 불법(gesetzliches Unrecht)이 도저히 참을 수 없는 정도에 이를 경우에는 정의가 법적안정성에 대하여 우선한다는 논리가 성립된다.

51) Michael Pawlik, Das positive Recht und seine Grenzen, in: Kurt Seelmann (Hrsg), Aktuelle Fragen dr Rechtsphilosophie, Frankfurt am Main 2000, S. 29 f.

52) BGHSt 39, 1 [16] = JZ 1993, 199 [202]; BGHSt 29, 168 [184] = NJW 1993, 1932 [1935]; Horst Dreier, Gustav Radbruch und die Mauerschützen, JZ 1997, S. 425; S. 395.

본적으로는 자연법지향적인 근거(naturrechtlich orientierten Ansatz)를 제시하고 있다. 독일연방법원은 정의와 법적 안정성의 갈등에 대한 해결기준인 Radbruch공식을 원용하면서 구 동독의 실정법의 무효근거로서 상위법인 시민적 그리고 정치적 권리에 대한 협약의 위반에서 찾고 있다.[53] 이에 의거하여 독일연방법원은 1994년 7월 26의 2개의 계속적인 판결을 통해서 동독에서 서독으로 국경을 이탈하려는 동독국민을 총격으로 사살한 구 동독병사의 처벌을 인정하였다.[54] 이러한 독일연방법원의 결론은 당시의 구동독정부가 근본적 정의에 반하는 입장에 서있었고, 국경수비대의 총격을 동독의 실정법질서에 의하여 정당화할 수 없다는 것이었다. 판결에서의 Rabruch공식의 언급은 결국은 처벌의 정당화근거로서 국제법의 옷을 입은 자연법의 수용의 인정을 의미한다. 이런 점에서 동독국경수비대 총격살인에 관한 독일연방법원의 결정은 인권과 기본권과의 관계에서 인권을 승인하지 않는 국가적 불법에 대한 자연법적인 인권에 근거한 교정이라는 점에서 매우 중요한 의미가 있다. 그러나 이러한 독일연방법원은 결정은 또 다른 헌법적 가치인 독일기본법 제103조 제2항의 소급효금지(Rückwirkungsverbot)에 위배된다는 점에서 많은 비판에 직면하게 된다.[55] 이러한 독일연방법원의 판결과 관련된 헌법소원결정에서 독일연방헌법재판소는 독일연방법원의 결정을 확인하였다.[56] 독일연방헌법재판소는 소급효금지의 적용과 관련된 문제점을 자신의 결정에서 다음과 같이 해결점을 제시하고 있다: "다른 국가가 가장 중대한 범죄적 불법의 영역에 대한 형벌구성요건을 규범화하고 있다 하더라도, 그 국가가 성문규범

53) Karl-Georg Zierlein, in: Dieter C. Umbach/Thomas Clemens (Hrsg.), Grundgesetz. Mitarbeiterkommentar, Bd. II, Heidelberg 2002, Art. 103 Rn. 158.

54) 5 StR 98/94, BGHSt 40, 218 = NJW 1994, 2703 = NStZ 1994, 537.

55) 이에 대한 관련논문으로는, Walter Gropp, Naturrecht oder Rückwirkungsverbot – Zur Strafbarkeit der Berliner Mauerschützen, Neue Justiz, 1996, S. 393 ff.; Gerhard Werle, Rückwirkungsverbot und Staatskrminalität, NJW 2001, S. 3011 ff.

56) BVerfGE 95, 96 = JZ 1997, 142.

을 넘어서서 그러한 불법을 요구하거나, 그러한 불법을 지원하고, 그 결과 국제법공동체에 의하여 일반적으로 승인된 인권을 심각한 방식으로 무시하는 것을 통하여, (불법에 대한) 처벌가능성이 부분적 범위에 있어서는 정당화근거(Rechtfertigungsgründe)들을 통하여 불가능하게 된다면, 특별한 신뢰의 기초(Vertrauensgrundlage)(다음의 의미로 사용됨: 불문의 정당화근거들의 신뢰의 기초)는 다음의 경우에는 더 이상 고려되지 아니한다." 이 결정에서 독일연방헌법재판소는 Radbruch공식을 원용하면서 이전의 동독의 정부를 "과도한 국가적 불법(extremes staatliches Unrecht)"으로 설명하고, 그 결과 이러한 불법에 의하여 지원된 정당화근거를 고려할 수 없다는 결론을 도출하고 있다. 결국 '법률적 불법(gesetzliches Unrecht)', 혹은 정의에 대한 참을 수 없는 위반(unerträglicher Widerspruch zur Gerechtigkeit)이 독일기본법 제103조 제2항의 소급효금지의 엄격한 보호를 배제하는 근거가 된다.[57] 독일연방헌법재판소(BVerfGE)는 자연법은 실정법을 깨뜨린다(Naturrecht bricht positives Recht)는 원칙[58]의 한 예로서 Radbruch공식을 원용하고 있다.

Gerald Stourzh는 자연법론을 전제로한 근본법 혹은 헌법의 우위의 사상적 근원을 특히 Calvin적인 동맹신학(Föderaltheologie)과 같은 16세기부터 18세기 까지의 종교 그리고 신학적 주제와 직접적 연관성을 가지고 구성된 정당성과 관련된 논의들에서 찾고 있다. 이러한 근본법의 문제는 국가신학에 대해서 뿐만 아니라, Aristoteles 학파에 의하여 포현된 정치학의 전통에 대하여 이성법으로서 자연법의 확실한 등장을 통해서 특징지워질 수 있는 시대에 있어서 어떠한 영역에 있어서 자연법이 실정법적인 공법을 특별한 정도로 서로 상호간에 제한할 수 있는 하는 문제를 제기한다. 결국 이 문제는 인권을 국가가 법질서에 의하여 제도화하지 않고

57) Dreier, JZ 1997, S. 428.

58) Vgl. J. Schröder, Naturrecht bricht positives Recht in der Rechtstheorie des 18. Jahrhunderts?, in: D. Schwab (Hrsg.), Staat, Kirche, Wissenschaft in einer pluralistischen Gesellschaft. Festschrift für P. Mikat, Berlin 1989, S. 419 ff.; Dreier, JZ 1997, S. 429.

있는 경우에 있어서, 인권이 법적인 판단기준이 될 수 있는가 하는 문제라고 볼 수 있다. 이와 관련하여 Kriele는 인권이 기본권으로 제도화된 상황과 그렇지 않은 경우에 있어서 인권과 기본권과의 관계를 다음과 같이 설명하고 있다: "인권이 기본권속으로 제도화된 경우에는 인권과 기본권의 차이는 바라보는 관점에 따른 차이를 의미한다: 그것은 법적인 견지에서 보면 기본권의 문제이고, 철학적인 견지에서 본다면 인권의 문제이다. 그와 반대로 이러한 인권의 기본권에로의 제도화가 이루어지지 않은 경우에는, 인권목록은 요구, 이상, 희망, 동기부여, 경향 등을 의미한다. 따라서 이 경우에 있어서는 인권을 기본권으로 만드는 것이 중요하다."[59] 이러한 Kriele의 설명처럼 인권은 그 선언적 의미로부터 시작하여 사실상 오늘날 국내적으로는 직접적 효력을 가지는 기본권으로 그 지위가 강화되어 진 것이라면, 오늘날 인권보장의 역사는 기본권보장의 역사를 의미하는 것이라 할 수 있다. 이렇게 본다면 인권은 역사적인 측면에서 기본권의 전국가적인 원천으로서 기능하는 것이다.

인권논의의 출발점은 모든 인간은 특별한 존엄(besondere Würde)을 가지고 이를 통해서 자신의 자유를 인정받을 수 있는 기반을 창출할 수 있다는 인도주의(Humanismus)적 관점이다. 따라서 이 관점에서는 단지 권리의 보장, 신분적 특권들의 계속적 허용이 아니라, 천부인권적인 동일한 권리 즉 자연권의 보장이 문제되게 된다. 이러한 자연법적인 기초는 일반적인 법적능력(Rechtsfähigkeit)의 관념, 유럽에서의 고대에서의 시민권(Bürgerrechte)사상에의 결합을 허용하고, 사회계약(Gesellschaftsvertrag)의 정치적 철학의 기반을 확대시킨다.[60] 천부인권적 권리로서의 인간의 존엄은 그 초실정법적 성격에도 불구하고 그것은 오늘날 국가를 통해서 보장되어 지는 권리로 변화되어 졌다. 이러한 헌법의 기본권보장의 본질적인 핵으로서 인간의 존엄의 국가적인 수용은 헌법상의 두가지 본질적인 인간개념, 즉 총체적인 시민적, 공동체구성원으로서의 인간과 개별적이고

59) Kriele, Zur Geschichte der Grund- und Menschenrechte, S. 188.
60) U. Di Fabio, Das Recht offener Staaten, S. 61.

독립된 존재로서의 존재로서 인간 양자의 결합을 가져왔다. 이것은 오늘날 기본권보장의 문제는 더 이상 국가와 유리된 사회관념을 바탕으로한 시민적 법치국가적 사고에서는 전개될 수 없는 국가지향적인 것을 의미한다. 따라서 인권의 자연법적인 사상적 토대를 일상적인 개인의 권리의 형태로 발전시킨 것인 기본권은 인간 그 자체를 최종적인 목적으로 간주하는 인도주의적인 인간의 고려를 위한 국가속에서의 인권실현을 위한 권리의 변용인 것이다. 이념적으로 인권에 그 기초를 두고 있는 기본권에 대한 논의는 항상 국가에 대한 언급을 통해서는 의미가 도출되어 질 수 있고, 어떠한 국가형태에 관계없이 국가속에 그 근본이념을 구체화할 수 있다. 이러한 인권과 기본권은 현대적인 헌법관념을 기반으로 한 것이다. 이러한 기본권의 특성을 Udo Di Fabio는 다음과 같이 표현하고 하고 있다:[61]

"– 기본권은 사회적 동물(Zoon politicon)인 인간의 존재의 보장에 대한 울타리를 설정하는 기능을 한다, 왜냐하면 기본권은, 비록 비시민(Nichtbürger)의 경우에는 이러한 지위보장에 제한적으로 참여하는 것을 허용한다 할지라도, 우선적으로 시민권(Bürgerrechte)이기 때문이다. 이런 측면에서 본다면 기본권은 주권적인 공권력과 시민의 자유사이에 경계를 설정하고 그리고 나서 정치적인 의사형성과정에 대한 참여를 가능케하는 법적인 수단이다: 권력의 제한(Machtbegrenzung) 그리고 자유의 보장으로서 권력에 대한 참여(Machtteilhabe als Freiheitssicherung).

– 기본권은 그와 동시에 인권의 자연법적인 정신적 기반(Pathos)을 일상적인 개인의 권리의 형태로 발전시킨 것이다. 따라서 이런 측면에서 기본권은 인간 그 자체를 최종적인 목적으로 간주하는 인도주의적인 인간의 고려를 위한 국가속에서의 인권의 두 번째 변용의 측면(Zweitausgabe)이다."

---

61) Di Fabio, ebd., S. 63.

보통 정치적으로는 심한 논란이 있지만, 기본권보장은 우선적으로 국가의 자기제한, 즉 법치국가원리와 같은 이차적인 정당화(Sekundärlegitimation)로서 기능한다. 따라서 이런 견지에서 기본권은 현대국가의 이론적인 구상을 완전하게 실현시키는 핵심적 요소인 것이다. 이러한 기본권의 기능은 다음과 같이 설명되어 질 수 있다:[62] "1. 민주적인 절차속에 대한 참여의 보장을 통한 독점적인 권력집중의 해소 2. 법적인 형식에 대한 구속을 통해서 정치적인 권력행사의 합리화 그리고 3. 국가로부터 자유로운 사회와 주관적인 근본권리(subjektiv Fundamentalrechte)를 통해서 국가적으로 형성되어 지는 정치와의 경계설정과 그 보장." 인간의 존엄에 대한 인도주의적인 관점의 표현인 인권의 국내법적인 실현으로서 기본권보장은 국가구성원으로서의 인간의 개인주의화와 현대국가의 분리독립을 가능케하는 동인으로 작용한 것이다. 그러나 이러한 인간의 존엄에 대한 관념이 더 이상 국가를 통해서 보장되어지지 않는다면, 인권보장의 확대로서 기본권보장의 요구는 단지 선언적인 의미를 가지는 허상으로서만 존재하는 것이다. 이렇게 볼 때 인간의 존엄을 근본원리로서 선언하고 있는 헌법은 국가를 통한 기본권보장의 실현도구로서 매우 중요한 의미를 가지는 것이다. 그러나 국가내적인 기본권이론의 영역은 거시적으로는 거대한 국가의 탈경계의 흐름으로서 국제적인 인권보장의 요구로부터 완전히 독립된 영역은 아닌 것이다.

Ⅴ. 국가 속에서의 기본권실현

헌법국가적인 헌법이론적 토대에서는 초국가적인 인권이 국가속에서 적용되어지기 위해서 그 실현근거를 가져야 한다. 아무런 법적 보장이 없는 인권의 프로그램적 성격은 더 이상 인권을 권리로서 발전시킬 수 없

---

62) Di Fabio, ebenda.

기 때문이다. 국내적인 효력보장을 위해서 우선적으로 인권은 국가적인 기본권에로의 자신의 변용을 통해서 그 효력(Wirksamkeit)을 확보하여야 한다. 그러나 이러한 인권의 국내법적인 적용을 위한 국가의 우선적인 정당화노력(primäre Legitimationsleistung)은 기본권의 전국가적인 법영역의 종속성이라는 대가를 지불하고 그것은 가능하게 된 것이었다.[63] 이것은 기본권을 더 이상 국가와 분리되어 있지 않고, 국가와 결합된 상태로 자연법적인 상태(naturrechtliche Ordnung)를 보장하는 것으로 보는 입장을 의미하는 것이다. 따라서 헌법상의 기본권보장은 국가이전에 존재하는 인권이 전혀 실행불가능한 선언적인 덕목으로서 방치되어지는 것이 아니라 강한 법적인 권리보장을 통해서 그 보장과 실현이 국가를 통해서 담보되어지는 것을 의미한다. 이렇게 볼 때 국가는 기본권보장의무의 실현을 통해서 평화실현의 전제조건으로서 기능하게 된다는 점에서 국가를 떠난 기본권보장은 무의미하게 되는 것이다.

강력한 권리로서의 인권보장의 요구는 오늘날 국가주권의 영역을 넘어서 국제법적인 영역에 까지 확대되어 지고 있다. 보편적인 시간과 장소를 초월한 자연법적인 개념인 인권보장의 요구는 국가주권의 범위를 넘어서는 국제법적인 영역까지 그 영역을 확대시킬 수 있다.[64] 이에 반해서 기본권은 그 논의의 전제로서 국가적 관념을 전제로한 공권력과 사회 그리고 인간의 관계를 근거지우는 헌법적 가치인 것이다. 존재로서의 존엄을 가진 인간은 스스로 자신의 자유와 권리를 인정받을 수 있는 기반을 창출할 수 있다는 인도주의적 관점의 반영으로서 인권보장의 요구는 국가내에서의 단지 권리의 보장, 기존의 신분적 특권의 합리화에 만족할 수 없다. 이것은 천부인권적인 동일한 권리 즉 자연권의 보장의 실현이 그 목적인 것이다. 인권의 이러한 자연법적인 기초는 기본권의 효력근거와 그 효력정도의 보장의 문제에 있어서 핵심적 역할을 수행한다. 왜냐하면 일반적인

63) Di Fabio, ebenda.

64) Vgl. Wolfgang Waldstein, Das Naturrechtr in der modernen Staatsphilosophie, in: Festschrift für M. Kriele zum 65. Geburtstag, S. 920 f.

존엄의 확대를 통한 일반적인 법적능력의 인정은 인권(Menschenrechte)과 시민권(Bürgerrechte)의 공통적인 요소에 의한 결합을 통해서 외국인과 내국인과의 경계를 좁힘으로서 인간의 존엄에 기초한 헌법상의 차별금지(Diskrimierungsverbot)의 영역을 확대시킨다. 이렇게 볼 때 기본권은 인권적 요소와의 결합을 통해서 헌법국가에서 그 주권적 범위에 따른 권리보장의 보장의 실현을 넘어서는 헌법국가 자체의 정당화요소로서 기능하게 된다.

자유롭고 평등한 존재로서 개인의 국가에 대한 주관적인 요구로서의 기본권관념속에 자유주의적인 헌법국가구성적요소가 표현되어 있다. 헌법제정권력의 이성에 따른 결단으로서의 헌법을 바라보는 계몽주의적인 헌법상은 법질서의 구축근거로서 그리고 질서형성을 위한 전제로서 형식적으로 제정되어지고 이를 통해서 정치적인 지배를 통제하는 성문헌법성의 보장과 이의 실현을 요구하고 있다. 따라서 헌법은 이미 고대와 중세의 국가철학에서와 마찬가지로 법질서의 근본규범(Grundnorm) 그리고 국가의 근본법(Grundgesetz)으로서 자연법(Naturrecht)과 사회계약설(Vertragslehre)을 정당화시킬 수 있는 다양한 권리들을 그 안에 내포하고 있어야 한다.[65] 기술적인 의미에서 인권은 국민 뿐만 아니라 모든 인간에게 귀속될 수 있는 모든 권리의 총체를 의미한다고 할 수 있다. 이에 반해서 우리헌법상의 집회·결사의 자유, 거주이전의 자유, 직업의 자유 등은 내국민에게만 보장될 수 있는 기본권이라 볼 수 있다. 그러나 헌법상 보장되는 그외의 다른 기본권들은 모든 인간들, 즉 무국적자 혹은 외국인에게도 보장될 수 있다는 점에서 인권적인 요소를 가진 기본권이다. 자유주의적인 헌법국가는 국내적으로는 기본권을 보장하고 국제적으로는 보편적인 인권보장의 이상을 실현하는, 그 과정에서 다른 나라에게는 그에 상응하는 헌법적인 권리보장을 요구하는 인권보호의 후견인(der Schutzpatron)이다. 인권의 보장과 준수에 대한 국제적인 감시기관이 존재할 수만 있다면, 주권에 기반

65) Vgl. Peter Badura, Die Verfassung im Ganzen der Rechtsordnung und die Verfassungskonkretisierung durch Gesetz, in: Josef Isensee/Paul Kirchhof, Handbuch des Staatsrechts, Bd. Ⅶ, Heidelberg 1992, S. 166.

을 둔 국가관념의 억제와 더불어 순수한 철저히 국가중심적이 아닌 인권 관념이 다시 전면으로 나설 수 있다.[66]

독일의 경우 과거의 국가사회주의적인 권력지배의 비인간적인 만행에 대한 반성의 표시로서 인간의 존엄의 보장(기본법 제1조 제1항)과 국제적인 인권의 승인(기본법 제1조 제2항)을 헌법의 최정점에 올려놓았다.[67] 기본법 제20조의 공화국, 민주주의, 법치-, 사회국가에 관한 국가원리들과 더불어 인간의 존엄의 보장은 전체국가질서와 법질서를 위한 권위있는 내용적 지도원리를 형성한다. 이러한 인간의 존엄의 보장은 평등하고 자유로운 인간의 인정을 위한 요구를 보장하고 있다. 이것은 전후의 새로운 헌법적 질서로서의 기본법의 변화되어질 수 없는 본질적 부분으로 헌법개정의 한계사유(독일 기본법 제79조 제3항)인 것이다. 우리나라는 헌법 제2장 국민의 권리와 의무에서 이에 대한 규정을 두고 있다: 제10조: "모든 국민은 인간으로서의 존엄과 가치를 가지며, 행복을 추구할 권리를 가진다. 국가는 개인이 가지는 불가침의 기본적 인권을 확인하고 이를 보장할 의무를 진다." 이러한 인간의 존엄과 기본권인권보장의 실현의 요구는 헌법상의 특별한 평등의 실현으로서 차별금지원칙과의 결합을 통해서 현대적인 의미의 다문화사회의 전개와 관련하여 제3세대 인권적 요구의 경향의 반영으로서 Hegel적 관념인 인정(Anerkennung)실현을 헌법적 토대로서 기능할 수 있다고 생각한다. 제1, 제2세대 인권의 주체가 개인임에 반하여, 제3세대 인권의 주체는 그것이 민족이든 국가이든 집단이라는 점에서 인권보장의 요구는 전통적의미의 인권관념을 넘어서는 것이다. 그러나 기존의 인권의 대체로서의 의미를 가지는 제3세대 인권의 영역은 많은 새로운 이론적 형성의 여지가 존재하는 것이다.

---

66) Di Fabio, a.a.O., S. 64.

67) 독일 기본법 제1조 제1항: Die Würde des Menschen ist unantastbar. Sie zu achten und zu schützen ist Verpflichtung aller staatlichen Gewalt. 제2항: Das Deutsche Volk bekennt sich darum zu unverletzlichen und unveräußerlichen Menschenrechten als Grundlage jeder menschlichen Gemeinschaft, des Friedens und der Gerechtigkeit in der Welt.

인간존엄실현을 기반으로한 헌법적 세계관을 독일연방헌법재판소는 자신의 기본권이해(Grundrechtsverständnis)에 접목시킨 기본권해석을 통해서 발전시켜 왔다. 그 본질적인 내용은 Lüth결정에서 발견되어진다:68) 「의심할 여지없이 기본권은 공권력의 침해로부터 개인의 자유영역을 보장하는 것이 그 우선적 과제이다, 왜냐하면 기본권은 국가에 대한 시민의 방어권(Abwehrrechte)이기 때문이다. 이것은 몇 몇국가의 헌법속에서 기본권에 대한 입장으로 이미 받아 들여진 역사적인 진전에서 나오는 것 처럼, 기본권사상의 정신적 발전에서 나오는 것이다. 기본권장의 우선권을 통해서 국가권력에 대한 인간과 인간의 존엄의 우선을 강조할려고 하는 기본법의 기본권은 또한 이러한 의미를 가진다. 입법자가 이러한 권리들의 특별한 법률적인 구제수단으로, 단지 공권력의 행사에 대한 헌법소원을 보장한 것은 기본권의 이러한 의미에 상응하는 것이다. 그와 동시에 기본권이 가치중립적인 질서가 아니려고 하는 기본법(BVerfGE 2, 1 [12]; 5, 85 [134 ff., 197 ff.], 6, 32 [40 f.])이, 자신의 기본권장에서 객관적 가치질서(objektive Wertordnung)를 제시하고, 그리고 바로 여기에 기본권효력의 원칙적인 강화를 표현한 것은(Klein－v. Mangoldt, Das Boner Grundgesetz, Vorbem. B III 4 vor Art. 1 S. 93) 또한 옳은 것이다. 사회적인 공동체내부에서 자유롭게 전개된 인간적인 인격성과 그의 존엄속에서 그 중심점을 발견하는 이러한 가치체계(Wertsystem)는 모든 법영역에 있어서의 헌법적인 근본결정(verfassungsrechtliche Grundentscheidung)으로 유효하다, 따라서 입법 행정 사법은 이러한 기본권적인 가치체계로부터 방향선(Richtlinie)과 추진력(Impuls)을 받는다.」

Lüth결정에 따르면 국가를 통해서 보장되어 지는 기본권은 자유는 될수 있는 한 적게 제한되어져야 한다는 원칙에 따른 국가적침해의 한계설정으로서의 의미가 아닌, 객관적 가치질서로서의 기능을 가진 전체적 법질서의 형성을 위한 적극적인 지도원리로서 기능하는 것이다. 독일연방헌법

---

68) BVerfGE 7, 198 [204 f.].

재판소의 견해에 따르면 기본권은 포괄적인 방법으로 개인을 국가적인 침해로부터 보호한다. 자유와 다른 가치(eine anderes Gut)가 침해되어지고 이 경우 기본권보호를 명하는 자유권적 기본권이 발견되어질 수 없는 경우에는, 당사자는 보충적인 수용기능(Auffangfunktion)이 부여되는 기본법 제2조 제1항을 원용할 수 있다.[69] 특별한 기본권(spezielle Grundrechte)에 대한 수용기본권(Auffangsgrundrechte)으로서 독일 기본법 제2조 제1항의 일반적 행동의 자유(allgemeine Handlungsfreiheit)를 통한 수용기능의 보장은 법원으로 하여금, 현실에 적합한 실제적인 기본권보호필요성에 적합한 기본권의 계속적 형성을 가능하게 한다.[70] 이것은 자기정보결정권(Recht auf informaitonale Selbstbestimmung)과 같은 새로운 불문적 보장(neue ungeschriebene Gewährleistung)을 도출하는 것을 가능하게 만든다.[71] 기본권이 직접적으로 효력을 가지는 권리가 아니고, 그와 동시에 모든 국가권력을 구속하는 헌법(Verfassungsrecht)이 아니라면, 기본권은 성문헌법상의 구성요소이기는 하지만 아무런 의미가 부여될 수 없다. 따라서 기본권의 직접적인 효력의 보장을 규정한 독일기본법 제1조 제3항은 헌법을 개정할 수 있는 입법자에게 명백히 하고 있다(독일 기본법 제79조 제3항).

독일 기본법은 주관적 공권(subjektive Rechte) 그리고 객관적 규범(objektive Normen)으로서의 기본권보장을 위해서, 제93조 제1항 4a를 통해서 공권력에 의하여 자신의 기본권 혹은 기본법 제20조 제4항, 33, 38, 101, 103, 104조에 포함된 권리를 침해당한 자는 연방헌법재판소에 헌법소원을 제기할 수 있다고 규정하고 있다. 이러한 기본권이라고 명명된 권

---

69) Vgl. 수용력을 가지는 일반적인 행동의 자유는 특별한 기본권의 보호영역이 해당되지 않는 경우에만 의미를 가진다. 이것을 일반적인 행동의 자유의 보충성(Subsidiarität)이라 한다. BVerfGE 6, 32 [37 ff.].

70) 일반적 행동의 자유를 통한 기본권실현의 범위의 확대는 헌법재판소의 헌법해석의 확대를 통한 입법자통제의 강화를 초래하는 원인이 된다.

71) Vgl. Alexander von Brünneck, Verfassungsgerichtsbarkeit in westlichen Demokratien, 1992, S. 171; Bernhard Schlink, Das Recht der informationellen Selbstbestimmung. Der Staat 25 (1986), S. 233 ff.

리들은 독일 기본법 제1장 기본권이란 제목으로 규정되어있다. 국가에 대한 개인의 주관적 공권으로서 기본권은 그러한 권리의 주체(Rechtsinhaber)에게 어떤 객관적인 규범(objektive Normen)을 통해서 의무지워진 규범적 수명자에게 이러한 법규범을 통해서 자신에게 의무지워진 의무를 수행하기를 요구할 수 있는 법적인 지위를 부여하고 있다. 객관적인 법규범대신에 "객관적인 의미의 규범 또는 권리(Norm oder Recht in objektiven Sinne)" 혹은 "객관적 권리(objektive Recht)"라는 표현이 사용되어지기도 한다.[72)]

독일 기본법 제1조 제1항의 "인간의 존엄은 불가침(unantastbar)이다"라는 표현은 인간의 존엄을 존중하고 보호하는 것을 모든 국가권력의 의무로 선언한 것이다. 이러한 인간의 존엄은 다른 많은 기본권규범들을 통한 모든 국가권력의 인간의 존엄침해금지명령 그리고 개인의 존엄을 보호명령으로 나타난다. 이것은 다른 측면에서 기본권보호의무의 주체로서 국가의 기본권적인 금지와 요구를 받아들이는 것을 요구할 수 있는 개인의 기본권주체성(Grundrechtsträger)의 인정의 요구이다. 국가와 개인사이의 관계에 한계를 설정하고, 동등한 자들의 결합을 통해서 배타적인 권력독점을 통한 강력한 권력남용으로부터 개인을 보호하기 위한 수단으로서 기본권은 전통적인 자유보장의 견지에서 국가와 사회를 구별하는 도구이다. 그것은 공적인 권력으로부터 독립된 개인의 인격실현의 본질적인 영역이다. 정치적인 의미에서 기본권은 민주적으로 행사된 권력에 대한 한계로서 이해되어 진다. 개인의 불가양의 법적지위로서 기본권은 국가적 영역과 사회적 영역의 밀접한 결합에 따른 사회에 치자와 피치자의 총체적 정체성(kollektive Identität)형성이 받아들여 진다하더라도, 즉 총체적 정체성의 형성을 위한 국가적인 동원작업이나 선전책동에 대한 개인의 독자성과 개인의 특별한 존엄을 보장하는 기능을 수행한다.

---

72) Ingo Richter/Gunnar Folke Schuppert, Casebook Verfassungsrecht, 3. Aufl., München 1996, S. 3.

그러나 오늘날 고도로 발전되어지는 과학문명과 이에 따른 기술의 진보 그리고 사회적 가치관의 변화는 국가로부터 자유로운 영역으로서의 기본권보호사상을 근본적으로 변화시킬 수 있다. 이러한 사회변동과 가치변화에 따른 기술적 변화는 기본권과 그 국가적 보호영역을 항상 정적인 상태로 묶어 둘 수가 없다. 이것은 전통적으로 고려되어 왔던 개인적인 자유와 총체적인 결정사이의 한계설정으로서 기본권의 기능이 여전히 적합한가 하는 질문을 제기하게 만든다. 이렇게 볼 때 사회적환경변화를 고려한 기본권해석자가 적절한 주의를 기울이는 과정에서 기본권의 기능은 변화되어 질 수 있다는 것을 우리는 전적으로 부인할 수 만은 없다. 결국의 국가형태의 변천은 기본권해석에 있어서 변화를 불러 일으키고, 이것은 또한 기본권목록(Grundrechtstexten)에도 변화를 초래한다. 그럼에도 불구하고 미래적인 국가형태와 더불어 조직되어진 정치적 권력의 또 다른 형태가 나타난다하더라도, 인권의 기본이념으로 소급하는 기본권이론이 중요성이 완전히 소멸되어질 수는 없다, 왜냐하면 국가지향적이거나 사회현실적응적인 기본권이론은 국가적 토대와 대상의 한계설정자로서의 역할을 할 수가 없기 때문이다. 이런 의미에서 양자는 국가속에서 조화되어지고 결합되어져야 하는 것이다.

Ⅵ. 소 결

법은 인간의 사회적 상황의 반영이다. 따라서 인간역사의 발전과정에 대한 고찰없이 그 사회의 법적·정치적 질서에 관련된 인간의 본질적 문제를 탐구한다는 것은 문제의 본질을 외면하는 것이라고 볼 수 있다. 이런 의미에서 정치적 질서와 개인의 자유사이의 본질적 문제로서 기본권발달의 역사적 전개과정을 살펴보는 것은 기본권이해에 있어서 매우 중요한 것이다. 공동체의 정치적 질서로서 헌법은 사회가 변화되어 감에 따라 자신도 현대적인 적응과정을 겪게된다. 현대화과정은 사회질서에 있어서 문제해결방법과 수단, 사회적 기능에 대한 사회의 기본적 입장과 태도의 변화를 초래하고, 이것은 기존의 가치영역에서의 순위나 존엄성(Würde)의 변화를 불러 일으킬 수도 있다. 이러한 사회적 변화과정을 통한 다원성과 불가피한 가치변경가능성의 존재는 과연 오늘날에도 헌법이 법질서의 근본원리로서 기능할 수 있고, 특히 기본권이 헌법의 본질적 요소를 이루고 있는 가 하는 문제를 제기하게 할 지도 모른다. 그 역사적인 발달과정을 살펴보면 기존의 기본권들은 국가권력과 정치적인 지배에 대한 개인의 권리보장의 수단으로서 기본권을 발달되어 온 것이다. 기본권은 인간생존의 영역으로서 기본권은 개인의 가치성·정체성 그리고 인격적인 기본적 요구의 발현이다. 이러한 개인의 생존의 보호영역으로서 기본권은 역사적으로는 국가권력과 잠재적인 갈등관계에 서게 된다. 이런 견지에서 본다면 인간생존의 중요한 수단인 신앙에 대한 국가적 간섭의 배제를 요구한 종교의 자유를 기본권의 기원으로 찾는 것은 타당하다고 볼 수 있다.

역사적인 측면에서 기본권은 방어권(Abwehrrechte)으로서 전개되어 온 것이다, 이러한 입장은 국가와 사회의 구별을 전제로한 국가의 지배로부터 사회의 보호만을 추구하던 근대적 시민사회에서는 받아들여 질 수 있지만, 오늘날과 같이 다원화된 사회에서는 이러한 방어권으로서 기본권은 단지 정치만을 통제하는 수단으로 기능한다. 1789년의 프랑스의 인간과 시민의 권리선언 제1조에 따르면 태어날 때부터 자유롭고 평등한 권리를 가지는 존재로서 인간은 당연히 그렇게 살아갈 수 있는 당위성을 가지고 있기 때문에, 사회적인 불평등은 단지 보편적인 이익(allgemeine Nützen)의 측면에서만 합리화될 수 있다고 하고 있다. 오늘날 하나의 사회적 질서의 결과로서 헌법은 더 이상 전체사회를 규율할 수 없고, 부분적 사회문제만을 해결하고 있다.[73] 결국 이러한 헌법구조의 변화는 정치

73) Gerd Roellecke, Zur Zukunft des Verfassungsstaates, JZ 1998, S. 692.

(Politik)의 역할을 증대시킨다. 기능적으로 분화된 사회에서의 보편적인 구속력의 요구는 더 이상 쉽게 이야기되고 관철될 수 없는 상황에서 사회는 정치를 통해서 할 수 있는 것이다.

인권의 이념을 그 원뿌리로서 탄생되어진 기본권은 인권에 그 이념적 기초를 두고 있다. 이것은 기본권이 이미 체계적으로 인권과 단절될 수 없다는 것을 의미한다. 그러나 기본권에 대한 논의는 항상 국가에 대한 고려를 벗어난 것은 아니라는 점에서, 기본권은 어떠한 국가형태에 관계없이 국가속에 그 근본이념을 구체화할 수 있다. 이러한 기본권과 국가의 관련성을 서로 대립되는 명제로서 자유와 안전(Freiheit und Sicherheit als Antinomie)에 대한 J. Isensee의 입장을 통해서 표현하고 싶다:[74] "시민이 국가로부터 자유와 동시에 안전을 보장받기를 요구한다면 그것은 통상적인 견해에 따르면 불가능한 것을 요구하는 것이라 할 수 있다. 왜냐하면 양자 중 하나는 다른 하나의 가치의 희생을 통해서 확보되어 지는 것이기 때문이다. 이런 점에서 자유주의적 헌법의 불가피한 희생적 대가는 바로 안전(Sicherheit)의 상실이라 할 수 있다. 이러한 양자의 가치의 대립을 받아들인다면 안전을 위한 입장은 보수적이라고 볼 수 있는 데 반하여, 자유를 위한 입장은 자유주의적이라 표현될 수 있다." 국가의 내적인 안전의 보장의무의 한계를 형성하는 핵심적 요소는 기본권이다.[75] 바로 여기에 국가로부터 자유로운 사회영역을 기반으로 한 기본권개념과 국가와 사회의 결합 혹은 일치를 통한 기본권이론 구축의 본질적 문제점이 존재하는 것이다. 극단적인 자유보장의 요구로서, 즉 개인의 사적인 도덕적 자치의 한계로서 사회적 안전의 상실은 더 이상 국가가 실질적인 기본권보장의 주체로서 기능할 수 없는 것을 말한다. 바로 여기에 국가로

---

74) Isensee, Das Grundrecht auf Sicherheit, Zu den Schutzpflichten des freiheitlichen Verfassungsstaates, Berlin [u.a.] Ort aus dem aktuellen Inhaltsverzeichnis Ort: 1983. S. 1.

75) Vgl. Walter Rudolf, Sicherheit und Grundrechte, in: Festschrift für P. Badura zum siebzigsten Geburtstag, S. 464.

부터 자유로운 사회영역을 기반으로 한 기본권개념의 한계로서, 서로 대립되는 가치나 기본권들의 이익형량(Güterabwägung)을 통한 국가의 기본권보호의무의 근거가 여기에 있는 것이다. 이런 점에서 헌법상의 기본권보장의 의무는 국가관련적인 것이다.

제5장 국제법의 헌법화와 인권보장

Ⅰ. 서

오늘날 개인의 근본적 권리(fundamental rights)를 보호하기 보호하기 두개의 중요한 중요한 시스템(system)이 존재한다: 헌법과 국제인권법 적극적으로 헌법규범을 집행하는 자유주의 국가(liberal states)에서는 이 두 시스템 사이의 관계의 중요성은 점점 더 증가하는 것으로 나타난다.[1] 국제헌법주의(international constitutionalism)에 대한 논의에서 인권법의 역할을 명확히 하고 평가하기 위하여 이러한 두개의 법체계들(legal systems) 사이의 관계보다는 양자의 차이점들과 각각의 기능에 대한 분석을 할 필요가 있다. 이 두개의 법체계와 관련된 다음의 두 개의 착안점들(threshold questions)에 대한 질문과 분석은 매우 중요한 의미를 가진다. 첫 번째로 이 두 개의 인권보장체계의 차이점은 무엇인가? 두 번째로 이 두 개의 인권보장체계의 존재근거는 무엇인가?

헌법과 국제법 사이의 유사성 혹은 차이점의 일반적 정도가 어떠하든 관계없이, 국내헌법상의 권리장전(bills of rights)은 의심할 여지없이 그들의 관할권(jurisdiction) 내에 있는 국민들(people)에 대하여 정부가 할 수 있는 것에 대하여 한계를 설정하는 동일한 기본적 기능을 수행한다. 이와 마찬가지로 국내적 헌법화가 실현된 자유주의국가 속에서는 국제인권법이 바로 이 국가에 대하여 국내헌법상의 권리장전과 같은 유사한 한계를 설정하는 경향이 있다. 그렇다면 이러한 상황에서 이 두 개의 법체계 사이에 법의 연원(source)이라는 명백한 차이를 넘어서는 중요한 차이점이 존재하는가? 특히 국제인권법 속에 어떤 헌법적인 것(anything 'constitutional')이

---

1) Gerald L. Neuman, Human Rights and Constitutional Rights: Harmonny and Dissonance, 55 Standford Law Review 1863-64 (2003).

존재하는가? 양자의 기능과 실질적 내용의 유사성으로부터 국제인권법이 비자유주의국가 혹은 비서구국가(non-Western states)에 대하여 주로 의미가 있고, 이들 국가들에 대하여 강조된다는 점을 이끌어낼 수 있는가? 혹은 아마도 어디에서든지 근본적 권리(fundamental rights)를 보호하는 데 있어서 국제인권법에 의하여 수행되는 독자적 기능이 존재하는가? 만약 이러한 독자적 기능이 존재한다면, 국제인권법은 헌법주의의 일반적인 발달에 있어서 어떠한 별도의 부가적 공헌을 할 것인가?[2)]

많은 사람들이 이미 논평한 바와 같이, 헌법적(constitutional), 헌법주의(constitutionalism), 헌법(constitution) 그리고 헌법화(constitutionalization)라는 4개의 관련용어들이 진행되고 있는 정확한 요구들을 - 그것이 규범적이든 혹은 기술적이든지 - 이를 명확하게 하기보다는 종종 모호하게 만드는 국제적 헌법주의에 관한 문헌들(비로 여기에 한정하지 않더라도)속에서 애매하고, 불분명하고 혹은 교체가능한 방식으로 사용되는 경향이 있다.[3)] 인권법이 국제법이 국가의 주권적 평등성이라는 자신의 전통적인 수평적 패러다임(horizontal paradigm)을 보다 수직적인 헌법적 패러다임(constitutionalist paradigm)으로 교체해야 한다는 국제헌법주의자들의 주장의 가장 일반적인 내용들을 형성하는 발전적 과정의 맨앞에 서있음에도 불구하고, 그것은 어떤 측면에서는 이러한 매우 중요한 설명적 주장(narrative)의 범위 속에서는 예외적인 것이다. 이러한 주장의 한 중심적 부분은 세계화, 민영화, 연방화 그리고 초국가주의의 영향에 직면에서 그 영역(territory)내에서의 국가정부의 지배권(state government power)의 상실으로 인하여, 국가헌법(state constitutions)은 더 이상 '총체적 헌법(total constitutions)'이 아니다는 것이다. 이러한 상실된 권력의 일부분은 거버넌

---

2) Stephen Gardbaum, Human Rights and International Constitutionalism, in Jeffrey L. Dunoff and Joel P. Trachtman (eds.) Ruling the World? Constitutionalizm, International Law, and Global Governance, Cambridge: Cambridge University Presss 234 (2009).

3) Gardbuam, 위의 책, 234.

스 기능(governance funktions)이 점점 더 강화되는 국제적 수준(international level)으로 이전된다. 이러한 설명의 두 번째 부분은 이러한 증가되는 거버넌스 기능으로부터 발생하는 국제법의 정당성(legitimacy)에 관한 규범적 문제이다. 여기에서 '보충적 헌법주의(compensatory)'의 형태로서 국제적 수준에서의 헌법주의(constitutiionalism at international level)는 해결책으로서 제시된다.[4)]

그럼에도 불구하고 이러한 국가지배권의 상실에 대한 이야기 그리고 국제법의 정당성 문제도 국제인권법에 대하여 매우 명백하게 혹은 직접적으로 적용되지 않는다. 개념적으로는 국제인권법은 주권의 장막(veil of sovereignty)의 관통을 통해서 전자(국가지배권의 상실)에 많은 기여를 하였음에도 불구하고, 실제적으로 국제적 수준의 근본적 권리(fundamental rights)를 보호하기 실행하는 보다 효과적인 체계를 개발하는 데 있어서 가장 큰 장애는 너무 적은 것이 아닌, 아직도 너무 많은 국가권력이다.[5)] 이러한 국제인권법의 인권보호적 기능을 고려해 볼 때, 국제인권법체제의 일반적 정당성에 대한 문제제기는 더 이상 특별한 문제가 되지 않는다. 오히려 국제인권법 체계가 어떻게 잘 제도화되고 조직화될 수 있는가 하는 것이 주요한 문제로 다루어진다. 이런 점에서 볼 때 유럽인권협약(European Convention on Human Rights)의 민주적 정당성의 결여(democracy deficit)는 아무런 문제가 되지 않는다.[6)]

---

4) Anne Peters, Compensatory Constitutionalism: The Function and Potential of Fundamental International Norms and Structures, 19 LEIDEN J, INT'L L, 579 (2006); Gardbaum, 위의 책, 234.
5) Gardbaum, 앞의 책, 235.
6) Gardbaum, 앞의 책, 235.

Ⅱ. 국제인권법과 국제헌법주의

국제적 헌법주의의 전개는 우선적으로 국제인권법의 보장을 통해서 가속화 된다. Harald Hongju Koh는 1999년에 발간된 자신의 논문 '어떻게 국제인권법은 실행되는가(How is International Human Rights Law Enforced)'라는 논문 속에서 당시의 수많은 외국의 인권침해범죄들에 대한 소송들 – 아이티(Haiti)의 이전의 독재자, 1991년의 동티모르의 딜리대학살(Dili massacre in East Timor)에 대하여 책임이 있는 인도네시아 장군, 보스니아 세르비아의 지도자였던 라도반 카라치(Radovan Karadzic)에 대한 소송들을 검토해 볼 때 국제_인권법(international human rights law)은 실행되지 않는다는 비관적 대답을 내놓고 있다. 그는 특히 러시아의 체첸공화국(Chechnya)에 대한 인권침해와 중국의 인권침해행위에 대하여 너그럽게 봐주는 태도를 들면서 자신의 부정적 답변을 확인하고 있다.[7)]

인권규범(human rights norm)은 실행되지 않는 근거로서 인권규범은 너무 막연하고 너무 큰 열망을 담은 것이기 때문이라는 인권규범의 내용적 취약성과 인권규범의 실행메커니즘(mechanism) 자체가 확실함이 없다는 조약체제의 문제점도 지적하고 있다. 더 나아가서 각 국가들이 자신들의 인권법 위반을 자제할 수 있는 경제적인 자기 이익 혹은 정치적 의지를 가지고 있지 않기 때문이다.[8)] 따라서 그는 국제인권법은 실제적인 국내법과 같은 집행력을 가지지 않는다고 보고 있다.

그는 어떻게 국내법(domestic law)이 실행되는가 라는 질문을 제기하면서 왜 이와 유사한 질문인 국제인권법이 집행되고 있는지 여부에 대한 질문을 왜 제기하지 않는가 하는 질문을 제기한다. 그는 국제인권법의 이

---

7) Harald Hongju Koh, How is International Human Rights Law Enforced?, 74 Indiana Law Journal vol. 1398 (1999).

8) Koh, 위의 논문, 1398.

러한 국제적 규범들은 약하게 실행된다(underenforced) 즉 불완전하게 실행되기 때문이라고 설명한다. 왜냐하면 이 규범들은 어떤 복잡한, 잘 이해될 수 없는 법적 소송절차(legal process)를 통해서 실행된다.[9] 이를 Koh 교수는 다국적 법적 소송절차(transnational legal process)로 명명한다. 그에 의하면 다국적 법적 소송절차는 다음의 세가지 과정(phase)으로 구성된다. 첫 번째 국면은 국제인권법의 세계적 규범(global norm)이 논의되고, 해석되고 그리고 최종적으로 국내적 법체계에 의하여 인정되는(internalize) 제도적 상호작용(institutional interaction)의 단계.[10] 그렇지만 그는 상호작용(interaction), 해석(interpretation) 그리고 국내법적인 인정(internalization)을 통해서 국제인권법이 실행되는 이러한 복잡한 다국적 법적 소송절차의 존재를 주장하는 것이 항상 이러한 소송절차가 기능한다는 것 혹은 이러한 소송절차가 잘 기능한다는 것을 이야기하는 것은 아니라고 주장한다. 그는 우선적으로 이러한 다국적 법적 소송절차는 매우 산발적으로 진행되고, 경우에 따라서는 Cambodia, Bosnia 그리고 Rwanda에서 나타난 바와 같이 다국적 법적 소송절차의 극적인 실패를 예를 들고 있다. 그럼에도 불구하고 또 때때로 이러한 국제인권법이 실행되는 다국적 법적 소송절차가 성공적으로 진행되는 경우도 있다. 이러한 사례들은 우리들에게 이러한 소송절차가 무시되는 것이 아닌, 이를 더욱 발전시키고 배양시켜야 하는 것을 정당화할 수 있는 근거를 제시한다.[11]

어떻게 국제인권법의 실행의 교훈을 세계화할 수 있는가 하는 질문에 대한 해답을 Koh교수는 국제인권법의 제도적 상화작용, 해석 그리고 이러한 규법들을 국내법 체계 속으로 수용할려는 시도(국내법적 수용)를 통해서 가능하다고 설명하고 있다. 그는 이러한 기본적 입장을 다음의 두 가지 부분으로 나누고 있다:[12] 첫 번째 어떻게 다국적 법적 소송절차가

9) Koh, 위의 논문, 1399.
10) Koh, 위의 논문, 1399.
11) Koh, 위의 논문, 1399.
12) Koh, 위의 논문, 1399.

이론적으로 국제인권법에 대한 국내적인 복종(obedience)을 증진시킬 수 있는가? 두 번째로 상호작용, 해석 그리고 국내법적 수용으로 언급되는 다국적 법적 소송절차가 어떻게 실제 사례에서 그대로 적용될 수 있는가?

그는 첫 번째 단계에 해당하는 질문인 왜 국가는 국제인권법을 준수해야 하는가 하는 질문과 관련하여 규칙(rules)과 행위(conduct)의 4가지 관계인 일치(coincidence), 합치(conformity), 순종(compliance) 그리고 준수(obedience)의 예를 들고 있다.[13)]

그가 드는 일치(coincidence)의 예는 영국에서의 left drive(도로의 좌측으로의 운전)이다. 그는 좌측운전을 개인으로 따를 때, 이는 한 개인의 규범을 따르는 것을 설명하는 것이 되지만, 왜 국가를 통틀어 수많은 사람들이 그렇게 하지 않는가에 대한 설명은 되지 않는다고 보고 있다.[14)]

그는 합치(conformity)와 관련하여 어떤 규칙을 알고 있다면, 그 규칙을 따르는 것이 편리하다면(convenient), 자신의 행동을 그 규칙에 합치되게 조정한다. 그러나 그것이 불편하다면 규칙에 합치되게 행위를 조정할 의무는 느끼지 않는다라고 설명한다. 그 예로서 그는 외국인이 인적이 드문 도로에서는 반대로 운전하는 경우를 들고 있다.[15)]

그에 의하면 순종(compliance)은 규칙을 잘 알고 있고, 그 규칙을 따라야하는 외부적 이유(external reasons) – 특별한 보상, 보험상의 이익 수령, 특정한 종류의 나쁜 결과를 피하기 위하여 규칙을 따르는 경우이다. 이것은 사람들이 규칙을 준수해야할 도덕적 의무를 느끼지 않음에도, 누군가가 그 규칙을 따를려고 결정하는 이유가 된다.[16)]

최종적으로 네 번째 가능성 준수(obedience)는 개인 혹은 조직이 그 규칙을 어떻게 해서든지 내부적으로 수용하고, 그것을 자신들의 내부적 가치체계의 한 부분으로 만들었기 때문에 규칙에 의하여 규정된 행위를

13) Koh, 위의 논문, 1400.
14) Koh, 위의 논문, 1400.
15) Koh, 위의 논문, 1400.
16) Koh, 위의 논문, 1400.

수용하는 개념이라고 그는 설명하고 있다.[17] 그는 이러한 개념의 순서를 일치(coincidence) → 합치(conformity) → 순종(compliance) → 준수(obedience)로 이전시킴을 통해서 규범의 내면화(norminternalization)의 증가를 인식할 수 있다고 주장한다.[18] 한때는 마지못해 규칙을 받아들이는 단계에서 습관적으로 이를 준수하는 형태로, 규칙은 어떤 종류의 외부적 제재로부터 시작해서 내부적 정언명령(internal imperative)이 된다고 그는 주장한다.[19] 그는 법집행(lawenforcement)의 가장 효율적인 형태는 외부적 제재의 부과가 아니라 내부적 준수의 설득함(inculcation of internal obedience)이라고 주장하면서, 많은 교통법률, 쓰레기 법(litter laws), 새법들이 자발적인 내부적 준수를 통해서 실행되는 것을 예로 들고 있다.[20]

헌법과 국제법 사이의 유사성 혹은 그 실행(enforcement)과 준수(obedience)에서의 차이점의 일반적 정도가 어떠하든 관계없이, 국내의 권리장전(bills of rights)과 국제인권법은 국가권력의 행사에 대한 한계설정적 기능을 행사한다.[21] 헌법주의의 국제적 발전을 주도하는 국제인권법은 국가들 사이의 주권적 평등성을 전제로 하고 있는 국제법의 전통적인 수평적 패러다임(horizontal paradigm)을 보다 수직적인 헌법적 패러다임(constitutionalist paradigm)으로 교체하는 것을 요구하는 중요한 근거가 된다. 개별국가의 헌법은 그 국가 내에서만 효력을 가지기 때문에, 이러한 국가헌법이 더 이상 효력을 미치지 못하는 국제적 수준(international level)에 있어서는 거버넌스 기능(governance funktions)이 점점 더 강화된다. 이러한 거버넌스 기능의 강화로 인한 국제법의 정당화에 대한 규범적 문제로서 '보충적 헌법주의(compensatory constitutionalism)'의 형태로서 국제적 수준에서의 헌법주의(constitutionalism at international level)는 해결책으로서

17) Koh, 위의 논문, 1400.
18) Koh, 위의 논문, 1400.
19) Koh, 위의 논문, 1400.
20) Koh, 위의 논문, 1401.
21) Gardbaum, 앞의 책, 234.

제시된다.[22] 세계화 시대에 있어서는 국제공동체의 국제적 헌법주의에 대한 오래된 관념에 대한 재검토가 요구된다. 왜냐하면 세계화로 인하여 발생하는 문제들은 국가들이 국제조직 안에서 그리고 쌍방 혹은 다자간 조약을 통해서 서로 협력하게 만든다. 따라서 이전에는 전형적인 국내헌법상의 정부의 기능으로 강조되던 인간의 안전, 자유와 평등의 보장과 같은 인권보장의 문제가 국제적 차원의 문제로 확대되고 있다.[23] 국제적 헌법주의(international consitutionalism) 혹은 국제법의 헌법화(constitutionalization of international law)[24]는 국제적 헌법규범들이 실행하는 다음의 세가지 중요한 기능을 구성요소로 한다: ① 국제법형성의 헌법화(enabling the formation of international law) 즉 규범형성적 헌법화(enabling constitutionalization), ② 국제법 형성의 억제(constraining the formation of international law), 즉 규범제한적 헌법화(constraining constitutionalization), ③ 세계화의 결과로 야기된 국내헌법상의 공백을 채우 것, 즉 보충적 헌법화(supplemental constitutionalization)[25]

국내헌법의 흠결과 효력약화는 세계화 과정의 확대와 심화 그리고 국제법의 내용의 강화를 통하여 야기되거나 혹은 더욱 더 심화된다. 이와 관련된 국제법의 헌법화의 진행과정은 보충적 헌법화이다.[26] 보충적 헌법

---

22) Gardbaum, 앞의 책, 234.

23) Anne Peters, Compensatory Constitutionalism: The Function and Potential of Fundamental International Norms and Structures, 19 Leiden Journal of International Law 579 (2006).

24) Peters는 헌법화(constitutionalization)와 헌법주의(cnostitutionalism)를 개념적으로 구분하고 있다, 헌법화는 주어진 법질서 내에서의 헌법의 출현을 의미하는 시간적 진행과정으로 설명될 수 있는데 반하여, 헌법주의는 17세기－18세기의 성문헌법주의에 바탕을 둔 정치적 운동으로서 특정한 의미의 헌법의 내용을 강조한다. 헌법주의는 법의 지배와 관련을 가지기 때문에 사법심사제 혹은 헌법재판과 관련성을 가진다. Peters, 위의 논문, 582－83.

25) Jeffrey L. Dunoff and Joel P. Trachtman, A Funtional Approch to International Constitutionalization, in Jeffrey L. Dunoff and Joel P. Trachtman (eds.) Ruling the World? Constitutionalizm, International Law, and Global Governance, Cambridge: Cambridge University Presss 10 (2009).

화는 세계화에 의하여 야기되거나 보다 심화되는 국내헌법적 구조의 공백상태에 대응하기 위한 것이다. 이러한 보충적 헌법화를 가장 잘 이해하고, 최적화 상태로 구현하기 위한 기본적 조건은 세계화가 진행되는 환경 속에서도 국내적 헌법체제를 계속적으로 정비하는 것을 통하여 국내헌법체계와 국제법적 헌법체계의 균형을 유지하는 것이다. 이러한 균형유지의 핵심적 내용은 국내헌법적 가치를 국제적 차원에서 보호 혹은 증진하는 것이다.

국제인권법은 보충적 헌법화 과정에 있어서 중요한 역할을 수행할 수 있는가? 이 질문에 대답은 우선적으로 인권개념과 관련된 다음의 두가지 질문 속에서 찾을 수 있다. 인권의 개념 속에 헌법적 요소가 들어있는가? 인권법을 국제 헌법으로 볼 수 있는가? 이 두 질문들에 대한 대답은 인권법은 정부가 자신의 관할권의 범위 내에서 개인들에 할 수 있는 것을 제한한다는 점에서 볼 때, 인권법은 본질적으로 내재한 헌법적인 것을 포함하고 있다는 것이 될 것이다. 게다가 확실히 국제헌법주의자들(international consititutionalist)이 주장하는 국제적 헌법(international consititution)이 존재한다면, 국제인권법은 국제적 헌법의 구성부분이 된다고 볼 수 있다.[27)]

그렇다면 이러한 국제헌법으로서 국제인권법이 국내적 법질서에서 헌법적 규범으로 적용될 수 있는가 하는 점이다. 이것은 마치 유럽에서 유럽인권협약의 국내법적 효력의 인정문제처럼, 국내법 질서에서 헌법, 법률 혹은 명령 중 어느 법규범과 동일한 효력을 인정받을 수 있는가 하는 문제이다. 이와 관련하여 우리 헌법재판소는 1999년 7월 22일의 사립학교법 제55조 제58조 제1항 제4호에 관한 위헌심판[28)]에 대한 결정에서 우리 헌법전문과 제6조 제1항에 의하여 헌법에 의하여 체결공포된 조약을 물론 일반적으로 승인된 국제법규를 국내법과 마찬가지로 준수하고 성실히 이행함으로써 국제질서를 존중하여 항구적 세계평화와 인류공영

26) Dunoff and Trachtman, 위의 책, 14.
27) Gardbaum, 앞의 책(주 17), 240.
28) 헌법재판소 89헌가106.

에 이바지하는 것을 기본이념의 하나로 하고 있다고 전제하면서 관련된 국제규범의 국내법적 효력에 대하여 개별적으로 판단하였다.

국제조약에 대한 헌법적 효력인정을 유럽헌법조약이라는 형태로 시도해 본 유럽연합은 현재 거의 유럽연합의 구성국가에 대하여 적용되는 유럽연합법들은 국내법 질서에 헌법적 효력을 가진다. 따라서 심지어 국내적인 형식적 헌법없이도 유럽연합의 인권법으로서 유럽연합의 기본권헌장 혹은 유럽인권협약의 규정들은 구성국가의 국내법질서에 대한 법적 구속력을 가진다.

1. 국제인권법체계와 국제인권법원의 분산

국제법 질서에 있어서 하나의 단일한 세계질서의 부존재는 당연히 일반적인 재판관할권을 가지는 단일의 세계법원을 통한 분쟁해결을 불가능하게 만든다. 이러한 현실적 어려움은 불가피하게 서로 다양한 국제적 하부체계(subsystem)들의 분산(fragmentation)과 이들의 존속을 뒷받침하는 다양한 국제법원들의 존속을 야기한다. 따라서 국제적 분쟁의 해결에 있어서 서로 다른 국제체제들 사이의 계속적인 협력과 다른 체제의 법규정에 대한 고려는 필요하다. 하나의 하부체계의 범위 내에서의 국제법원에 의하여 내려진 법적인 판결(legal adjudication)이 어떤 단일의 하부체계를 넘어서는 개별적 사건과 관련성을 가지는 한에서는, 그 하부체계는 다른 법질서의 존재를 고려해야만 한다.[29] 이러한 분산된 국제법 체계하에서는 보다 높은 차원에서의, 보다 일반적인 차원에서의 국제법원에 의한 사법적 통제가 행해질 수 없기 때문에, 각 하부체계는 자신의 법적 한계를 준수할 필요가 있다. 각 하부체계가 이러한 자기한계를 준수하지 못한다

29) Andreas L. Paulus, The International Legal System as a Constitution, in Jeffrey L. Dunoff and Joel P. Trachtman (eds.) Ruling the World? Constitutionalizm, International Law, and Global Governance, Cambridge: Cambridge University Presss 70 (2009).

면, 국제법체계의 해체 뿐만 아니라 다른 체계의 사법적 관할권 속에서 자신의 독자적 권위를 상실하게 될 위험에 처하게 되기 때문이다.[30]

분산된 국제법 체계들 속에서 계속적으로 많은 결정들을 양산하는 국제적 사법기관(international judicial institution)의 증가는 지난 20년 동안의 국제법 질서의 두드러진 특징이 되었다. 국제적 사법기관은 이른바 글로벌 거버넌스와 관련하여 국내법 질서에 비하여 국제적 입법기관의 존재와 역할이 상대적으로 취약한 국제법 질서에서 법제정자(lawmaker)로서의 자신의 역할을 확대하고 있다.[31] 이러한 현실적 상황에서 국내헌법에 대한 보호가 헌법재판제도와 같은 사법심사(judicial review)를 통해서 이루어지듯이, 국제적 헌법으로서 국제인권법 침해에 대해서도 엄격한 사법적 심사의 요구가 관철되어야만 하는가? 국제인권법의 보장과 관련하여 단일의 국제인권법체계가 아닌, 서로 중복되고 복잡한 방식에 의하여 상호작용을 하는 지역적 그리고 세계적 체계가 있다; 그리고 (2) 단일의 인권법의 국제적 법원(international legal source of human rights)은 존재하지 않고, 많은 법원들이 서로 겹치게 된다.[32]

이러한 단일화된 국제인권법체계 부존재와 이러한 법체계를 실행에 대한 사법적 심사를 담당하는 국제법원들의 분산으로 인하여 야기된 국제인권법 질서의 분산은 국제법질서의 분산(fragmentation of international legal order)의 한 예이다. 국제법은 고도로 분권화된 과정(decentralized process)의 산물이다. 명확히 말하면 국제 규범(international norms)은 종종 인권, 환경, 무역 혹은 국제형사법과 같은 전문화된 기능적 체제 속에서 발전된다. 기능적으로 분화된 각각의 법영역은 각자의 고유한 조약(treaties), 원리(principle) 그리고 제도(institution)를 가진다.[33] 그러나 어떤

---

30) Paulus, 위의 책, 82.

31) 이에 대한 논의는 Armin von Bogdandy/Ingo Venzke, Beyond Dispute: International Judicial Institutions as Lawmakers, 12 German Law Journal 979–1004 (2011).

32) Gardbaum, 앞의 책(주 17), 234,

33) Dunoff & Trachtman, 앞의 책(주 22), 6.

특정한 체제(regime)에 의하여 발전된 가치나 이익들이 다른 전문화된 체제에 의하여 발전된 가치나 이익들과 반드시 일치하는 것은 아니다. 실제로 어떤 특정한 영역에서의 전문화된 입법, 제도구축 그리고 분쟁해결은 이와 인접한 영역에서의 발전으로부터 상대적으로 단절되는 경향이 있다. 이러한 단절은 일관성이 없는 판단내려질 위험성, 서로 상반되는 법학(conflicting jurisprudence)의 성립가능성 그리고 전 영역에서 관련된 가치들에 대한 충분한 고려를 하지 못하여 발생하는 결과로 나타난다.[34]

2. 중앙집권적 입법기관과 사법기관의 결여로 인한 국제법 체계의 분산의 극복시도

세계화의 진행과정과 국제법 체계의 분산성이 별도의 진행과정을 통해서 나타났다 할지라도, 이 양자는 서로 관련성을 가진다. 왜냐하면 세계화의 증대는 필연적으로 국제적 생활영역에 더 많고 세분화된 국제법 규범의 생성을 요구를 증가시키기 때문이다. 그리고 이와 관련된 보다 많은 국제기기구와 조직들이 창설되면 될수록, 더 세밀화된 국제기관법적 내용의 분산을 촉진시킨다. 이런 점에서 볼 때 세계화와 국제법 체계의 분산성은 밀접한 관련성을 가진다.[35]

그러나 많은 이들이 국제법 체계의 분산(fragmentation)이 국제법의 안정성, 국제법의 일관성 그리고 국제법의 포괄적 특성에 의문을 제기하게 만든다고 주장을 제기한다.[36] 중앙집권적 입법기관과 사법기관이 결여로 인하여 국제법 체계의 분산이 발생하는 경우에, 국제법의 헌법화는 중앙집권적 기관을 창설하거나 법규정과 법원의 판결의 위계질서를 구제적

34) Dunoff & Trachtman, 앞의 책(주 22), 6.

35) Dunoff & Trachtman, 앞의 책(주 22), 9.

36) International Law Commission, Report of the International Law Commission on Long−term Programm of Work, ILC (LII)/WG/LT/L.1Add. 1 (July 25, 2000) at 26; Dunoff & Trachtman, 앞의 책(주 22), 8.

으로 제시하는 것을 통해서 이에 대하여 대응할 수 있다.[37] 그럼에도 불구하고 이러한 해결기능을 제시하는 일반적 국제법(general international law)의 헌법화 기능은 국제법 체계의 통일성 확보를 할만큼 강하고 충분하지 않다고 볼 수도 있다. 국제법의 헌법화를 주장하는 학자들의 기본적 전제는 국제공동체는 법공동체라고 보고 점이다. 이러한 법공동체는 힘에 의한 것이 아닌, 법과 원리에 의하여 규율된다. 궁극적으로 이러한 법공동체에 의한 국제법 질서의 헌법화는 이전의 국제적 지배의 중요한 요소인 국가주권에 근거한 국가의 동의요구(consent requirement)의 약화를 초래한다.[38] 국제법의 헌법화는 이러한 국제법 체계에 있어서 규범적 위계질서와 질서의 도입의 한 방법으로서 적어도 일련의 조정적 메커니즘으로서 기관과 규범의 증가로 인하여 발생한 혼란스러운 체계를 조직화하는 과정이다. 이러한 규범적 위계질서의 확립을 통하여 상위규범과 조정적 메커니즘은 법적 갈등을 조정하거나 해결할 수 있고, 이를 통해서 보다 큰 예측가능성과 규칙과 관련된 행위주체에 대한 확실성을 제공한다.[39] 조약에 기초로 체제로부터 출발해서 헌법적 체제로 변모하여 어떤 국제법의 지역적 분파(regional branch)를 넘어서는 새로운 법질서로 변모하여, 국제법 체계의 통일성을 확보한 예로서 유럽연합의 법질서의 통합을 들고 있다.[40]

국제법의 내부에서 규범적 위계질서(hierachy of norms)가 존재하는지 여부 그리고 특정한 사안에서 인권법이 다른 유형의 국제법에 우선하는지 여부의 문제는 국제헌법주의자들의 문헌(international constitutionalist literateraure)의 내부와 외부에서 중요한 의견의 불일치와 논쟁이 제기되는 문제이다.[41] 비록 어떻게 규범이 – 진행과정에서 – 목록(list)에 더 이상

37) Dunoff & Trachtman, 앞의 책(주 22), 8.

38) Anne Peters, Compensatory Constitutionalism: The Function and Potential of Fundamental International Norms and Structures 19 Leiden Journal of International Law 585–586 (2006).

39) Dunoff & Trachtman, 앞의 책(주 22), 8.

40) Paulus, 앞의 책(주 26), 85.

추가될 수 없는 이러한 지위를 형성하는지에 대하여 합의가 덜 형성되었음에도 불구하고, 가장 중요한 인권법의 소수의 그러나 매우 중요한 핵심적 내용은 강제법(jus cogens)으로서의 지위를 취득하여왔고, 그 결과 조약체결자를 구속하고, 아마도 충돌하는 관습에 우선하는(그러한 충돌이 개념적으로 가능하다면) 상위법 지위(higher law status)를 획득하였다.[42]

UN헌장(UN Charter) 제103조는 우월조항(supremacy clause)의 한 형식을 제시한다. UN 헌장 103조는 다음과 같이 규정되어 있다 : "국제연합의 구성국가의 현재의 헌장에서의 의무와 다른 국제협정상의 의무가 충돌하는 경우에는, 현재의 헌장에서의 의무가 우선한다." 그럼에도 불구하고 물론 헌장 그 자체는 어떠한 구체적인 인권법적인 의무를 포함하지 않고, UN헌장 제103조가 헌장의 일반적 지원하에서 명령되거나 혹은 허가된 후속적인 인권법적인 조치들을 포함하는 정도는 여전히 불확정적인 문제로 남아왔다.[43]

국제인권조약의 콘텍스트(context)의 범위 내에서 (일반적으로 강제법(ius cogens)의 범주와 별개로) 명백히 불가침(nonderogable)이라고 규정된 권리들은 제한이 가능한 권리(derogable ones)보다 위계질서상으로 우위에 있다는 주장이 제기된다. 그러나 인권법 사이에 위계질서가 있는지 여부는 (모든 혹은 일부의) 인권이 국제법의 다른 유형들보다 우위에 있는지 여부와 직접적인 연관성을 가지지 않는다.[44]

UN의 국제법위원회의 분산에 대한 보고서(International Law Commission)[45]에 의하면, 외관상 서로 충돌하는 다른 법체제의 요구들에 대해

41) Gardbaum, 앞의 책(주 17), 241.
42) Gardbaum, 앞의 책(주 17), 241-242.
43) Gardbaum, 앞의 책(주 17), 242.
44) Gardbaum, 앞의 책(주 17), 242.
45) Martti Koskenniemi, Fragmentation of International Law: Difficulties Arising from the Diversification and Expansion of International Law. Report of the Study Group of the International Law Commission, A/CN.4/L.682 13 April 2006.

서 합의를 도출하는 실무적 방법은 헌법적인 상부구조를 요구하는 것이 아니라, 단순하게 전통적인 기술적 방법들(technical skills) 그리고 결정의 내리는 자와 그들의 법률가들에 의한 결정을 위한 좋은 신념에 의한 노력(good faith-effort of decision)이다. 이러한 실무적 방법으로는 신법우선의 원칙(lex posterior) 그리고 특별법 우선의 원칙(lex specialis)과 같은 우선원칙(priorization) 그리고 각 법의 주체가 국제법이 요구하는 것을 이상적으로 알 수 있게 하기 위하여 국제법의 법원(legal source)의 정합성(coherence)을 유지하는 해석을 들 수 있다.[46)]

Paulus는 이러한 국제법 질서의 분산이 광범위한 국제법의 헌법화의 요구를 증가시킬 수 없다고 보고 있다. 왜냐하면 헌법은 법질서의 근본원리들 사이의 가치충돌을 해결할 수 없고, 단지 계속적으로 다양해지는 국제적 재판 메커니즘들(adjudicatory mechanisms) 사이의 위계질서의 부존재에도 불구하고 국제법의 통일성을 유지하기 위하여 가치충돌의 사례에 있어서 이러한 충돌을 해결할 수 있는 메커니즘을 제공할 수만 있기 때문이다.[47)] 그는 국제법 질서의 분산문제는 국내법 질서의 사법적 관할권의 분산만큼 심각하지 않다고 보고 있다.[48)] 더 나아가서 국제법의 정합성의 문제는 헌법의 문제와는 별개로 다루어질 필요가 있기 때문에 국제법의 헌법화 논의를 국제법 체계의 실질적 원리에 대한 논의를 전환시킬 필요성이 있다고 주장하고 있다.[49)] 이러한 Paulus의 반론을 고려해 볼 때, 국제법의 헌법화가 이렇게 분산된 국제법 체계에 대하여 정돈된 규범적 질서를 가져올 수 있는지 여부에 대해서는 많은 의문이 제기될 수도 있다. 이 문제에 대한 이러한 격렬한 논쟁의 존재는 국제법 영역에서의 법적인 핵심가치에 대한 법세계적인 합의의 성립이 쉽지 않다는 것을 의미한다.[50)]

---

46) Paulus, 앞의 책, 85.
47) Paulus, 앞의 책, 86.
48) Paulus, 앞의 책, 86.
49) Paulus, 앞의 책, 86-87.

국제법의 분산문제를 해결하기 위한 또 다른 주장은 국제법의 헌법화를 일련의 국제법 규범들이 대체규범들(alternative norms)에 대한 규범적 우위를 차지하기 위하여 어떤 전문적인 법질서의 구축을 통한 혹은 보다 정확하게 설명한다면 특정한 국제법상의 행위주체에 의한 아주 은근한 정치적 노력들이 이러한 규범적 가이드 라인 설정을 통해서 전개되는 과정으로 이해한다. 이러한 국제법의 헌법화의 진행과정은 국제법상의 지배권 장악 프로젝트로서 헌법규범을 통한 법적 통일성(legal unity through constitutional norms)의 추구과정이다.[51] 이에 대한 반대 견해는 국제법의 규범적 위계질서의 확립을 통한 국제법상의 법적 통일성의 실현은 국내법상에서 행해지는 것과 같은 서로 다른 가치들 간의 형량과정에 대한 승인에 불과하다고 격하시킨다. 이와 관련하여 제기되는 가장 중요한 논의점은 국제법의 헌법화가 국제법 체계의 분산성으로 인하여 발생하는 문제점들을 해결하기 위한 타당한 규범적 대응과정으로 볼 수 있는가 하는 점이다.[52]

Ⅲ. 국내적 인권보장체계와 국제적 인권보장체계

헌법과 국제인권법의 두체계들 사이의 하나의 명백한 유사성은 그들의 연령(age)에 있다. 확실히 각각의 시스템 속에서는 중요한 선도자와 후속적 발달과정이 있었음에도 불구하고, 양자는 모두 1945년 이후에 제2차 세계대전 직전과 진행과정 동안에 행해진 광범위한 근본적 권리의 침해에 대한 반성으로서 필수적으로 만들어졌다. 이것은 국내법과 국제법 양자의 적용범위의 중대한 차이를 메워준다.[53]

---

50) Dunoff & Trachtman, 앞의 논문, 8.

51) Martti Koskenniemi, Global Legal Pluralism: Multiplke Regimes and Mutiple Mode of Thought 5 (2005); Dunoff & Trachtman, 앞의 논문, 8-9.

52) Dunoff & Trachtman, 앞의 논문, 9.

약간 덜 명백하지만 매우 중요한 양자의 유사성은 양자의 일반적인 내용과 구조이다. 전체적으로 그리고 경제적, 사회적 그리고 문화적 권리에 관한 국제협약(International Covenant on Economic, Social and Culturel Rights(ICESCR)) 그리고 여성에 대한 모든 형태의 차별 폐지에 관한 협약(Convention on the Elimination of All Forms of Discrimination against Woman (CEDAW))에 부분에서 나타나는 가장 주목할 만한 예외를 살펴볼 때, 주요 국제인권조약에 포함된 권리들은 그 실질적 내용에 있어서 대부분의 현대 헌법에 포함되어 있는 권리들과 매우 광범위하게 유사성을 가진다. 경제적, 사회적 그리고 문화적 권리에 관한 국제협약(ICESCR) 그리고 여성에 대한 모든 형태의 차별 폐지에 관한 협약(CEDAW)의 특정부분은 그러한 권리들의 가장 많은 수를 포함하고 있는 국내헌법상의 권리장전 속에서 나타나는 것 보다 훨씬 더 세부적이고 광범위한 사회적 그리고 경제적 권리를 포함하고 있기 때문에, 이들 협약의 특정부분은 매우 예외적이다[54]. 양자 모두 일반적으로 그러한 시민적 권리 그리고 정치적 권리로서 개인의 자유와 안전에 대한 권리; 고문, 잔인한 그리고 비인간적인 형벌 그리고 노예제도의 금지권; 투표권; 표현과 종교적 행위의 자유; 인종, 민족, 출신국가 그리고 성별을 근거로 한 국가차별로 부터의 자유를 포함하고 있다. 많은 국내의 권리장전들(bills of rights)은 교육, 의료, 직업선택 그리고 기본적 생활수준에 대한 권리와 같은 경제적, 사회적 그리고 문화적 권리에 관한 국제협약(ICESCR) 속에 포함되어 있는 다소의 권리들 혹은 가장 핵심적인 사회적 그리고 경제적 권리들을 포함하고 있다.

게다가 양체계는 일반적으로 권리의 일반적 구조를 공유하고 있다. 그래서 각 체계 속의 몇몇 권리들은 제한(limitations) 혹은 내용의 축소(derogations)가 허용되지 않는 무조건적 혹은 확정적 규범(categorical or peremptory norms)으로 다루어지고 있다. 이러한 내용은 별도로 하고 권리의 우선적 개념(the primary conception of rights)은 중요한 그러나 갈등이

53) Gardbaum, 앞의 책, 235.
54) Gardbuam, 앞의 책, 235.

수반되는 공공정책목적의 증진을 위한 필요에서 권리들은 정당하게 제한하거나 혹은 무시하는 허용하는 경우에 있어서 완전무결한 최후수단이 아닌 추정적 보호수단

(presumptive shields)이다. 그러한 제한은 국가비상사태 조항(national emergency clauses) 혹은 개별적 혹은 일반적 제한조항(limitations clauses)에 의한 제한(derogation) 각자에 혹은 양자 속에 규정되는 경향이 있다. 비록 다양한 방법을 통해서 – 권리가 그러한 정부에 대하여 적극적 의무를 부과하는 경우를 포함해서 – 많은 권리들은 간접적으로 사적인 관계(private relations)를 규율한다. 국제인권조약과 국내의 권리장전(bills of rights)이 모든 보호되는 권리들에 대하여 실질적 효력을 부여하기 위하여 필요한 입법 혹은 다른 조치를 해야 할 일반적 의무를 포함하고 있다는 점에 있어서, 국제인권조약은 일반적으로 국내의 권리장전보다 보다 광범위한 적극적 의무를 부과하고 있다. 전체적으로 종합해 보면 이러한 양자의 일반적인 유사성 때문에 세계의 중요 인권기구(international human rights instruments)들을 종종 총괄하여 국제권리장전(international bill of rights)으로 언급하고 개인의 근본적 권리(fundamental rights) 보호라는 동일한 것(same thing)을 보호하는 두 체계를 언급할 수 있다.[55)]

기능, 연령(age), 실질적 내용, 그리고 구조의 이러한 중요한 유사성을 넘어서는 잘 알려져 있지만 그러나 매우 중요한 양자의 제도적 차이(institutinal difference)는 그들 각자의 집행방법(methods of enforcement)이다. 따라서 위헌심사제(judicial review)와 그들의 정부에 대한 강제적 재판관할권(compulsory jurisdiction)의 충분한 권한을 행사하는 헌법재판소의 수의 압도적 증가가 최근에 사법적 지배(juristocracy)와 사법국가화(juridification)와 같은 용어의 사용을 초래하고 있는 반면에, 동일한 권한을 가진 국제인권재판소(international human rights courts)는 전 지구적 수준에서는 여전히 절대적 명령(rule)이 아닌 예외적 현상(exception)으로 남아있다.[56)]

55) Gardbuam, 앞의 책, 236.
56) Gardbuam, 앞의 책, 236.

그럼에도 불구하여 여전히 제기되는 질문은 두 법체계 사이의 중요한 차이점에도 불구하고 국제인권법이 다소의 중요한 의미에서 헌법이 되거나 혹은 헌법이 되어가기 때문에 양자의 차이가 점차적으로 감소되는지 여부이다. 국제인권법의 우선적 기능 중의 하나가 정부가 그 관할권의 범위내에서 적법하게 국민들에게 할 수 있는 것에 대한 한계를 제시하는 것이라는 점을 고려해 본다면, 국제인권법의 본질 그리고 대상에는 의심할 여지없이 처음부터 내재하는 헌법적 요소가 있다. 이것은 헌법의 중심적 기능이다. 실제적으로 이것은 국제법이 (유럽연합의 초국가주의는 별도로 하고) 명백히 어떠한 일반적인 정치적 기관(political authority)을 조직화하고 권한을 부여하지 않는다는 점을 고려해 볼 때, 이론의 여지는 있지만 어떤 유형의 국제법에 의하여 행해질 수 있는 가장 직접적인 그리고 솔직한 헌법적 기능이다.[57)]

그러나 국제인권법 본질적 특성 그 자체에 내재하는 중심적 기능을 넘어서는, 어느 정도의 보다 특별한 의미에서의 어떠한 헌법적 요소가 국제인권법 속에서 존재하는가 하는 질문이 제기된다. 이와 관련하여 Stephen Gardbaum은 러한 두 체계 사이의 차이와 인권의 시대에 국제적 헌법주의의 공헌 (혹은 한계)에 대한 평가를 하기 위하여 제기될 수 있는 혹은 지금까지 제기되어진 그리고 명백히 구분되어지는 세 개의 특별한 주장이 성립될 수 있다는 가정을 설정한다. 그 첫 번째 주장은 국제인권법 체계가 자신의 독자적인 적절한 방식에 의하여 근본적 권리를 보호하는 국내적 그리고 국제적 헌법의 한쌍의 체계를 만드는 것을 통해서 점차적으로 헌법이 되었다는 것이다. 다른 말로 표현한다면 보호되는 권리의 법적 지위는 각 체계내에서 점점 더 서로 유사하게 되었다. 두 번째 주장은 국제법의 다른 유형과 비교해서 본 보호되는 권리들의 정확한 법적 지위와 관계없이 인권법 체계 그 자체는 몇몇 다른 국제법 체제(international regime) – 유럽연합(European Union)이 가장 두드러진 – 를

---

57) Gardbaum, 앞의 책, 237.

이해하는 것과 동일한 방식에 의하여 국제법의 헌법화된 체제(constitutional regime)로서의 특성이 적절히 인정될 수 있다는 것이다. 세 번째 주장은 국제인권법의 발전이 국가주권의 평등성에 기초한 국제법의 전통적인, 수평적 패러다임을 거부하고 이를 보다 수직적, 헌법적 혹은 공법적 패러다임(vertical, constitutionalist, or public law paradigm)으로 대체하기 위한 일반적 사례의 중요한 부분이 된다는 것이다.58)

국제인권법이 헌법적 특성을 가진다는 이 세가지 주장을 보다 명확히 하고 평가하는데 있어서, 비교헌법학자와 국제법학자들이 각자 서로 분리되어서 토론한 두개의 서로 다른 헌법화 과정에 대해서 언급하는 것은 도움이 된다. 첫 번째 과정은 주어진 체제(regime) 내에서의 근본적 권리의 법적 지위에, 특히 1945년 이후 계속적으로 많은 국내 시스템을 특징지워온 권리의 일반적 지위에서 보다 높은 법적 지위로의 이동에 대하여 관심을 가진다. 권리의 그러한 국내적 헌법화에 대한 최근의 예들은 1982년 캐나다의 성문법적인 권리장전(statutory Bill of Rights)을 대체한 캐나다의 근본적 권리와 자유에 대한 헌장(Canada's Charter of Fundamental Rights and Freedoms) 그리고 '헌법적 법률(constitutional statute)'임에도 불구하고 (적어도 300년 동안) 처음으로 국내법체계 내에서 광범위한 권리장전(bill of rights)을 제정한 영국의 1998년의 인권법(Human Right Act).59) 따라서 국제인권법은 국제적 헌법이라는 첫 번째 주장이 이러한 주장과 유사한 변화과정을 초래하였는지 여부에 대한 논점을 제기한다.

국제법학자의 주된 관심대상이 된 헌법화의 두 번째 진행과정은 순수한 조약에 바탕을 둔 실체(a purely treaty based entity)에서 헌법적 실체로의 특정한 국제법 체제의 변용이다. 이와 관련하여 유럽연합은 모범적 선례 그리고 다른 국제적 체제(regime)에 대한 요구가 성립될 수 있는지

58) Gardbaum, 앞의 책, 237.

59) Stephen Gardbaum은 이 두 예들을 분석해고 이 예들이 헌법주의의 새로운 대안적 모델을 제시했다고 주장하였다. Stephen Gardbaum, The New Commonwealth Model of Constitutionalism, 49 Am. J. Comp. L. 707 (2001).

여부에 질문으로 구성된 국제적 헌법주의 논쟁의 중요한 부분을 제공한다. 두 번째 주장은 인권법 체계 그 자체가 이러한 의미에서의 국제법의 헌법화된 체제(constitutionalized regime)가 되었는지 여부에 대한 논의에 초점을 맞추고 있다. 그리고 세 번째 주장은 인권이 전체적으로 국제법의 헌법화에 기여를 해왔는지 여부 그리고 어떻게 기여해 왔는지를 다루고 있다.[60]

1. 인권법은 국제헌법(International Constitutional Law)인가?

인권법은 정부가 자신의 관할권의 범위 내에서 개인들에 할 수 있는 것을 제한한다는 점에서 볼 때, 인권법은 본질적으로 내재한 헌법적인 것을 포함하고 있음에도 불구하고, 이러한 고려에 대한 정확한 질문은 이러한 헌법적인 것이 현재 인권법에 대하여 헌법에 해당하는 특별한 법적 지위(specific legal status of constitutional law)를 부여했는지 여부에 대한 것이다. 분명히 정부에 대한 제한은 다양한 법적 형식 혹은 비법적 형식을 통해서 행해질 수 있고 그리고 행해진다. 순수한 국내적인 측면에서 정부에 대한 제한은 헌법적, 법률적, 일반법(common law), 행정, 관습 혹은 단지 정치적 그리고/혹은 실용적 형태일 것이다. 헌법은 특정한 형태의 법이기 때문에, 이 문제는 적어도 부분적으로 불가피하게 형식적 내용을 가진다. 그럼에도 불구하고 확실히 이러한 형식적 내용은 순수한 국내질서로 부터 벗어나서 추상화되어야만 한다. 확실히 유럽연합은 현재 거의 보편적으로 헌법을 가지고 있다고 인정되고(심지어 형식적 헌법없이도), 유럽연합의 인권법은 이러한 헌법의 일부이고, 이러한 유형의 법은 더 이상 국내질서에만 제한된 것으로 실무적으로 그리고 개념화될 수 없기 때문이다.[61]

---

60) Gardbaum, 앞의 책, 238.
61) Gardbaum, 앞의 책, 238.

근본적 권리를 보호하는 첫 번째 법체계 (그럼에도 불구하고 이러한 내용에만 한정되는 것은 아니고)로 예증되는 의미 속에서 헌법의 특성을 개념화하는 것은 무엇인가? 그것은 전통적으로 영국에서 행해진 정치적 권력의 조직화와 배치를 위한 하나 혹은 그 이상의 초월적 규칙(metarule)을 포함하고 있는 법규범으로서 일방적인 헌법의 순수한 기능적 의미를 고려하는 것이다.62)

첫 번째로 헌법은 – 그러나 실제로는 명목상일뿐 혹은 실무적으로 인식하기 어려운 – 일반적인 지속적인 입법과정과 비교해 볼 때 특별한, 역사적 배경을 가진(episodic) 그리고 자기의식을 가지고 있는 제정권력(constituent power)에 의하여 만들어지는 법이다. 몇몇 사례에서는 이러한 헌법제정권력은 특별하게 임명된 헌법제정회의(constitutional assembly), 특별한 비준(ratification) 혹은 의사결정과정 혹은 이스라엘의 국회(Israeli Knesset)와 같이 다른 모자를 쓰고 있는 같은 기관에 의하여 제도화된다. 나머지의 경우에는 토의 질이나 기간의 측면에서나타난 것 보다 훨씬 덜 제도화된다고 볼 수 있다.63)

두 번째로 헌법은 다른 규범과의 충돌에 있어서 우위를 가지는 상위법(higher law)이고 일반적으로 규범적 위계질서에서 최상위를 차지하고 있다. 세 번째 헌법은 특별 절차 혹은 압도적 다수의 요구라는 몇가지 유형에 의하여 행해지는 법률 혹은 다른 유형의 법의 일반적인 개정 혹은 폐지방법으로도 개정될 수 없다. 특별한 제정권자(constituent authority)에 의하여 만들어진 최고법 형식으로서 헌법은 오로지 동일한 입법기관 혹은 이에 상응하는 기관에 의해서만 개정 또는 폐지될 수 있다(물론 헌법은 실제적으로 – 개정 또는 폐지되지 않는다면 – 법원의 해석(judicial interpretation)에 의하여 변경될 수 있다).64)

1945년 이래로 국내적 헌법보호를 위한 독특하고 특별한 집행방법

62) Gardbaum, 앞의 책, 238.
63) Gardbaum, 앞의 책, 238–239.
64) Gardbaum, 앞의 책, 239.

(methods of enforcement) – 부분적으로 사법적 심사(judicial review)를 통해서 – 엄격하게 요구되지 않는다. 명백히 헌법에 사법적 심사제도를 두고 있지 않고[65] – 영국과 뉴질랜드(New Zealand)는 그렇게 하지 않는다 –, 헌법에 의하여 근본적 권리를 보호하는 네델란드(Netherlands)의 경우는 분명하고 중요한 의미를 가진다. 실제적으로 이러한 관점에서 지역적(regional) 그리고 세계적 체계(global system) 사이에 중요한 차이가 있는 국제적 인권의 보호와 관련된 문제가 중요하다고 본다면, 일정한 유형의 사법심사제도 없이 근본적 권리가 효과적으로 보장되고 있는지 여부는 별도로 분리하여 다루어 진다.[66]

국제인권법이 이러한 다양한 기준들은 만족시키는지 여부 혹은 어느 정도까지 만족시키는가를 결정하는 것은 두 개의 명백하고 잘 알려진 요인에 의하여 복잡하게 된다 : (1) 방금 언급한 바와 같이 단일의 국제인권법체계가 아닌, 서로 중복되고 복잡한 방식에 의하여 상호작용을 하는 지역적 그리고 세계적 체계가 있다; 그리고 (2) 단일의 인권법의 국제적 법원(international legal source of human rights)은 존재하지 않고, 많은 법원들이 서로 겹치게 된다. 그리하여 인권을 법제화하는 가장 일반적인 방법이 국제조약이 되어왔음에도 불구하고, 몇몇 인권법 – 또한 조약 속에 규정된 많은 권리들을 포함하여 – 관습(custom) 그리고 논증의 여지가 있지만 일반적 원칙에 그 근거를 두고 있다.[67]

게다가 강제법(jus cogens)의 지위를 획득한 인권의 작은 조합(subset)들이 (그리고 또한 좀더 넓게 이해한다면, 모든 국가에 적용되는 절대적 권리로서의 의무(erga omnes duties)를 부과하는 권리들의 조합) 그 구성요소로 포함된다면, 집단학살의 금지와 같은 특정한 인권규범은 각 범주 속에 들어가게 된다.

---

65) 네델란드 헌법 제120조는 다음과 같이 규정하고 있다: "의회의 입법과 조약의 합헌성은 법원에 의하여 심사되지 않는다."

66) Gardbaum, 앞의 책, 239.

67) Gardbaum, 앞의 책, 239.

실제로 보다 일반적인 측면에서 인권의 국제헌법적 지위의 인정문제가 많은 관심의 대상이 된다는 것에 대하여 의문을 제기할 수 있다. 잘 알려진 바와 같이 국제법 속에 어떤 일반적인 규범적 위계질서가 존재하는지 여부에 대하여 많은 이견이 존재한다. 설사 많은 의견의 불일치가 존재한다 할지라도, 실무에서는 국가의 인권법 준수 의무 그리고 다른 이와 버금가는 국제법적 의무 사이의 충돌이 – 국제헌법적 지위가 실무적으로 문제되는 상황의 유일한 유형 – 발생하는 상황은 상대적으로 드물다. 이와 대조적으로 국가의 인권준수의무와 (1) 국가의 순수한 국내법 혹은 국내적 조치 혹은 (2) 국제적 의무의 준수의 문제로 행해진 것이 아닌 국가의 국제적 행위 상의 갈등이 보다 더 일반적인 현상으로 나타난다. 그리고 심지어 그러한 충돌이 존재하는 경우에도, 국제인권법 준수를 감시하거나 혹은 집행하는 기관들은 일반적으로 그러한 문제를 해결하기 위한 관할권(jurisdiction)을 가지고 않고, 오히려 그들이 실행권한을 부여한 인권이 침해되었는지 여부만을 결정한다. 이것은 그러한 분쟁에 직면하여 국제인권법원(international human rights court)이 예를 들면 인권조약과 관련성을 가지는 한에서는 인권준수의무에 버금가는 국제적 의무가 권리의 제한을 정당화시키는지 여부에 관한 논의를 형성하는 경향이 있다는 것을 의미한다. 다른 말로 하면 법원은 이러한 의무의 우선성(priority)을 인정하려고 할 것이다. 논쟁의 여지가 있지만 보다 일반적인 국제법원만이 유일하게 어떠한 국제법적 의무가 우선성을 가지는지에 대해서 결정함으로서 분쟁을 해결하는 진정한 관할권(jurisdiction)을 가지게 될 것이다.

그럼에도 불구하고 나는 인권체계와 관련하여 긍정적으로 혹은 부정적으로 드러나는 것을 검토하기 위하여 이 문제를 연구할 가치가 있다고 생각한다. 인정하건대 방금 제시한 이유를 들어 그것은 종종 아주 많지 않은 직접적인 실제적 중요성이 해결책에 대하여 인정되지 않는 사례가 될 것이다. 그러나 그러한 실제적 이유는 별도로 하더라도 국내의 권리장전은 또한 일반적으로 중요한 이성적 표현으로서 – 그리고 종종 헌법전

(constitutional text)의 앞 부분에 위치한다. – 그 체계 내에서 가장 중요한 법규범으로서 근본적 권리에 대한 총체적 책임(collective commitment)을 반영하는 헌법적 지위를 가진다. – 수사학적 측면에 제쳐두고 – 현재 국제법 체계가 이와 유사한 책임(commitment)을 표현하고 있는지 여부 혹은 있다면 어느 정도까지 하고 있는지를 알아보는 것은 유용한 시도이다. 게다가 확실히 국제헌법주의자들(international consititutionalist)이 주장하는 국제적 헌법(international consititution)이 존재한다면, 국제인권법은 국제적 헌법의 구성부분이 된다고 볼 수 있다.

Stephen Gardbaum은 서로 다른 국제적 차원(international context)에서 적용되는 판단기준(criteria)을 평가해보고, 이러한 기준들이 로마조약(Treaty of Rome)과 유럽연합의 인권법 원칙들(EU human rights principkes) 양자 모두가 유럽연합의 법체계내에서의 헌법으로서 기능하는 것이 일반적으로 인정되는 유럽연합법의 사례 속에서 어떻게 적용되는지에 대하여 의문을 제기하는 것을 연구의 착안점으로 삼고있다. 그가 이러한 착안을 시도한 이유는 무엇보다도 이러한 규범들이 가지는 상위법적인 지위(higer law status) 때문이다.[68] 이러한 이유에서 그는 유럽연합조약 그 자체 그리고 유럽연합법원(European Court of Justice, ECJ)의 인권법 판례(human rights jurisprudence)가 모든 다른 유형의 유럽연합법과 충돌에 있어서 우선적 효력을 가진다는 점을 강조하고 있다. (유럽연합의 기본권 헌장 구속력을 가지고, 유럽연합조약에 편입되는 시점이 이전까지도 지속적으로) 유럽연합법원은 일반적 법원칙으로서 유럽연합의 인권법을 조약의 구성부분으로서의 효력을 인정하는 것을 통해서 이러한 상황을 합리화하려고 시도하였음에도 불구하고, 유럽연합의 인권법은 실제로 거의 틀림없이 그러한 분쟁이 발생한 경우에는 조약에 우선하였다(trump). 이러한 우위(supremacy)의 가장 중요한 근거는 헌법적 지위에서 찾을수 있음에도 불구하고, – 적어도 조약과 관련해서는 – 이것은 유일한 중요한 판단기준은 아니다.

---

68) Gardbaum, 앞의 책, 241.

1957년 조약을 통해서 발동이 걸린 법을 통한 유럽통합의 반복적이고 고도의 토의적 진행과정은 결과적으로 헌법적 진행과정(constitutional moment)으로 연결되었다고 설득력있게 평가되고, 이러한 이에 대한 특정한 후속적인 개정(amendments)과 추가과정(additions)으로 인식된다. 게다가 몇몇 인권조약을 포함한 다른 조약과 비교해 볼 때, 조약이 개정안이 효력을 발생하기 전에 행해지는 정부간의 회의소집과 모든 회원국의 만장일치에 의한 비준을 요구하는 성가신 개정과정의 진행은 로마조약(Treaty of Rome)에 대한 보호망이 되었다.69)

어떻게 세가지 기준들(criteria)을 국제인권법에 적용할 수 있는가? 제정권력(constituent power)의 측면에서 볼 때 - 조약은 별도로 하고 - 국제법 제정의 방법들은 정확하게 특정하기 어려운 것으로 악명이 높다. 게다가 국제법적 차원에서의 제정권력에 대한 일반적 개념(general conception of a constituent power)이 존재하지 않는다. 그럼에도 불구하고 UN 헌장(UN Charter) 그리고 로마조약(Treaty of Rome)과 같이 성립되고, 20년 동안 협상과정이 진행된 두 개의 일반적 세계적 인권조약은 대부분의 다른 국제법에서 나타나지 않은 - 제정권력(constituent authority)의 - 헌법적 진행과정(constitutional moment)의 결과이다.70)

일반적으로 국제법의 내부에서 규범적 위계질서(hierachy of norms)가 존재하는지 여부, 이것인 계속적인 연구의 가치가 있는 문제인지 여부, 그리고 특정한 사안에서 인권법이 다른 유형의 국제법에 우선하는지 여부의 문제는 국제헌법주의자들의 문헌(international constitutionalist literateraure)의 내부와 외부에서 중요한 의견의 불일치와 논쟁이 제기되는 문제이다. 비록 어떻게 규범이 - 진행과정에서 - 목록(list)에 더 이상 추가될 수 없는 이러한 지위를 형성하는지에 대하여 합의가 덜 형성되었음에도 불구하고, 가장 중요한 인권법의 소수의 그러나 매우 중요한 핵심적 내용은 강제법(jus cogens)으로서의 지위를 취득하여왔고, 그 결과 조약체결자를

69) Gardbaum, 앞의 책, 241.
70) Gardbaum, 앞의 책, 241.

구속하고, 아마도 충돌하는 관습에 우선하는 (그러한 충돌이 개념적으로 가능하다면) 상위법 지위(higher law status)를 획득하였다.[71)]

몇몇 학자들은 어떤 부분이 여기에 해당하는지 그리고 이것의 정확한 규범적 위계질서에서의 위치가 명확하지 않음에도 불구하고, 인권법의 다음 일부분(next trenche of human rights)에 대해서는 모든 국가에 적용되는 절대적 권리로서의 의무(erga omnes duties)를 국가에 대하여 부가하는 것에 대하여 논쟁을 제기한다. 최종적으로 UN헌장(UN Charter) 제103조는 우월조항(supremacy clause)의 한 형식을 제시한다. UN 헌장 103조는 다음과 같이 규정되어 있다: "국제연합의 구성국가의 현재의 헌장에서의 의무와 다른 국제협정상의 의무가 충돌하는 경우에는, 현재의 헌장에서의 의무가 우선한다." 그럼에도 불구하고 물론 헌장 그 자체는 어떠한 구체적인 인권법적인 의무를 포함하지 않고, UN헌장 제103조가 헌장의 일반적 지원하에서 명령되거나 혹은 허가된 후속적인 인권법적인 조치들을 포함하는 정도는 여전히 불확정적인 문제로 남아았다. 국제인권조약의 콘텍스트(context)의 범위 내에서 (일반적으로 강제법(ius cogens)의 범주와 별개로) 명백히 불가침(nonderogable)이라고 규정된 권리들은 제한이 가능한 권리(derogable ones)보다 위계질서상으로 우위에 있다는 주장이 제기된다. 그러나 인권법상이에 위계질서가 있는지 여부는 (모든 혹은 일부의) 인권이 국제법의 다른 유형들보다 우위에 있는지 여부와 직접적인 연관성을 가지지 않는다.[72)]

인권법은 일반적으로 국제조직(itnernational organisations)에 대하여 구속력을 가지지 않는다는 점이다. 이것은 그러한 조직은 인권조약의 당사자가 아니고, 명백히 강제법(jus cogens)의 실현을 목적으로 하는 국제법의 주체(subjects)도 아니고/아니거나 혹은 비국가적 주체들은 국제관습법(customary international law)의 해석적 영역에 있어서 부적격자(square pegs)로 인정되기 때문이다. 다시 국내적 헌법과 초국가적 헌법(supra

71) Gardbaum, 앞의 책, 241－242.
72) Gardbaum, 앞의 책, 242.

national constitutional law)을 비교해 볼 때, 이것은 헌법적 지위의 중요한 제한이다. 헌법에 의하여 만들어진 정치적 기관을 구속하지 않는 권리장전을 상상한다는 것은 매우 어려운 일이다. 로마조약(Treaty of Rome) 혹은 유럽연합의 인권법(EU human rights law)이 유럽연합의 기관들에 대하여 구속력을 가지지 않음에도 불구하고, 우리는 여전히 이들의 헌법적 지위를 이야기해야만 하는가? 최고성(supremacy), 강제법적 지위(jus cogens status)에 의하여 인정되는 공통적 속성에 의하여 나타나는 인권법의 초실정법적인(superpositive), 혹은 선재하는(preexisting) 그리고 독립적인 규범적 효력은 인권조약을 다른 조약과 구분하는 근거가 된다. 이것은 또한 확실히 정당성(legitimacy)의 논점에 있어서 다른 국제법과 인권법을 구분하는 것의 부분이 된다. 어떻게 이러한 실제법적 요소들(substantive factor)이 최고성(supremacy)의 관점에서 자기 역할을 수행할 수 있는지는 보다 불명확하다. 그러나 내가 생각하기로는 그것은 국내적 상황(domestic context)에서 헌법주의의 새로운 국가모델(new commonwealth model of constitutionalism)과 어느 정도 유사한 혼성적 지위(hybrid status)의 한 형식을 연상시킨다 : 주로 헌법 대 비헌법의 규범적 이분(normal dichotomy)의 애매한 입장을 취하고 있는 근본적 권리의 법적 지위. 법률(statute)이 헌법에 위반되지 않을 가능성이 있는지 여부를 심사하고, 또한 위반되는 법률은 무효선언(repeal)을 통해서 배제하는 것을 요구하는 해석적 규칙(interpretive rule)에 의하여 일반적 법률(ordinary statute)의 지위에 대한 상위성을 보장받는 국내적 상황(domestic context)에서의 특정한 '최고(super)' 혹은 '헌법적 법률(constitutional statute)'과 같이, 적어도 이러한 의미에서 몇몇 국제인권법들은 국제적 차원에서의 준헌법적 형식(a form of quasi constitutional law at the international level)을 가진 헌법조약으로서 인식될 수 있다.[73)]

세 번째 특징에 대하여 검토해본다 : 국제인권법은 침해될 수 있는가

73) Gardbaum, 앞의 책, 243.

(entrenched)? 강제법적 지위를 취득한 소수의 핵심 인권법(core human rights)만이 사실상 조약개정 혹은 조약폐지로부터 사실상 벗어날 수 있다. 또 다른 측면에서 어느 정도까지가 실정법(positive law)의 문제로서 국제조약(비엔나 협약(Vienna Convention) 제53조)으로부터 도출되는 강제법의 분류기준(category of jus cogens)에 해당될 수 있는가? 이 조약은 조약에 명시된 일반적 절차에 의하여 개정될 수 있다. 강제법의 분류기준 혹은 어떤 규범이 이러한 지위를 가지는가 하는 문제가 관습(custom) 혹은 일반적 승인(general acceptance)의 문제라면, 이러한 기준들은 확실히 이러한 기준들이 확립된 것과 같은 방식에 의하여 수정될 수도 있다.[74)]

중요한 국제조약 속에 있는 다른 인권법 규범(human rights norms)을 살펴볼 때 이러한 조약들은 당사자들의 합의 혹은 합의가 있는 한 개정을 허용하는 비엔나 협약(Vienna Convention)에 포함되어 있는 조약개정에 관한 일반적 혹은 의무불이행 국제법(general or default international law of treaty amendment)보다 다소 까다롭고 특별한 형식적 개정절차를 일반적으로 그 자체 속에 규정하고 있다. 특히 다국간의 조약(multilateral treaties)에 대해서는 비엔나 협약은 단지 다음 사항만 규정하고 있다 :

어떠한 제안이라도 … 다음의 절차에 참가할 권리를 가지는 모든 조약체결 당사자 국가(contracting States)에 통지되어야만 한다 : (a) 그러한 제안과 관련하여 행동(action)을 취할지 여부에 대한 결정; 그리고 (b) 어떠한 조약개정에 대한 합의에 대한 교섭 그리고 결론도출.[75)]

그래서 예를 들면 시민적 및 정치적 권리에 관한 국제규약(ICCPR)은 (1) 제안된 개정안을 찬성하는 국가가 1/3이상이 될 때 개정회의(amendment conference)의 소집을 요구하고, (2) 의결에 있어서는 과반수의 투표(majority vote at the resulting conference)를 요구하고, (3) 제안된 개정에 대한 총회의 승인(General Assembly), 그리고 (4) 당사자 국가(state parties) 2/3이상의 비준을 요구한다.[76)] 이 두 조약에 있어서, 개정안은 단지 이를

---

74) Gardbaum, 앞의 책, 243.

75) Vienna Convention on the Law of Treaties, art. 40.

수용하는 국가에 대해서만 구속력을 가진다. 그러나 의무불이행 규칙(default rule)과 관련해서는 시민적 및 정치적 권리에 관한 국제규약(ICCPR)은 부분적으로 특별절차를 인정하고 있다. 그러나 조약의 효력발생요건으로서 유럽연합(EU)이 요구하는 것과 같은 만장일치(unanimity)의 요구조건은 규정하고 있지 않다는 점을 주목할 필요가 있다. 다른 말로 표현한다면 국가들은 저지거부권(blocking veto)보다 면책거부권(immunity veto)을 가진다.[77)]

인권조약으로부터의 탈퇴(withdrawal)의 문제에 대해서는 시민적 및 정치적 권리에 관한 국제규약(ICCPR)은 전형적인 비인권조약보다 훨씬 자유롭다. 비엔나 협약(Vienna Convention)에서는 조약의 종료 혹은 어떤 당사자의 탈퇴는 다음의 경우에만 허용된다: "(a) 조약의 규정과 합치된 경우; (b) 모든 당사자들의 동의가 있는 경우에는 언제든지, 혹은 (c) 아무런 규정이 없을 때, 철회를 허용하는 의향이 확립된 경우 혹은 조약의 본질적 내용에 내포된 경우.[78)]" 시민적 및 정치적 권리에 관한 국제규약(ICCPR)은 조약의 종료나 탈퇴에 대한 규정을 두고 있지 않다 1997년의 일반적 의견 26에서의 인권위원회(Human Rights Committee in General Comment 26 of 1997)는 국가가 조약으로부터 탈퇴할 수 없는 그러한 의미(intent)는 없다고 선언하였다. 이러한 선언을 통해서 위원회는 전체로서의 '국제 권리장전'("International Bill of Rights" as a whole)에 의하여 제공된 영구적 보호와 많은 다른 조약의 보다 일시적 특성(temporary character)을 구분하였다. 이와 대조적으로 유럽인권협약과 아메리카 협약은 명백히 5년 이후의 탈퇴(denunciation)를 허용하고 있다. 트리니다드토바고(Trinidad and Tobago)는 1998년에 아메리카 협약에 대한 자신의 탈퇴권을 행사하였다.[79)]

76) ICCPR, art. 51.
77) Gardbaum, 앞의 책, 244.
78) 비엔나 협약 제54조와 제56조.
79) Gardbaum, 앞의 책, 244.

2. 국제적 인권보장체계의 전개형태

국제인권법체제의 헌법화 과정의 전개형태에 대한 분석과 관련하여 입법화(legalization), 사법화(judicalization) 그리고 헌법화(constitutionalization)를 구분하는 것이 중요하다. 확실히 인권법체계가 국제무역체계처럼 점점 더 입법화되고(legalized), 보다 약하게 사법화되어 간다(judicalized)는 것에 대해서는 의심할 여지가 없다. 그러나 헌법화는 단지 이러한 두가지 진행과정의 총합은 아니다. 국제적 헌법주의의 진행과정의 전개에 있어서 다음의 두가지 헌법화의 진행과정이 존재한다. 그 첫 번째 과정은 앞 장에서 언급한 바와 같이 인권법이 – 국내 혹은 국제적으로 진행되는지와 관계없이 – 헌법의 법적 지위를 취득하는 과정이다. 여기에서 중요한 대비기준(key contrast)은 일반법(ordinary law)과 상위법(higher law)이다. 두번째 과정은 특정한 국제법 체제(international law regime)가 수평적, 정부간 실체(horizontal, intergovernmental entity)로부터 보두 수직적, 초국가적 혹은 자치적 실체(vertical, supranational or autonoumous entity)로 전환되는 것이다. 여기에서의 중요한 대비기준은 조약과 헌법이다.[80)]

이러한 국제법의 헌법화 진행과정이 조약에 기초한 국제적 실체와 헌법에 기초한 국제적 실체로 구분된다면 이 양자사이에 존재하는 차이점은 무엇인가? 물론 여기에서 양자 사이의 명백한 차이라기 보다는, 오히려 범위(spectrum)가 문제된다 할 지라도, 양자의 차이점을 근거지우는 다음의 두가지 주장들이 존재한다. 그 첫 번째 주장은 일반적인 요구조건에 의하면 조약에 기초한 체제(treaty–based regime)는 주로 국제적 수준에서 작용하는데 반하여, 헌법에 기초한 체제는 상당히 충분한 정도까지 국내법질서에 효력을 미치고, 국내적 그리고 국제적 수준들 사이의 관계를 조직화한다. 이것은 연방화(federalization)로서 헌법화, 혹은 이원주의(dualism)로부터 연방주의(federalism)로의 이동으로 받아들여질 수 있다.

---

80) Gardbaum, 앞의 책, 245.

두 번째 차이점은 조약에 기초한 체제는 조약의 성립과 이에 대한 합의 양자를 행한 국가에 대해서만 법적 의무를 부과하는 데 반하여, 헌법적 체제는 이러한 행위를 하지 않은 국가에 대해서도 의무를 부과할 수 있는 능력을 가진다. 그러한 새로운 의무는 어떤 다수결의 형식을 통한 자치적인 입법능력을 가지고 있는 거버넌스 구조(governacne structure)에 의하여 부과되고, 강제적 관할권(compulsory jurisdiction)을 가지고 있는 재판기관에 의하여 집행된다.[81] 헌법화의 이러한 진행과정 속에서 합의(consent)에서 강제(compulsion)로의 이동이 나타난다. 유럽연합은 국제법의 헌법화된 체제의 패러다임(paradigm of a constitutionalized regime of international law)이다.

1) 유럽연합의 법체계에 있어서 유럽연합의 기본권의 상위법적인 지위

유럽연합 내에서의 유럽연합법의 상위법적인 지위(higer law status) 때문에 유럽연합조약 그 자체 그리고 유럽연합법원(European Court of Justice, ECJ)의 인권법 판례(human rights jurisprudence)는 모든 다른 유형의 유럽연합법과 충돌에 있어서 우선적 효력을 가진다. (유럽연합의 기본권 헌장 구속력을 가지고, 유럽연합조약에 편입되는 시점 이전에도 지속적으로) 유럽연합법원은 일반적 법원칙으로서 유럽연합의 인권법을 조약의 구성부분으로서의 효력을 인정하는 것을 통해서 이러한 상황을 합리화할려고 시도하였음에도 불구하고, 유럽연합의 인권법은 실제로 거의 틀림없이 그러한 분쟁이 발생한 경우에는 조약에 우선하였다.[82]

유럽연합조약(EUV) 제6조 제1항은 「유럽연합은 유럽연합의 기본권 헌장의 2007년 12월 12일 스트라스부르(Strasbourg/Straßburg)에서 개정된 유럽연합의 기본권 헌장 속에서 규정된 권리(Rechte), 자유(Freiheiten) 그리

81) Gardbaum, 앞의 책, 245.
82) Gardbaum, 앞의 책, 241쪽

고 원칙(Grundsätze)을 인정한다. 왜냐하면 기본권 헌장과 조약은 법적으로 동일한 효력순위를 가지기(gleichrangig) 때문이다. 조약 속에서 확정된 유럽연합의 관할권(Zuständigkeit)은 기본권 헌장의 규정을 통하여 어떠한 방식으로도 확장되지 않는다.

유럽헌법조약(EVV)과 달리 리스본 조약에서는 유럽연합의 기본권 헌장은 더 이상 조약본문의 구성부분이 아니다. 그럼에도 불구하고 유럽연합의 기본권 헌장에 대한 구속을 법기술적으로 지시(Verweisung)를 통하여 실행하고 있다. 그 지시의 내용은 명백하고 분명하게 제6조 제1항에 제시되어 있다. 유럽연합조약(EUV) 제6조 제1항 제1문은 기본권 헌장의 편입에 대하여 규정하고 있고, 제6조 제1항 제2문은 기본권 헌장에 대하여 우선적 법과 동일한 효력을 인정하고 있다.[83] 유럽연합조약 제6조 제1항 제1하부항(UAbs.) 제1문은 기본권 헌장 전체에 대한 법적인 구속력의 인정을 선언하고 있다. 따라서 유럽연합조약 제6조 제1항 제1하부항(UAbs.) 제1문은 기본권 헌장에 포함된 권리, 자유 그리고 원칙에 대하여 조약과 동일한 효력을 인정한다. 이와 관련하여 원칙은 독자적인 법적 성격(Rechtscharakter)을 가지는데 반하여, 권리와 자유는 원래의 의미의 기본권에 해당한다. 그럼에도 불구하고 유럽연합조약 제6조 제1항 제1하부항(UAbs.) 제1문은 원칙이 단순한 프로그램원칙(Programmgrundsätze)이 아닌, 기본권 헌장 제51조 제1항 제2문의 기본권 보호의무자(Grundrechtsverpflichtete)가 준수해야만 하는 구속력있는 법(verbindliches Recht)으로서의 효력을 인정하고 있다.[84] 기본권 헌장은 2009년 12월 1일 법적인 구속력의 인정을 통해서, 유럽연합-기본권이 순수한 법원(echte-Rechtsquelle)이 되었다.

---

83) Wolff Heintschel von Heinegg, in: Christoph Vedder/Woff Heintschel von Heinegg (Hrsg.), Europäisches Unionsrecht. EUV | AEUV | Grundrechte-Charta, Baden-Baden 2012, Artikel 3 EUV, Rn. 3.

84) Thorsten Kingreen, in: Christian Calliess/Matthias Ruffert, EUV/EGV, München 2007, GRCh Art. 52 Rn. 14.

유럽연합의 기본권은 명백히 소급효(Rückwirkung)를 인정하고 있지 않기 때문에, 기본권 헌장은 단지 기본권 헌장의 효력발생 이후에 발생한 상황에 대해서만 유효하게 적용된다. 그러나 기본권 헌장의 효력발생이전에 발생한 상황이라 할 지라도, 그 상황이 계속적으로 효력을 가지고 있다면 기본권 헌장의 적용범위에 포함된다.[85] 이러한 소급효의 예외의 인정(부진정 소급효의 허용에 있어서) 유럽인권법원(EGMR)은 유럽법원보다 훨씬 더 신중하다. 유럽인권법원은 단순한 제한의 계속적 진행만으로 충분한 것이 아니라, 별도로 지속되는 행위가 새로운 침해를 야기하는 것을 요구한다.[86]

유럽연합조약 제6조 제1항 제1하부항이 조약과 기본권 헌장이 동일한 효력순위(Rang)를 가진다고 규정하고 있기 때문에, 기본권 헌장 속에 규정된 기본권과 원칙들은 우선적 법(Primärrecht)으로 인정된다.[87] 즉 기본권 헌장 상의 기본권은 성문의 우선적 유럽연합법과 동일한 효력을 가진다. 그 외에도 기본권은 일반적 법원칙으로서의 그 구조, 내용 그리고 내용적 의미 때문에 헌법적 순위를 가진다. 유럽연합의 공권력에 대한 개인의 근본적 권리로서 기본권은 유럽연합의 권력행사에 대한 한계설정과 권력행사의 정당화 근거로서 기능하고, 유럽연합의 규범적 위계질서(Normenhierarichie)의 최상위에 위치한다.[88] 유럽연합－기본권의 기능과 도출과정을 통해서도 기본권 헌장의 우선적 법으로서의 지위와 헌법적 지위가 인정될 수 있다. 유럽연합 기본권 헌장은 유럽연합의 헌법으로서의 지위가 인정될 수 있기 때문에, 기본권 헌장의 유럽연합의 법질서의 단계구조에 있어서 최상위에 위치하는 법규범이 된다.[89] 이렇게 기본권

---

85) EuGH, Rs. 360/00, Slg. 2002, I－5089 Rn. 26; Hans D. Jarass, Charta der Grundrechte der Europäischen Union, München 2010, Einl. Rn. 7.

86) Jarass, 위의 책, Einl. Rn. 7.

87) EuGH, Rs. 555/07 v. 19.1.10, Rn. 22.

88) Vgl. Eckhard Pache, in: F. Sebastian M. Heselhaus/Carsten Nowak (Hrsg.), Handbuch der Europäischen Grundrechte, München 2006, § 4. Rn. 124.

89) Jarass, 앞의 책, Einl. Rn. 9; Pache, 위의 책, § 4 Rn. 122.

헌장–기본권(Charta–Grundrechte)은 일반적 법원칙으로서 우선적 유럽연합법의 핵심적 부분을 형성하고 있기 때문에, 기본권 헌장–기본권은 이미 이전에 우선적 법의 부분으로서 인정되었던 일반적 법원칙에서 도출된 기본권도 동일한 효력을 가진다.[90)]

기본권 헌장–기본권은 모든 이차적 법(Sekundärrecht) 그리고 보다 낮은 순위의 우선적 법의 해석에 있어서 척도가 된다. 그래서 유럽연합법원에 의한 이차적 법의 해석에 있어서는 적어도 일반적으로 기본권적합적 해석이 행해진다.[91)]

유럽연합의 기본권 헌장상의 기본권의 다른 법에 대한 우위는 이차적 법(sekundäres Recht)과 제삼차적 법(tertiäres Recht)에 대한 우위, 구성국가의 국내법에 대한 우위 그리고 국제법에 대한 우위를 나누어 볼 수 있다.

마치 헌법이 헌법제정권력이론에 근거한 국민주권원리에 의하여 정당화되는 되는 것과 같은 국제법적 차원에서의 제정권력에 대한 일반적 개념(general conception of a constituent power)이 존재하지 않는다. 그럼에도 불구하고 UN 헌장(UN Charter) 그리고 로마조약(Treaty of Rome)과 같이 성립되고, 20년 동안 협상과정이 진행된 두 개의 일반적 세계적 인권조약은 대부분의 다른 국제법에서 나타나지 않은 – 제정권력(constituent authority)의 – 헌법적 진행과정(constitutional moment)의 결과이다.[92)]

2) 유럽인권협약체제와 유럽인권법원

국지적인 인권법의 보장수준(regional human rights level)에서, 유럽인권법원(European Corut of Human Rights)은 구성국가의 다른 국제법상의 의무보다 우선하는 것으로서 유럽인권협약(European Convention on Human Rights, ECHR)을 계속적으로 실무에서 적용하였다. 이러한 사실은 (유럽인

---

90) Pache, 위의 책, § 4 Rn. 120.
91) Pache, 앞의 책, § 4 Rn. 136.
92) Gardbaum, 앞의 책, 241.

권협약이 적용된다는 이전에 언급한 가정하에서) 유럽인권협약 하에서 정당화된 제한(justified limitations)의 문제로서 이와 버금가는 국제적 의무에 근거한 유럽인권협약상의 권리의 제한의 형성과정 뿐만 아니라 유럽인권협약의 본질적 특성에 대한 일반적 언급을 통해서도 드러난다. 그리하여 유럽인권법원은 유럽인권협약의 보장을 '명령적 성격(peremptory character)'을 가지는 것으로서 언급하고,[93] 유럽인권협약을 '유럽의 공법질서의 헌법적 협약(constitutional instrument of European public order)'으로 묘사하였다.[94] 유럽인권법원은 대부분의 경우에 있어서 직접적으로 구성국가는 "협약가입의 결과로서 발생하는 인권협약의 효력을 준수할 조약상의 의무의 존중의 차원에서 협약상의 의무(Convention liability)를 부담한다"는 것을 확인하고 있다.[95] 유럽인권협약의 헌법적 지위와 확실히 관련된 다른 요소는 인권법은 일반적으로 국제조직(itnernational organisations)에 대하여 구속력을 가지지 않는다는 점이다.[96]

Ⅳ. 국제적 인권보장체제의 진행과정

국제적 헌법주의에 대한 논의와 관련하여 적어도 두가지 헌법화의 진행과정을 살펴볼 수 있다. 그 첫 번째 과정은 인권법이 - 국내 혹은 국제적으로 진행되는지와 관계없이 - 헌법의 법적 지위를 취득하는 과정이다. 여기에서 중요한 대비기준(key contrast)은 일반법(ordinary law)과 상위법(higher law)이다. 두번째 과정은 특정한 국제법 체제(international

93) Case 45036/98 Bosphorus Hava Yollrari Turzim ve Ticaret Anonim Sirketi v. Ireland, para. 154; Gardbaum, 앞의 책, 242.

94) Case 15318/89 Loizidou v. Turkey (preliminary objection). para. 75; Gardbaum, 앞의 책, 242.

95) Bosphorus, para. 154; Gardbaum, 앞의 책, 242.

96) Gardbaum, 앞의 책, 242.

law regime)가 수평적, 정부간 실체(horizontal, intergovernmental entity)로부터 보두 수직적, 초국가적 혹은 자치적 실체(vertical, supranational or autonoumous entity)로 전환되는 것이다. 여기에서의 중요한 대비기준은 조약과 헌법이다.97)

이러한 헌법화의 두 번째 과정에 대한 비교대상(contrast)이 조약에 기초한 국제적 실체와 헌법에 기초한 국제적 실체라면, 양자사이의 차이점은 무엇인가? 각각의 차이점은 국제법의 헌법화된 체제(constitutionalized regime of international law)를 위한 설득력있는 주장을 근거지우기에 충분하다. 그 첫 번째 주장은 일반적인 요구조건에 의하면 조약에 기초한 체제(treaty-based regime)는 주로 국제적 수준에서 작용하는데 반하여, 헌법에 기초한 체제는 상당히 충분한 정도까지 국내법질서에 효력을 미치고, 국내적 그리고 국제적 수준들 사이의 관계를 조직화한다. 이것은 연방화(federalization)로서 헌법화, 혹은 이원주의(dualism)로부터 연방주의(federalism)로의 이동으로 받아들여질 수 있다. 두 번째 차이점은 조약에 기초한 체제는 조약의 성립과 이에 대한 합의 양자를 행한 국가에 대해서만 법적 의무를 부과하는 데 반하여, 헌법적 체제는 이러한 행위를 하지 않은 국가에 대해서도 의무를 부과할 수 있는 능력을 가진다. 그러한 새로운 의무는 어떤 다수결의 형식을 통한 자치적인 입법능력을 가지고 있는 거버넌스 구조(governacne structure)에 의하여 부과되고, 강제적 관할권(compulsory jurisdiction)을 가지고 있는 재판기관에 의하여 집행된다. 헌법화의 이러한 진행과정 속에서 합의(consent)에서 강제(compulsion)로의 이동이 나타난다.98)

1. 유럽연합

헌법화된 체제의 패러다임(paradigm of a constitutionalized regime of

97) Gardbaum, 앞의 책, 245.
98) Gardbaum, 앞의 책, 245-46.

international law)으로서 유럽연합은 유일무이하게 유럽연합은 거의 두가지 방향으로 진행해 왔기 때문이다. 그래서 유럽연합의 초국가적 지위(supranational status)는 (1) 유럽연합의 연방화의 기능 그리고 새로운 법적 의무가 다수결의 형식에 의하여 만들어지고, (2) 강제적 관할(compulsory jurisdiction)을 가지고 있는 국제법원과 국내법원에 의하여 집행되는 거버넌스 구조에 의하여 실현된다.

유럽연합의 조약에 기초한 실체에서 초국가적 실체로의 변형은 대단히 중요한 의미를 가진다. 연방화 과정으로서 헌법화 과정 속에서 중요한 역할은 유럽연합법이 적용가능한 경우에는, 유럽연합법이 어떤 국내적 입법 혹은 다른 조치가 행해질 필요성이 없이 그리고 조약의 헌법적 지위에 관계없이 바로 국내법 질서에 대한 자신의 효력을 발생하는 직접효 이론(doctrine of direct effect)에 의하여 수행되었다.[99]

시민들이 국내법원에서 의존할 수 있는 그리고 국내법적 차원에서는 구성국가가 이에 대한 권한을 행사할 수 없는 강력한 유럽연합법의 체계(system of a hard EU law)를 국내법에 대한 국제법의 우위에 대한 전통적 이론과 결합하여 창조하였다. 그 결과 구성국가들의 주권(sovereignty)은 제한되었고 부분적으로 국제법의 수직적, 초국가적 체계에 양도되었다. 이러한 변형과정에서 인권은 훌륭하게 자신의 본질적인 역할을 수행한 것 아니라, 오히려 특정한 구성국가법원이 알약을 삼키는 데 도움을 주는 설탕과 같은 도구적 혹은 실용적 역할(instrumental or pragmatic role)을 행하였다. 그 결과 몇몇 예외적인 경우를 제외하고는 유럽연합의 인권법(EU human rights law)은 일반적으로 구성국가에 대하여 구속력을 가지지 않는다 – 유럽연합법의 구조가(유럽연합의 기관 그리고 절차가 아니라면) 국내법 체계에 있어서는 연방법의 구조와 본질적으로 동일한 것이라는 가장 현저하게 부각되었다.

---

99) Gardbaum, 앞의 책, 246.

2. 유럽인권협약

어떻게 지역적 인권(regional human rights)과 세계적 인권(global human rights)을 비교할 수 있는가? 유럽인권협약(ECHR)은 비록 다른 경로를 통하였다 할 지라도 연방화로서의 헌법화(constitutionalization as federalization)와 거의 유사한 지점에 도달하였다. 다른 국제법의 법원에 대한 자신의 헌법적 우위를 발전시키는 것 외에도, 유럽인권협약은 구성국가의 국내법에 대한 연방적 우위(federal supremacy)를 발전시키는 과정을 잘 진행하였다.[100)]

직접효가 자신의 중요한 헌법적 원칙의 하나가 되는 유럽연합법과 달리, 유럽인권협약은 자신의 규정이 그 자체가 적용되고 효력을 발생하는 것을 공식적으로 요구하지 않는다 – 단지 자신의 권리가 침해된 개인은 국가공권력에 대한 효과적인 사법적 구제수단(remedy)을 가진다.[101)] 그러나 이러한 목적을 위해서 모든 유럽인권협약 가입국가가 다양한 법규범의 형태로[102)] 유럽인권협약을 국내법질서에 편입시키고, 이를 통해서 개인의 유럽인권협약의 규정을 국내법원에서 원용하는 것(invoke)을 허용한다는 점에서 볼 때, 유럽인권협약은 법적인 직접효(de jure direct effect)보다는 사실상의(de facto) 직접효를 가진다.[103)]

게다가 유럽인권협약의 규정이 그렇게 국내법원에서 원용된 때에는, 몇몇 국가들은 국가법원의 판사들에게 유럽인권법원(European Court of Human Rights)에 의하여 행해진 관련 인권협약상의 권리의 해석을 고려하거나(consider) 혹은 참작할 것(take into account)을 요구한다.[104)] 특정한

---

100) Gardbaum, 앞의 책, 246.

101) 유럽인권협약 제13조.

102) 유럽인권협약을 국내법 질서에 편입하는 데 있어서 헌법보다 높은 지위 (네델란드 (the Netherlands)), 헌법과 동등한 지위 (오스트리아(Austria)), 헌법보다는 하위 그러나 법률보다는 우위 그리고 법률과 동등한 지위 (독일(Germany))와 같이 다양한 유형이 있다; Gardbaum, 앞의 책, 247.

103) Gardbaum, 앞의 책, 247.

국내적 규범적 위계질서 편입된 권리에 대하여 어떠한 지위를 부여하더라도, 유적어도 스트라스부르 법원(Strasbourg court)에 대한 성공적인 의존이 존재하는 하는 경우에는, 구성국가는 제46조에 의하여 요구된 스트라스부르 법원의 결정을 일반적으로 따라야 하며, 필요한 경우에는 자신의 헌법을 포함한 구성국가의 국내법 그리고/혹은 저책을 개정 혹은 폐지한다는 점에서 볼 때, 유럽인권협약은 유사하게 국내법에 대한 우위를 사실상 성취하여 왔다. 유럽연합과 비교해 볼 때 유럽인권협약은 이러한 단지 가볍고 약한 방법을 통해서 구성국가들 속에서 원용할 수 있는 그리고 최고법으로서 기능하였고, 그 결과 연방화된 혹은 헌법화된 지역적 인권법 체계로서 인정될 수 있었다.[105]

3. 유럽연합의 유럽인권협약에 가입

유럽연합(EU) 내지 – 2009년 12월 1일의 리스본 조약의 효력발생 이전의 유럽공동체(EG)의 유럽인권협약의 가입은 이미 40년 이상 되는 유럽의 중대관심사였다. 유럽공동체법원은 유럽공동체가 조약체결 당사자(Vertragspartei)로서 유럽인권협약에 가입할 수 있는가 하는 문제와 관련하여, 유럽연합은 지금까지 유효한 법에 의하면 유럽인권협약에 가입할 권한이 없다는 자신의 평가서(Gutachten) 2/94를 통해서 이를 부정하였다.[106] 왜냐하면 이에 대한 충분한 권한적 근거(Kompetenzgrundlage)가 존재하지 않기 때문이다. 유럽연합의 유럽인권협약에의 가입을 위한 법적 근거마련

---

104) 영국(the United Kingdom)에 있어서는 인권법(Human Rights Act) 제2절(section)은 영국법관에 대하여 유럽인권법원의 해석을 참작할 것을 요구한다; 독일에서도 연방헌법재판소는 하급법원에 대하여 유사한 의무를 부과하였다. 다음 결정을 참조 Görgülü v. Germany, 2 BVG 1481 (2004). Gardbaum, 앞의 책, 247쪽.

105) Gardbaum, 앞의 책, 247.

106) 1996 I–1763 – EMRK (Gutachten 2/94); Hans–Peter Folz, in: Christoph Vedder/Wolff Heintschel von Heinegg (Hrsg.), Europäisches Unionsrecht. EUV | AEUV | Grundrechte–Charta, Baden–Baden 2012, Art. 6 Rn. 6.

을 위한 노력으로서 이미 부결된 유럽헌법조약은 제I-9조 제2항에서 유럽연합의 유럽인권협약의 가입을 규정하였다. 그 후 리스본 조약에 의하여 개정된 현재의 유럽연합조약 제6조 제2항은 유럽연합은 유럽인권협약에 가입한다고 다시 규정함으로써 유럽연합의 유럽인권협약의 가입에 대한 법적 근거를 마련하였다.[107)] 2009년 12월 초 유럽연합 측에서, 2010년 6월 초 유럽인권협약 측에서 필요한 법적인 전제조건이 마련된 후에, 2010년 7월에 스트라스부르(Straßburg)와 브뤼셀(Brüssel) 사이의 구체적인 협상이 개시되었고, 일년후 전문가적 차원에서 긍정적인 결과가 잠정적으로 도출되었다.[108)]

이러한 협상들 속에서는 국제적 인권보장의 역사에서 정치적인 측면에서 뿐만 아니라 법적인 측면에서 새로운 국면이 전개되었다. 이것은 첫 번째로 자치적인 법질서를 가지고 있는 초국가적 조직이 고도로 발전된 국제법적인 인권보호체계의 가입을 규정한 것이다. 유럽연합의 모든 구성국가들은 이미 초국가적 조직의 창설 전 내지 이에 대한 가입전에 이미 벌써 이 국제적 인권보호체계에 가입하였다는 매우 특이한 점이다.[109)] 이와 관련하여 앞의 유럽연합법원과 유럽인권법원의 관계에 대해서도 중요한 연구검토가 필요하게 된다.

유럽연합의 유럽인권협약의 가입을 통하여 유럽인권협약은 유럽연합법 속에 통합되어 유럽연합법의 구성부분이 된다. 그 결과 유럽인권협약은 유럽연합법이 누리는 우선적 법(제1차법)적인 효력(primärrechtlichen Rang)을 가진다. 그러나 법내용적인 측면에서 볼 때 이것은 완전히 새로운 것은 아니다. 이미 유럽인권협약에 보장된 권리들의 대부분은 유럽연합의 기본권 헌장 속에 규정되어 있어서 유럽연합법의 일반적 법원칙으로서의 효

---

107) Rudolf Geiger, in: Gieger/Daniel Erasmus Khan/Markus Kotzur (Hrsg.), EUV/AEUV, 5. Aufl., München 2010, Art. 6 Rn. 4.

108) Walter Obwexer, Der Beitritt der EU zur EMRK: Rechtsgrundlagen, Rechtsfragen und Rechtsfolgen, EuR 2012, S. 115.

109) Obwexer, 위의 논문, S. 115.

력을 발생하고 있기 때문이다. 특히 리스본 조약에 의하여 개정된 유럽연합조약 제6조 제1항에 의하여 유럽연합의 기본권 헌장은 유럽연합조약과 동일한 효력을 가진다고 명시적으로 규정함으로써 기본권 헌장에 대하여 법적 효력을 인정하고 있다.

따라서 유럽연합의 기관의 행위를 통하여 유럽인권협약에 의하여 보장된 자신의 권리가 침해당한 개인은 유럽연합에 대하여 유럽인권협약상의 권리의 보호가능성을 요구할 수 있다. 이것은 전문가적 차원의 협상단계에서 합의를 본 새로운 중요한 사항이다.[110] 따라서 최종적으로 유럽연합의 유럽인권협약에로의 가입이 이루어진다면, 이러한 유럽연합의 유럽인권협약-체계에로의 통합을 통해서 유럽에서의 인권보호의 통일성이 확립되게 된다.

4. 미주인권협약

미주인권협약(American Convention on Human Right) 역시 광범위하게 유사한 형태로 항상 실무적으로 필요한 것은 아니만 적어도 구조적으로 국내 시스템에 적용된다. 유럽인권협약처럼 (1) 직접효 원칙(principle of direct effect) 그 자체가 인정되지 않고, (2) 협약가입 당사자 국가(states parties)은 조약 그 자체를 국내법 질서에 편입시키는 것을 요구받지 않음에도 불구하고, 대부분의 국가들은 사실상 개인이 미주인권협약을 국내법원에서 원용하는 것을 허용하고 있다.[111] 아르헨티나(Argentina)와 베네수엘라(Venezuela)를 포함한 몇몇 국가들은 협약에 대해서 (다른 인권조약도 마찬가지로) 헌법적 지위(constitutional rank)를 인정하고 있고, 코스타리카(Costa Rica)와 파라과이(Paraguay)를 포함한 다른 국가들은 헌법보다는 하위에 있고 법률보다는 우위에 있는 법적 지위(leagl status)를 인정하고 있다. 그리고 다른 국가들은 여전히 법률과 동일한 지위를 인정하고 있

110) Obwexer, 위의 논문, S. 148.
111) Gardbaum, 앞의 책(주 17), 247쪽.

다.[112] 게다가 유럽인권협약과 달리 미주인권협약(American Convention) 제2조는 협약가입 당사자 국가(states parties)에 대하여 보호되는 권리에 효력을 부여하기 위하여 필요할 수도 있는… 그러한 입법 혹은 다른 조치를 행할 의무를 부여하는 것을 통해서 조약에 대하여 어느 정도의 실체법적인(substantive) (즉 다시말하면 권리구제절차가 인정되지 않는(nonremedial)) 국내법적 효력을 부여할 것을 명령하고 있다.[113] 이러한 의무가 이행되는 곳에서는, 유럽연합에서 적절하게 전환된 지침(directives)을 통해서 행해지는 것과 같은 방법으로 개인은 국내법원에서 (협약효력의 발생의) 결과로서 나타난 법률(resulting legislation)의 적용을 주장하는 것을 통해서 간접적으로 협약을 원용할 수 있다.[114]

5. 국제인권조약

세계적인 인권법 체계(glbal human rights system)는 아직까지 전체적으로 이러한 연방화로서의 헌법화(constitutionalization as federalization)의 진행과정으로 나아가지 않았다. 한편으로는 시민적 및 정치적 권리에 관한 국제협약(ICCPR) 그리고 여성에 대한 모든 형태의 차별철폐협약(CEDAW)을 포함한 몇몇 주요 인권조약들은 자신들의 독자적인 효력발생을 위하여 권리에 효력을 부여하는 국내적 입법과 다른 조치들을 강제하는 미주인권협약 제2조와 유사한 규정을 두고 있다.[115]

다시 이러한 것들이 요구되지 않음에도 불구하고, 몇몇 국가들은 세계적 조약들을 일반적으로(일반적인 일원론적 접근(general monist approach)에 때문에) 혹은 특히 보다 명확한 방식으로(모든 비준한 인권조약들 혹은 특별한 조약을 편입시키는) 국내법질서에 편입시켜왔다. 또 다른 측면에서

112) Gardbaum, 앞의 책(주 17), 247쪽.
113) Gardbaum, 앞의 책, 247－248.
114) Gardbaum, 앞의 책, 248.
115) Gardbaum, 앞의 책, 248.

볼 때 그러한 조약들의 국내법적 질서에 대한 편입의 비율은 유럽인권협약(ECHR)과 미주인권협약(American Convention)의 편입비율보다 상당히 낮다.[116]

세계적 수준에서 유보(reservation)와 비자기집행적 성격(non-self exeuting character)은 보다 빈번한 것이 되고 있다. 최종적으로 국내법관들이 국내헌법을 해석하기 위한 목적에서 세계적 조약을 원용하기 보다는 소속국가가 가입당사자가 된 지역적 조약(regional treaties)들을 고려하는 것이 일반적 현상이 되었다.[117]

6. 소 결

최근의 인권법의 역사를 살펴볼 때 어떻게 국제인권법(international human rights law)이 실행되는지에 대하여 검토해 보아야만 한다. Harald Hongju Koh 교수는 국제인권법의 수평적 실행방식(horizontal story of inforcement)과 그가 선호하는 수직적 초국가적 실행방식(vertical, transnational story of human rights enforcement)을 대조하고 있다.[118]

국제인권법의 전통적인 수평적 실행방식(conventional horizontal story)은 국제인권법이 약 50년 이전에(현재 약 60년) UN헌장(UN Charter), 뉘른베르크, 동경 전범재판(Nuremberg and Tokyo war crimes trials) 그리고 세계인권선언(Universal Declaration of Human Rights)의 결과로서 나타났다고 보는 입장이다. 이러한 입장에서 국제인권법의 주된 실행자(enforcer)는 항국가간, 정부 대 정부의 차원(interstate, government-to-government)에서 서로 접촉해온 국민국가(nation-state)이다. UN헌장은 이러한 인권실행방식의 청사진을 UN조직과 UN규범에 도입하였다.[119] 이러한 인권실행방식

116) Gardbaum, 앞의 책, 248.
117) Gardbaum, 앞의 책, 248.
118) Koh, 앞의 논문, 1408-1411.
119) Koh, 앞의 논문, 1408.

은 다음의 지역적 인권보장체제(regional human rights system)에도 확대되었다: 유럽, 스트라스부르(Strabourg) (유럽회의(Council of Europe)), 헬시키(Helsingki) (유럽안전협력기구(Organization of Security and Cooperation in Europe))에서의 진행 그리고 아메리카(Americas), 미주인권위원회 그리고 미주인권법원(Inter-American Commission and Court of Human Rights) 그리고 인권보장체제가 잘 발달되지 않은 아프리카, 중동 그리고 아시아.[120) 제2차세계대전이후의 세계질서에 있어서는 시민적·정치적 권리에 관한 국제규약(international covenants on civil and political rights) 그리고 경제적·사회적·문화적 권리에 관한 국제규약(international covenants on economic, social and cultural rights)과 같은 보편적 조약규범을 제정하는, 정부와 정부간 조직들이 항상 수평적, 정부간 차원에서 인권을 준수하도록 서로에게 압력을 가하는 국제체제가 발전되었다.[121) UN인권위원회(UN Human Rights Commission)와 같은 UN조직(organizations) 그리고 UN규약인권위원회(UN Human Rights Committee)와 같은 조약에 기초한 조직은 노동자의 권리, 인종차별, 어린이, 여성 그리고 원주민의 권리와 같은 세계적 관심사가 되는 모든 이슈들에 대하여 정부간 행위자(intergovernmental actors)로서 참여하였다.[122)

Koh 교수는 이러한 수평적, 국가 대 국가 실행메커니즘(state-to-state mechanism)의 규칙들은 주로 선언적이고, 기원적 성격을 가지고, 만들어진 몇몇 메커니즘들은 실질적으로 실행되지 않았다고 지적하면서 이러한 수평적, 국가 대 국가 실행메커니즘의 실행의 어려움 가중으로 인하여 새로운 국제인권법 실행 메커니즘이 창조되었다고 하면서 그 예로서 다음의 기관들을 들고 있다:[123) 유고슬라비아와 르완다 전전범 재판소(Yugoslavia and Rwanda War Crimes Tribunal) 혹은 UN고등인권감독관(U.N.

120) Koh, 앞의 논문, 1408.
121) Koh, 앞의 논문, 1408.
122) Koh, 앞의 논문, 1408.
123) Koh, 앞의 논문, 1408-1409.

High Commissioner on Human Rights)과 같은 새로운 집행기관(executive actors), 인권에 관한 비엔나 회의(Vienna Conference) 혹은 1995년의 북경 여성회의(Beijing Woman's Conference)와 같은 새로운 준입법포럼(quasi-legislative fora).

이러한 새로운 부수적인 발전에도 불구하고, 주된 활동자는 국민국가 그리고 정부간 조직이고, 주된 활동영역은 정부간 영역이고 주된 업무처리방식은 어떤 국가와 다른 국가사이의 업무처리인, 이러한 국제인권법 실행방식에 대한 전체적 평가는 무기력하고 비효율적인 것으로 나타난다. Koh교수는 수평적 실행방식을 인권실행방식의 전체로 인정한다면, 컵은 정말로 반이상이 채워지지 않게 된다고 주장하면서 인권의 수직적 실행방식(Vertical Story)을 강조한다. 그렇다면 수직적 인권실행방식은 무엇인가. 그는 인권의 수직적 실행방식으로 다양한 초국가적 법적 과정(trans-national legal process) 에 포커스를 맞추고 있다. 그는 다양한 초국가적 행위자들에 의한 국제적인 보편적 인권규범의 국내적 실행을 위한 규범적 내면화 과정을 강조하고 있다 : 사회적 내면화(social internalization), 정치적 내면화(political internalization), 법적 내면화(legal internalization) (입법적 내면화, 사법적 내면화).[124)]

계속적으로 증가되는 판례들을 양산하고 있는 국제적 사법기관의 수의 증가는 지난 20년 동안의 국제법 질서를 지배하는 중요한 특징들 중의 하나이다. 이러한 국제적 사법기관의 증가는 글로벌 거버넌스(global governance)에 있어서 국제적 사법기관의 역할증대로 이어진다.[125)] 국제법의 헌법화 그리고 이와 관련된 글로벌 거버넌스에 대한 연구는 국민국가를 넘어서는 법질서(legal order beyond the nation-state)를 헌법개념을 통하여 설명할려고 하는 실험적 시도와 관련성을 가진다.

Miguel Poiares Maduro는 이러한 국제적 사법기관의 역할의 증가의 문제를 검토하는 시발점을 헌법주의(constitutionalism)와 다원주의(pluralism)

---

124) Koh, 앞의 논문, 1413.

125) Armin von Bogdandy & Ingo Venzke, 앞의 논문, 979.

이라는 기본적 시각에서 찾고 있다.[126] 그에 의하면 헌법적 다원주의(constitutional pluralism)는 일반적으로 비위계질서적 방식으로 해결되는 서로 다른 헌법질서들 사이의 잠재적 헌법적 분쟁들이 야기되는 전후적 상황(context)을 만들어 내는 공권력의 헌법적 근거의 다양화 현상(phenomenon of a plurality of constitutional source of authority)을 설명하는 개념이다.[127] 그는 이러한 맥락에서 볼 때 법적 다원주의(legal pluralism)는 경쟁하는 법적 공간(legal site)과 사법적 질서의 증가 그리고 해당문제와 관련된 법의 근원, 즉 법원(legal sources)의 확장을 언급하기 위하여 사용될 수 있기 때문에, 이러한 법적 다원주의는 법원의 역할과 사법적 판결과 해석에 영향을 미친다고 보고 있다. 따라서 그는 다원주의의 영향은 법원에 의하여 사용되는 해석모델 그리고 사법적 판결의 제도적 범위와 관련성을 가진다고 보고 있다.[128]

그는 헌법적 다원주의와 법적 다원주의를 분석·설명하기 위하여 우선적으로 다원주의의 외면적 형식(external form)과 내면적 형식(internal form)을 구별할 필요가 있다고 주장한다. 그에 의하면 내부적 다원주의(internal pluralism)는 특정한 법질서에 내재되어 있는 다원주의를 말한다. 이는 다시 말하면 다양한 권력기반이 공존하는 법질서를 상호간에 서로 인정하고, 이러한 법질서가 항상 비위계질서적인 관계속에서 조직되지 않는 것을 의미한다. 이러한 법질서의 전형적인 형태가 유럽연합이다.[129]

이러한 내부적 다원주의의 4가지 근원을 유럽연합에서 발견할 수 있다. 첫 번째로 헌법적 근원(constitutional source)의 다양성이다(유럽과 구성국가). 이러한 헌법적 근원의 다양성은 유럽연합이 헌법, 특히 일반적 법원칙(general principle of law)을 만드는 근거를 제공하였다.[130]

---

126) Miguel Poiares Maduro, Court and Pluralrism, in Ruling the World? Constitutionalism, International Law and Global Governance 356 (Cambridge University Press 2009).

127) Maduro, 위의 논문, 356.

128) Maduro, 위의 논문, 356.

129) Maduro, 위의 논문, 356.

두 번째는 구성국가의 국내적 헌법규칙(constitutional rules)에 대한 유럽연합의 규칙들의 최고성(supremacy of EU rules)의 인정이다. 이러한 유럽법의 최고성은 무조건적으로 인정되었고, 때로는 구성국가의 헌법재판소에 의한 저항에 부딪치기도 하였다. 이것은 유럽법에 일종의 쟁취된 혹은 합의된 규범적 권위(contested or negotiated authority)를 부여하였다. 세 번째로 유럽연합은 전통적인 헌법적 분류기준에 이의를 제기하는 새로운 권력형태(new forms of power)의 출현시켰다.

조약의 헌법에로의 전환의 두 번째 유형인 합의(cosens)에서 강제(compulsion)로의 이행의 대표적인 전형은 유럽연합이다. 그래서 일반적인 유럽연합의 거버넌스 구조(governance structure)에 있어서 조건이 부여된 다수결(qualified mojority voting)의 강제적 요소가 존재하고, 유럽연합법원(ECJ)은 구성국가자격 유지조건으로서 모든 구성국가에 대하여 강제적 관할권(compulsory jurisdiction)을 행사하여 왔다.[131]

유럽연합과 달리 일반적으로 국제법의 범위내서는 강제적 거버넌스 구조(compulsory governance structure)가 안보이사회(Security Council)에 제한된 사안에 대한 관할권이 주어진 유엔(UN), 국제무역기구(World Trade Organization) 항소부(Appellate Body)의 강제적 재결(compusory adjudication) 그리고 유럽인권법원(European Court of Human Rights) 속에서 아주 제한적으로 구현되었다. 유럽연합을 제외한 강제적 거버넌스를 통한 헌법화 모델(model of constitutionalization via governance)은 불가피하게 모든 지배적 기능을 동원하여 적용하는 인권법체계보다는 국제무역기구(WTO)와 같은 기능적으로-완비된 국제적 체제(Regime)와 가장 관련성을 가지는 것으로 보여진다.[132] 게다가 권리장전들(bills of rights)은 물론 어떤 지배적 구조를 구성하는 것을 목적으로 하기 보다는 오히려 이러한 지배구조가 성립되는 것을 혹은 이미 성립한 그러한 구조를 제한하는 것을 목적으로

130) Maduro, 위의 논문, 356.
131) Gardbaum, 앞의 책, 249.
132) Gardbaum, 앞의 책, 249.

한다. 엄격한 의미에서의 구성국가자격유지의 조건으로서 인권법원의 강제적 관할권(compulsory jurisdiction)은 유럽인권법원(European Court of Human Rights)에만 한정된 상태로 존재한다. 미주간 인권법원(Inter-American Corut of Human Rights)은 단지 강제적 관할권을 수용하는 것을 선택한 당사자 국가에 대해서만 이를 행사하여 왔다.[133)]

헌법규범들은 일반적 국제법(ordinary international law)의 제정을 가능하게 만든다(이른바 규범형성적 헌법화(enabling constitutionalization)). 국제기관에 대하여 제2차적 국제법(secondary international law)을 제정하는 능력을 부여하는 조약조항이 이에 해당한다. 예컨대 유럽연합을 창설하는 조약들은 제2차적 유럽연합입법의 제정을 위한 복잡한 절차를 마련해 준다. 이와 유사하게 국제연합헌장(United Nations Charter)은 안전보장이사회(Security Council)에 대하여 확실한 상황하에서 국제연합 구성국가들에 대하여 구속력을 가지는 규범을 제정할 권한을 부여한다. 이러한 예들은 규범형성적 헌법화의 명백한 예들에 해당한다.[134)] 국제재판소들 역시 규범형성적 헌법화에 관여한다. 아시아에서의 이러한 규범형성적 헌법화로서 지역적 인권보장체제와 이의 실현을 뒷받침하는 인권법원의 성립을 희망해 본다.

V. 국제법의 헌법화와 인권

인권법 속에 어느 정도의 헌법적인 것이 있다는 세 번째 그리고 최종적 주장은 하나의 특정한 국제법 체제(regime of international law)로서 별도로 분리된 인권법체계(human rights system)보다는 전체로서 국제법의 헌법화 과정 속에서의 인권법의 광범화한 역할에 초점을 맞추고 있다. 인

133) Gardbaum, 앞의 책, 249.
134) Dunoff & Trachtmann, 앞의 책, 10.

권법체계의 발전은 인권법체계의 주권적 평등성의 수평적 개념으로부터 수직적인 헌법적 개념으로의 전체적인 패러다임의 이동을 정당화하는 근본적인 변화가 국제법 속에서 계속적으로 진행되고 있다고 주장하는 사람들을 위한 사례의 중요한 부분이다.135) 아마도 이러한 근본적인 변화 중에서 가장 일반적인 것은 국가 외에 개인이 현재의 국제법의 주체(subjects)가 되었다는 점이다. 이것은 더 이상 국가만이 유일한 것이 아닌 즉 개인과 국가 모두 국제법상의 권리와 의무를 가진다. 바로 1963년에 유럽연합법원(ECJ)이 유럽연합법(EU law)이 Van Gend en Loos 사건에서 국제법의 새로운 질서를 형성한다 라는 유명한 인용의 근거로서 유럽연합법의 이러한 명확한 특성을 언급한 것처럼,136) 1963년 이래로 유럽연합법원은 이러한 특성이 현재 국제법 전체에 적용되고 있다고 주장할 수 있다. 단지 몇 년후의 두 개의 국제조약의 서명을 통한 효력발생을 통해서 본질적으로 새로운 시작을 하게된 인권법(human rights law)이 물론 이러한 변화의 과정에서 권리(rights)의 측면에서의 중요한 근원과 발현이 되었는데 반하여, 지난 수십년 동안 국제형사법(international cirminal law)을 통한 개인의 자유의 급격한 발전이 의무(duties)에 대한 중요한 근원과 발현으로서 기능하였다. 이러한 국제법의 기본적 주체에 대한 변형이 전적으로 국가들의 주권적 평등성을 바탕으로 한 수평적 관계를 규율하던 국제법의 사법적 모델(private law model)에서 또한 국가와 개인사이의 수직적 관계를 규율하는 공법적 모델(public law model)로의 이동, 즉 다시 말하면 계약기능에서 헌법적 기능에로의 전환을 가져왔기 때문에, 본질적인 측면에서 헌법적인 것으로 생각될 수 있다.137)

이러한 잠재적인 헌법화 주장의 근거로서 인용된 국제법상의 다른 발전들로서 비합의적인 국가의 의무(non consensual state obligations)의 증

135) Gardbaum, 앞의 책, 249쪽.

136) Van Gend en Loos v. Netherlandse Administratie der Belastigen, Case 26/62, [1963] ECR I, at recital 12.

137) Gardbaum, 앞의 책, 249.

가(예를 들면 의무적 다수결(binding majority decision making)과 국제법원의 강제적 관할권(compulsory adjudication)의 형식), 단순히 개인적 이익 혹은 총체적인 국가의 이익 보다는 인류의 보편적 이익을 보장한다는 일반적인 목적, 국제적 거버넌스 체계로서 국제연합(UN), 유럽연합(EU) 그리고 또한 아마도 국제무역기구(WTO)의 성립을 들 수가 있다.[138)]

이러한 설명적 주장은 독일 연방헌법재판소 재판관인 Brun-Otto Bryde가 명백히 주장한 바와 같이, "국제적 헌법개념(constitutionalist concept of international law)은… 실체적 헌법원리, 특히 법의 지배와 인권에 이러한 행위자들 [국가와 국제조직들]이 구속되도록 시도한다."[139)] 이와 대조적으로 인권의 역할은 국제공동체의 헌법으로서 UN헌장(UN Charter)에 나타난 명백한 국제법의 헌법화 주장 속에는 오히려 인권이 보다 덜 중심적인 역할을 한다. 이러한 주장은 이 문서속에 인권에 대한 낮은 언급에 기인한 것이다.[140)]

인권은 국가와 개인사이의 관계를 규율하는 일반적 공법의 기능 그리고 정부권력을 제한하는 특정한 헌법적 기능, 양자 모두를 수행하기 때문에, 현재의 인권법체계는 의심할 여지없이 이러한 일반적 헌법적 주장들(constitutionalist claims) 중에서 가장 강력한 부분들 중의 하나이다. 국제연합(United Nations)이 자치적 거버넌스 구조를 만들어 내는 다른 중요한 헌법적 기능을 성공적으로 수행하는 것으로 보여지지 않은 정도에 비례해서, 인권은 정말로 이러한 주장의 가장 강력한 부분이 된다.[141)]

그럼에도 불구하고 국제법을 헌법화하는 데 있어서 인권의 역할을 강조하는 이러한 주장속에도 역시 확실한 약점이 존재한다. 첫번째로 Joseph Weiler가 지적한 바와 같이, 인권법 체계는 그의 입장에서 볼 때

138) Gardbaum, 앞의 책, 249-250.

139) Brun-Otto Bryde, International Democratic Constitutionalism, in Toward World Constitutionalism 106 (Ronald St. John MacDonald and Douglas M. Johnson eds.., 2005).

140) Gardbaum, 앞의 책, 250.

141) Gardbaum, 앞의 책, 250.

개인을 주체(subject)로 보기 보다는 오히려 - 위험에 처한 종이나 환경처럼 - 객체(object) 혹은 권리의 수령인(recipient)으로 만들었다.[142] 물론 이러한 주장은 국제적인 법적 주체성(international legal subjecthood)에 관한 근본적인 변화를 - 국제적인 법적 주체를 국가에 한정하지 않는 것과 같은 - 주장하는 것을 약화시키고, 또한 전형적으로 우리 국민들의 적극적으로 공을 들여 제정한 것에서 그 정당성을 찾는 가장 현대적인 헌법과 명확하게 구분된다.[143]

두 번째로 인권법 체계는 일반적으로 정부의 의사에 반하여 정부에 대하여 구속력을 행사하지 않는다. 그래서 이점에 있어서 비합의적인 헌법적 패러다임(nonconsensual, constitutionalist paradigm)에서 도출되는 다른 요소들과 어느 정도의 긴장관계가 존재한다. 물론 미국이 비준을 하지 않은 몇몇 사례에서 나타난 바와 같이 관습적인 국제법적 지위(customary international law status) 혹은 일반원칙적 지위(general principle status)를 가지는 인권의 예외가 되는 많은 현대인권법의 조약에 의한 성립이 가능하기 위해서는 국가적 합의(state consent)가 요구된다. 게다가 비엔나 협약(Vienna Convention)에서 바로 도출되는 강제법(jus cogens)에 대한 순수한 실정법적 해석적 입장에서는, 그러한 규범은 주로 국가의 조약체결능력(state's treaty-making power)을 제한할 뿐이지, 동의하지 않는 국가에 대하여 실질적인 의무를 직접적으로 부과하지 않는다.[144]

세 번째로 그리고 최종적으로 이 영역에 있어서 아직까지도 지배적인 국제법의 국가주체적인 합의모델(consensual model of state subjects of international law) 때문에, 국제적 인권은 국제조직 혹은 계속되는 국제적 거버넌스 구조(governance structure)에 대하여 일반적인 구속력을 발휘하지 않는다. 그러한 조직과 구조는 당사자가 아니라, 오히려 종종 인권조약의

142) Joseph Weiler, The Geolgy of International Law - Governance, Democracy and Legitimacy, 64 ZAÖRV 547, 558 (2004).

143) Gardbaum, 앞의 책, 250.

144) Gardbaum, 앞의 책, 250.

창설자가 된다. 확실히 이것은 세계적 인권법 체계(global human rights system)를 조직화된 정치적 권력에 대하여 구속력을 가지는 것을 자신의 가장 중요한 기능인 국내적 권리장전(bills of rights)뿐만 아니라, 유럽연합(EU)의 인권법체계와 구분시키는 헌법적 모델(constitutionalist model)에 대한 중요한 제한이 된다. 이것은 주정부(state government)에 대해서만 구속력을 가지고, 연방정부에 대해서는 그렇지 아니한 연방체제 속에서의 권리장전과 같거나, 혹은 단지 구성국가에 대해서만 구속력을 가지고, 유럽연합의 기관을 구속하지 않는 유럽연합의 인권법 속의 권리장전과 동등하다 – 현재의 상황의 반전.[145)]

국제법을 헌법적 패러다임(constitutionalist paradigm)을 통해서 조망해보면, 결과적으로 인권법 체계의 실질적 내용과 그 적용범위 사이에 분리가 나타난다. 처음부터 자율적인 거버넌스 구조(autonomous governance structure)를 가지는 것을 목적으로 하지 않는 인권법 체제 그 자체의 범위 속에서는 이러한 불일치가 발생하지 않는다. 그러나 일단 인권이 국제적 거버넌스(international governance)의 보다 광범위한 체제의 부분으로서 개념화되기 시작하면, 이러한 영역적 범위에 대한 제한은 점점 더 사라지게 된다. 특히 국제적 조직의 창설과 확장이 국제법이 단순히 국가이익의 증진이라는 목적으로 넘어서는 목표를 발전시킨다는 논증의 구성부분으로서 제시될 때, 이러한 불일치 상태가 나타난다. 이러한 이유에서 인권이 국제조직에 대하여 구속력을 가져야 한다는 국제적 헌법주의자(international constitutionalist)들의 주장은 아주 적절한 것이다. 그러나 이러한 주장은 – 단지 경제적 권리 혹은 다른 권리의 경우처럼 – 선택적 사항이 아닌, '인권의 완전한 정장(full ponoply of human rights)'으로 자리매김해야만 한다.[146)]

헌법과 국제인권법의 두 체계는 어떻게 다른가? 기본적 기능, 연령, 내용 그리고 구조의 관점에서 상당한 유사성이 있다는 것을 우리는 잘

145) Gardbaum, 앞의 책, 251.
146) Gardbaum, 앞의 책, 251.

알고 있다. 양자의 가장 명백한 차이는 법적 지위, 집행의 방법에 있다. 그러나 전자는 우리에게 다음과 같은 질문을 제기한다: 국제인권법 속에 헌법적인 것(constitutional)이 있다면, 그것은 무엇인가? 이와 관련하여 적어도 국제법의 특정부분, 특히 헌법제정권력 그리고 권리의 침해(entrenchment) 부분이 국제적 헌법(international constitutional law) (혹은 유사헌법(qusasi－constitutional law))으로 고려될 수 있는 얼마간의 조건들을 만족시키고 있다.

게다가 국제인권법 그 자체 그리고 전체로서의 국제법 양자 모두가 비록 인권에 대한 국가의 동의가 여전히 중요한 역할을 수행하는 것을 통해서 겨우 실행되고, 인권법이 국제조직에 대한 일반적 구속력을 가지지 못함에도 불구하고, 양자 모두 속에서 암시적인 헌법화(implicit constitutionalization)가 진행되고 있다. 인권법 체계 속에서의 이러한 발전은 세계적 헌법주의(global constitutionalism)를 보다 더 결합시키고, 증진시킨다.

이러한 최종적 요점은 인권체계가 단지 국내적 권리장전(domestic bills of rights)을 복사한 것이 아닌 － 혹은 헌법주의의 역사적 발전에 있어서 헌법주의의 새로운 단계를 설정하는 중요한 방식에 대한 한계를 구체화하는 것이 － 결여된 경우에 있어서 국내적 권리장전에 대한 대체물이 아닌 이유를 설명해 준다. 나는 국제인권법이 또한 시민의 권리가 아닌 인권으로서 근본적 권리의 보호를 위한 명백한 규범적 근거를 입법화하고 구체화하는 기능을 가진다는 것을 논의하여 왔다. 적어도 인권적 관점에서 보면, 국내적 권리장전과 국제적 권리장전 사이의 이러한 차이점과 유사점에 대한 이해의 증진은 아마도 국제법학의 헌법적 전환의 가장 큰 소득이 될 것이다.

제6장 헌법주의의 국제법 질서에로의 전용

Ⅰ. 서

유럽헌법의 잉태의 희망에 불을 지피던 1999년의 자신의 저작에서 Joseph Weiler는 헌법주의(constitutionalism)의 핵심적 규범개념을 유럽연합의 구성국가로부터 유럽연합체제(European Union) 그리고 국가를 넘어서는 다른 체제로 전용(translation)[1]시키는 문제에 대하여 언급하였다.[2] 이러한 국내법상의 헌법개념을 국가를 초월한 국가이후의 체제로 전용시키는 것은 너무나 다루기 힘든 난해한 문제임에도 불구하고, 이 문제를 본격적으로 다루기 위해서는 우리는 먼저 이와 관련된 우선적인 사전문제에 대한 검토를 하여야만 한다. 헌법주의의 규범적 관심사를 국가로부터 비국가적 혹은 탈국가적 영역으로 전용시키는 시도가 과연 정당한 작업인가 하는 것이다. 만일 이에 대한 대답이 부정적이라면 더 이 문제에 대한 더 이상의 논의의 필요성은 존재하지 않는다.

Ⅱ. 헌법주의의 국제법적인 전용은 필요한가?

헌법주의(constitutionalism)의 국제법적인 전용의 문제는 과연 필요하고 정당한 것인가? 헌법주의를 비국가적 혹은 탈국가적 영역에 전용시킬 수 없는 국가중심의 관념으로 이해하는 자는 헌법주의의 역사적 발달과

1) 헌법주의의 'translation' 이란 영어단어의 번역으로 이전, 전이 등 다양한 단어가 떠오르지만, 일단 이해의 편해를 위하여 전용이란 단어로 번역하기로 한다.
2) Joseph H. H. Weiler, The Constitution of Europe, Cambridge: Cambridge University Press 1999, 270.

정, 안정된 정치공동체의 존재의 필요성 그리고 헌법이 있는 곳에는 반드시 국가가 있어야 한다는 것과 같은 상징적 연상과정을 고려해 볼 때 비국가적 영역에 헌법주의를 전용시키는 것은 정당하지 않거나 불가능한 것으로 본다. 이러한 입장은 국가를 지구상의 정치적 구조에 있어서 주요한 단위 혹은 공동협력자로 보는 현대의 Westphalian 계획을 깊은 뿌리를 두고 있다. 특히 이 입장은 법의 연구에 있어서 전통적인 분업(traditional division of labor)에 의하여 각인되거나 지지되어 진다.[3] 이러한 입장에 서있는 학자들은 국제법 영역에 헌법과 같은 다른 법영역적 사고가 침투하는 것을 저지하는 방어적 국제주의(defensive internationalism)[4]를 지향한다. 방어적 국제주의는 국가적인 권위적 구조와 과정의 국내법 질서를 넘어서는 모든 전용들을 국제법의 전통적인 개념적 범주의 범위내에서 이해하고 이를 수용하려고 한다. 국가주권의 계속적인 완전무결성(integrity of state sovereignity)을 전제로 하고 있는 방어적 국제주의에 의하면 국제법 질서는 국내법질서에 대한 외부적 보충물이고 국내적 국가헌법주의에 대한 국가외부적인 대응자가 된다. 이 입장에선 매우 오래된 국제법적 학문적 계보(pedigree)의 관점에서 국가를 초월하는 새로운 국제법적 문제에 대한 해답을 찾으려고 노력한다. 이 입장은 초국가적인 조직인 유럽연합의 법적 성격을 어떻게 볼 것인가 하는 문제에 있어서 조약의 지배자로서 국가의 계속적 역할을 강조하는 학파적 입장으로 나타난다고 파악할 수 있다. 이것은 기존의 Jellinek의 국가3요소설에 근거한 전통적인 국가개념을 그대로 유럽연합에 적용할 것인가 아니면 보다 확대된 국가개념을 적용할 것인가 하는 문제로 연결된다.

국가와 유럽연합 사이에 차이점이 존재하는가 하는 문제와 관련하여

---

3) Neil Walker, Postnational constitutionalism and the problem of translation, in Weiler and Marlene Wind (eds.), European Constitutionalism Beyond the State, Cambridge: Cambridge University Press 2003, 28－29.

4) Walker, 'Idea of Constitutional Pluralism', 65 Modern Law Review (2002), 317, 322.

독일의 경우 독일 기본법 제23조 제1항과 유럽연합조약 제6조 사이의 필요한 구조적 동일성이 존재한다고 보는 입장은 유럽연합의 중요한 헌법적 요소들은 국가영역과 동동한 것, 평행한 것 혹은 반복으로 이해한다. 이를 Rainer Wahl은 반복명제(Wiederholungsthese)로 명명하고 있다.[5] 더 나아가서 유럽연합을 아직까지는 국가로 볼 수 없다는 입장은 국가개념과 관련하여 유럽연합을 아직 국가로서는 불충분한 것(Minus)으로 보는 입장과 국가와는 이질적인 것(Aluid)으로 보는 입장으로 나누어 진다. 그럼에도 불구하고 유럽연합을 국가와는 다른 또 다른 하나의 독자적인 개념 즉 하나의 광범위한 국가결합으로 보는 입장들[6] 역시 궁극적으로는 기존의 국가적 틀의 범위내에서 유럽연합을 정의하려는 시도라고 볼 수 있다. 유럽연합과 국가와 간격을 강조하는 입장, 즉 유럽연합의 국가성을 부정하는 입장은 Wahl의 분류에 의하면 특별형식(Sui−generis−Formel)로 명명된다.[7] 국가개념의 추상도와 일반화가 높아지면 높아질 수록, 복잡한 국가적 상황을 포함할 수 있도록 국가의 구성요소를 담고 있는 개념적틀의 범위가 보다 넓어지면 넓어질 수록 유럽연합은 그 내용과 개념이 약화된 의미 속의 국가로 이해될 가능성이 점점 더 커진다.

그러나 이에 반해서 헌법을 '관념의 동적인 체계(a mobile set of idea)'로 파악하는 학자들, 특히 국가체계(state settings)로서 비국가적 체계(non−state settings)에 정통한 학자들은 이러한 헌법의 탈국가적 영역에로의 전용에 아무런 문제가 없다고 보고 있다.[8] 이러한 헌법영역의 탈국가적 영역에로의 전용 즉 헌법영역의 국제법적 영역에로의 전용이 가능하다는 것을 전제로 하는 입장의 가정은 크게 비판적 관점(critical perspective)

---

5) Rainer Wahl, Erklären staatstheoretische Leitbegriffe die Europäische Union, in: H. Dreir (Hrsg.), Rechts− und staatstheoretische Schlüsselbegriffe : Legitimität − Repräsentation − Freiheit : Symposion für Hasso Hofmann zum 70. Geburtstag, Berlin 2005, 118.

6) Ebd., 123.

7) Ebd., 126

8) Walker, supra note 15, at 29.

그리고 구성적 관점(constructive perspective)의 측면에서 검토될 수 있다.[9]

비판적 관점에서 본다면 국내법적인 헌법영역에 비하여 국제법 영역에서의 민주주의 결핍성, 정당성, 책임성, 평등 그리고 안전과 같은 요소가 매우 중요한 요소로 부각된다. 따라서 현실적 혹은 상상된 국내 헌법적 기준에 위반하는 국제법상의 민주주의 결핍성, 정당성, 책임성, 평등성 그리고 안전성 등과 같은 기준의 불충족성은 헌법주의를 그대로 탈국가적 영역에로의 확대시키는 데 있어서 장애요소가 된다. 따라서 이러한 여러 가지 규범적인 결핍요소들을 극복하기 위한 대책의 확보가 요구된다. 따라서 비판적 관점에서 이러한 결핍요소들로 인한 비국가적 혹은 국가이후의 체제나 과정에 대한 기존의 국가이론적 입장에 의한 이해의 어려움을 극복하기 위한 타협책으로서 보이지 않는 손(invisible hands)의 마력과 같은 비유와 같이 종종 '국가성의 보이는 않는 접촉(invisible touch of happiness)'이 행해진다. 이러한 헌법주의의 국제법적 전용을 매개하는 전제조건은 세계화라고 볼 수 있다. 따라서 세계화로 인하여 헌법주의가 탈국가적인 국제적 영역으로 전용되는 것은 국제법 질서에 결핍된 규범적 요소들의 보충과 극복의 필요성의 측면에서 요구된다.

구성적 관점에서 보면 비국가적 체제에 대한 헌법주의의 전용과정은 필라델피아 헌법제정회의의 형식(Philadelphian form)을 통한 헌법제정을 통한 미국의 건국과정과 마찬가지로 유럽통합의 전개과정 역시 헌법적 성격을 가지는 조약이나 협약을 통해서 행해진다. 이러한 조약이나 협약의 내용은 기본권 헌장적 내용으로부터 수평적 그리고 수직적 권력분립과 같은 매디슨적인 개념(Madisonian conceptions)을 포함한다.[10]

헌법주의를 유럽연합(EU), 세계무역기구(WTO), 국제연합(UN)과 같은 비국가적인 체제에 확대시키려는 시도는 특히 민주주의 개념과 연방주의 개념과 관련된 영역에 있어서는 아무런 새로운 방법론적 구조를 정립하지 못하고 있다. 아마도 헌법적 개념의 국제법 영역에로의 확대 즉 국제

9) Id.
10) Id, at 30.

법 영역에로의 전용은 협력적 통치(governance)의 다른 수준과 공간들 사이에서만 단지 구체화될 수 있다. 국제법질서가 가치중립적인 자유와 합의의 요소를 강조하는 수평적 관계에서, 가치지향적인 수직적인 규범적 위계질서로 이행될 수 있을 정도의 규범적 구속성의 요구와 규범적 구속력이 관철될 수 있는 규범적 질서가 존재하는 경우에만, 이러한 이전이 가능하다는 것을 의미한다.

이러한 전용의 원래적인 언어적 의미 속에서 혹은 비교법 영역 속에서의 서로 다른 국가의 재판관할권 사이의 법적 개념의 이전가능성에 대한 보다 세밀한 의미 속에서 좋은 전용의 관념(idea of good translation)은 다음과 같은 세가지 내용을 포함하고 있다:

첫 번째로 전용은 원래부터 헌법주의의 내용으로 고려된 내용적 맥락(context)과 발생할 것이 예정되어 있는 새로운 내용적 맥락을 고려한 보다 상세한 해석적 이해의 의미 속에서 전용이 가능한 것에 대한 두꺼운 개념(thick conception)을 포함하고 있다.[11] 이러한 두꺼운 이론(thick theory)이라는 개념은 영미에서 법의 지배의 국제법적 전용과 관련하여 법의 지배의 내용을 많이 확대시키는 시도라고 볼 수 있다. 이에 반하여 얇은 이론(thin theory)은 국제법질서로 전용될 수 있는 법의 지배의 내용을 매우 제한된 의미로 축소시키는 입장이다.[12]

두 번째로 전용의 개념은 비교되어지는 이러한 '두꺼운' 내용적 맥락(thick context)에 대한 비언어학적 방법 혹은 언어와 문화의 관계를 다루는 후단 언어학(metalinguistic)적 방법을 포함하고 있다. 이것은 이러한 서로 다른 영역에서 서로 일반적으로 혹은 동등하게 공유되어질 수 있는 내용적 표지를 도출하는 작업이 된다.[13]

---

11) Id., at 36 – 37.
12) 이에 대한 보다 상세한 내용은 다음을 참조. Charles Samford, Reconceiving the rule of law for a globalizing world, in Zifcak (ed), Globalization and the Rule of Law, Routledge London and New York 2005, 14 – 20.
13) Walker, supra note 15, at 37.

세 번째로 전용의 개념은 언어의 번역의 개념과 마찬가지로, 양쪽 영역 즉 양쪽 언어에 모두 다 능통한 사람들에게 타당하게 설득가능한 것이어만 한다.[14] 따라서 양쪽 언어적 공동체의 구성원임을 주장할 수 있는 자는 언어번역의 방법과 결과가 두 언어 사이의 유사한 의미를 찾고 전달하는 데 적합해야 한다는 것에 대한 동의하여야만 한다. 헌법주의의 규범적 내용의 국내법적 영역에서 국제법 영역에로의 전용과 관련된 조건은 더 이상 헌법주의를 국내법적 영역에만 국한된 문제로 보면 않된다는 점이다. 이제부터는 특정한 개념을 더 이상 서로 분리해서 적용할 것이 아니라, 국내적 그리고 국제적 영역을 포괄하는 전체적인 헌법적 계획 그리고 이러한 전체적인 헌법적 계획(constitutional scheme)이 그 속에서 구현되는 정치적 기회, 구속, 동기부여에 대한 보다 깊은 내용적 맥락에 대하여 검토해 보아야만 한다. 이러한 점에서 볼 때 헌법주의는 국내법적 영역을 넘어서는 새로운 법의 공동체 개념의 형성을 요구하고 그 공동체 내부에서의 법의 지배와 민주주의 실현을 요구하게 된다.

헌법주의의 국제법적 전용을 위한 가장 중요한 이념적 틀은 국가중심적인 헌법적 사고(national constitutional thought)를 국제법 영역에 계속적으로 그리고 혁신적으로 확장시키는 계속성(continuity) 그리고 혁신(innovation) 양자 모두를 근거지우는 다양한 구성요소인 법의 공동체(Rechtsgemeinschaft, community of law)'[15]의 개념이다.[16] 원리로서 법의 공동체개념은 조약내용의 광범위한 법적 발전에 대한 가장 큰 독립적 영향력을 행사하여 왔다. 개인의 법적 평등(legal equality)의 첫 번째 표현으로서 법규범의 유효성과 공정한 적용은 법규범의 유효성은 적어도 기능을 하고 있는 국가에서는 보통 확실히 보장된다. 공동체법(community law)의

14) Id.

15) W. Hallstein, Die Europäische Gemeinschaft, Düsseldorf; Wien 1979, 51 ff.; M. Zuleeg, Die Europäische Gemeinschaft als Rechtsgemeinschaft, NJW 1994, 545.

16) 아르민 폰 복단디/박진완 역, 유럽을 위한 헌법원리들, 헌법학연구 제13권 제3호, 2007, 903.

기원이 되는 그 기원을 찾을 수 있다. 국제공법(public international law)의 첫 번째 문제는 지금까지도 여전히 그 법의 유효성 그리고 사회적 관계에 대한 평등한 적용이다. 유럽연합과 같은 초국가적 결합체는 그 자신의 독자적 기관에 의한 강제력의 공동체는 아닌 법의 공동체이다.[17] 이러한 점에서 유럽연합은 이미 확립된 국민국가(nation-state)보다 더 법의 지배에 의존한다. 이러한 상황을 Armin von Bogdandy는 정치의 영역이 더욱 더 넓어지고 자유로와 지면 질수록, 정치는 더욱 더 법에 의존하여만 한다[18]는 토크빌(Alexis de Tocqueville)의 표현을 들어 설명하고 있다.[19] 이 점은 또한 정치학(political science)에 의하여서도 인정되고 있다.[20] 이러한 점에서도 법의 공동체라는 국제법질서가 형성되어 있다면, 이에 대한 법적 구속력 강화의 요구는 정당화될 수 있다. 이것은 국내법 질서와 국제법 질서가 공통의 목적과 종착점을 가지고 있다는 공유의식을 전제로 한 경우에만 가능하다.

두 번째로 국내법 질서에서 확고하게 자리잡은 헌법적 개념들이 국제법 질서에서도 독자적이지만 공통적으로 언급되는 혹은 암시되는 헌법적 개념들의 내용으로서 확인되어지는 경우에만 그리고 확인되어질 수 있는 경우에만 헌법주의의 국제법 질서에로의 확대는 가능하다. 헌법주의의 국제법적 영역에로의 전용을 위해서 가장 중요한 결정적 요소는 헌법주의의 국제법적인 영역에로의 확대에 대한 문제점에 대한 해결책으로서 더 이상 헌법주의는 국내법적 사항에만 한정되는 제한된 통치형태에만 적용되는 개념이 아니라는 것을 확인하는 동어반복적 해답이다. 이러한 동어반복적 정당화는 결과적으로 헌법과 국가의 관련성을 점점 더 약화시키게 된다. 그 결과 기존의 국가중심적인 헌법개념과 구분되는 국제적

17) Hallstein, Die Europäische Gemeinschaft, 53 ff.

18) Alexis de Tocqueville, Über die Demokratie in Amerika, 1835, reprinted 1985, 78 ff., 99 ff.; G. Bermann, The Role of Law in the Functioning of Federalsystems, in: K. Nicolaidis/R. Howse (eds), Federal Vision, 2001, 19.

19) 아르민 폰 복단디/박진완 역, 헌법학연구 제13권 제3호, 2007, 904-905.

20) Larry Siedentop, Democracy in Europe, Allen Lane: London 2000, 94.

헌법(internationales Verfassungsrecht)[21] 개념의 정립필요성이 제기된다. 이러한 국제적 헌법개념의 인정은 헌법의 본질이 국제화되고 국가를 넘어서 이전되는 것이 가능한가 그리고 기존의 헌법의 기능이 국제법 질서에 그대로 전용될 수 있는가 하는 문제에 대한 충분한 사전적 담론을 전개를 통해서 뒷받침되어야만 한다.

이와 관련하여 헌법주의의 국제법적 전용이 가능하게 되는 헌법질서와 국제법 질서 양자의 공통의 구조(framework)를 개발하는 문제와 관련하여 헌법적 담론(constitutional discourse) 전개의 어려움이 발생한다. 국가중심적 헌법주의와 비국가적 혹은 탈국가적 헌법주의 사이에 존재하는 공통적인 요소는 과연 무엇인가? 국가와 비국가를 구별하는 기준은 무엇인가? 아마도 이에 대한 해답은 기존의 국가의 기능과 역할을 국제협력의 범위가 강화됨으로 인하여 국가를 초월한 국가공동체 혹은 연합체가 실행하는 경우에 그 질서의 정당성의 문제와 밀접한 관련성을 가지고 있다는 판단에서 찾을 수 있다고 생각해 본다. 그렇다면 이러한 국가를 초월하는 법의 공동체의 협력적 지배를 정당화시키는 근거는 무엇인가? 이에 대한 중요한 해결 기준은 헌법주의는 국가의 문제가 아닌, 가치의 문제이다 라는 평범한 대답이다. 그 동안 헌법주의는 국가적 지배의 정당화조건으로서만 기능해 왔다. 그러나 오늘날 세계화로 인하여 지배의 범위가 국가가 아닌 세계단위의 정치적인 협력적 그리고 경제적 협력적 지배 그리고 국제인권의 보장의 문제로 넘어감에 따라 헌법주의가 더 이상 국가에만 한정된 특정한 가치의 문제가 아니라, 국가를 초월한 보편적 가치의 문제로 다시 재인식 될 수 있는 계기와 바탕이 마련되었다. 이러한 국내법질서를 넘어서는 국제법질서의 공통적으로 타당하게 적용되는 헌법주의의 창조의 조건은 바로 세계화이다. 이러한 공통적 헌법주의 개념 창조에 있어서 가장 걸림이 되는 것은 전통적인 국가주권개념이다. 결국 국가

---

21) Vgl. Robert Uerpmann, Internationales Verfassungsrecht, JZ 2001, 565 ff.; Ulrich Haltern, Internationales Verfassungsrecht? Anmerkungen zu einer kopernikanischen Wende, AöR 128 (2003), 511 f.

주권개념의 해체성이 매우 중요하다. 이러한 상황을 Ernst Forsthoff는 이미 1971년에 이러한 주권개념의 운명을 "현재의 독일연방공화국의 상황을 살펴볼 때 독일연방공화국은 더 이상 전통적 의미의 국가가 아니다. .... 최고 그리고 영속적인 권력의 의미를 가지는 주권은 아마도 의미가 없어질 것이다"라고 이미 예견하고 있다.[22] 이러한 점들을 고려해 볼 때 헌법주의의 국제법질서의 이전과 관련하여 제기되는 가장 중요한 논점은 다음의 두가지로 요약된다: ① 헌법화된 국제법 질서의 정당화, ② 국가적 주권개념의 극복.

이 두가지 문제에 대한 유럽연합, 국제연합(UN), 국제무역기구(WTO)과 같은 국제기관을 근거로 한 국제조약에 의한 기본권과 기본자유의 보장을 통한 헌법개념의 국제조직에로의 확대와 관련된 헌법개념의 탈국가화, 즉 '탈국가적 헌법주의(postnational constitutionalism)'[23]와 관련하여 유럽 특히 독일에서 일련의 국제법학자 그리고 헌법학자들에 의하여 (이에 대한 논의가 진행되고 있는) 국제법의 헌법화과정(Konstitutionalisieung des Völkerrechts),[24] 즉 국제법상의 헌법주의(Constitutionalism in international law)[25]에 대하여 살펴보도록 한다. 헌법개념의 탈국가화 혹은 국제법의 헌법화를 전제로 한 유럽통합은 국제사회를 법공동체(Legal Community)로 보는 것을 전제로 하고 있기 때문이다.

---

22) Ernst Forsthoff, Der Staat der Industriegesellschaft, München 1971, 158.

23) Walker, supra note 15, at 28.

24) Jochen Abr. Frowein, Konstitutionalisierung des Völkerrechts, in: Völkerrecht und Intenationales Privatrecht in einem sich globalisierenden intenationalen System – Auswirkungen der Entstaatlichung transnationaler Rechtsbeziehunge, Berichte der Deutschen Gesellschaft für Völkerrecht 39 (2000), 427 ff.; Stefan Kadelbach, Völkerrecht als Verfassungsordnung? Zur Völkerrechtswissenschaft in Deutschland, ZaöRV 2007, 599 ff.; Andreas L. Paulus, Zur Zukunft der Völkerrechtswissenschaft in Deutschland: Zwischen Konstitutionalisierung und Fragmentierung des Völkerrechts, ZaöRV 2007, 695 ff.

25) Armin von Bogdandy, Constitutionalism in International Law: Comment on Proposal from Germany, 47 Harvard International Law Journal 223 (2006).

Ⅲ. 법의 지배의 원리의 국제법 영역에로의 확장

영미법계에서는 세계화로 인한 법의 지배의 원리가 국내법적 영역을 넘어서 국제법적 영역으로 확장될 수 있는가 하는 문제를 초래하였고, 독일에서는 세계화로 인하여 헌법주의가 국제법 영역으로 확장되는 국제법의 헌법화 논의로 연결된다. 세계화로 인하여 국내법적 영역에만 한정된 법의 지배의 국가영역의 범위 밖으로의 확장할 수 있는가 하는 문제제기와 관련하여, 국제법은 더 이상 법이 아니다라는 입장을 고수하다면 국제법질서에서는 더 이상 법의 지배는 성립하지 않는다. 그러나 이러한 입장은 더 이상 현실적인 지지를 많이 받지 못하고, 과거의 견해 중의 하나로 자리매김하고 있다. 그리고 다양한 형태의 국제법이 점점 더 효력을 강화하고 있다.

법의 지배의 개념을 세계화된 사회 속에서 적용하기 위해서는 우선적으로 국제법과 국내법 사이에 존재하는 다음과 같은 중요한 차이점들이 존재한다는 것을 고려해야만 한다:[26] ① 국제법 질서에는 주권국가가 자신의 영토 내에서 누리게는 권력사용에 대한 독점권과 같은 권력독점권이 존재하지 않는다, ② 국제적으로는 대부분의 국제법은 입법자 (예를 들면 국제연합) 혹은 법원에 의하여 만들어지는 것이 아니라, 국가들 사이의 계약 즉 조약의 형태로 만들어 진다, ③ 국제법상의 조약체결당사자는 J. Locke의 모델에 의한 국가의 시민 그리고 주권자가 아닌 주권국가이다, ④ 국제법은 국내법보다 훨씬 더 제한적이다, ⑤ 대부분의 자유로운 민주적 헌법주의자들(liberal democratic constitutionalists)의 견해에 의하면 국제법속에는 몇몇 엄격한 제도적 제한이 있다. 입법, 행정 그리고 사법의 삼권분립이 존재하지 않는다. 특히 유엔 안전보장이사회(UN Security Council)[27]와 같이 어떠한 공식적인 법적 통제와 균형이 수반되지 않은

26) Samford, supra note 24, at 20－21.

상태로 이러한 삼권 모두가 결합된 조직은 매우 위험한 잠재적인 결합이다, ⑥ 국제법의 실행을 위한 어떠한 중심기관도 존재하지 않는다. 국제법의 실행은 일반적으로 조약의 서명 즉 조인에 달려 있다. 물론 이에 대한 몇몇 예외도 존재할 수도 있지만, 조약은 강한 당사자에 의하여 실행된다, ⑦ 국내적 법영역은 법적 의문을 해결하기 위한 서로 대립되는 두개의 종결규칙(closure rule)을 가지고 있다. 권력을 행사하는 공무원의 경우에는 법적인 권위가 부여되지 않은 것은 금지된다. 그러나 개인에 대해서는 법적으로 금지되지 않은 것은 허용된다. 국제법 영역에서는 후자의 종결규칙이 국가, 비정부기관(NGOs) 그리고 다른 법인에 대해서도 확대된다.

때때로 이러한 국제법과 국내법 질서의 양자의 차이점들은 국내법 질서와 아주 다른 차원에서 국제법 질서를 정당화시키기 위한 목적에서 다소 과장되어지기도 한다. 물론 양자 사이의 차이점은 아주 많고 실질적이라고 볼 수 있다. 그럼에도 불구하고 이러한 차이점과 관련하여 제기될 수 있는 현실적 질문은 이러한 차이점으로 말미암아 법의 지배의 원리가 국제법 질서에 있어서는 중요한 이상(ideal)이 될 수 없다는 것을 의미하는 지 여부에 관한 것이다. 즉 결국 이것은 이러한 양자의 차이로 인하여 국제법질서에 있어서 가치적인 규범적 질서를 포기할 수 있는가 하는가 하는 문제이다.

이러한 양자의 차이점에도 불구하고 어떠한 논거도 국제법을 실행하는 자가 국제법에 구속되어야만 한다는 이상을 손상시키는 것을 정당화할 수 없다고 볼 수 있다. 국제법이 현실적으로 적용되는 국제현실에서 어느 정도까지는 부주의와 결함이 존재한다 할 지라도, 법의 지배의 원리가 국제법의 이상이 될 수 있다는 논거는 포기될 수 없다. 이러한 논거는 당연히 국내적 법의 지배의 원리에 타당하게 적용되는 대부분의 논거

---

27) 영어의 'council'이라는 용어를 이사회로 번역하는 것이 타당한지에 대해서는 조금의 의문이 든다. 안전보장회의 혹은 안전보장위원회로 번역하는 것이 타당하다고 생각해 본다.

들은 그대로 국제법 영역에도 적용된다는 견해를 전제로 하고 있다. 이것은 법의 지배의 원리 혹은 법치국가(Rechtsstaatlichkeit)원리와 마찬가지로 국제법질서에도 어느 정도의 예측가능성(predictability), 안정성(stability), 효율성(effectiveness)이 담보되는 것을 요구하는 것이다.[28] 왜냐하면 국제법질서의 각 주체들이 국제법질서가 요구하는 규칙(rule)에 따라 행위한다면, 다른 행위자들 역시 어떻게 행위해야 한다는 것을 알게 될 것이기 때문이다.

Ⅳ. 헌법의 국제법화

국제법의 헌법화는 동시에 헌법의 국제화(Internationalisierung des Verfassungsrechts)도 수반한다. 헌법의 국제화 주제는 우선적으로 비교헌법적 내용으로 구성된다. 그동안 헌법국가와 국민국가와의 밀접한 관련성은 헌법을 오랫동안 가장 지역적인 국가법영역으로 존재하게 만들었다. 그 사이에 헌법은 국제인권법의 영향을 통하여 국제적 분야로 자리매김하게 되었다. 그럼에도 불구하고 국제적 인권협약은 국내헌법에 대하여 법조문적 모범으로서 뿐만 아니라 법적 통제기준으로서도 영향력을 발휘한다. 왜냐하면 국내법원이 국제적 기준과 다르게 결정하려고 하는 경우에는, 국내법원은 국제적 기관의 감독을 고려해야만 한다. 따라서 결과적으로 국내법원의 위에는 단지 푸른하늘만 존재하는 것이 아니라 유럽인권법원과 같은 독립된 국제적 통제법원(internationale Kontrollinstanz)이 존재한다.[29] 그러나 이러한 국제적 통제법원의 국내법적 간섭에 대한 반응은 법질서 마다 다르게 나타난다. 유럽회의(Council of Europe)의 가입국가마다 유럽인권협약에 대하여 국내법적인 법질서에서 법적 효력을 부여하는 데

28) Samford, supra note 24, at 21.
29) Bryde, Der Staat 42 (2003), 68.

있어서 규범적 효력의 차이를 보이고 있다. 독일의 경우 독일법질서에 상반되는 유럽인권법원의 결정을 준수하라는 의무를 부과하고 있는 유럽인권협약 제46조의 규정을 포함하여 유럽인권협약은 단지 변형법률(Transformationsgesetz)을 통해서 독일국내법질서에 편입되고, 이를 통해서 연방법률(Bundesgesetz)과 동일한 순위를 가진다. 이에 반해서 오스트리아에서는 유럽인권협약은 헌법과 동일한 순위를 가진다. 예컨대 오스트리아는 유럽인권협약에 대하여 헌법적 효력을 부여하고 있고, 독일은 법률적 효력을 부여하고 있다. 유럽인권법원의 Görgülü v. Germany 사건[30]을 둘러싼 유럽인권법원과 독일연방헌법재판소[31]의 갈등은 이에 대한 좋은 사례가 된다. 독일연방헌법재판소는 유럽인권법원은 기본권과 같은 국가와 개인 사이의 관계가 아닌, 이 사례에서 문제된 부모의 양육권(parental custody)과 같이 순수한 개인 사이의 문제에 대한 개입에 있어서는 매우 신중해야 한다는 입장을 표명하였다. 이에 대하여 유럽인권법원은 독일이 과도한 방식으로 자신들의 주권(sovereignty, Souveränität)을 언급함으로써, 유럽인권협약의 구속력을 약화시키는 또 하나의 나쁜 선례를 만들게 될 것이라는 비판을 제기하였다.

국내헌법의 증가되어지는 국제화의 세 번째 근거는 궁극적으로 국제적 그리고 외국법학의 원용이 법원에 대하여 의미를 가질 수 있는 부가적인 정당성(zusätzliche Legitimation) 속에서 찾을 수 있다. 헌법재판소가 새롭게 구성된 민주적 그리고 법치국가적 헌법의 경우에는 헌법재판소가 모든 사례에 있어서 결정과 관련된 중요한 선례를 찾기가 쉽지 않다. 관련된 사례에 관한 직접적 선례가 없는 경우 헌법재판소는 경우에 따라서는 외국의 중요한 선례 혹은 국제적인 중요한 선례에 따라 자신의 결정

30) Görgülü v. Germany, Eur. Ct. H. R. (February 26, 2004); 26/02/04 – Rechtssache G. gegen DEUTSCHLAND (Individualbeschwerde Nr. 74969/01). 이에 대한 상세한 내용은 박진완, 유럽인권법원의 Görgülü v. Germany 사건을 둘러싼 유럽인권법원과 독일연방헌법재판소의 갈등, 유럽헌법연구 제3권, 유럽헌법학회 2008, 171－199참조.

31) Beschluss des Zweiten Senats vom 14. Oktober 2004 – 2 BvR 1481/04.

에 법적인 논증을 시도한다.[32] 이런 점에서 볼 때 우리나라가 독일식 헌법재판제도를 수용하여 운용함에 있어서 독일의 많은 주요 결정을 참조한 것과 마찬가지로, 우리 헌법재판제도가 다른 아시아 지역에 중요한 영향을 미칠수 있다면 우리 헌법의 국제법화도 가능하다고 볼 수 있다.

V. 국제법의 헌법화 그리고 법의 지배의 국제법 영역에로의 확장에 반대하는 명제

독일 국제법학계의 국제법의 헌법화 명제 전개에 대한 미국의 학계의 반론은 현실주의(Realismus) 그리고 재국민국가화(Re-nationalisierung)라는 측면에서 나타나고 있다. 미국에서 제기되는 비판은 국제법은 국가간의 이해관계의 합치에 의한 메타현상(metaphenomenon)이다[33]라고 보는 입장에 근거하고 있다. 이 입장에 의하면 국제법의 현실은 전적으로 국가사이의 공통적인 이해관계의 반영이다. 참여국가들 사이에 이해관계의 합치가 성립한 경우에는, 이것은 또한 바로 국제법의 원칙으로서 효력을 발생해야만 한다. 이해관계의 합의가 존재하지 않는 경우에 한해서, 나중에 국제법적 원칙의 문제가 제기되기 때문이다.[34]

국제법의 역할에 대한 회의론에 서있는 입장에서는 설사 헌법화된 국제법이 상황에 따라서 국가행위를 안정화시킨다 할 지라도, 그러나 그것은 단지 매우 제한된 범위내에서만 나타나는 현상이다 라고 제한적으로 해석한다. 따라서 국제법은 없는 것보다는 존재하는 것이 훨씬 더 유익하기 때문에, 국가들은 효력을 발생하고 있는 국제법을 존중해야 한다는 Kant의 논거는 반박되어질 수 밖에 없다. 왜냐하면 국제법을 국가간의

32) Bryde, Der Staat 42 (2003), 71.

33) Jack L. Goldsmith/Eric A. Posner, The Limits of International Law, Oxford: Oxford University Press 2005, 13.

34) Paulus, ZaöRV 2007, 702.

이해관계의 합치의 산물로 보는 입장에서 국제법으로부터 도출되는 의무는 처음부터 성립될 수 없다. 이러한 국제법의 헌법화 모델은 미국의 9.11이후 상황에서 초강대국에 의한 총체적 안전시스템이 붕괴된 경우에는, 국제사회에서 더 이상 국제법의 구속력도 확보될 수 없다는 논거에 의하여 더욱 더 압박을 받고 있다.

법의 지배를 국내적 영역에서 국제적 문제로 확장시키는 것에 대한 잠재적인 가능성이 있는 논거(potential arguments)들을 제시해 본다. 이 논거들은 다음의 두가지로 요약될 수 있다:[35] ① 국내적 법의 지배에 반대하는 논거들의 국제적 해석(international version), ② 국제적 법의 지배 그 자체에 대해서 반대하는 논거들. 국내적 법의 지배에 대한 논거들의 국제적 해석은 다음과 같다. 첫째 법의 지배는 법을 만든 강자를 위한 것이다. 법의 지배는 지배적 그리고 정당화적 효과(hegemonic and legitimating effects)를 가진다. 더 나아가서 형식적 불평등은 현실적 불공평(substantive injustice)을 조장하고 은폐시킨다. 강자는 국제법 속에서는 더욱 더 강하게 보일 수 밖에 없다. 국제질서의 강자들이 어떤 법이 제정되는 것을 막기 위한 모든 수단을 동원하게 되는 경우 경우 사회적 합의의 더욱 더 어려워진다. 초기부터 문제는 국제질서의 강자들은 그들에게 맞지 않은 새로운 법의 제정되는 것을 막을 것이다.[36]

둘째 국제법은 현실적으로 가장 강한 국가에 대해서는 효과적으로 실행될 수 없다. 현실적으로 미국의 지도자들은 자유세계의 지도자로서 그들의 역할을 일깨우면서 그들과 친숙하지 않은 독재에 대한 그들의 십자군을 파견할 때 국제법이 이를 방해하는 경우에는 언제든지 국제법을 무시하곤 한다.[37]

셋째 법의 지배는 일련의 선들(good) 중의 단지 하나의 선이어야만 한다. 예컨대 자유민주적 사회에서 법의 지배는 선이 된다. 그러나 억압

---

35) Samford, supra note 24, at 21.

36) Id., at 22.

37) Id.

적인 신정적 체제 혹은 일당독재체제하에서는 법의 지배는 개인의 종교의 자유 혹은 중요한 기본적 자유를 잘 보장할 수 없다.[38] 특히 법의 지배는 열성적인 법관이 자비심이나 상대방의 노력에 대한 고려없이 법을 엄격하게 집행하면 상황은 더욱 악화된다. 즉 법의 지배는 다양성이 전제되어야만 한다.

넷째 어떤 사람들은 법의 지배의 원리보다는 민주주의를 더 선호한다. 따라서 법의 지배가 정착되기 전에 우선적으로 민주주의가 실현되기를 희망한다. 이러한 입장은 때때로 비민주적 법률에 대한 신뢰를 주는 것에 대한 거부감에서 기인한다.[39] 따라서 국제적 법의 지배의 원리를 강제하기 전에 국제적 기관의 민주화가 선행되어야 한다는 유사한 논거가 성립된다. 법의 지배의 원리와 민주주의 원리를 완전히 절연된 것은 아니다. 법의 지배는 민주주의를 증진시키는 경향이 있다. 민주주의는 어떤 기관이 법과 정책을 민주적으로 결정할 것인가 하는 문제를 결정하기 위해서는 법의 지배를 필요로 한다. 법의 지배는 국제법을 결정하고 해석하는 사법적 권력의 실행을 필요로 한다. 법의 지배는 조약을 창설하고 법원에 의해서 내려지는 결정을 선호하지 않는 경우에 행해지는 사무총장의 결정과 같은 입법적 활동을 촉진시킨다.

다섯째 가장 강력한 힘을 가지는 국제적 기업(international business)과 국제적 기관(international agencies)은 비구속적이다. 국제적 법의 지배에 대한 유일한 구속자는 개별 주권국가들 특히 민주주의실현을 위해서 노력하는 주권국가들이다. 국가적 간섭 뿐만 아니라 인종청소에 반대하는 규칙들이 제한되어진다면, 국제적 법의 지배는 더 이상 의미가 없다는 것이 주장될 수도 있다. 국제법은 단지 매우 제한된 삶의 영역에 대하여 규율하고 있다는 점에서 국내법과 구별된다. Hart가 이야기 한 바와 같이 국제법은 자연법의 재산권의 인정과 이의 이동 그리고 인간생활의 보호와 같은 '자연법의 최소한(minimum content of natural law)'의 조건만 보호

38) Id.
39) Id.

하고 있다. Anglo-American 관점에 따르면 민주적 정당성, 개념적 이해 가능성, 공정한 사법적 해석, 그리고 사법적 제재의 실행과 등과 같은 여러 가지 척도에 의하여 판단해 볼 때 국제법은 불완전하게 보인다. 주권은 역사적으로 그리고 여전히, 이념적인 측면에서 국제적 법의 지배에 반대되는 개념이다. 오랜 세월동안 주권은 국내법적인 권력분립의 핵심적 요소에 해당하는 견제와 균형(checks and balances)에 유사한 원리의 국제법속에로의 도입에 대한 방어수단으로 기능하여 왔다. 그럼에도 불구하고 주권은 붕괴되고 시작했고, 결국 헌법과 국제법의 경계는 허물어지고 말았다.[40)]

Ⅵ. 국제법의 헌법화의 내용적 구성요소들

Armin von Bogdandy교수는 제2차 세계대전이후 두 초강대국의 득세로 인한, 유럽국가들의 국제적 영향력의 점차적인 감소와 관련하여 세계질서 그리고 국제법의 역할에 대한 유럽적 전망(European visions)을 다음의 세가지 측면에서 제시하고 있다:[41)] 그 첫 번째 전망은 유럽의 국가들이 그들 자신의 독자적인 이해관계와 확신에 가장 밀접하게 연결된 초강대국을 따라야 한다는 것이다. 이러한 입장은 특히 국제평화와 안전을 고려한 국제법에 대한 현실주의적 이해를 포함하고 있다. 두 번째 전망은 다른 지구적 강대국과 대등한 연합된 유럽을 건설하는 것이다. 다극적인 세계전망이다. 세 번째 전망은 공통적 가치와 공통적 이해관계에 바탕을 둔 정치적 권력을 형성하고, 지시하는 지구적 법공동체를 건설하기 위한 것이다. 이러한 세가지 입장은 각각 영국, 프랑스 그리고 독일에 의하여

40) Sampford C., Challenges to the Concepts of “Sovereignty” and “Intervention”, in Burton M. Leisner and Tom D. Campbell (eds) Human Rights in Philosophy and Practice, Dartmouth, U.K: Ashgate 2001, Chapter 16.
41) Id.

공통적으로 지지되고 있다. 특히 세 번째 입장은 국제법의 헌법화를 촉진시키는 국제법상의 헌법주의와 밀접한 관련성을 가진다.

1. 국제법질서의 정당성 혁명으로서 국제법의 헌법화

국제법의 헌법화 그리고 헌법의 국제법화 이 두가지 서로 상관적인 진행과정은 20세기의 정당성혁명의 공통적 핵심요소를 구성한다. 그것은 헌법질서이든 국제법질서이든 관계없이 양자 모두가 인권을 보장하고 있는 한에서만 그 정당성을 인정받을 수 있다는 기본원칙의 확장의 결과로 이해할 수 있다.[42] 결과적으로 이 두가지 진행과정은 전통적인 국가주권 관념에 바탕을 둔 국가중심적 세계상(Weltbild)을 인권관념과 그 효력범위의 확대를 통해서 상대화시킨다. 독일의 Hegel철학에 바탕을 둔 독일국가학에서의 국가중심주의적 사고는 고상한 전통을 형성하여왔지만, 최근의 세계화된 지구사회의 문제점들에 대한 해결책을 제시할 수 없었다. 국제법의 헌법화 명제는 국제법질서가 모든 다른 법질서와 마찬가지로 근본원칙과 특별한 기초규범을 포함하고 있다는 단순한 인식을 넘어서는 것이다. 국제법의 헌법화는 국민국가적 헌법의 기술적 의미속에서의 단순한 확대를 넘어서는 것을 의미한다.[43]

그러나 독일의 국제공법적 사고와 이러한 국제법상의 헌법주의를 동일시하는 작업은 잘못된 것이라고 볼 수 있다. 왜냐하면 독일의 국제법학회에서는 확실히 다른 학문적 접근방법이 존재하기 때문이다. 따라서 국제법상의 헌법주의는 대부분 다른 나라에서 가르쳐지고 있다.[44] 독일의

42) 이러한 기본적 입장을 제시하고 있는 독일학자는 Brun-Otto Bryde를 들 수 있다. vgl. Brun-Otto Bryde, Konstitutionalisierung des Völkerrechts und internationalisierung des Verfassungsrechts, Der Staat 42 (2003), 61.

43) Ebd., 62.

44) Bogdandy, suprat note, 37 at 223-224 이러한 예로서 Bogdandy교수는 다음의 저작들은 제시하고 있다. Pierre-Marie Dupuy, The Constitutional Demension of the Charter of the United Nations Revisited, in 1 Max PLALK Y.B. UNITED

많은 국제법학자들은 유엔헌장(UN Charter)이 국제공동체의 헌법과 유사하다는 Tomuschat의 주장에는 동의하지만, 이미 국제법상의 헌법주의는 주로 독일의 범위 밖에서 논의되고 있다. 그럼에도 불구하고 국제법을 전지구적 법공동체 건설의 기초적 토대로서 국제법을 이해하는 것이 많은 독일법학자들의 일관적인 사고의 흐름으로 간주되고 있다.

국제법의 헌법화는 길들여지지 않은 국가권력에 대한 헌법적 통제의 논리적인 계속적 연장으로 이해할 수 있다.[45] 고전적인 국제법에 의하여 국제적인 평화와 공동체를 구축하는 것이 어려워지는 것 그 자체가 바로 고전적 국제법 개념 그 자체의 한계일 수도 있다. 국가와 헌법의 전환된 관계를 고전적 형식 속에서 나타내고 있는 국제법은 국제관계에서의 법적인 평화구축을 위한 출발점을 형성한다. 그러나 이러한 고전적인 국제법 이해 속에서는 자유롭고 평등한 법적 주체들의 자유로운 사회계약에 의한 국가성립을 가능하게 하는 헌법적 요소에 대한 응용이 결여되어 있다. 국제법에 의하여 조직된 국가공동체에는 이들 공동체의 규칙을 관철하기 위하여 필요한 제재의 가능성과 행위능력을 제공하는 개별국가의 권한을 넘어서는 초국가적 권한이 결여되어 있다.

세계적 그리고 지역적인 탈국가적인 조직과 국민국가의 차이점에 주의한다면, 헌법개념을 국제질서에 그대로 전용하는 것을 성공적으로 만드는 것은 쉬운 일이 아니다. 이것은 헌법주의의 이상에 대해서도 타당하게 적용된다. 따라서 헌법주의개념을 헌법주의의 역사적 의미 속에서 국제법 질서에 전용하는 것이 아니라, 입법자의 전권능성을 제한하는 의미인 Constitutionalism의 번역의 의미로 이해하는 것이 맞다.[46] 이러한 헌법주의의 국제법적 전용은 우선적으로 국제법적 체계속에서 법원리를 통한 특히 인권을 통한 법을 제정하는 국가들을 의미한다. 독일인들은 이러한

NATIONS L. 1, 2 (1997).

45) J. Habermas, Hat die Konstitutionalisierung des Völkerrechts noch eine Chance, in: 같은이, Der gespaltene Westen, Frankfurt am Main 2004, 131.

46) Bryde, Der Staat 42 (2003), 62.

Constitutionalism을 독일어로 헌법국가성(Verfassungsstaatlichkeit)로 번역한다. 물론 이러한 헌법국가는 국제법상의 영역에는 존재하지 않는다. 더 나아가서 국제법상에는 법치국가성(Rechtsstaatlichkeit), 영미법상의 법의 지배(rule of law) 그리고 사회국가원리(Sozialstaatsprinzip) 및 사회적 정의(social justice)도 존재하지 않는다.[47)]

고전적인 국제법은 그것이 형식적으로 동일한 권한을 가진 공동체 가입당사국들로 구성되는 하나의 법공동체를 창설할 수 있는 한에서는 이미 일종의 헌법(Verfassung)이다. 이러한 국제법적인 기원을 가지는 원형적 헌법(völkerrechtliche Protoverfassung)은 확실히 본질적인 측면에서 공화국 헌법(republikanische Verfassung)과는 구별된다. 이러한 국제법적인 원형적 헌법은 개별적인 법적 주체(individuelle Rechtsgenossen)가 아닌 총제적인 참가자들(kollektive Aktoren)로 구성되고, 또한 어떠한 지배권을 형성하지 않고, 단지 하나의 권력만을 형성한다는 점에서 개별국가의 헌법과 구별된다.[48)] 그 외에도 국제법적 주체로 구성되는 공동체에는 엄격한 의미의 헌법과 달리 상호호혜적인 법적 의무(reziproke Rechtspflichten)의 구속력이 결여되어 있다. 국제법적 공동체의 가입을 위한 전쟁권의 핵심적 내용의 포기와 같은 자발적인 주권의 제한은 무엇보다도 개별구성국가로 구성되는 정치적 공동체의 성립을 가능하게 만든다. 국제법적 공동체의 구성원은 자발적인 선언에 의한 침략적 전쟁의 거부를 통하여 국가초월적인 강제권력의 행사없이도 보다 강력한 구속력을 가질 수 있는 자기의무부여를 관습법과 국가사이의 조약으로서 인정하고 있다. 국제공동체와 침략적 전쟁의 부인은 개별국가의 국제공동체형성과정에서 자연스럽게 형성되는 논리적 발전과정이다.

국제법의 몇몇 규칙들(rules)은 국제적 그리고 국지적(municipal) 영역에 있어서 헌법적 기능을 수행한다. 이러한 헌법적 기능은 국가와 인권과의 관련성 속에서 국제적 평화, 안정 그리고 사법을 보장하고 그리고 그

---

47) Ebenda.

48) Habermas, Fn. 42, S. 131.

와 동시에 국내적으로 국가 내부에 대해서도 실질적으로 국제법의 최종적인 객체인 인간의 이익을 위해서 법의 지배(rule of law)가 관철되는 것이다.[49]

2. 국제법의 헌법화의 내용적 표지들

헌법화된 국제법질서의 구축을 위한 시발점은 체계화된 무정부주의(geordnete Anarchie)로서 고전적인 국제법구조의 극복이다. 고전적인 국제법 이론에 의하면 국제법은 주권국가들 사이의 합의에 의하여 성립한 혹은 서로가 승인한 관습에 근거한 법이다. 이런 점에서 볼 때 국제법질서는 개별적 이해관계의 총합을 넘어서는 전체적 이익, 규범적 위계질서, 책임을 부담하는 국가보다 상위에 있는 상급기관(Instanz)이 존재하지 않는 수평적 법질서(horizontale Rechtsordnung)이다. 설사 이러한 고전적 국제법구조 하에서 국가들이 국제법을 통하여 국가들 사이의 관계를 규율한다 할 지라도, 그것은 단지 그들의 독자적인 관심사항(Angelegenheiten)을 규율할 따름이었다. 세계화된 국제사회의 요구를 고려하여 고전적인 국제법 모델을 비판하는 입장은 현대적 국제법 이론 뿐만 아니라 전통적 국제법 이론에서도 제기된다. 그럼에도 불구하고 국제법이론의 이론적 토대의 형성 그리고 이론의 전파와 학장과정에서 고전적 국제법 이론의 비중과 역할은 여전히 무시될 수 없다. 다만 이러한 고전적 이론의 새로운 국제현실과의 충돌과정에서의 적응력 확보의 측면에서 기존의 이론의 연장선상에서의 수정작업이 행해지고 있다. 이것은 고전적인 국가중심의 국제법이 세계화의 요구와 관련하여 새로운 수정의 요구에 직면하고 있는 현실의 반영이라고 볼 수 있다. 세계화로 인한 국제법의 헌법화는 국가보다 상위에 있는 정당성의 기관을 요구하고, 일반적인 국제법을 근본적 헌

49) Tomuschat, International Law: Ensuring the Survival of Mankind on the Eve of New Century, General Course on Public International Law, in 281 RECUEIL DES COURS 23 (1999); Bogdandy, supra note 37, at 226.

법원리에 구속시키는 규범적 위계질서의 인정을 요구하고 있다.[50)]

이러한 고전적인 국제법구조와 정반대로 헌법화된 국제법 체계 속에서는 국가보다 상위에 있는 정당성기관(Legitimationsinstanz)과 일반적 국제법을 헌법적 방법론에 의하여 해석하고 발전시킨 헌법원리에 구속시키는 규범적 위계질서(Normenhierarchie)를 찾게 된다. 그러나 현재의 국제법 질서의 수준을 고려해 볼 때 이미 완전히 발전된 이상적인 국제법질서를 제시하는 것은 매우 어렵다. 그럼에도 불구하고 장래의 국제법질서에 있어서 보다 발전된 헌법화과정을 제시하는 것은 가능하다.

Bryde는 이러한 고전적인 국제법이론과 국제법의 헌법화과정을 정당화시키는 법이론이 서로 일치될 수 있는 보다 확실한 시발점(Ausgangspunkt)은 개별 국가의 이해관계를 넘어서는 공동체의 이익(Gemeinschaftsinteresse)에서 찾고 있다.[51)] 이러한 개별 국가의 이해관계를 넘어서는 공동체의 이익을 통한 발전은 크게 다음의 두가지 형태로 이루어 진다. 그 첫 번째는 국가를 위한 것이 아닌 인간에 귀속된 법익이다. 두 번째는 국제법적인 인권보호이다.[52)] 인권은 순수한 수평적인 법질서 속에서의 국가들 사이의 의무로서 국제법상의 의무의 상대성의 관념(Vorstellung)과 일치될 수 없다. 인권의 경우에는 국가들 상호간의 권리와 의무가 아닌, 인간에 대한 그리고 전체로서 인간의 공통적 가치와 이익에 근거한 권리와 의무가 문제된다. 국제법상의 인권보호가 중요한 의미를 가질려면, 국가보다 상위에 있는 정당화기관(Legitimationsinstanz) 혹은 정당화 권위를 통해서 국가에 대하여 인간을 위한 의무부여가 행해져야만 한다. 이러한 국가에 대한 의무부과는 인권, 국제관습법 그리고 국제조약의 형태로 행해진다.[53)] 인권조약은 국가상호간의 관계를 규율하는 것이 아니다. 이러한

---

50) Helen Keller, Die Zukunft der Völkerrechtswissenschaft in Deutschland, ZaöRV 67 (2007), 633.

51) Bryde, Der Staat 42 (2003), 63 f.

52) Ebd., 64.

53) Ebenda.

국제인권조약은 국제조직의 영역에 있어서 국제연합과 같은 전세계적인 영역 혹은 지역적 조직에 있어서 국제인권조약의 준수를 이 공동체의 기관구조 속에서 고려하고 있는 것을 통하여 명백히 드러나는 준입법적 기능(quasi-legislative Funktion)을 행사한다. 국제인권조약은 그 본질적인 측면에 있어서 모든 공동체의 기본권 목록의 실정법인 제정과정(Kodifikation)으로 볼 수 있다.

인간과 공동체의 이익에 대한 국가의 의무인정을 통하여 순수한 국가들 사이의 국제법 모델은 포기된다. 국가가 더 이상 최고의 법적 기준이 아니다라는 국제법의 이해가 점점 더 현실적으로 다가오고 있고, 이것은 또한 타당하다고 생각한다. 이러한 국가를 넘어서는 최고의 정당화권위의 성립과 전개과정은 아직까지는 미완성 단계이기 때문에 여전히 열린 상태에 처해 있다. 이미 국가보다 상위에 있는 기관으로서 광범위한 국제법공동체 구축이 행해지고 있다. 인류의 유산(Heritage of Mankind)에 대한 공식화 그리고 인권의 중심적 역할은 지구상의 인간을 정당화의 원천(Legitimationsquelle)으로서 제시한다. 그와 동시에 국제법질서는 민주주의화의 전세계적인 진행과정을 고려해야 한다. 세계화의 조건들 속에서 인간이 도처에서 정치적 결정을 내려야만 한다면, 그들의 공통적 이해관계 또한 세계시민적 질서 속에서 대표되어만 한다.[54] 국제법은 국가 대신에 인간과 관련을 가진다는 국제법적 정당성의 새로운 구성이 필요하다. 따라서 국제법은 기존의 국가중심의 체제보다는 각 국가의 국민들을 바탕으로 하는 지구의 인간으로부터 출발한다는 새로운 관점의 변화를 받아들여야 한다. 세계화된 민주주의의 적합한 제도화가 행해져야만 하는데 반하여, 국가중심이 아닌 국제적 민주적 시민사회적 의사형성과정절차가 이미 시작되었고, 괄목할만한 발전이 있었다.

헌법화된 국제법질서는 궁극적으로 상위의 헌법원리를 통한 법적인 구속력의 확보를 전제하고 있다. 오랫동안 국제법질서에서는 모든 국제법

---

54) Ebd., 65.

규범들의 동등한 효력의 도그마(Dogma)가 그 효력을 유지한 후에, 오늘날 국가가 서로간의 합의를 통하여 다르게 행동할 수 없는 강제규범적 성격을 가지는 강제법(jus cogens)에 의한 대세적 의무부여(erga－omnes Verpflichtungen)의 존재가 인정되고 있다. 이것은 그 동안 유지되어왔던 기존의 국제법상의 보편적 가치의 퇴조로 인한 수직적인 새로운 가치적 위계질서가 성립되는 것을 의미한다. 이러한 상황전개는 국지적으로 특히 1950년의 유럽인권협약(ECHR, EMRK)체제의 전개를 통해서 잘 나타나고 있다. 지역적 헌법질서로서 유럽인권협약은 '범람효과(spill over Effeckt)'를 통하여 국제적 가치체계를 성립시킨다.[55] 이러한 강제법은 무력사용금지(Gewaltverbot)와 같은 국제관계의 기본원칙 외에도 또한 가장 중요한 인권들을 포함하고 있다. 이러한 강제법의 영역에서는 국제법이 더 이상 국가를 위해서가 아니라, 인간을 위해서 존재한다는 것이라는 것이 명백히 드러난다.

아마도 국제법의 위계질서화보다 더 중요한 것은 방법론의 변천이다. 수평적 국제법체계는 계약당사자의 의사의 입장에서 출발하는 민사적 해석(zivilistische Interpretation)에 치중했다. 주권의 도그마에 지배되는 국제법 속에서 이러한 민사적 해석은 국가가 기꺼히 떠맡으려고 하지 않는 의무를 해석을 통하여 강제할 수 없다는 논리를 정당화 시키는 근거로 작용한다.[56] 역으로 국제법의 헌법화를 통한 가치체계의 성립에 대한 개별국가의 구속을 전제로 하는 국제법해석론적 관점에서는 주권적 사고에 근거한 민법적 해석론이 퇴조될 수 밖에 없다. 이러한 민사적 해석론에 치중한 국제법적인 해석방법론의 전개는 방법론의 다양화를 통하여 해석적인 개방성이 강조되는 학제간의 방법론적인 의사소통과정의 인정이라는 형태로 나타난다.[57]

55) Vgl. Erika de Wet, Zur Zunkunft der Völkerrechtswissenschaft in Deutschland, ZaöRV 67 (2007), 781, 783, 785.

56) Bryde, Der Staat 42 (2003), 66.

57) Vgl. Thilo Marauhn, Plädoyer für eine grundlagenorientierte und zugleich

이에 반해서 헌법적 해석은 아주 강하게 법의 목적, 즉 법질서의 근본원리의 최적의 실현이라는 목적에 지향되어 있다. 그와 동시에 사실적 관계 그리고 필요성의 변화에 대한 고려에 있어서도 훨씬 더 개방적이다. 이러한 헌법적 해석방법의 도입을 통해서 고전적 국제법원론적 요구인 합의성의 요청, 즉 국제법질서의 각 국가들의 의사합치를 필요로 하는 요구 때문에 매우 느리게 진행될 수 없는 국제법 발전을 위한 역동성이 현저하게 증가된다. 개방적 법질서의 근본원리에 대한 정치적 행위자의 구속의 요구는 이러한 원리에 구속여부를 통제하고, 그와 동시에 계속적으로 발전시키는 절차를 요구한다.[58] 헌법국가에서는 이러한 절차의 실현은 헌법재판을 통해서 행해진다. 이것은 헌법재판의 역할이다. 국제적 영역에 있어서도 이러한 요구조건은 실현될 수 있다. 그것은 국제적 법원 뿐만 아니라 유럽인권법원(ECtHR, EGMR)과 같은 국지적 인권법원도 여기에 해당한다.

국제법의 헌법화는 헌법의 국제화 속에서 그에 상응하는 요소를 발견할 뿐만 아니라 또한 이에 대하여 본질적으로 국제적인 공통적 가치에 국내법 질서도 이에 구속되어야 한다는 공동의 책임을 지게 된다. 더 이상 국제법 질서는 국내법 질서와 다른 형태로 존재하는 별개의 세계가 아니다. 국제법이 인권을 보장한다면, 국제법은 또한 국가내부에서의 모든 생활영역에 대한 규정이 보장될 것을 요구한다. 인권목록을 가지고 있는 국제법공동체 속에서는 전통적인 주권이론이 고려되는 공간은 존재하지 않는다.[59] 이런 점을 고려해 볼 때도 국제법의 헌법화논쟁에 있어서 최대의 희생자는 주권개념이다.

---

anwwendungsbezogene Völkerrechtswissenschaft, ZaöRV 67 (2007), 652 f.

58) Bryde, Der Staat 42 (2003), 67.

59) Ebd., 68.

제7장 국제공동체와 국제법의 헌법화

I. 서

Bogdandy교수는 Hermann Mosler, Wilhelm Wengler 그리고 Christian Tomuschat을 국제법의 헌법화 명제에 동의한 독일의 국제법학자들로 들고 있다. Mosler는 법공동체로서 국제사회라는제목의 일반적 강좌에서 당시 냉전상황에서의 헌법주의의 어려운 측면을 가르쳤다.[1] 이러한 Mosler의 입장은 그의 독일외무부의 선임인 동시에 유럽경제공동체회의 의장인 Walter Hallstein에 영향을 미쳐서, Hallstein은 초기의 유럽통합계획을 구상하고 이를 실행하기 위하여 법공동체(legal community)를 고안하였다.[2] 이러한 독일의 국제법의 헌법화를 위한 세계헌법이론(Weltverfassungslehre)의 전개를 Andereas L. Paulus는 다음과 같이 설명하고 있다 : "기본적 요구조건은 '무시될 수 없는 세계질서조약(Weltordungsverträgen)'[3] (Tomschat)으로부터 시작해서 '공동체이익의 국제법(Völkerrecht der Gemeinschaftsinteressen)'[4] (Bruno Simma)을 거쳐서, '세계내부법(Weltinnenrecht)'[5] (Jost Delbrück)으로 완성된다."[6] 헌법화된 국제법으로서 세계헌법은 법규범으

---

1) Hermann Mosler, The International Society as a Legal Community, in 140 RECUEIL DES COURS 11 (1974).
2) Walter Hallstein, Der unvollendete Bundesstaat, Düsseldorf; Wien 1969, 252 ff.
3) Tomuschat, Obligation Arising for States Without or Against Their Will, RdC 241 (1993-VI), 268-274.
4) Bruno Simma, From Bilateralism to Community Interest in International Law, RdC 250 (1994 VI), 217.
5) Jost Delbrück, Globalization of Law, Politics, and Markets - Implications for Demstic Law - A European Perspective, Indiana J. of Global Legal Studies 1 (1993/4), 9.
6) Paulus, ZaöRV 2007, 703.

로서 효력이 인정되고, 이에 대한 준수의 요구가 매우 유효하게 강제되는 것을 전제로 한다. Alfred Verdross 그리고 Bruno Simma는 보편적 견해를 통한 국제중심적인 개인주의의 극복이 그들의 국제법의 헌법화 논쟁의 핵심적 내용으로 보고 있다.7) Simma는 인권을 국제법 속에서 가장 중요한 공동체적 자산(Gemeinschatsgut)으로 보았다. 이러한 인권보장의 요구의 국제적 영역에로의 확대는 공동체적 법질서의 성립을 요구한다.

이러한 세계헌법론은 다음의 두가지 측면에서 어려움에 봉착한다: ① 국제법이 어떻게 국가들의 국제법 질서에 대한 보다 광범위한 규범적 복종을 요구할 수 있는가? ② 하나의 법질서의 창설을 위한 자기중심적인 국가들의 윤리적 합의의 결여.8) 마치 성경에서 나무를 보면 그 열매를 알 수 있듯이 어떻게 철저하게 자신의 이익을 추구하는 개별국가들로부터 하나의 정당한 세계질서에 대한 합의가 도출될 수 있을까? 이러한 어려움에 대한 근본적* 의식의 전환을 시도하지 않는 학자들, 즉 현실적 실정법 지향적인 해석을 시도하는 학자들에게는 이러한 모순의 극복은 매우 어려워진다. 이러한 어려움은 국제법을 국가중심에서 인간중심으로 구축할려고 하는 국제법의 개인주의화(Individualsierung des Völkerrecht)를 지향하는, 즉 국제법의 근거를 비국가적 토대에서 찾고 있는 미국의 국제법 학파에서는 이러한 어려움은 존재하지 않는다. 이러한 미국의 새로운 자유주의(Liberalismus)의 시조인 John Rawls는 이상주의적 국제법적 전형으로서 만민법(law of peoples)을 제시하고 이러한 만민법의 근거가 왜 국가가 아니고 만민인가에 대하여 설명하고 있다. 자유로운 만민은 특정한 도덕적 특성을 가지고 있기 때문에, 그들은 이성적이고 합리적으로 행위한다.9) Rawls의 제자들은 이러한 입장에서 더 나아가서 방어권으로서 자유권 뿐만 아니라 Rawls의 차별원리(diffference principle)의 사회적 결과도

---

7) Alfred Verdross/Bruno Simma, Universelles Völkerrecht, 3. Aufl., Berlin 1984, § 21.

8) Vgl. Paulus, ZaöRV 2007, 704.

9) John Rawls, The Law of Peoples, Harvard University Press 1999, p. 25.

세계법질서에 적용할려고 시도하고 있다.[10)]

이러한 Rawls 그리고 독일의 국제법학자들과는 대조적으로 Michael Reisman[11)]으로부터 시작하여, Fernando Tesón[12)]을 거쳐서 Anne-Marie Slaughter[13)]에 이르는 많은 미국의 국제법학자들은 간섭금지의 상대화 그리고 인도적 개입의 정당화를 이야기 하고 있다. 미국의 2001년 9.11 사태이후의 아프가니스탄 전쟁과 이라크 전쟁 그리고 유럽의 Kosovo 주둔과 관련된 문제에 대한 논의에 있어서 미국에서는 세계화와 관련하여 반권위적이고, 반제국주의적인 고립주의적 관점을 취하는 스파르타쿠스파(Spartacists)와 이에 반대하는 적극적인 개입을 지지하는 시저파(Caesarists)의 대립이 나타나고 있다. 이러한 인도적 개입(humanitarian intervention)의 문제는 미국과 같은 강대국이 이웃나라의 침략을 정당화하는 변명으로 사용된다. 이 경우 일반적 승인(universal acceptance) 그리고 인권에 대한 고려 그리고 국가의 영토의 불가침성(territorial integrity of States)의 존중이라는 국제법적 가치들 사이에 법적인 긴장관계가 발생한다.[14)]

국내법질서와 마찬가지로 국제법질서에서의 헌법적 기능의 핵심적 내용은 국제법의 핵심적 원리들이 모든 형태의 정치적 권력을 정당화하고 제한하는 것이다. Tomuschat은 국가사이의 관계를 규율하는 전통적인 국제법의 기능이 이러한 헌법적 기능 뿐만 아니라 국내법적인 행정법 그

10) Tommas W. Pogge, Realizing Rawls, 1989, 240; Charles R. Beitz, Political Theory and International Relations, 1979, 8 f; Paulus, Die Internationale Gemeinschaft im Völkerrecht; Eine Untersuchung zur Entwicklung des Völkerrechts im Zeitalter der Globalisierung, 2001, 130-135.

11) W. Michael Reismann, Sovereignty and Human Rights in Contemporary International Law, AJIL 89 (1990), 866.

12) Fernando R. Tesón, Humanitarian Intervention. An inquiry into law and morality, 2 ed., Irvington-on-Hudson, NY; Transnational Publ. 1997.

13) Lee Feinstein/Anne-Marie Slaughter, A Duty to Prevent, Foreign Affairs Vol. 83 (2004), 136.

14) Malcolm Fraser, Sovereignty, international law and global coperation, in S. Zifcak (ed.), Globalization and the Rule of Law. Routledge: London 2005, 171.

리고 사법의 기능과 유사한 기능을 통해서 보충되어야 한다고 주장하였다.[15] Tomuschat은 새로운 국제법은 '사회적 생활을 위한 포괄적인 청사진(comprehensive blue print for social life)'을 제시해야 한다고 주장하였다. 새로운 국제법은 공적인 목적을 증진시키는 정부의 법이 존재하는 한에서는 생활의 모든 영역에 스며드는 다양한 측면을 가진 법이다. 이러한 국제법은 '전체로서 인류를 위한 보통법질서(a common legal order for mankind as a whole)'이다.[16] 국제법과 국내법은 대부분의 경우에 있어서 서로 다른 문제들을 다루고 있다는 전통적인 이해는 양자는 근본적으로 동일한 문제에 전념하고 있다는 견해로 대체되어져야만 한다. 이러한 Tomuschat의 입장은 국제법과 국내법을 서로 분리된 분야로 보는 것이 아니라, 오히려 양자를 서로 통합되어 겹쳐진 다층의 체계로 이해하고 있다.[17]

중요한 것은 이러한 Tomuschat의 통합되어진 국제적 체계에 대한 이해는 그 정점에 국제사법재판소(International Court of Justice, ICJ)를 위치시키고 있는 국제법의 구체제(ancien régime)에 대한 변명은 아니다. 이러한 Tomuschat의 국제법 이론구성에 있어서 국제사법재판소는 단지 제한적인 역할만 수행한다. 오히려 국제법의 다양한 부분들의 통합은 학문적 노력과 실천적 합리성(practical reason)에 의해서 행해질 수 있다.[18] Tomuschat의 국제법 이해는 국제법이 특히 일반적 혹은 정치적 권력 속에서의 사회현실을 지도하고 통제할 수 있는 전제에 의존하고 있다. 이러한 입장에서 보면 국제법은 국내법인 헌법 혹은 행정법과 유사하게 된다. 물론 이러한 입장전개는 일반적인 견해는 아니다. 왜냐하면 규범적 확정성에 있어서 국제법질서와 국내법질서 사이에 존재하는 차이는 엄연히 존재하고 있기 때문이다.[19] 특히 비판법학운동(Critical Legal Studies)과 유

---

15) Tomuschat, supra note 46, at 63.
16) Id. at 28.
17) Bogdandy, supra note 37, at 226.
18) Id.

사한 뉴 헤이븐 학파(New Haven School)에 의한 반대는 너무나 중요해서 Tomuschat은 그의 일반강좌(General Course)에서 이에 대한 반박을 소개하였다. New Haven School은 국제법은 국내공법과 유사한 방식으로 정치적 행위를 지도할 수 없다는 입장을 견지하고 있다.[20] 이들의 입장에 따르면 국제법은 국내법과 같은 확정성(determinacy)과 규범성(mormativity)(반사실성(contra−facticity))이 결여되어 있기 때문이다. 어쩌면 이러한 확정성과 규범성이 결여된 국제법 이해는 가장 강력한 국가가 국제질서를 선도하고 통제하는 것을 정당화시키기 위한 간접적 근거가 된다는 생각도 든다.

New Haven School의 주장에 대한 Tomuschat의 방어는 국제법 규범이 종종 불명확하고 논쟁의 여지가 있다는 것을 부정하지 않는다.[21] 그 외에도 Tomuschat은 국가주권의 영속성 그리고 강력한 세계기관의 부재도 무시하지 않는다. 단지 그가 원하는 것은 이러한 차이점에도 불구하고 국제법과 국내법이 완전히 서로 다른 평행선으로 간주될 수 없다는 것이다. 즉 이러한 국제법과 국내법의 차이가 국제법과 국내법을 완전히 다른 법질서로 볼 수 없다는 것이다. 그는 국제법과 국내법의 차이에도 불구하고 국제법에 대한 법적 논의에 있어서 적극적 현실주의자(positivist)로서 국제법과 국내법질서의 유사성을 주장하고 있다. 이러한 그의 주장의 중요한 가정과 근거는 바로 도덕적 정언명령(moral imperative)이다.[22] Tomuschat은 이러한 도덕적 정언명령의 핵심을 다음과 같이 간결하게 표현하고 있다: "옳고 그른것에 대한 논의는 수정처럼 깨끗해야만 하고, 이러한 논의

---

19) Id.

20) Id. Bogdandy교수가 소개하고 있는 자료는 Richard Falk, The Adequacy of Contemporary Theories of International Law−Gaps in Legal Thinking, 50 VA. L. REV. 231, 249−50 (1964); MYRES S. MCDOUGAL & W. MICAEL REISMAN, INTERNATIONAL LAW IN CONTEMPORARY PERSPECTIVE: THE PUBLIC ORDER OF THE WORLD COMMUNITY 3−6 (1981).

21) Tomuschat, supra note 46, at 26.

22) Id.

자체가 법과 정의가 항상 자신의 편에 있다는 것을 증명할 능력을 가지고 있는 소수의 마술가의 손에 넘어가서는 않된다."[23] Tomuschat은 계몽적 긍정주의자(enlightend positivist)이다. 그는 국제법의 사회적 그리고 그와 동시에 법적인 형식주의(legal formalism)의 이성적 한계, 확립된 법적논증(legal reasoning)의 수단으로서 국제법의 결점을 인식하고 있다. 그럼에도 불구하고 그는 이러한 확립된 법적 논증을 통하여 옳은 것과 그른 것에 대한 논의를 가장 잘 수행할 수 있다고 보고 있다. 이런 점에서 볼 때 Tomuschat의 이론은 '가정(als ob)'의 철학[24] 즉 상대주의(relativism)에 대한 20세기의 칸티안적인 실용적 반응으로 볼 수 있다. 그는 이러한 도덕적 전제의 기초하에서 국제법질서에 대한 방법론적이고 구성적인 접근(methodological and constructive approach)을 시도한 것이다.[25] 일상적인 학문적 논의의 한 부분이 된 Tomuschat의 개념적 혁신들 중의 하나는 몇 몇 중요한 국제조약을 국내헌법과 같은 보충적 기능(supplementary function)을 가지는 국제법적인 보충적 헌법(völkerrechtliche Nebenverfassungen)의 자격을 부여한 것이다.[26]

국제법 학회의 학술적 논의의 전개에 있어서 국내법과 국제법 사이의 관계 그리고 그와 동시에 국가와 국제공동체 사이의 관계를 역전시킬려고 하는 몇몇 시도가 행해졌다.[27] 국제법의 발전은 제2차 세계대전 이후 실질적으로 규범력을 획득하기는 하였지만, 그것은 독점적인 것이 아닌, 주로 안전보장이사회(Security Council)의 활동을 통해서 얻어진 것이다. 사실상 이러한 국제강대국에 의한 국제법 질서의 형성과 전개에 대하여, Tomuschat은 제2차 세계대전 이후 전개된 국제인권법의 형식 속에서

---

23) Tomuschat, supra note 46, at 28.

24) Hans Vaihinger, Die Philosophie des Als Ob, 7. und 8. Aufl., Leibzig 1922.

25) Tomuschat, supra note 46, at 28.

26) Tomuschat, Der Verfassungsstaat im Geflecht der internationalen Beziehungen, 36 VVDStRL 7 (1978), 51-53.

27) Hans Kelsen, Die Einheit von Völkerrecht und staatlichem Recht, Zeitschrift für ausländisches öffentliches Recht und Völkerrecht 234 (1958), 19.

자신의 개념적 구상의 실질적 근거를 찾고 있다. 국제인권법은 일반적으로 법의 심층구조에 중요한 영향을 미쳤다: "국제공동체가 진보적인 차원에서 주권중심에서 가치지향적인 혹은 개인지향적인 체계로 이동한다는 사실은 국제공동체의 범위와 의미에 있어서 매우 중요한 의미를 부각시켰다."[28]

Tomuschat에 있어서 국가는 국제적 영역에 있어서 가장 중요한 배우이다. 그러나 그의 생각에는 국가는 단지 국제공동체에 의하여 창작되고 연출된 연극에 있어서 제한되어진 한 역할만을 수행한다는 혁신적인 사고가 숨어있다.[29] Tomuschat에 의하면 국제공동체는 국가를 국가의 책임대상이 되는 인간을 위한 서비스를 제공하는 단위로 보고 있다. 다른 국가에 대한 어떠한 침해는 국가영역의 존중의무 때문에 발생하지 않는다는 것이 일반적으로 예상가능하기 때문에, 국가는 국가의 시민들의 이익을 위하여 특별한 서비스를 제공하는 것은 자신의 의무로 이해하고 있다."[30]

물론 국제공동체의 핵심적인 법적 가치를 실현하기 위한 도구로서 국가를 이해하는 이러한 Tomuschat의 관점은 법학자들, 정치학 그리고 언론에서 전개된 전형적인 국가이해와 일치하지 않는다: "특정한 기본적 가치에 대한 보호는 심지어 개별국가의 의사를 고려하지 않거나 혹은 이에 반하여 국제공동체에 의하여 행해진다. 이러한 가치들의 전부는 국가는 자신의 생래적 기능이 인권 속에서 법적으로 표현된 국가의 시민의 이익에 기여하는 도구에 불과하다는 개념으로부터 도출된다."[31] Tomuschat 자신도 국가중심적 체계에서 개인중심적 체계로 국제법을 변용(transformation) 시키는 것이 아직까지는 확정적으로 새로운 균형상태로 접어든 것은 아니다 라고 보고 있었다. 게다가 현재의 상태에서는 주권의 평등성의 원칙

28) Tomuschat, supra note 46, at 237.
29) Bogdandy, supra note 37, at 228.
30) Tomuschat, supra note 46, at. 95.
31) Id, at. 161.

(principle of sovereign equality) 혹은 국제공동체에 의한 기본적 가치의 보호라는 두개의 경합되는 근본규범들인 이 양자가 충돌할 경우에는 어느 것이 우세할 것인지 혹은 우월해야만 하는 것도 결코 명확하게 정리되지 않는다고 보고 있다.[32] 이 문제와 관련하여 Tomuschat은 이후에도 국제체계가 여전히 국민주권(national sovereignty)에 의존하고 있다고 주장하였다.[33]

이러한 Tomuschat의 약점이 그의 이론적 구성의 가치와 유용성을 감소시킬 수는 없다. 오히려 혁신적 법학을 통한 법적 텍스트의 범위 내에서의 법적인 규범적 혁신을 위한 잠재성의 증거로서 간주되어야 할 것이다.[34] Tomuschat에 의하면 국내헌법에 규정된 근본적 권리들(fundamental rights)로서 인권은 국가공권력의 기초를 형성한다.[35] Bogdandy는 국내법에 규정된 인권으로서 근본적 권리의 개념을 유럽연합의 인권에 대해서 적용하고 있다.[36] 이러한 근본적 권리들은 현재 정반대로 국제인권법속에 소중하게 규정된 보편적 가치에 근거하고 있다. 물론 이러한 Tomuschat의 인권관은 인권의 자연법적 기초와 관련된 문제점과 관련하여 구체적인 검토가 필요하지만, 국내헌법 혹은 국제인권법 속에 규정된 인권목록의 대부분은 제정되는 것이 아니라 단지 그러한 권리를 승인(recognize)한 것이라는 사실에 의하여 뒷받침되고 있다.[37] 이러한 국제인권조약에 규정된 인권들은 형식적으로 국가들에 의하여 만들어지고, 비준됨에도 불구하고 국내적 법질서와 관계없이 독자적인 존재성을 가진다. 물론 비교헌법주의는 이러한 국제인권법의 국내법질서에서의 적용과정과

---

32) Id, at. 162.
33) Id, at. 389.
34) Bogdandy, supra note 37, at 229.
35) Tomuschat, supra note 46, at. 389.
36) Bogdandy, European Union as a Human Rights Organisation? Human Rights and the Core of the European Union, 37 COMMON MKT. L. REV. 1307, 1333-36.
37) Bogdandy, supra note 37, at 229.

관련하여 중요한 실질적 역할을 수행한다.

Tomuschat은 국가를 국제공동체의 행위대행자(agent)로 보는 그의 이론적 구상이 오늘날의 많은 국제법의 구성요소들을 위한 하나의 일관성 있는 해석적 틀을 제시하고 그와 동시에 국제법의 법적 내용이 불확정된 사례에 있어서 어떠한 내용을 규범으로 적용할 것인가 대하여 유용한 암시를 제공한다고 보고 있다.[38] Tomuschat이 확인한 바와 같이 국제법은 국제적인 협력적 지배(international governance)의 체계속의 하나의 기초적 요소이다. 국제법은 총체적 목표와 가치에 따라 행동하는 정치적, 경제적 그리고 사회적 행위자를 조정하는 국제적 제도(international institutions) 속에서의 정치적 과정에 기여한다.[39] 현재의 논의에 있어서 이러한 국제법 체계의 특징은 매우 빈약하게 이론적 윤곽이 설정되어 있고, 논쟁의 대상이 되고 있다. Tomuschat은 국제적인 협력적 지배(international governance)의 개념을 지난 300년 동안 개발시킨 국가정부와 관련된 공법적 사고와 결부시키는 것을 통하여 국제법 개념에 대한 논의를 더욱 더 풍부하게 만들었다. 이러한 법적인 접근방법으로서 이러한 Tomuschat의 접근방법은 법적 사고의 유추적 성격에 따라 새로운 도전에 대처하기 위하여 과거를 살펴보는 작업이다. Tomuschat의 논거는 "사회가 존재하는 곳에, 법이 있다(ubi societas, ibi ius)"는 격언에 따라서 다른 모든 공동체와 마찬가지로 국제공동체는 역사적 과정의 전개에 따라서 나타나는 많은 도전들을 효과적으로 대처할 수 있기 위해서는 충분히 광범위한 일련의 법규범이 필요하다는 전제에 근거하고 있다.[40]

이러한 필요성은 다음의 전통적 정부의 기능을 갖추고 있는 기관(Institution)을 필요로 한다 : ① 입법기능(legislative function): 일련의 광범위한 법규범의 제정을 위한 입법기능, 그리고 특히 기본적 정치적 결정을 위한 입법기능,[41] ② 집행기능(executive function): '구체적 현실을 이미 제

38) Id.
39) Id, at 230.
40) Id.

정된 법으로 연결시키도록 위임된 기관',[42] 분쟁의 해결에 관한 기능, 다시 말하면 논쟁에 있어서 이러한 규칙들의 적용.[43] 적어도 세계적 기관(global institutions)의 기능 – 해석, 계속적인 연구 그리고 정치적 제안들을 위한 지도(direction)를 제공한 사실은 확정되어 진다. 이와 관련하여 Tomuschat은 국내헌법은 단지 정보를 제공할 수 있다고 보고 있다. 국내헌법이 미래의 발전을 결정할 수 없기 때문이다. 특히 국제적 체계는 국가주권의 계속적인 중요성이라는 하나의 특별한 논거를 위한 비교법적인 국내헌법에 의하여 제시된 청사진을 채택할 수 없기 때문이다.[44]

Tomuschat의 이론은 국가주권에 대한 사고에 있어서 실질적 변형(transformation)을 초래하고 있음에도 불구하고, 그는 규범적 그리고 사실적 현실로서 국가주권이 예상가능한 미래에 있어서도 국제적 영역을 충분히 형성할 것을 받아들이고 있다. 두 번째로 Tomuschat은 이를 구성하는 개별 구성국가와 비교하여 상당한 정도의 자치를 누리는 국제정치체계를 제시하고 있다. 이것은 특히 입법적 기능에 타당하게 적용된다. 그 외에도 그는 국제적 집행권의 자치도 또한 증가되어야 한다고 주장하고 있다.

국제적 지배에 대한 Tomuschat의 구상은 부분적으로 미국헌법 하의 연방주의(federalism)와는 다른 독일과 유럽연합(European Union) 속에서 실행된 특별한 형태의 연방주의와 유사하다. 유럽연합과 독일의 법체계 하에서는 보다 높은 수준의 제도에 의하여 행해지는 입법은 별도의 구성적 정체(body of constituent polities)에 의하여 집행된다.[45] 미래의 도전에 대처하기 위한 가장 유망한 방법은 세계정부의 핵심으로서 세계관료정치(world bureaucracy)의 손에 보다 많은 기능들을 집중시키는 것이 될 것이

41) Tomuschat, supra note 46, at. 305.
42) Id, at. 358.
43) Id, at. 390.
44) Bogdandy, supra note 31, at 230.
45) Id., at 232.

다. 국제적 감독과 모니터링은 핵심적 역할을 수행한다. 그러나 국가적 지배시스템이 붕괴된다면 진정으로 지속할만한 국제법질서는 성립할 수 없다.[46] 경우에 따라서는 Tomuschat이 은밀하게 광범위한 국제적 연방주의를 시도할려고 했다고 의혹을 제기할 수도 있다. 그러나 이러한 가정은 그의 사고의 중요성을 간과하는 것이 된다. 사실은 그는 "국제공동체가 존재하는가" 하는 질문에 대한 국제법의 혁신에 대한 그의 의견개진의 마지막 단계에서 이러한 구상을 제시한 것이다.[47] 이 질문은 국제법의 사회적 기초(social substratum) 그리고 정당성의 근원 그리고 연방주의로서 국제법질서를 설정하는 데 있어서 발생한 주요한 어려움에 대하여 지적하고 있다. 왜냐하면 이 질문이 바로 Tomuschat의 국제질서의 구상과 세계적 연방주의 사이의 구분선을 제공하기 때문이다.[48]

Ⅱ. 국제법의 정당화 근거로서 국제공동체의 의미

헌법이론에서는 국내법의 정당성의 근거를 국민주권원리에 기초하여 국민에서 찾는 데 반하여, 국제법의 정당성의 근거는 바로 국가이다. 전통적인 국제법 이론에서 본다면 국가는 논의의 최종점(ultimate point)이다. 그래서 국가는 일반적으로 국제적 정치과정 그리고 법적 과정에 활력을 불어넣고 조정하는 단일 행위자로서 이해된다. 그러나 국제적 논의에서 점차적으로 국가는 국제공동체(international community)라는 새로운 용어로 대체되고 있다. 국제적 논의가 점점 더 증가함에 따라 국제공동체의 개념은 마치 국내법질서에서 국민의 역할이 수행하는 것과 유사한 정도의 역할을 국제법 그리고 국제정치의 영역에서 행하고 있다. 국제법과 국제정치에 대한 논의에 있어서 '국제공동체' 용어의 증가되는 중요성은 이 학

46) Tomuschat, supra note 46, at. 435.
47) Id, at. 72.
48) Bogdandy, supra note 37, at 233.

문적 영역에서의 기본적 변화(basic transformation)를 결과적으로 불러 일으키는 개념적 이동(conceptual shift)을 암시한다.[49]

Tomuschat의 이론적 구상의 현실화는 국제법과 국제정치가 모든 사람이 소속하는 '정치적 공동체'라고 불리는 사회적 집단에 의존한다는 입장을 받아들임으로서 더욱 더 촉진될 수 있다. Tomuschat의 저작(text)에 있어서 '국제적 공동체'는 각각의 다른 기능과 다양한 의미를 지니고 있다. 무엇보다도 국제공동체는 국가가 전체로서의 국가공동체에 대하여 부담하는 의무인 대세적(erga omnes) 그리고 강제법(ius cogens)의 국제적 의무 속에 표현되어 있는 가치의 공동체로 소개되고 있다.[50] Tomuschat은 이러한 국제적 공동체를 위하여 국가의 역할을 조정하고 있다. 그에 의하면 국가는 단지 이러한 근본적 의무(fundamental obligation)를 존중하고 이행하는 정도 만큼 정당성을 가진다. 국제적 공동체의 몇몇 자신의 독자적 기관을 가지고 있다. UN사무총장(Secretary-General)은 단호한 결정을 통하여 항상 국제적 공동체의 이익을 증진해야만 한다. 그는 국제적 공동체의 대행자(agent)이다.[51] 안전보장이사회는 아직 미발달한 '공동체' 기관(community institution)이다.[52] 그럼에도 불구하고 Tomuschat은 국제공동체와 국내공동체의 차이를 인식하고 있었고, 또한 이를 인정하였다. 국제적 공동체는 국가공동체에 비하여 상대적으로 훨씬 덜 발달되었기 때문에, Tomuschat의 이해는 국제적 공동체의 입법과정이 아닌, 국제적 공동체 속에서의 입법과정(law-making process)이다.[53] 국제적 공동체의 구체화는 국내적 공동체의 구체화만 과정만큼 진행되지 않았다. 그래서 Tomuschat은 국제적 공동체라는 용어를 결코 사용하지 않았고, 단지 국가라는 단어를 사용하였다.[54]

---

49) Id., at 234.
50) Tomuschat, supra note 46 at. 75-76.
51) Id, at. 399.
52) Id, at. 89.
53) Id, at. 306.
54) Id, at 184

Ⅲ. 국제적 공동체와 국가공동체의 차이로서 국민의 개념

국제적 공동체와 국가공동체 사이의 다양한 차이점들 가운데 Tomuschat의 사고에 있어서 가장 근본적인 것은 위에서 언급한 국민(people)의 개념이다. 국내법질서에서 국가권력의 정당성의 근거로서 국민 개념은 정당성에 대한 논의에 있어서 언급의 최종점이다. 국제법질서와 관련하여 Tomuschat은 국제적 공동체는 보통적 가치(common value)를 통한 정당성의 근원을 제공하고 있다. 그러나 이러한 보통적 가치를 통한 정당성 확보는 위에서 언급한 국민주권적 논의에 바탕을 둔 민주적 입력(demokratic input)은 아니다. 오히려 Tomuschat은 사회적 생활에 대한 청사진으로서 국제법이 민주적 원리의 통제 하에 놓이게 되면, 문제점에 봉착하게 된다고 보고 있다. 왜냐하면 국제적 의무의 양(quantity)과 질(quality)이 국제적 헌법질서에 아무런 영향을 받지 않고 권리의 형성 자체를 막는 위험을 초래할 수 있기 때문이다.[55]

독일 국가학에서 Jellinek의 전통적인 국가 3요소설과 같은 국가의 개념적 구성요소를 국제법질서에 그대로 옮기는 것은 특별한 의미가 없다. 민주주의 개념과 관련하여 민주주의 원리의 근거를 국민주권원리로 보아 민주주의 어원인 Demos(시민)을 국민(Staatsvolk)과 동일한 의미로 번역하여 그대로 적용하기도 한다. 이러한 점에서 탈국가적인 법영역에서의 민주주의는 특별한 의미를 가지지 않는다. 국제법 질서에서 국내법질서에서의 국민과 관련된 민주적 정당성을 대체할 만한 수준의 대체물은 존재하지 않는다.

Tomuschat의 국제적 공동체에서는 국민을 대체할 요소는 발견되지

---

55) Id,

않는다. 몇몇 학자들은 비정부단체들(non-governmental organisations, NGOs)을 국제적 공동체에 민주적 정당성을 제공할 태아(embryos)로 보기도 한다.[56] 이와 관련하여 Tomuschat은 비정부조직들(NGOs)의 민주적 정당성을 인정하는 이러한 접근방법을 거부하고 있다: "비정부조직들은 사회적 자유의 산물이다. 그들에게는 자유로운 민주적 선거에 의하여 출범한 정부가 자랑할 만한 형식적 정당성을 가지고 있지 않다. 그들의 구성과 관계없이 비정부조직에는 제도적으로 책임을 질 자가 존재하지 않는다. 이러한 까닭에 비정부조직들은 그들이 대표하고 있는 국민들의 진정한 목소리로 간주될 수 없다."[57]

연방주의와 관련된 Tomuschat의 언급의 자제는 상위수준의 연방체제(upper level of federal system)는 그 자체의 민주적 기초를 필요로 한다는 이해에 근거한 것이다. 이러한 그의 연방주의에 대한 회의론은 이러한 측면에서 그의 접근방법과 사해동포적 연방주의(cosmopolitan federalism)를 구분하게 만든다.[58]

Tomuschat은 국제적 공동체라는 용어를 공통적으로 향유하는 가치의 인식에 기초한 인류의 총체적 이익을 보호할려고 구상된 규칙, 절차 그리고 메커니즘의 총체로 정의하고 있다.[59] 가치의 지구적 공동체는 근본적으로 그 공동체 내부에 평화가 정착된 세계 속에서만 주장될 수 있을 것이다. Tomuschat은 현재의 국제법에는 '인류의 보통법(common law of humankind)'에로의 변혁을 허락하는 많은 특징들이 포함되어 있다고 보고 있다. 그럼에도 불구하고 이러한 변혁은 단지 대부분의 인간들이 자

56) Daniel Thürer, The Emergence of Non-Governmental Organisations and Transnational Enterprise in International Law and Changing Role of the State, in Rainer Hofmann/Nils Gessler (eds.), Non-State-Actors as New Subject of International Law, Berlin: Duncker & Humblot 1999, 37, 46.

57) Id, at. 155.

58) von Bogdandy, Globalization and Europe: How to Square Democracy, Globalization and International Law, 15 EUR. J. INT'L L 885 (2004).

59) Id, at. 88.

신들을 보통집단(common group)의 구성원으로 보는 세계화적 인식(global perception)을 획득한 경우에만 일어날 수 있다. 이러한 자기인식의 이동이 행해지고 있다는 많은 주장들이 제기되고 있지만, 그럼에도 불구하고 이러한 인식이 국제적 영역에 있어서 많은 결정들을 지도할 정도로 정착되지는 않았다. 이러한 Tomuschat의 국제법 구성은 미래의 결정자에게 그러한 인식을 증진시키는 데 널리 기여하게 될 것이다.

Ⅳ. Christian Tomuschat의 이론적 구상의 Jürgen Habermas에 의한 구체화

Habermas는 이러한 국제법과 국제관계에 대한 이론적 구상이 다음의 세가지 다른 접근방법과 경쟁하게 될 것이라고 보았다: 첫 번째로 다양한 국가들의 다수성을 국제법이 최종적 수평선으로 보는 전통적 접근방법, 두 번째로 자유적 가치에 근거한 세계질서를 지지하지만, 국제법 그리고 일반적 국제적 기관에 의한 지배 보다는 미국의 주도권을 필요로 하는 접근법, 세 번째로 어떤 헌법규칙의 전제를 훼손시키는 공권력의 약화를 주장하는 접근방법. Habermas의 전망에 의하면 Tomuschat의 이론적 구상에 깔려있는 목적은 개념적으로 그리고 규범적으로 가장 설득력있는 이론을 만드는 것이다. 실천적 이성(practical reason)은 모든 법의 목적이 홉스(Hobbes)적 관점에 의한 폭력 혹은 미국의 지배권을 통한 단순한 안전의 확보보다는 법의 지배(rule of law)를 통한 평화와 자유의 보장이 될 것을 명령한다.[60] Habermas의 목적은 많은 칸티안적 접근방법(Kantian approach)을 괴롭히는 개념적 문제를 극복하는 방식으로 칸트적 사고를 재구성하는 것이다.

Kant는 Hobbes와 마찬가지로 법과 평화의 보장과 개념적 관련성에

---

60) Habermas, Fn. 42, 120.

대하여 연구하였다. 그러나 법적 평화의 근거를 복종계약에서 찾는 Hobbes와 달리 Kant는 공화주의자의 시각에서 시민을 자유로운 법적 주체로 보는 법의 평화유지적 기능에서 찾고 있다. 이러한 국내적인 법적 평화가 사해동포적인 의미로 확대될 수 있다고 보았다. 이러한 법적 평화의 사해동포적인 확장은 영구평화의 보장의 결과인 동시에 그의 실천적 이성의 명령(Gobot der praktischen Vernunft)이기도 하였다. 보편적이고 계속적인 평화의 증진은 법이론의 단순한 부분이 아닌 최종적 목적이다. 공법적 법률에 의하여 모든 시민들의 결합을 보장하는 세계시민적 헌법의 이상은 단순히 잠정적인 것이 아닌, 진정한, 최종적인 평화상태 의미이다.[61] 1793년에 Kant는 평화와 자유의 효과적이고 지속적인 법적 보장이 구성국가에 대한 공권력행사가 보장된 초국가적인 기관(transnational institutions)을 필요로 한다고 보았다.[62] 그러나 그로부터 2년 후 이러한 자신의 생각을 접고, Kant는 불법국가의 행위에 대하여 국제법을 강제하는 일반적 기관이 존재하지 않는 '자유로운 연방주의(free federalism)'를 제안하였다. 이러한 Kant의 태도변화는 초국가적인 권한을 가지고 있는 존재를 받아들이지 않는 그의 시대의 국가들의 반항적 태도에 대한 인식과 같은 경험적 시각에서 근거한 것이 아니라, 개념적 부정합성(conceptual inconsistency)에 근거한 것이다. 1795년에 Kant는 공권력을 가지고 있는 국제기관은 당시의 국제법 개념과 양립될 수 없다고 판단하였다.[63] Habermas는 이러한 Kant의 태도변화가 주권의 불가분성이라는 이해에 바탕을 둔 불필요한 개념적 구속에 근거한 것이라는 증명하였다.[64] 프랑스 혁명당시에 발달된 당시의 주권적 사고에 의하면 단지 하나의 정치적 중심이 존재할 뿐이다.

그러나 미합중국 헌법은 참으로 주권이 분할될 수 있다는 것을 보여

---

61) Ebd., 121.

62) Immanuel Kant, Zum Ewigen Frieden: Ein philosophischer Entwurf, in: Karl Vorländer (Hrsg.), Kleinere Schriften zur Geschichtephilosohie, Ethik und Politik, 2. Aufl., Leibzig 1922, 67, 112; Bogdandy, supra note 37, at 238.

63) Ebd., 131; id.

64) Habermas, Fn. 42, 140.

주고 있다. 미국은 공권력의 다양한 층으로 구성된 연방체계의 성공적인 사례이다. 국제적 제도에 대한 진실한 힘은 약간의 민주적 정당성을 요구하는 분야에 한정되어져야만 한다. Habermas에 의하면 이러한 경우에 해당하는 경우는 평화와 인권의 기본적 요구조건의 실행 양자를 위한 것이다. 후자인 인권의 기본적 요구조건에 대한 원리는 국제인권의 심각한 침해의 경우에 발생되는 세계적인 도덕적 격분에 의하여 증명되는 바와 세계적으로 광범위한 정당성을 획득하고 있다. 이러한 도덕적인 분노를 표시하는 세계적인 공동체는 바로 Tomuschat의 국제공동체의 행위대행자로 간주된다.[65]

Habermas는 두개의 유형의 세계정부를 지지하였다. 그 첫 번째 정부는 국제적 평화와 인권의 기본적 요구조건의 실행을 위한 실제적 권력을 가지고 있는 초국가적인 기관으로서 권리가 부여된 U.N. 안전보장이사회(U.N. Security Council)를 중심으로 구성된다.[66] 그가 주장하는 또 다른 정부는 입법적 문제를 다루는 초국가적인(supranational) 조직이라기 보다는 탈국가적인 것(transnational)이다. 헌법화된 국제질서는 잠정적인 현재의 입장에서 보면 유토피아는 아니다. 많은 경험적 관찰을 토대로 해볼 때, Habermas는 Hobbes의 자연상태를 전제로 할 때 국제적 영역이 잘 이해될 수 없다는 것을 개념적으로 일깨워 주는 역할을 수행하였다. 이런 점에서 국제적 헌법주의(international constitutionalism)는 국내적 헌법주의의 단순한 보충이고 문명을 진보를 위한 족적이 된다.

65) Bogdandy, supra note 37, at 239.
66) Habermas, Fn. 42, 173.

제8장 일반적 국제법의 헌법화

Ⅰ. 서

국제법의 헌법화를 위한 발전적 과정에 대한 간접적인 증거가 되는 징후는 도처에서 발견할 수 있다. 최근 10년간 뿐만 아니라 미래의 국제법의 변화는 국제법에서의 근본적 가치의 인정과 이러한 근본적 가치의 법치국가적 보장체제의 생성과 발전에서 도출할 수 있다. 일반적으로 국제법상의 헌법주의의 출발점을 학자들은 UN 헌장(UN Charter)에서 찾고 있다. UN 헌장은 세계적인 헌법규범(global constitutional norms), 원리(principles) 그리고 규칙(rules)의 성립을 위한 자연적인 출발점이다. 이러한 까닭에 UN헌장은 단지 독자적으로 포괄적인 '세계헌법(Weltverfassung)'으로서의 특성을 가지고 있다.[1)]

Ⅱ. 국제연합헌장

UN 헌장(UN Charter, Charta(Satzung) der Vereinten Nationen)은 가장 중요한 국제조직의 기본질서로서 생성 중에 있는 세계공동체법(Weltgemeinschaftsrecht)의 중심점을 형성하는 잠재력을 가지고 있다. UN헌장이 인류의 보편적인 근본적 가치를 하나의 문서에 고정하고 있다는 점은 국

---

1) Jochen Abr. Frowein, Konstitutionalisierung des Völkerrechts, in: Völkerrecht und Intenationales Privatrecht in einem sich globalisierenden intenationalen System – Auswirkungen der Entstaatlichung transnationaler Rechtsbeziehunge, Berichte der Deutschen Gesellschaft für Völkerrecht 39 (2000), S. 432; Matthias Knauff, Konstitutionalisierung im inner– und überstaatlichen Recht – Konvergenz oder Divergenz, ZaöRV 68 (2008), S. 463.

제법의 헌법화를 불러 일으키는 다른 현상들과의 중요한 차이가 된다.[2)]

UN 헌장은 국가들 사이의 지배적 관계에 대한 근본원칙들, 국제적 평화와 안전을 위한 초석으로서 국제공동체에 의하여 일반적으로 승인된 원리들을 규정하고 있다.[3)] UN 헌장 제1조에 규정된 핵심원리들에 의하면 UN의 주요기능은 다음과 같다: ① 평화와 안전의 유지, ② 평화적 수단에 의한 국제적 분쟁의 조정 혹은 해결의 도출, ③ 국민들의 동등한 권리와 자기결정의 원칙의 존중에 근거한 국가들 사이의 우호적 관계의 발전, ④ 경제적 그리고 사회적 공동협력의 촉진, ⑤ 모든 사람들의 인권과 자유의 존중의 증진. UN 헌장 제2조는 이러한 UN 헌장 제1조에 규정된 UN의 기능을 수행하는 데 있어서 매우 중요한 3가지 핵심원칙들을 규정하고 있다: ① 모든 UN 가입국가들의 주권적 동등성, ② 분쟁의 평화적 해결, ③ 위협 혹은 무력의 사용금지. 1970년의 우호적 관계에 대한 UN선언의 전문(Preamble to the UN Declaration on the Friendly Relation)[4)] 속에 다음의 4가지 사항이 추가되었다: ① 다른 국가의 국내적 혹은 대외적 문제에 대한 개입금지, ② 국가사이의 공동협력의 의무, ③ 국제적 의무수행에 있어서 신의성실의 원칙(principle of good faith), ④ 국민들(peoples)의 동등한 권리와 자기결정의 원칙. 이렇게 볼 때 UN 헌장 속에는 여러 가지 측면에서 실질적 헌법적 요소들이 반영될 수 있는 통로가 규정하고 있다.

UN은 UN 헌장 제1조에 규정된 UN의 주요기능을 실행하기 위한 기관적 구조(organizational structure)를 창설하였다. UN의 중요한 핵심기관은 집행부에 해당하는 흔히 안전보장 이사회(Security Council)와 경제·사회 이사회(Economic and Social Council),[5)] 입법부에 해당하는 총회(General

---

2) Knauf, ebenda.

3) Zifcak, supra note 1, at 40.

4) UN 헌장에 의한 국가사이의 우호적 관계 그리고 공동협력에 관한 국제법 원칙들에 관한 선언(Declaration on Principles of International Law Concerning Friendly Relations and Co-operation Among States in Accordance with the Charter of the United Nations).

Assembly) 그리고 국제사법의 주요기관에 해당하는 국제사법재판소(International Court of Justice). 그러나 이러한 UN의 기관들의 상호관계는 결코 진정한 권력분립의 원칙을 실현한 것은 아니다.[6] UN 헌장의 채택이래로 이러한 기관적 골격은 수많은 국제조약, 국제적 행위규범의 국제관습법으로 계속적 발전, 국제사법재판소의 많은 규범적 판결을 통해서 보충되어 졌다.[7]

그럼에도 불구하고 일반적인 국제법질서의 헌법화의 시발점이자 근거로서의 UN 헌장에 규정된 내용들은 UN에 있어서 그 실현과 관련하여서는 여러 가지 어려움에 봉착하고 있다. 모든 고전적인 국제조직 처럼 비회원국에 대해서는 그 국가의 동의없이는 어떠한 법적인 구속을 부과할 수 없다. 설사 인권이 UN 헌장의 본문 속에 규정되어 있다 하더라도, UN 헌장은 인권을 법적인 권리로 보장하기 보다는 단지 그러한 인권의 증진에 대해서만 규정하고 있다. 요청된 구성국가들의 동등성의 요구는 안전보장이사회(security council)의 운영과 관련하여서는 한계에 봉착한다. 안전보장이사회는 상임이사국(permanent members)과 비상임이사국(non-permanent members)을 구별하고 있다. UN의 구성국가들의 불평등성은 안전보장이사회에서 거부권이 인정되는 5개의 상임이사국(veto-wielding permanent members)의 지위의 인정을 통해서 가장 명백히 드러난다. 안전보장이사회의 정치적 결정들을 법적으로 규정하고, 특히 안전보장이사회에서의 거부권의 행사에 있어서 헌법적 구속을 근거지울려는 시도들은 지금까지 국제법학에서도 조차 한번도 성공을 할 수가 없었기 때문에 하물며 실무에서도 실현될 수가 없었다.[8]

---

5) 앞에서 언급한 안전보장이사회의 경우와 마찬가지로 경제·사회회의 혹은 경제·사회위원회로 번역하는 것이 타당하다고 생각해 본다.

6) Zifcak, supra note 1, at 40.

7) Id. at 41.

8) Vgl. Knauf, ZaöRV 68 (2008), S. 464.

Ⅲ. 강제법(ius cogens)

국제법질서의 헌법화의 구현형식으로서 강제법(ius cogens, zwingendes Recht)은 공동의 가치의 표현으로 이해된다[9]. 강제법의 개념은 거의 지난 40년 동안 존재하였음에도 불구하고, 지금까지도 여전히 그 내용에 대한 규범의 제정은 이루어지지 않았다. 강제법의 존재는 1969년 처음으로 조약법에 대한 비엔나 협약(Viena Conventions on the Law of Treaties) 제53조를 통하여 일반적으로 인정되었고, 그 이후로 계속적인 추가적인 승인이 행해지고 있다. 조약법에 대한 비엔나 협약 제53조는 강제법에 대하여 다음과 같은 개념적 정의를 내리고 있다 : 어떠한 침해(derogation)도 허용될 수 없는 전체로서의 국제공동체(international community as a whole)에 의하여 받아들여진 강제적 규범. 강제법은 인간의 양심으로부터 발산되고, 또한 인간의 양심을 움직이는 것이다. 강제법위반은 전체로서의 국제공동체에 의하여 범죄(crime)로 인식된다. 따라서 국제조약 규정이 강제법 규정과 충돌하게 되면 그 조약규정은 조약법에 관한 비엔나 협약 제53조 제1문에 의하여 무효가 된다(void).[10] 조약법에 관한 비엔나 협약 제53조 제2문에 규정된 내용을 고려해 볼 때 강제법은 그와 동시에 강제법에 반하는 관습법(Gewohnheitsrecht)의 생성을 저지한다. 이를 통해서 강제법은 국제법의 형성에 대한 근본적인 조정적 기능을 가진다.[11]

강제법의 생성과 변경의 전제조건은 국제법 규정의 생성과 변경의 전제조건과 단지 아주 작은 정도에서만 서로 구분된다. 강제법의 특별한

9) 강제법에 대해서는 Kadelbach, Zwingendes Völkerrecht, Berlin 1992; Stefan Oeter, Ius cogens und Schutz der Menschenrechte, in: Stephan Breitenmoser (Hrsg.), Human Rights, Democracy and the rule of the law, Zürich; St. Gallen 2007, S. 499 ff.

10) Zifcak, supra note, 1 at. 41.

11) Knauff, ZaöRV 68 (2008), S. 465.

제정절차는 존재하지 않는다.[12] 강제법의 제정과 관련하여 특히 합의의 원칙(Kosensprinzip)이 유효하게 적용된다. 강제법의 제정에 관한 국가의 합의는 강제법적인 규칙의 법적인 효력의 근거가 될 뿐만 아니라 부수적으로 강제법의 절대적인 필요적 전제조건이 된다. 강제법의 제정을 위한 전제조건이 충족되었다면, 적어도 국제법에 각인된 호혜주의원칙(Gegenseitigkeitsprinzip)은 보다 강제법이라는 보다 높은 이익을 위하여 폐기되어진다.[13]

그럼에도 불구하고 이러한 국제법의 헌법하 명제의 배경을 형성하는 강제법의 내용을 정의하는 것은 매우 어려운 작업이다. 여전히 학계와 각 국가의 실무에 있어서 어떠한 구체적 규범을 강제법으로 볼 것인가에 대해서는 의견의 일치를 볼 수 없다. 왜냐하면 어떤 내용의 규범을 강제법의 내용에 포함시키는가 하는 것은 전적으로 국제공동체를 구성하는 국가들 간의 실질적 합의에 달려있기 때문이다. 일반적으로 침략과 집단학살을 불법화하는 규범들 그리고 노예제와 인종차별의 금지와 같은 인간의 기본적 권리에 관한 원리(principles)와 규칙들(rules)이 강제법의 내용에 들어간다. 이러한 내용들 외에 고문 그리고 자결(self-determination)의 불인정의 금지, 광범위한 환경오염의 금지 그리고 국제 인도주의적 법(international humanitarian law)의 근본원칙들에 해당되는 내용들이 강제법의 내용에 포함된다.[14] 이러한 강제법의 존속과 효력은 원칙적으로 UN의 기관들인 총회, 인권위원회의 선언들 그리고 국제사법재판소의 결정에 나타난 부수적 의견들(obiter dicta pronouncements)과 이에 대한 국가의 수용선언에 의존하고 있다. 각 국가들의 성문법적인 법체계 속에서의 강제법의 구체화는 강제법의 내용을 보다 널리 알리고, 이에 대한 일반적인 인식이 가능하게 만든다. 특히 지구를 대표하는 국가들의 법체계 속에서 강제법에 의한 새로운 법규범의 인식에 대한 반응으로써 새로운 규범이 형

12) Kadelbach, Zwingendes Völkerrecht, S. 180.
13) Knauff, ZaöRV 68 (2008), S. 465.
14) Id.

성되어가는 것은 강제법에 의한 헌법적 현대화를 증진시키는 계기가 된다.

국제법상의 헌법주의의 두 번째 출발점은 당시 UN 사무총장이었던 Kofi Annan에 의하여 특별한 국제적 중요성을 가지는 것으로 인정된 25개의 국제조약의 인정과 이들 조약들에 대한 광범위한 비준과 보편적인 적용을 보장하기 위한 목적에서 열린 2000년 5월 17일의 밀레니엄 정상회의(Millenium Summit)의 개최이다.[15] 특히 Annan이 직접적으로 언급한 이들 조약들 속에는 국제연합의 핵심적 정책목표를 반영되어 있다. 따라서 이들 조약들에 대한 각 국가들의 비준은 국제법적인 법적 공동체 구축에 대한 각 국가들의 재헌신의 의사표시의 표현이다. 이는 국제적인 법의 지배의 증진에 중대한 공헌이 된다.

이러한 중요한 조약들의 우선적 리스트(priority list)에 집단학살 범죄의 방지와 처벌에 관한 협약(Convention on the Prevention and Punishment of the Crime of Genodcide), 모든 형태의 인종차별의 철폐에 관한 국제협약(Internaitional Convention on the Elimination of All Forms Racial Discrimination), 여성에 대한 모든 형태의 차별의 철폐에 관한 협약(Convention on the Elimination of All Forms of Discrimination against Women), 어린이의 권리에 관한 협약(Convention on the Right of the Child)이 들어간다. 그 외의 다른 지시 목록에 의하면 시민적·정치적 권리에 관한 국제규약(International Covenants on Civil and Political Rights), 경제적·사회적·문화적 권리에 관한 국제규약(International Covenants on Economic, Social and Cultural rights), 난민의 지위에 관한 협약(Convention Relating to the Status of Refugees), 테러방지 그리고 특정한 협약상의 특정한 무기사용금지, 화학무기, 지뢰사용의 금지에 관한 협약, 기후변화(climate change), 생물다양성(biodiversity) 그리고 사막화(desertification)를 다루는 환경협약 등이 이러한 중요한 조약의 범위에 들어간다. 명백한 것은 이러한 우선적 조약들에 서명한 대부분의 국가들이 더욱 더 강해지면

15) Id.

질수록, 그들이 세계헌법질서(global constitutional order)의 중요한 부분을 형성한다는 의식을 더욱 더 확고하게 가진다는 점이다. 이렇게 볼 때 국제법의 헌법화 과정에서 강제법은 국제공동체의 헌법적 핵심(Verfassungskern der internationalen Gemeinschaft)을 형성하는 구성재(Bauelement)가 된다.

세계헌법질서를 발전시키는 중요한 구성요소는 선언과 조약을 체계화하고, 국가사이의 관계에 관련된 행위를 규율하는 규범들을 실정법규범으로 법전화시키는 것이다. 이러한 규범들에 UN 헌장에 의한 국가사이의 우호적 관계 그리고 공동협력에 관한 국제법 원칙들에 관한 선언(Declaration on Principles of International Law Concerning Friendly Relations and Co−operation Among States in Accordance with the Charter of the United Nations) (1970), 외교적 관계에 관한 비엔나 협약(Viena Convention on Diplomatic Relations) (1961), 조약법에 대한 비엔나 협약(Viena Convention on the Law of Treaties) (1969), 국제사법재판소 규칙(Statute of International Court of Justice) (1945)이 포함된다.[16)]

Ⅳ. 세계헌법질서의 성립을 위한 UN의 기관구조의 개혁

세계적 헌법질서를 발전시키는 또 다른 명백한 구성요소는 필요하지만, 그러나 정치적으로 매우 어려운 작업인 UN의 기관구조의 개혁의 문제이다.[17)] 물론 이 문제는 반기문 UN 사무총장의 주요한 핵심업무 중의 하나로 볼 수 있다. 국제법상의 헌법주의를 구현시키는 기관으로서 국제연합의 가장 큰 취약점은 지난 반세기 동안 세계권력의 변화적 이동에

16) Id. at 42.
17) Id.

대한 적응능력과 조정능력을 잘 발휘하지 못했다는 점이다. 더 나아가서 안전보장이사회의 경우에는 국제연합의 의사결정구조의 핵심적 기관인 유엔안전보장이사회의 구성국가들의 대부분이 북쪽국가에만 집중되어 있다는, '남북문제'로 표현되는 불균형의 문제도 제기된다. 따라서 새로운 세계헌법질서가 인식되어지고, 성문화된 실정법의 형태로 나타난다면, 개정된 UN 헌장 속에도 그대로 반영될 것이다. 최종적으로 국제연합의 민주적 정당성의 결여는 현재의 국제연합의 기관들이 감당할 수 없는 민주적 정당성을 요구하는 근본적인 변화의 요구를 잉태하고 있다.

국제법의 헌법화는 최근의 독일의 국제법적인 학문적 논의에 있어서 중요한 주제가 되어왔다. 헌법화된 국제법질서는 그 정책을 공통적인 가치의 척도에 따라 실행하는 세계적인 법공동체의 기본질서로서 이해되고 있다. 국제법의 헌법화 명제는 그것이 헌법질서이든 국제법질서이든 관계없이 양자 모두가 인권보장의 과제를 수행하고 있는 한에서만 그 법질서의 정당성을 인정받을 수 있다는 단순한 기본원칙을 확인하고 있다. 결과적으로 그것이 헌법주의나 법의 지배의 국제법 질서에로의 이전과 확장인 경우에는 국가주권관념에 바탕을 둔 국가중심적 세계상(Weltbild)을 인권관념과 그 효력범위의 확대를 통해서 상대화시킨다.

제 9 장 국제법의 부분질서의 헌법화로서 국제무역기구의 헌법화

Ⅰ. 서

국제법의 헌법화 명제는 일반적 국제법의 범위 밖에서도 새로운 발전을 하고 있다. 이와 관련하여 우선적으로 세계무역법(Welthandelsrecht)이 언급될 수 있다.[1] 그 외에도 헌법화과정(Konsititutionalisierungsprozesse)은 또한 해양법협약(Seerechtsübereinkommen), 광업협약(Mine−Konvention)뿐만 아니라 다양한 환경보호협약(Umweltschutzabkommen)과 투자보호협약(Investitionsschutzabkommen)과도 관련성을 가지고 있다. 이러한 국제법의 특별한 영역에서의 헌법화의 구체적 진행은 국제법의 헌법화의 중요한 구현형태(Haupterscheinungsform)로 볼 수 있다.

이렇게 헌법개념이 특별한 추가적 요소나 내용없이 특정한 법전문영역에 그대로 적용된다는 것은 이미 놀랄일이 아니다. 이렇게 헌법화된 국제법의 부분질서들이 완결된 법질서로 존재하는 한에서는, 헌법화된 국가를 넘어서는 법질서들(übernationale Rechtsordnungen) 사이의 갈등들이 미리 예정되어 있다. 개별적인 부분질서들(Teilordnungen)을 통한 자율적인 공동협력은 적어도 지금까지는 인식불가능하다. 이러한 헌법화된 부분질서들 사이의 갈등과 충돌의 위험성과 관련하여 예를 들면 세계무역기구법(WTO) 속에서 인권보호 혹은 환경보호의 문제가 제기될 때, 비정부적인 요소들에 의한 문제해결의 어려움이 그대로 드러나게 된다.[2]

---

1) 이에 대한 가장 기본적인 기술은 Ernst−Ulirich Petersmann, Constitutional Functions and Constitutional Problem of International Economic Law, Fribourg 1991, S. 210 ff.

2) Seidl−Hohenverldern/G. Loibl, Das Recht der Internationalen Organisation, 7. Aufl., 2000, Rn. 1504.

이를 넘어서서 특정한 법영역에서의 구체적 발전을 특정한 법영역에서의 헌법화로 이해하는 것과 관련하하여, 헌법화개념(Konstitutionalisierungsbegriff)의 특정한 법질서에 대한 적용은 그 법영역에 대한 헌법적 요소들의 침투라기 보다는 그 법질의 변혁시도의 결과로 볼 수 있지 않은가 하는 문제가 제기된다. 이 질문에 대한 해답을 제시하기 위하여 그 법질서의 발전상태 뿐만 아니라 학문적인 측면에서의 검토의 필요성에 대한 고려의 측면에서 국제법의 헌법화에 있어서 선도자 역할을 하고 있는 세계무역법질서의 헌법화에 대한 검토를 시도한다.

Ⅱ. 세계무역기구의 헌법화논의

이미 세계무역기구의 창설되기 10년 전 이전부터 세계무역법은 아주 획기적인 발전을 하였다. 10년 동안 논의되었던 제도화과정은 본질적인 새로운 변화과정을 설명할 뿐만 아니라, 척도가 되는 법영역의 형성에 대한 설명도 된다. 2004년 12월 이라크(Iraq)에선 전쟁이 계속 진행되고, 아프가니스탄(Afghanistan)에서는 오랜 갈등 후에서 선거가 바로 끝난 시점에서 세계무역기구(World Trade Organisation)는 이 두나라에 대한 담화적 접근(accession talk)을 시작하였다. 바로 그해에 영국 재무장관(British Chancellor of the Exchequer) Gorden Brown은 건강, 교육 그리고 유아사망(infant mortality)에 대한 지원; 계속적인 무역제도 개선(trade rule reform) 그리고 채무면제(debt forgiveness) 등을 목표로 하는 발전 중에 있는 세계(developing World)를 위한 새로운 마샬 플랜(new Marshall Plan)을 구상하였다. Brown이 무역의 증가와 세계화라는 이 두가지 요소가 세계적 차원에서의 안전(safety)과 정의(justice)를 의미한다고 하면서 양자를 강조할 당시에는 특별한 논란이 제기되지 않았다.[3)]

---

3) 2004년 2월 16일의 Gorden Brown의 연설 Speech by the Chancellor of the

2005년 세계무역기구 청설 10주년 기념일에 세계의 정책입안자들(policy makers)은 9/11 이후에 환경, 국제적 평화 그리고 안전에 대한 논의가 국제무역, 빈곤퇴치, 건강 그리고 발전의 문제가 또한 강조되는 경우에 이 서로 양자는 충돌할 수 있다는 것을 인식하게 되었다.

물론 여러 가지 사안들과 관련하여 제안된 정책들에 대해서는 다양한 논쟁이 제기된다. 2001년 브라질(Brazil)은 후천성면역결핍증인 에이즈(AIDS)에 사용되는 의약품을 생산하여 인체면역결핍바이러스(HIV) 즉 AIDS 바이러스로 고생하고 있는 사람들에게 무료로 제공하였다. 인도(India)는 하나의 거대한 제약회사에 의하여 공급되는 가격에 대한 불만 때문에, 이른바 특허권자의 허락없이도, 각국 정부나 정부의 허락을 받은 제3자가 특허발명을 사용할 수 있는 제도인 강제실시(compulsory license)에 의하여 생산된 약품들을 국제의료기구(international medical organisation)에 팔 것이라고 위협하였다. 이 두가지 사례와 관련된 각국의 조치들(actoions)은 잠재적으로는 세계무역기구의 규칙들(WTO rules)에 위반된다고 볼 수 있지만, 이 사례는 의료특허권의 보장과 생명윤리적 측면에서의 인간의 생명에 대한 보호가 충돌하는 국제무역질서에서의 다양한 법적 정의관념이 충돌하는 전형적 사례라고 볼 수 있다.

2005년 직물과 의류산업에 대한 할당제(quotas in the textiles and clothing industry)가 종료함에 따라 이 분야에서의 선진국(developed states)의 보호주의(protectionism)의 쇠퇴 뿐만 아니라 중국(China)과 보다 미개발 국가들(less-developed states) 사이의 어려운 남-남협상(South-South negotiations)의 문제가 제기되었다. 특히 미개발도상국들은 직물과 의류시장에서의 중국의 비교우위(comparative advantage)에 대하여 매우 취약한 상태에 있다. 이해에 중국은 세계무역기구의 회원국으로서 처음 3년동안 때로는 복잡한, 그럼에도 불구하고 가장 적극적인 활동을 하였다.[4)]

Exchequer Gorden Brown at a conference on 'Making Globalization Work For All The Monterrey Consenus'.

4) Bridge Weekly Trade News Digest, Vol 8, Number 43, 15 December 2004.

이러한 사례들과 관련된 여러 가지 세계무역질서의 변형과정들(transformations)은 이른바 국제무역기구의 헌법화(constitutionalization of the WTO)라는 문제의 핵심적 내용을 구성한다. 위에서 언급한 이라크(Iraq)와 아프가니스탄(Afghanistan)에 대한 접근, 새로운 마샬 플랜(new Marshall Plan)의 구상 등은 국제무역체계(international trade system)로서 세계무역기구의 회원국 구성과 활동에 대한 참가에 대한 문제제기 그리고 공정한 무역(just trade)을 위한 기관으로서 보다는 오히려 하나의 국제적 거버넌스 기관(an organisation of international governance)으로서의 세계무역기구의 지위에 대한 세계무역기구 자체의 행위 지향의 문제로 비쳐질 수 있다. 위에서 언급한 브라질(Brazil)의 보건정책과 관련된 사례는 국제무역규칙(international trade rules)의 확장을 통해서 국제특허보호(international patent protection)의 영역을 국내적 규제영역까지 확대할 수 있는가 하는 문제를 제기한다. 강제실시(compulsory license)와 병행수입(parallel import)에 대한 세계무역기구의 판단기준의 범위를 확대시킨 위에서 언급한 인도의 국제법상의 의약특허보호에 대한 적극적 대응은 파악된 침해(incursions)에 대한 국가주권(state sovereignty)에 근거한 국제무역규칙(international trade rule)에 의한 대응이라는 점에서 중요한 의미를 가진다. 세계무역기구의 지적재산권과 관련된 무역협약(Agreement on Trade Related Aspect of Intellectual Property Rights) 제31조는 강제실시권이 인정되는 경우를 국가비상사태(national emergency) 혹은 아주 긴급한 상황(extreme urgency) 그리고 공적인 비영리적 사용(public non-commercial use)의 경우 등으로 제한하고 있다.

2009년 12월 1일 발효된 리스본 조약(treaty of Lisbon)에 의하여 기존의 경제통합을 넘어서는 정치적 통합까지 완성한 유럽연합(EU)의 확대는 세계무역질서에 있어서 지역적 무역과(regional) 다국적 무역(multilateral trade) 사이의 불안정한 긴장관계를 야기한다. 경제적 전환기에 있어서 중국의 세계무역기구의 가입은 세계무역기구의 규칙의 제정과 적용(rule-making and application)에 있어서 특히 민감한 분야인 덤핑(dumping)에 대한 논의를 시작하게 만들었다. 직물보호의 제거는 차별금지원칙(principle of nondiscrimination)의 계속적 적용을 주장하는 무역체계 내에서 서로 다른 국가들의 경제적 발전에 대한 요구를 어떻게 조정할 것인가 하는 문제점을 더욱 부각시켰다. 회원자격부여(membership), 거버넌스(governance), 국가적 규제에 대한 통제, 주권국가, 규칙-제정, 정책개발에 대한 헌법적 문제들이 모두 관련되어 있다. 이러한 발전에 있어서 가장 중요한 것은 세계무역기구가 '헌법화과정 중(constitutionalizing)'에 있다고 주장하는 것이다.

이러한 세계무역기구의 헌법화 명제에 대한 분석과 정당화에 있어서 가장 중요한 것은 세계무역기구가 헌법화되지 않았고, 세계무역기구가 헌법화되어서는 안된다는 주장과 논거들이 의미하는 것이 무엇인지를 우선적으로 파악하고, 이에 대한 반증을 하는 것이다. 이와 관련하여 세계무역기구의 헌법화에 대한 분석의 첫 번째 장(chapter)에서는 제일 우선적으로 세계무역기구의 헌법화 논쟁의 기원(origin)에 대하여 살펴본다. 이와 관련하여 세계무역기구 내에서의 헌법화와 관련된 제도적 형식들(institutional form) 그리고 민주적 이상들(democratic ideas)의 현재적 발전과정과 관련된 역사적 검토가 행해진다. 그리고 이러한 국제무역기구의 헌법화와 관련된 문제점들을 검토하고, 이러한 문제점의 극복을 위한 해결책과 대안제시의 보다 상세한 윤곽을 마련해야만 한다.

분석의 두 번째 장에서는 어떻게 세계무역기구가 헌법화되었는가 하는 질문에 대한 검토과정에서 전통적으로 정치적 그리고 법체계의 변화를 분석하기 위하여 사용된 헌법화에 대한 설명들을 세계무역기구의 성립과 발전과정에 적용해야 한다. 이러한 적용모델 속에는 헌법화와 관련된 설명들 중에서 다음의 6가지 핵심적 요소들(core elements)이 포함된다: ① 사회적, 정치적 그리고 경제적 행위에 대한 제한의 발생, ② 어떤 새로운 근본규범(Grundnorm) 혹은 인정의 규칙(rule of recognition), ③ 정치적 공동체(political community), ④ 토의과정(deliberative process), ⑤ 정치적 공동체 내에서의 관계의 재편성, ⑥ 사회적 정당성(social legitimacy).

국제무역기구의 헌법화에 대한 분석과정에서 다음의 세가지 사전적이 예비적 반론(preliminary objection)과 충돌하게 된다: ① 헌법화는 단지 국내법체계(national legal systems)에만 적용된다, ② 국제무역기구는 국제조약에 의한 합의(international treaty arrangement)이다, ③ 국제무역기구의 헌법(constitution of the WTO)은 일반적 국제법(general international law)이다.

국제무역기구의 헌법화는 어떻게 국제무역기구의 헌법화 모델(WTO constitutionalization models)이 국제경제법(international economic law)으로부터 나올 수 있는가 라는 문제와 국제경제법은 국제무역기구의 헌법화에 대한 공론을 가열시키는 데 있어서 기름을 붙는 일련의 경향들(tendencies)을 내포한 분야인가 하는 두가지 질문에 대한 검토를 하게 만든다. 이러한 경향들은 다음의 6가지로 요약될 수 있다: ① 헌법과 기관의 결합의 증가(conflation of institutions with constitution), ② 세계화(globalization)를 통한 세계시장의 통합(interation), ③ 자유화(liberalization)의 이익에 대한 합의(consensus), ④ 새로운 규제형태를 도입하는 법의 확대, ⑤ 경제법 영역을 어떻게 정의하고, 제한할 것인가에 대한 염려, ⑥ 국제질서의 변형에 있어서의 국제경제법의 역할.

이렇게 일반적 국제경제법에서 나온 국제무역기구의 헌법화에 대한 분석은 다음의 세가지 모델에 대한 검토를 요구한다: ① 제도적 관리주의(institutional managerialism), ② 권리중심(right-based) 모델, ③ 사법적 규범발생(judicial normgeneration) 모델. 제도적 관리주의 모델은 법적 성격에 있어서 주로 절차적 성격을 가지는 제도(institiutions)과 규칙들(rules)을 사용하는 국제적 무역분쟁에 대한 관리(management)에 초점을 맞추고 있다. 첫 번째 모델인 제도적 관리주의 모델은 경험적 방법(emprical method)을 사용한다. 그럼에도 불구하고 제도적 관리주의 모델은 이러한 국제무역기구의 헌법화 형식이 국제경제질서의 개선에 있어서 어떻게 기여를 하는가 하는 것을 증명할려고 하는 강한 개혁적 요소를 포함하고 있다. 두 번째 모델인 권리중심 모델은 세계무역기구 법(WTO law)을 형성하는 것이 그 목적인 지시적 모델(prescriptive model)이다. 이 사해동포주적인 즉 세계주의 이론(cosmopolitan theory)을 사용하여 직접적인 효력을 가지는 초-헌법적 체계(system of directly effective supra-constitutional law)를 만들려고 시도한다. 세 번째 모델인 사법적 규범발생 모델은 헌법적인 유형의 규범과 구조들을 적극적으로 구성하는 상소제도(the Appellate Body)를 가지는 법원의 사법적 결정이 가지는 장점을 통하여 세계무역기구를 헌법화할려고 하는 시도이다.

Ⅲ. 국제경제법의 헌법화에 반대하는 견해

이러한 세가지 모델에 기초한 국제무역기구의 헌법화에 반대하는 입장은 우선적으로 이러한 세가지 모델 중 어떤 것도 국내적 헌법화(domestic constitutionalization) 그리고 국제적 헌법화(international constitutionalization)에 대한 연구들로부터 제시되는 헌법화에 대한 설명과 부합될 수 없다는 것을 기본적 전제로 하고 있다. 제도적 관리주의(institutional managerialism)는 근본규범(Grundnorm)의 변화의 문제 그리고 어느 정도의 정당성(legitimacy)과 토의적 과정(deliberative process)에 대한 검토를 강조하였다. 그럼에도 불구하고 제도적 관리주의 모델은 어떤 헌법제정(constition-making)에 대하여 정당성과 권위를 부여하는 공동체(community)를 구성하기 위한 기본적 요구조건을 충족시킬 수 없었다. 권리중심(right-based) 모델이론은 권리중심의 헌법화는 단지 공동체의 특성과 토의적 과정에 초점을 맞추고 있어서, 헌법화의 전형적인 내용들을 바탕으로 구성된 모델과는 거리가 먼 헌법화를 성취할려고 하는 데 더욱 더 관심을 가지고 있다는 점에서 문제가 있다. 마지막으로 사법적 규범발생(judicial normgeneration) 모델은 관계의 재조정과 어느 정도의 정당성에 대한 강조를 요구하고 있지만, 공동체와 토의적 과정의 기본적 요구조건의 실현에 부응할 수 없다는 점에서 역시 문제점을 노출하고 있다.

이러한 반론에 기초하여 국제무역기구의 헌법화 명제에 반대하여 대안적 개념화(alternative conceptualizations)를 시도하고 있다. 이러한 반론은 헌법화가 서술적인(descriptively) 설명의 측면에서도 타당하지 않을 뿐만 아니라, 규범적으로도 바람직하지 않다는 입장을 기초로 하고 있다. 이러한 반론은 무역의 헌법화(trading constitutionalization)가 아닌 오히려 무역의 민주화(trading democracy)를 요구한다. 무역의 민주화는 다음의 두가지 요소로 구성된다.

국제무역기구는 하나의 포괄적인 모든 구성원들에 의무를 부과하는 규정제정의 체제(Regelungsregime)의 창설이라는 점에서 중요한 의미를 가진다. 국제무역기구의 가입국은 다지 제한된 영역에 있어서 국제무역기구협약(WTO agreement) 부칙(annex) 제4조에 의한 이른바 '다자간 무역협상(plurilateral trade agreements)'에 있어서 자신들의 의무(Verpflichtung)의 형성에 있어서 영향력을 행사할 자유를 가진다. 이를 통해서 국제무역기구의 가입국이 개별적인 협약의 기초가 자유협상의 원칙들(Freihandelsgrundsätze)을 제한없이 적용하는 것이 보장된다. 국제무역기구의 가입국으로서의 지위가 여전히 높은 가치를 누리면 누릴수록, 가입국의 권리가 가지는 세계적인 의미도 점점 더 커지게 될 것이다.

관세와 무역에 관한 일반적 협약(General Agreement on Tariffs and Trade, GATT) 같은 세계무역기구－협약 속에서 부가된 실질적인－법적 규칙들(materiell－rechtlichen Regelwerken)과 관련된 규정들은 적어도 부분적으로 아주 높은 정교성과 정확성을 갖추고 있다. 그러나 그러한 규정들이 지금까지 직접적인 적용가능성에 대한 전제조건을 충족하였는지 여부는 최종적으로 명확하게 설명되지 않고 있다. 그럼에도 불구하고 적어도 세계무역기구의 구성국가들은 중요한 범위 내에서는 명백한 법적인 의무(rechtliche Verpflichtung)를 부담한다. 이러한 법적인 의무의 실행과 관련하여 의무부과 부칙(annex)에 추가된 분쟁조정 합의(Dispute Settlement Understanding, DSU)으로서 세계무역기구－협약(WTO－agreement)에 근거한 분쟁조정부(Dispute Settlement Body, DSB)를 하나의 의무적인 분쟁조정메커니즘으로 설치하였다. 이를 통해서 분쟁조정과 관련하여 정치가 아닌, 사후 심사가 가능한 법규칙(Rechtsregeln)이 적용되게 되었다. 그러한 한에서는 세계무역기구 법은 전통적인 국제법에 의한 국제조직(international organisation)의 개념을 훨씬 앞질러 가게 되었다.

그럼에도 불구하고 세계무역법의 헌법화 명제에 대해서는 또 다른 측면에서 반론이 제기된다. 왜냐하면 세계무역기구의 기관들은 아주제한된 범위에서만 독자적인 규정제정권(Regelungsbefugnis)을 가지기 때문이다. 그와 반대로 모든 중요한 본질적인 결정들(wesentliche Entscheidungen)은 단지 아주 제한된 사례들에 해당되는 경우에만 자신들의 동의없이 세계무역기구의 결정에 구속되는 구성국가들에게 맡겨져 있기 때문이다. 그와 동시에 세계무역체제(Welthandelsregime)의 주된 정치적 목적으로서 무역자유화 그 자체는 개별적 사안에 있어서 평등하게 헌법적으로 확정되는 것이 아니라, 협상(Verhanldung)의 대상이 된다. 기본권(Grundrechte)과 같은 이러한 기본적 인식의 범위를 넘어서는 실질적인-헌법적 결정은 세계무역기구법(WTO-Recht)에서는 여전히 받아들일 수 없는 낯선 것이 된다. 그럼에도 불구하고 무역분쟁조정절차는 그 절차적 진행과정과 그 구체적 내용의 형성 그리고 그 효과에 있어서 사법적 결정의 형식을 완전히 배제할 수 없다.

그럼에도 불구하고 위에서 언급한 여러 가지 내용들을 고려해 볼 때, 세계무역기구법은 전적으로 헌법적 질서의 '실정법적인 결정화 장소(positive-rechtliche Kristalliatonspunkt)'로 인정될 수 있다. 그러나 직접적으로 헌법적 질서 그 자체로 인정될 수는 없다. 세계무역기구법은 국내헌법질서에서 제시하고 있는 법치국가적 발전단계를 거치지 않고 이미 형성되어 있는 세계공동체(Weltgemeinschaft)의 경제헌법(Wirtschaftsverfassungsrecht)의 구성요소로서 헌법적인 법치국가적 질서의 핵심적 내용과 그 잠재적인 발전과정을 제시하고 있다.

실질적인-헌법적 내용을 통한 세계무역기구의 헌법화 과정의 실현과정에 분석을 위해서 세계무역기구에 대하여 헌법화(Konstitutionalisierung)라는 개념을 적용하기 보다는 오히려 '헌법화된 법적체계(konstitutionalisierte Verrechtlichung)'의 구축이라는 개념을 적용하는 것이 타당하다는 견해도 제기된다.[5)]

Ⅳ. 소 결

이러한 반론들에도 불구하고 여전히 현재의 상황에서는 국제법의 헌법화의 사례로서 언급된 개별적 영역으로서 세계무역기구법의 헌법화 논쟁은 종결되지 않고 계속 진행 중에 있다. 이러한 세계무역기구법의 내용적 변형과정은 국제법의 부분질서로서 세계무역기구법과 같은 전형적 사례(Idealfall)에 적용되는 헌법적인 국제법(Völkerrechtsverfassung)의 보충적 부분으로서 이해할 수 있다. 그럼에도 불구하고 이러한 헌법적인 국제법의 보충적 부분의 보충작업은 결코 완결된 것이 아니라, 이러한 보충적 부분의 존속을 조건지우고 도출하는 일반적 국제법(general international law)의 계속적인 압박을 통하여 계속 이어지게 될 것이다.

비교적 많이 헌법화된 진행된 것으로 볼 수 있는 국제법의 부분질서인 세계무역기구법에서의 헌법적 요소의 발견의 어려움을 고려해 볼 때, 현재의 시점에서 전체 국제법질서를 포괄하는 광범위한 헌법화에 대한 검토를 여전히 계속 진행할 가치가 존재하는가에 대하여 명답한 해답을 제시할 수는 없다. 그럼에도 불구하고 전체 국제법질서의 헌법화가 제시하는 헌법화의 이상(Konstitutionalisierungsidee)은 여전히 당위적 요소와 함께 그 정당성도 가지고 있다. 이렇게 국제법을 헌법화시키는 국제적 헌법(internationales Verfassungsrecht)은 국제적 행위주체에 대해서 구속력 있는 행위의 범위를 제시해 줄 뿐만 아니라, 다양한 부분적 질서들의 공동협력

5) Matthias Ruffert, Die Globalisierung als Herausforderung an das Öffentliches Recht, Stuttgart; München; Hannover; Berlin; Weimar; Dresden 2004, S. 39.

을 시도하게 만든다. 국제공동체의 이러한 기본질서에 대하여 반드시 불가피하게 국가법인 헌법과 비교할 만한 정도의 헌법화의 실현을 해야만 한다고 요구할 수 는 없다. 그럼에도 불구하고 일반적인 국제법질서에서 우선적 효력을 가지고 있는 헌법적 원리의 실현은 국제법의 의미있는 발전으로 받아들여지고 있으며, 그와 동시에 하나의 헌법화과정의 표현으로 이해되고 있다.

제10장 국제법의 부분질서의 헌법화로서 리스본 조약체제

Ⅰ. 서

2009년 6월 30일 독일연방헌법재판소의 제2재판부(der Zweiter Senat des BVerfG)는 리스본 유럽연합－개정조약(EU－Reformvertrag von Lissabon)에 대한 동의법률(Zustimmungsgesetz)과 동반법률(Begleitgesetzes)의 헌법적 합성에 대한 권한쟁의심판(Organstreit)과 헌법소원(Verfassungsbeschwerde) 청구에 대한 결정을 내렸다. 이 결정에서 독일연방헌법재판소는 유럽연합의 권한(Kompetenz der EU)을 본질적으로 확대하는 리스본 유럽연합－개정조약(EU－Reformvertrag von Lisbon)[6]을 합헌(verfassungsgemäß)이라고 결정하였다. 독일연방헌법재판소 제2재판부는 리스본조약에 대한 동의법률(Zustimmungsgesetz zum Vertrag von Lisbon) 역시 독일헌법인 기본법(Grund-gesetz)과 합치한다고 결정하였다.[7] 이와 반대로 연방의회(Bundestag)와 연방참의원(Bundesrat)이 유럽법제정절차 그리고 조약변경절차(eurpäischen Rechtssetzungs－ und Vertragsänderungsverfahren)와 관련된 영역에 있어서 충분한 참여권(Beteiligungsrechte)이 보장되지 않는 한에서는, 유럽연합의 업무에 있어서 연방의회와 연방참의원의 권리의 확대와 강화에 관한 법률(das Gesetz über die Ausweitung und Stärkung der Rechte des Bundestages und des Bundesrates in Angelegenheiten der Europäischen Union) (확장법률(Ausweitungsgesetz))은 기본법(GG) 제23조 제1항과 결부된 기본법 제38조

6) EU－Vertrag, Vertrag von Lisbon zur Änderung des Vertrags über die Europäsiche Union und des Vertrags zur Gründung der Europäschen Gemeinschaft vom 13.12.2007 (ABl. C 306/1)
7) BVerfG, Urteil v. 30. 6. 2009 － 2 BvE 2/08.

제1항에 위반된다고 결정하였다. 연방헌법재판소가 단지 동반법률(Begleitgesetz)만을 헌법위반이라고 선언했음에도 불구하고 이 결정은 유럽통합에 대한 국가법적인 관점에서의 근본적 문제점을 제기하고 있다.

연방헌법재판소는 이 결정을 통하여 한편으로는 유럽통합과정에 있어서 독일의회에게 자신에게 포기할 수 없는 대표의무(Wahrnehmungspflicht)를 부과하고 있는, 민주적 결정권을 다시 보장하였으며, 또 다른 한편으로는 개개인으로서의 시민을 민주주의의 수호자로 활성화시키서, 다시 시민 자신을 공동책임을 지는 감시자(Kontrolleur)로 부각시켰다. 헌법재판소는 이러한 두가지 의회와 시민을 통한 참여와 감시권의 보장을 통하여 유럽통합과정의 민주적 정당화와 법치국가적인 통제과정이 구현될 수 있다고 보았다.[8)]

결과적으로 독일연방헌법재판소는 이 결정에서 유럽통합을 위하여 리스본 조약의 기본법과의 합치여부에 대해서만 결정한 것이 아니었다. 유럽연합에 있어서 독일의 장래의 참여를 위한 광범위하고 보다 근본적인 요구를 제기하고,[9)] 유럽연합의 가능한 계속적인 발전을 위한 원리적, 구조적 그리고 실질적 한계를 기본법(Grundgesetz)에서 도출하고,[10)] 조약에 의하여 유럽연합에 양도된 관할권의 한계의 준수하에서 그리고 그와 별도로 독일 기본법의 헌법적 정체성(Verfassungsidentität)의 핵심적 영역의 유지를 위한 이차적인 공동체법의 심사(Überprüfung sekundären Gemeinschaftsrechts)에 대한 독자적 권한을 요구하기 위한[11)] 목적에서 이 결정을 도구로 사용하였다.[12)]

---

8) Vgl. Klaus Ferdinand Gärditz/Christian Hillgruber, Völkssouveränität und Demokratie ernst genommen – Zum Lissabon-Urteil des BVerfG, JZ 2009, S. 872.

9) BVerfG, Urteil v. 30. 6. 2009 – 2 BvE 2/08 Rn. 291 ff.

10) BVerfG, Urteil v. 30. 6. 2009 – 2 BvE 2/08 Rn. 226 ff.

11) BVerfG, Urteil v. 30. 6. 2009 – 2 BvE 2/08 Rn. 235 ff. 그 외에도 Rn. 338 ff.

12) Eckhard Pache, Das Ende der europäischen Integration? Das Urteil des Bundesverfassungsgerichts zum Vertrag von Lissabon, zur Zukunft Europas und der Demokratie, EuGRZ 2009, S. 285.

Ⅱ. 리스본 조약의 관련내용들

리스본 조약에 대한 독일연방헌법재판소의 결정에 대한 검토에 들어가기 전에 우선적으로 연방헌법재판소의 판단대상이 되는 리스본 조약에 대해도 우선적으로 검토해 본다. 리스본 조약(Vertrag von Lissabon)은 통일적인 유럽의 문서들(Akte) 그리고 마아스트리히트(Maastricht), 암스테르담(Amsterdam) 그리고 니스(Nizza) 조약과 마찬가지로 국제법적인 개정조약(ein völkerrechtlicher Änderungsvertrag)이다. 리스본 조약은 암스테르담 조약 그리고 니스조약 처럼 1992년 2월 7일의 유럽연합조약(EUV) 제48조[13]에 근거하고 있다. 리스본 조약은 마아스트리히트 조약의 효력 발생 이후 규정된 개정절차(Änderungsverfahren)에 의하여 생겨났다. 통일적인 유럽의 문서들(Akte) 그리고 마아스트리히트(Maastricht), 암스테르담(Amsterdam) 그리고 니스(Nizza) 조약과 다르게 리스본 조약은 기존의 조약체계의 근본적 변경을 규정하고 있다. 이러한 까닭에 유럽연합의 발전에 있어서 리스본 조약은 마아스트리히트 조약에 비견되고 있다.[14] 리스본 조약의 전문은 좌초된 유럽헌법조약이 아닌, 암스테르담 조약과 니스조약과의 직접적 연관성을 규정하고 있다.[15]

1. 유럽헌법조약과의 관련성

통일적인 조약상의 조문들을 통하여 유럽통합의 법적 토대를 마련할려고 했음에도 불구하고, 모든 유럽연합구성국가의 비준을 얻지 못했던 유럽헌법조약(Vertrag über eine Verfassung für Europa (Verfassungsvertrag))을

---

13) ABl Nr. C 191/1; vgl. 현재의 확정된 조문 ABl 2002 Nr. C 325/5.
14) BVerfG, Urteil v. 30. 6. 2009 – 2 BvE 2/08 Rn. 2.
15) BVerfG, Urteil v. 30. 6. 2009 – 2 BvE 2/08 Rn. 32.

대체하는 조약인 리스본 조약은 유럽헌법조약의 많은 부분들을 그대로 수용했음에도 불구하고, 양자 사이에는 차이가 존재한다.[16]

유럽헌법조약과 다르게 리스본 조약은 헌법적 개념(Verfassungskonzept)을 포기하여 헌법이란 표현을 더 이상 사용하고 있지 않고 있다. 종래의 유럽연합의 외무장관(Außenminister)은 외교정책 그리고 안전정책을 위한 고위 대표자(Hoher Vertreter)로 언급된다. 그리고 리스본 조약에서 유럽연합의 상징(Symbole)인 기(Flagge), 유럽연합의 노래(Hymne), 표어(Leitspruch) 그리고 유럽연합의 날(Europatag)은 더 이상 언급되지 않는다.[17] 구성국가의 법에 대한 유럽연합법 그리고 유럽공동체법의 우위에 대하여 명백히 규정하지 않고 있다.[18]

리스본 조약은 지금까지의 유럽연합의 세가지 기둥 개념(Drei-Säulen-Konzept)을 포기하였다(유럽연합조약(EUV) 제1조 제3항 제1문). 유럽공동체(die Europäische Gemeinschaft) 대신에 유럽공동체의 법적후계자(Rechtsnachfolgerin)인 유럽연합(리스본 조약에 따른 유럽연합조약(EUV-Lissabon) 제1조 제3항 제3문))은 공식적으로 법인격(Rechtspersönlichkeit)을 취득하였다(리스본 조약에 따른 유럽연합조약(EUV-Lissabon) 제47조).[19]

2. 유럽공동체조약의 명칭변경을 통한 변형

가장 중요한 의미를 가지는 구조적-형식적 개정은 유럽공동체설립을조약(Vertrag zur Gründung der Europäischen Gemeinschaft)인 유럽공동체조약(EG-Vertrag)의 유럽연합의 업무방식에 대한 조약(Vertrag über Arbeitsweise der Europäische Union, AEUV)으로의 명칭의 변경을 통한 변형(Umwandlung)이다.[20] 결과적으로 현재에는 독자적 법인격을 가지고 있는

16) BVerfG, Urteil v. 30. 6. 2009 – 2 BvE 2/08 Rn. 3.
17) BVerfG, Urteil v. 30. 6. 2009 – 2 BvE 2/08 Rn. 33.
18) BVerfG, Urteil v. 30. 6. 2009 – 2 BvE 2/08 Rn. 33.
19) BVerfG, Urteil v. 30. 6. 2009 – 2 BvE 2/08 Rn. 34.
20) BVerfG, Urteil v. 30. 6. 2009 – 2 BvE 2/08Rn. 34; Franz Mayer, Der

유럽연합만이 존재한다.

3. 유럽연합의 기본권 보호

리스본 조약에 의하면 유럽연합의 기본권 보호는 다음의 두가지 토대에 근거하고 있다: 조약들과 법적으로 동등한 효력이 부여되고, 이를 통하여 법적인 구속력(Rechtsverbindlichkeit)을 가지고 있는 2007년 12월 12일 새롭게 개정된 유럽연합의 기본권 헌장(der Charta der Grundrechte der Europäischen Union)[21] (리스본 조약에 따른 유럽연합조약(EUV-Lissabon) 제6조 제1항) 그리고 그와 별도로 유럽연합법의 일반적 법원칙으로서 계속적으로 효력을 발생하고 있는 불문의 유럽연합의 기본권(ungeschriebene Unionsgrundrechte) (리스본 조약에 따른 유럽연합조약(EUV-Lissabon) 제6조 제3항). 이러한 유럽연합의 기본권 보호를 위한 이러한 두개의 기초는 유럽연합이 1950년 11월 4일의 인권과 기본자유의 보호를 위한 유럽협약(die Europäische Konvention zum Schutz der Menschenrechte und Grundfreiheiten), 즉 유럽인권협약[22]에 가입할 권한과 의무를 부여하고 있는 리스본 조약에 따른 유럽연합조약 제6조 제2항에 의하여 보충되어 진다.[23]

4. 유럽정상회의

아르민 폰 복단디(Armin von Bogdandy) 교수는 이전에 부결된 유럽헌법조약과 관련하여 유럽연합의 최고의사결정기관으로서의 유럽정상회의(der Europäische Rat)의 문제점을 다음과 같이 지적하고 있다:[24] "유럽

Vertrag von Lissabon im Überblick, JuS 2010, S. 190.

21) ABl Nr. C 303/1; BGBl 2008 Ⅱ S. 1165 ff.

22) BGBl 2002 Ⅱ S. 1054.

23) BVerfG, Urteil v. 30. 6. 2009 – 2 BvE 2/08 Rn. 35.

24) 아르민 폰 복단디(Armin von Bogdandy)/박진완 역, 유럽을 위한 헌법원리들,

정상회의(European Council)의 역할은 특히 문제가 된다. 그럼에도 불구하고 법적인 측면에서 본다면 유럽정상회의는 유럽연합의 기관이다. 유럽연합의 기본권 헌장(Charter of Fundamental Rights of European Union)의 공포의 실패에서 나타난 바와 같이 유럽정상회의의 자기-이해는 유럽연합의 권한범위 밖에서 기능하는 기관[25)]이다. 19세기의 헌법적 정치체제의 왕과 유사하게 유럽정상회의는 어떤 다른 기관에 대하여 책임을 지지 않고, 오류를 범하지도 않는다.[26)] 종종 입법적 계획을 최종적으로 결정하는 이 기관은 자신을 헌법적 질서의 밖에 자리 잡게 하고, 법적책임 그리고 정치적 책임의 범위로부터 벗어나게 만들고 있다.[27)]

유럽정상회의(der Europäische Rat)는 리스본 조약을 통해서 통일적인 법인격(Rechtspersönlichkeit)을 갖추고 있는 유럽연합의 기관으로 가치가 승격되었다(리스본 조약에 따른 유럽연합조약(EUV-Lissabon) 제13조 제1항 제2하부항(UAbs.)). 그에 상응하게 유럽정상회의의 행위가 제3자에 대하여 법적인 효력을 발생하고 있는 한에서는, 유럽정상회의의 행위는 유럽연합법원(Gerichtshof der EU)의 사법적 심사의 대상이 된다(유럽연합의 업무방식에 관한 조약(AEUV) 제263조 제1항, 제265조 제1항). 공동의 외교정책과 안보정책에 대해서는 유럽연합법원은 예외적으로 관할권이 인정되는 한

헌법학연구 제13권 제3호, 907-08쪽. 복단디(von Bogdandy) 교수의 논문은 다음의 독일문헌에 수록되어 있다: Armin von Bogdandy, Constitutional Principles for Europe, in Eibe Riedel Rüdiger Wolfrum (eds.), Recent Trend in German and European Constitutional Law. German Reports Presented to the XVIIth International Congress in Comparative Law, Utrecht, 16 to 22 July 2006, Max-Planck-Institut für ausländisches öffentliches Recht und Völkerrecht Springer Verlag 2006, pp 1~35.

25) J.P. Jacqué, in: H. von der Groeben/J. Schwarze (eds), *Vertrag über die European Union*, Bd 1, 6. Aufl. 2003, Art 4 EU, paras 5.

26) C. von Rotteck, Lehrbuch des Vernunftrechts und der Staatswissenschaften, 1840, vol 2, *Lehrbuch der allgemeinen Staatslehren* 249-251쪽.

27) Case T-584/93, Roujansky v Council [1994] ECR II-585, para 12; Case C-253/94, Roujansky v Council [1995] ECR I-7, para 11; R. Lauwarts, *Constitutional Erosie*, 1994, cited by Gerkrath (주 38), 150쪽.

에서만 사법적 심사권을 가진다(유럽연합의 업무방식에 관한 조약(AEUV) 제275조 제2항).[28] 리스본조약은 유럽정상회의에서 가중적 다수결로 선출되는 2년반의 임기를 가지는 유럽정상회의의 상임의장직을 도입하였다(리스본 조약에 따른 유럽연합조약(EUV-Lissabon) 제15조 제2항).[29]

5. 유럽연합법원

리스본 조약은 유럽연합법원(Gerichtshof der Europäischen Union)으로 명칭이 변경된 유럽공동체법원(Gerichtshof der Europäischen Gemeinschaften)에 대한 규정들을 더욱 더 개선·발전시켰다. 유럽연합법원은 공동의 외교정책과 안보정책에 대해서는 원칙적으로 관할권을 가지지 않는다. 리스본 조약에 따른 유럽연합조약(EUV) 제40조의 준수에 대한 통제(Kontrolle) 그리고 자연인 혹은 법인에 대한 제한적인 결정의 법적합성에 대한 감시에 대해서는 예외가 인정된다(리스본 조약에 따른 유럽연합조약(EUV-Lissabon) 제24조 제1항 제2하부항(UAbs.) 제5문; 유럽연합의 업무방식에 관한 조약(AEUV) 제275조). 자유, 안전 그리고 권리의 공간적 영역(Gebiet des Raums der Freiheit, der Sicherheit und des Rechts)에 대해서는 원칙적으로 유럽연합법원은 관할권을 가진다. 구성국가의 경찰 혹은 형사소추기관의 처분의 유효성 혹은 비례성에 대한 심사 그리고 공적인 질서유지와 내적인 안전의 보호를 위한 구성국가의 관할권의 인식에 대해서는 예외가 인정된다(유럽연합의 업무방식에 관한 조약(AEUV) 제276조). 그 외에도 리스본 조약은 소송의 종류 특히 무효소송(Nichtigkeitsklage)에 대해서 개정을 하였다.[30]

---

28) BVerfG, Urteil v. 30. 6. 2009 – 2 BvE 2/08 Rn. 43.
29) BVerfG, Urteil v. 30. 6. 2009 – 2 BvE 2/08 Rn. 44.
30) BVerfG, Urteil v. 30. 6. 2009 – 2 BvE 2/08 Rn. 50.

6. 리스본 조약 상의 조약의 개정절차

리스본 조약은 원칙적으로 세 개의 조약개정절차(Vertragsänderungsverfahren)를 규정하고 있다: 정상적 조약개정절차(das ordentliche Änderungsverfahren) (리스본 조약에 따른 유럽연합조약(EUV－Lissabon) 제48조 제2항－제5항), 단순화된 개정절차(vereinfachte Änderungsverfahren) (리스본 조약에 따른 유럽연합조약(EUV－Lissabon) 제48조 제6항), 이른바 가교절차(das sogenannte Brückenverfahren) (리스본 조약에 따른 유럽연합조약(EUV－Lissabon) 제48조 제7항).

유럽연합의 관할권의 확대 혹은 축소를 목적으로 할 수 있는 정상적 개정절차에 의한 조약개정 (리스본 조약에 따른 유럽연합조약(EUV－Lissabon) 제48조 제2항 제2문)은 지금까지 행해진 바와 같이 구성국가들의 정부회의(Konferenz)를 통하여 － 특별한 경우에는 구성국가의회의 대표자들, 구성국가의 국가수반 그리고 정부수반으로 구성되는 회의(Konvent)의 추가적 구성 후에 － 합의되어 진다(리스본 조약에 따른 유럽연합조약(EUV－Lissabon) 제48조 제3항). 정상적 개정절차는 모든 구성국가들의 헌법에 규정된 절차에 따라 모든 구성국가들에 의하여 비준된 후에 효력을 발생한다(리스본 조약에 따른 유럽연합조약(EUV－Lissabon) 제48조 제24항 제4하부항(UAbs.)).[31] 따라서서 정상적 조약개정절차에서는 여전히 모든 구성국가들을 통한 비준이 필요하다.

단순화된 개정절차(das vereinfachte Änderungsverfahren) (리스본 조약에 따른 유럽연합조약(EUV－Lissabon) 제48조 제6항)에서는 각 구성국가들의 헌법에 합치된다는 구성국가들의 동의 이후에 효력을 발생하는 유럽정상회의 만장일치에 의한 의결을 전제로 한다. 단순화된 개정절차(das vereinfachte Änderungsverfahren) (리스본 조약에 따른 유럽연합조약(EUV－Lissabon) 제48조 제6항 제2하부항(UAbs.). 단순화된 개정절차의 적용범위는 유럽연합의 내부적 정치영역에 대한 유럽연합의 업무방식에 관한 조약

31) BVerfG, Urteil v. 30. 6. 2009 － 2 BvE 2/08 Rn. 51.

제3편(Teil Ⅲ des Vertrag über die Arbeitsweise der Europäischen Union)의 개정에만 한정된다. 이 개정을 통하여 유럽연합의 관할권(Zuständigkeiten der EU)이 확대될 수 없다.[32)]

일반적 가교절차를 통한 개정(Änderung im allgemeinen Brückenverfahren)은 유럽의회의 동의 이후에 공포될 수 있는 유럽정상회(der Europäische Rat)의 만장일치에 의한 의결에 근거하고 있다. 이것은 제안(Vorschlag)이 6개월 이내에 구성국가의 의회에 의하여 거부되지 않는다는 것을 전제로 하고 있다(리스본 조약에 따른 유럽연합조약(EUV-Lissabon) 제48조 제7항 제4하부항(UAbs.). 정상적 개정절차 그리고 단순화된 개정절차와 다르게 일반적 가교절차는 개별항목에 관한 유럽정상회에서의 표결 혹은 법률제정과정(Gesetzgebungsverfahren)과 관련된 개정이다. 유럽정상회의는 유럽연합의 업무방식에 관한 조약(AEUV) 혹은 유럽연합조약(EUV) 제5편에 의하여 유럽정상회의가 특정한 영역 혹은 특정한 사례에 있어서 가중된 다수결(qualifizierte Mehrheit)로 의결할 수 있는 결정(Beschluß)을 공포하는 것을 만장일치로 결의할 수 있다(리스본 조약에 따른 유럽연합조약(EUV-Lissabon) 제48조 제7항 제하부항(UAbs.) 제1문). 군사적 혹은 국방정책적 관련사항들에 대한 결정은 제외된다(리스본 조약에 따른 유럽연합조약(EUV-Lissabon) 제48조 제7항 제2하부항(UAbs.) 제2문). 유럽정상회의는 더 나아가서 유럽연합의 업무방식에 관한 조약(AEUV)의 적용범위 속에서의 법률제정행위(Gesetzgebungsakte)를 특별한 법률제정절차(besonderes Gesetzgebungsverfahren) 대신에 정상적 법률제정절차(ordentliches Gesetzgebungsverfahren)를 통해서 수행할 수 있다는 것을 의결할 수 있다(리스본 조약에 따른 유럽연합조약(EUV-Lissabon) 제48조 제7항 제2하부항(UAbs.).[33)] 독일연방헌법재판소는 조약개정절차에 대한 민주주의원리에 의한 독일의회의 참여권은

32) BVerfG, Urteil v. 30. 6. 2009 – 2 BvE 2/08 Rn. 52.
33) BVerfG, Urteil v. 30. 6. 2009 – 2 BvE 2/08 Rn. 53.

Ⅲ. 리스본 조약에 대한 독일연방헌법재판소의 결정

유럽통합과정을 중단을 막기위해서, 독일연방헌법재판소는 개정되어야만 하는 동반법률(Begleitgesetz)를 통해서 다음의 개선된 내용이 반드시 포함되어야만 한다고 판시하고 있다:[34)]

1. 유럽연합의 정치적 형성권의 범위는 유럽연합에 국가적 원리를 유추적용한다면 부분적으로는 연방국가(Bundesstaat)를 형성할 정도로 항상 그리고 두드리지게 확대・심화되고 있다.

2. 정당화주체(Legitimationssubjekt)로서 하나의 통일된 유럽국민(ein einheitliches europäisches Volk)이 자신의 다수적 의사를 평등하게(gleichhets-gercht) 정치적으로 유효하게 형성할 수 없는 한에서는, 구성국가 속에 존재하는 유럽연합의 국민이 유럽연합의 권력을 포함한 표준적인 공권력의 주체(maßgebliche Träger der öffentlichen Gewalt)이다.

3. 유럽연합은 장래에 있어서도 변함없이 조약목적에 의하여 주권을 계속 유지하고 있는 국가를 통하여 형성된 국제법에 의하여 조직된 지배단체(Herrschaftsverband)이다.

4. 유럽통합에 대한 우선적 책임은 국민을 위하여 행위하는 국가의 헌법기관(nationale Verfassungsorgane)에 부과된다.

---

34) 이하의 내용은 Jörg－Klaus Baumgart, Ja zum Vertrag von Lissabon, aber ..., Das Urteil des BVerfG und die Notwendige Änderung des Ausweitungs-gesetzes, S. 310－311을 요약정리하였음.

5. 유럽의회(der Europäische Parlament)의 권한의 확대를 통하여 유럽연합의 기관의 결정권(Entscheidungsmacht)의 범위와 구성국가들 속의 시민들의 민주적 작용권(Wirkmacht) 사이의 흠결(Lücke)은 메워질 수는 있지만, 완전히 충족될 될 수는 없다.

6. 유럽의회는 통일된 정치적 지도적 결정(Leitentscheidung)으로서 대표적 그리고 책임있는 다수의 결정(Mehrheitsentischeidung)을 내릴 수 있을 만큼 그 구성에 있어서 뿐만 아니라 유럽연합기관의 권한의 조직적 구성에 있어서도 충분한 무장이 되어있지 않다. 유럽의회의 구성원들은 – 국가적인 민주주의실현요구와 비교해 볼 때 – 평등원칙에 적합하게 선출되지 않고, 구성국가들 사이의 이해관계들의 초국가적인 조정에 대해서도 권위있는 정치적인 지도적 결정을 내릴 능력을 가지고 있지 않다. 이러한 까닭에 유럽의회는 하나의 의회정부를 구성할 수 없고, 정부여당–야당–도식에 의한 정당정치적으로 조직될 수도 없다. 이렇게 때문에 유럽연합의 선거권자의 지도적 결정에 대한 효력을 부여할 수도 없다.

이러한 구조적인, 국가연합(Staatenverband) 속에서 해결될 수 없는 민주주의적 결함(Demokratiedefizit)을 고려해 볼 때, 계속적인 통합을 위한 발걸음은 현재의 상태를 넘어서서 국가의 정치적 형성능력 뿐만 아니라 제한된 개별적 위임(Prinzip der begrenzten Einzelermächtigung)의 원리를 공동화시킬 수 없다.

7. 헌법적 정체성(Verfassungsidentät)(기본법 제23조 제1항 제3문, 제79조 제3항)의 유지 뿐만 아니라 선거권의 효력(Wirksamkeit des Wahlrechts)의 보장을 위하여 그리고 민주적 자결(demokratische Selbstbestimmung)의 유지를 위하여, 독일연방헌법재판소(BVerfG)가 자신의 관할권(Zuständigkeit)의 범위 속에서 유럽공동체권력(Gemeinschaftsgewalt) 혹은 유럽연합권력(Unionsgewalt)이 자신의 고권적(지배적) 행위(Hoheitsakte)를 통하여 헌법적 정체성(Verfassungsidentität)을 침해하지 않고, 자신에게 부여된 권한(Kom-

pentenz)을 명백히 넘어서지 않도록 감시하는 것이 필요하다(공동체의 목적에 의한 통제(Ultra-vires-Kontrolle)).

8. 기본법 제23조 제1항 그리고 기본법의 전문으로부터 도출되는 단일화된 유럽의 실현을 위한 헌법적 위임(Verfassungsauftrag)은 독일의 헌법기관에 대해서는 유럽통합에 대한 참여가 그 기관들의 정치적인 임의적 의사(politisches Belieben)에 맡길수 없다는 의미를 가진다.

9. 기본법 제23조 제1항에 의한 유럽연합(EU)에로의 통치권(고권)(Hohheitsrechte)의 양도에 대한 위임은 무엇보다도 제한된 개별적 위임의 원리(Prinzip der begrenzten Einzelermächtigung)에 의하여 주권적 헌법국가성이 책임질 수 있는 통합프로그램의 토대위에서 그리고 구성국가로서의 헌법적 정체성(verfassungsrechtliche Identität)의 유지하에서 보장되어지고, 독일연방공화국(Bundesrepublik)이 자기책임을 지는 생활관계의 정치적 그리고 사회적 형성에 대한 자신의 능력을 상실하지 않는 조건 하에서 행해져야만 한다.

10. 유럽통합이 독일에서의 민주적 지배체제의 공동화를 초래해서는 안된다. 유럽통일은 주권국가들의 조약연합(Vertragsunion)을 바탕으로 한 유럽통일(europäische Vereinigung)이 구성국가들 속에서 어떠한 충분한 경제적, 문화적 그리고 사회적 형성의 영역을 보장해주지 않은 형태로 실현되어져서는 안된다.

이것은 특히 구성국가의 시민들의 삶의 상황들(Lebensumstände), 무엇보다도 기본권에 의하여 보호되는 구성국가의 시민들의 자기책임과 개인적 그리고 사회적 안전을 보장하는 사적인 공간(Raum)을 형성하는 실질적 영역(Sachbereiche) 그리고 그와 동시에 특별한 방식으로 문화적, 역사적 그리고 언어적 선이해(Vorverständnisse)에 의하여 의존하고, 정당정치적 방식 그리고 의회주의에 의하여 조직된 공간적 영역 속에서 정치적 공공성(politische Öffentlichkeit)을 토론에 의하여 전개해 가는 정치적 결정에 대해서도 타당하게 적용된다.

민주주의실현에 있어서 매우 중요한 의미를 가지는 이러한 실질적 영역(Sachbereiche)에 있어서 통치권(고권)(Hohheitsrechte)의 양도가 허용되는 한에서는, 이에 대해서는 매우 엄격한 축소적 해석이 명령되어 진다. 특히 이것은 형사재판권, 권력집중에 대한 경찰 그리고 군사적 처분권, 수입과 지출에 관련된 재정에 대한 근본적 결정권, 생활관계에 대한 사회정책적 형성 그리고 그와 동시에 교육, 직업교육, 방송질서 그리고 종교공동체들에 대한 대우 등과 같은 문화적으로 중요한 의미를 가지는 결정과도 관련성을 가진다.

11. 기본법은 독일의 국가기관(Staatsorgane)이 자신에 대하여 부여된 권한의 행사를 통하여 독자적으로 그로부터 또 다른 권할권(Zuständigkeiten)을 행사할 정도로 국가기관에 대하여 통치권을 부여하고 있지 않고 있다. 기본법은 권한－권한의 양도(Übertragung der Kompetenz－Kompetenz)를 금지한다.

이러한 까닭에 제한된 개별적 위임(Prinzip der begrenzten Einzelermächtigung)의 원리는 유럽법적인 근본원칙일 뿐만 아니라(리스본조약에 의한 유럽공동체조약(EGV) 제5조 제1항; 유럽연합조약(EUV) 제5조 제1항 제1문 그리고 제2항), － 구성국가의 국가적 정체성을 존중하는 유럽연합의 의무를 고려해 볼 때 (리스본 조약에 따른 유럽연합조약(EUV) 제6조 제3항 그리고 유럽연합조약(EUV) 제4조 제2항 제1문) － 구성국가들의 헌법적 원리로서 수용된 것이다.

12. 독일연방헌법재판소(BVerfG)는 유럽연합의 기관과 제도들의 법률제정행위가(Rechtsakte der europäischen Organe und Einrichtungen) 공동체법과 유럽연합법의 보충성 원칙(Subsidiaritätsprinzip)의 준수하에서 통치권의 양도에 있어서 그들에게 부여된 제한된 개별적 위임의 한계의 범위내에

서 행해졌는지 여부에 대하여 심사하였다(Ultra－vires－Kontrolle).

이를 넘어서서 독일연방헌법재판소는 기본법 제79조 제3항과 결부된 기본법 제23조 제1항 제3문에 의한 기본법의 헌법적 정체성의 핵심적 내용도 보장되고 있는 지 여부에 대해서도 심사하였다(Identitätskontrolle).

이러한 헌법에 의하여 요청된 심사권의 행사는 계속진행되어지는 유럽통합에 있어서 리스본－유럽연합조약(EUV－Lissabon) 제4조 제2항 제1문에 의하여 인정된 주권적 구성국가들의 기본적 정치적 그리고 헌법적 구조를 보장하는 것이다. 이러한 통제권의 행사는 기본법의 유럽법친화의 근본원칙(Grundsatz der Europarechtsfreundlichkeit des Grundgesetzes)의 구체적 행사과정에서 나온 것이다.

Ⅳ. 독일연방헌법재판소를 통한 리스본 조약관련 법률의 통제

독일연방헌법재판소가 결정해야만 하였던 권한쟁의심판(Organstreitverfahren) 그리고 헌법소원(Verfassungsbeschwerde)의 직접적 대상은 리스본 조약의 비준(Ratifikation)과 전환(Umsetzung)을 위한 독일의 법률들이다. 이러한 법률들은 리스본 조약에 대한 독일동의법률(das deutsche Zustimmungsgesetz zum Vertrag von Lissabon),[35] 개정법률(das Änderungsgesetz),[36] 그리고 확장법률(das Ausweitungsgesetz)[37]이다.

---

35) Gesetz vom 8. Oktober 2008 zum Vertrag von Lissabon vom 13. Dezember 2007.

36) Gesetz zur Änderung des Grundgesetzes vom 8. Oktober 2008.

37) Gesetz über die Ausweitung und Stärkung der Rechte des Bundestages und des Bundesrates in Angelegenheiten der Europäischen Union.

1. 동의법률

2008년 4월 24일 독일 연방의회(der Deutsche Bundestag)는 리스본 조약에 대한 동의법률(Zustimmungsgesetz zum Vertrag von Lissabon)을 574명의 의원 중 515명의 찬성으로 의결하였다.[38] 그리고 2008년 5월 23일 연방참의원(Bundesrat)은 2/3이상의 다수결로 동의하였다.[39] 2008년 10월 8일 연방대통령(Bundespräsident)은 동의법률을 서명하고 공포하였다. 동의법률은 공포 후 바로 다음 날부터 효력을 발생하였다(동의법률 제2조 제1항). 다른 모든 조약들의 경우와 마찬가지로 리스본 조약에 대한 동의법률 역시 기본법 제59조 제2항 제1문에 의한 여러 단계의 절차를 경유해야만 했다.

2007년 12월 13일 유럽연합의 구성국가들의 정부수반들을 통한 리스본 조약에 대한 국제법적인 의결 이후에, 조약에 대한 비준의 유보하에서 조약에 대한 서명이 행해졌다. 그 후 기본법 제59조 제2항 제1문에 의한 의회의 동의절차가 개시되었다.[40] 이러한 까닭에 리스본 조약의 효력발생을 위한 법률(Gesetz zur Inkraftsetzung des Vertrages von Lissabon)은 '동의법률(Zustimmungsgesetz)'로 명명되었다. 왜냐하면 조약의 승인에 대한 연방의회의 참여는 자연스럽게 단지 동의(Zustimmung)의 형식으로 행해지기 때문이다.

리스본 조약은 연방의회의 법률의결과 별도로 연방참의원의 동의도 필요하다. 리스본 조약의 연방참의원의 독자적인 직무대상(Sachmaterie)과 관련되어 있기 때문이다.[41]

리스본 조약에 대한 동의절차는 연방의회와 연방참의원이 단지 법률 그 자체를 한 묶음으로, 즉 전체법률에 대해서만 에 대한 동의를 할 수

---

38) BT-Plenarprot. 16-157, S. 16483 A.
39) BR-Plenarprot. 844, S. 136 B.
40) BVerfGE 90, 286 (361).
41) Vgl. st. Rspr., u. a. BVerfGE 8, 274 (294 ff).

있다는 점에서 정상적인 법률의결과정과는 구별되어 진다. 연방의회를 통해서 의결된 동의법률은 연방대통령(Bundespräsident)에게 조약에 대한 비준권한(Ratifikation)을 부여한다. 조약에 대한 비준을 통해서 비엔나 조약법협약(die Wiener Vertragsrechtskonvention) 제14조 에 의한 다른 조약체결당사자에 대한 국제법적으로 구속력있는 선언이 행해진다.

독일연방헌법재판소는 리스본 조약과 리스본 조약에 대한 동의법률이 헌법적 요구들을 충족시킨다고 보았다. 리스본 조약의 효력발생 이후에도 독일 연방공화국은 하나의 주권국가(ein spuveräner Staat)로서 존립한다.

단순 개정절차 있어서 독일 연방공화국의 동의는 기본법 제59조 제2항에 대한 특별법으로서 기본법 제23조 제1항 제2문의 의미 속의 법률을 전제로 한다. 일반적 그리고 특별한 가교규정(nach den allgemeinen und speziellen Brückenklauseln)에 의하면 이러한 한에서는 아무런 불이익이 존재하지 않는다. 가교규정(Brückenklausel)에 의하면 유럽정상회의(der Europäische Rat) 어떤 특정한 영역에 있어서 혹은 어떤 특정한 경우에 있어서 만장일치 대신에 가중적 다수결(qualifizierte Mehrheit)로 결정할 수 있다(리스본 조약에 따른 유럽연합조약(EUV–Rissabon) 제48조 제7항 제7하부항(UAbs.) 제1문; 리스본 조약에 따른 유럽연합조약(EUV–Rissabon) 제31조 제3항; 유럽연합조약(AEUV) 제312조 제2항 제2하부항(UAbs.), 제333조 제1항).

2. 기본법의 개정을 위한 법률

2008년 10월 8일의 기본법의 개정을 위한 법률(Gesetz zur Änderung des Grundgesetzes) (제23조, 제45조 그리고 제93조)은 2008년 10월 16일에 공포되었고,[42] 리스본 조약이 리스본 조약 제6조 제2항에 의하여 독일 연방공화국 내에서 효력을 발생하는 날에 효력을 발생하였다(기본법의 개정을 위한 법률 제2조).

42) BGBl. I v. 16.10.2008, S. 1926.

동반법률제정(Begleitgesetzgebung)은 기본법의 개정을 위한 법률(Gesetz zur Änderung des Grundgesetzes) (제23조, 제45조 그리고 제93조) (개정법률(Änderungsgesetz))[43] 그리고 유럽연합의 업무에 있어서 연방의회와 연방참의원의 권리의 확대와 강화에 관한 법률(das Gesetz über die Ausweitung und Stärkung der Rechte des Bundestages und des Bundesrates in Angelegenheiten der Europäischen Union) (확장법률(Ausweitungsgesetz)[44]에 대한 제정이었다.

새롭게 개정된 기본법 제23조 제1a항에 의하면 연방의회(Bundestag)와 연방참의원(Bundesrat)은 현재부터 보충성의 원칙(Grundsatz der Subsidiarität)에 위반되는 유럽연합의 법률제정행위(Gesetzgebungakt der EU)에 대해서는 유럽연합법원(EuGH)에 소송을 제기할 권리를 가진다.

기본법의 개정을 위한 법률(Gesetz zur Änderung des Grundgesetzes) (제23조, 제45조 그리고 제93조)에 대해서는 어떠한 헌법적 의심은 제기되지 않았다. 기본법 제79조 제3항에 의한 민주적 근본원칙(demokratische Grundsätze)의 침해는 소수자 권리로서 보충성소송(Subsidiaritätsklage)의 제기권을 형성하고 구성원의 1/4의 정족수로서 확정하는 새로 개정된 기본법 제23조 제1a항 그리고 새로 개정된 기본법 제45조 제3항에 의해서도 나타나지 않았다.

3. 확장법률

유럽연합의 업무에 있어서 연방의회와 연방참의원의 권리의 확대와 강화에 관한 법률(das Gesetz über die Ausweitung und Stärkung der Rechte des Bundestages und des Bundesrates in Angelegenheiten der Europäischen Union) (확장법률(Ausweitungsgesetz)[45]은 결정 당시에 절차가 완료되어서

43) BT－Plenarprot. 16/157, S. 16477 A.
44) BT－Plenarprot. 16/157, S. 16482 D.
45) BT－Drs. 16/8489.

공포되지 않았다. 왜냐하면 확장법률은 내용적으로 기본법 제23조와 제45조의 개정을 전제로 하고, 우선적으로 헌법개정법률의 효력발생을 기다려야만 하기 때문이었다.[46] 이 법률은 공포되는 날, 그럼에도 불구하고 빨라도 개정법률이 효력을 발생하는 날의 다음 날에 효력을 발생할 것이다(확장법률 제3조).

기독교민주연합/기독교사회연합(CDU/CSU), 사회민주당(SPD) 그리고 연합 90/녹색당(BÜNDNIS 90/DIE GRÜNEN) 원내교섭단체들의 통일된 법률안 제출된 확정된 목적은 리스본 조약을 통하여 연방의회 그리고 국가의 회의 한원(Kammer)으로 인정되는 연방참의원에게 인정되는 참여권(Beteiligungsrechte)의 보장을 위한 국가내적인 전제조건의 창조이다.[47]

이와 관련하여 보충성의정서(Subsidiaritätsprotokoll) 제6조 제1항에 의한 8주간의 기간(Act-Wochen-Frist) 개시후 사전적 보고 이후의 2주의 범위 내에서 이유가 제시된 입장을 표명할 권리(확장법률 제1조 제2항), 유럽연합의 법률제정행위로 인한 보충성의정서 제8조(보충성 소송(Subsidiaritätsklage))에 의한 보충성원칙의 침해에 대하여 연방정부를 경유하여 소송을 제기할 수 있는 권리 그리고 리스본 조약에 따른 유럽연합조약(EUV-Lissabon) 제48조 제7항 제3하부항(UAbs.) 그리고 AEUV 제81조 제3항 제3하부항(UAbs.)에 의한 유럽연합의 법률제정행위에 의한 법률안을 거부할 수 있는 권리의 보장이 중요한 문제가 된다.

확장법률은 기본법 제23조 제1항과 결부된 기본법 제38조 제1항의 헌법적 요구들을 충족시킬 수 없다. 따라서 리스본 조약에 대한 비준 전에 헌법적 방식에 의하여 새롭게 개정되어야만 한다. 왜냐하면 인격의 발현 그리고 생활관계의 사회적 형성의 공간(Raum)과 관련된 정치의 핵심적 영역에 있어서는, 특히 실질적 그리고 형식적 형법에, 내부적인 경찰권 행사 그리고 외부적인 군사권 행사에 대한 권력독점에 대한 결정, 수입 그리고 - 바로 사회정책적 동기에 의하여 동력을 얻게되는 - 공적

46) Vgl. BVerfGE 34, 9 (22 ff.); 42, 263 (283 ff.).
47) BT-Drs. 16/8489, S. 7.

인 비용지출(Ausgaben der öffentlichen Hand), 생활관계에 대한 사회국가적 형성 그리고 그와 마찬가지로 예를 드련 가족법, 학교교육, 직업교육 체계 그리고 종교공동체에 대우에 관한 문화적으로 매우 중요한 의미를 가지는 결정들에 대해서는 통치권 행사(Ausübung von Hoheitsrechten)의 유럽연합에로의 이전이 사전에 예측가능한 방식에 의하여 객관적으로 제한되어야만 한다.

V. 강제된 확장법률의 새로운 개정

이러한 연방헌법재판소의 확장법률에 대한 위헌결정으로 인하여 확장법률 속에 헌법에 의하여 요청되는 의회의 참여권에 대한 법률적 형성작업의 결과가 효력을 발생하지 않는 한에서는 리스본 조약에 대한 비준조서(Ratifikationsurkunde)는 서명될 수 없게 되었다. 이러한 연방헌법재판소의 결정으로 인하여 독일은 당시 유럽연합의 27개 구성국가 중 아일랜드(Irland)에 이어 뒤에서 두 번째로 리스본 조약을 비준하지 않은 국가가 되었다.

독일연방헌법재판소의 결정에 의하면 확장법률은 기본법 제23조 제1항과 결부된 기본법 제38조 제1항에 위배된다. 왜냐하면 확장법률은 유럽연합의 조약개정과 법제정과정의 영역에 있어서 독일 연방의회(Bundestag)와 독일 참의원(Bundesrat)의 참여권(Beteilungsrechte)을 헌법에 의하여 요구되는 범위 속에서 형성하고 있지 않기 때문이다.

조약법의 개정이 비준절차없이 이미 단독으로 그리고 권위있게 유럽연합의 기관들에 의하여 – 설사 유럽정상회의에서의 만장일치의 요구하에서 행해진다 할 지라도 – 행해지는 방식과 절차에 의하여 구성국가들이 제한된 개별위임의 원리(Prinzip der begrenzten Einzelermächtigung)의 토대 위에서 유럽의 조약법(europäisches Vertragsrecht)을 형성한다면, 구성국가의 헌법기관에 대해서는 이러한 참여의 영역에 있어서 특별한 책임의 문제가 제기된다.

이러한 유럽통합의 과정에 있어서 독일의 헌법기관의 참여권 보장에 대한 책임은 독일국내적으로는 특히 기본법 제23조의 제1항의 헌법적 요구에 충분히 부합하는 것이어만 한다.[48]

단순화된 절차 속에서의(im verenfachten Verfahren) 우선적 법(제1차법)(Primärrecht)의 개정에 있어서는 (리스본조약에 의한 유럽연합조약(EUV-Lissabon 제48조 제6항)) 원칙적으로 헌법에 의하여 기본법 제23조 제1항 제2문 그리고 경우에 따라서는 제2문에 의한 동의법률(Zustimmungsgesetz)이 요구된다.

리스본조약에 의한 유럽연합조약(EUV-Lissabon 제48조 제7항)에 의한 일반적 가교절차(allgemeines Brückenverfahren) 그리고 특별한 가교조항(spezielle Brückenklauseln)의 적용범위 속에서는 입법자는 확장법률을 통하여 Rat에서의 의결의 만장일치에서 가중적 다수결(qualifzierte Mehrheit)로의 이전 그리고 특별한 입법과정(besonderes Gesetzgebungsverfahren)에서 정상적인 입법과정(ordentliches Gesetzgebungsverfahren)에로의 이전에 대한 자신의 필요한 그리고 구성적 동의를 포기하거나 혹은 추상적인 선행조치를 통하여 대비를 해서는 안된다.

독일연방의회 그리고 입법에 관한 규정이 이것을 요구하는 한에서는 동반법률은 유럽연합에서 독일연방공화국에 대하여 구속력을 가지는 법을 제정할 수 있다.

1. 입법에 대한 입법위임

독일연방연방헌법재판소가 입법자에게 확장법률을 새롭게 개정하라는 의무를 부과했음에도 불구하고, 연방헌법재판소는 리스본 조약 그 자

48) BVerfG, Urteil v. 30.6.2009 - 2BvE 2/08, Rn. 86-97.

체에 대해서는 아무런 문제를 제기하지 않았다. 독일연방헌법재판소 제2 재판부의 여덟명의 재판관에 대한 유럽연합차원에서의 비판 혹은 제기되지 않았다.

독일연방의회와 독일 참의원은 스스로 유럽연합의 결정과정에 대한 자신들의 참여권의 결핍을 의결하였다. 만일 이러한 연방헌법재판소의 결정이 없었다면, 이렇게 자신들의 권한을 스스로 약화시킨 의회가 어떤 명분을 가지고 그들의 참여권을 강화할 것인지에 대해서는 의문이 제기되었다. 이와 관련하여 리스본 조약에 대한 조속한 비준의 완료 뿐만 아니라 기본법과 리스본 조약에 규정된 권리의 입법에 의한 구체화가 문제되었다.

무엇보다도 연방헌법재판소 재판관들에게는 유럽연합의 권한을 조약에 명백히 언급된 정치적 영역으로 제한하는 이른바 제한된 개별적 위임의 원리(Prinzip der limitierten Einzelermächtigung)의 엄격한 준수가 핵심적 검토사항이 되었다. 독일 연방헌법재판소는 이미 1993년의 마아스트리히트 조약에 대한 결정에서 이 원리를 침해하는 '앞서나아가는 법적 조치(ausgreifende Rechtsakte)'에 대한 경고를 표시하였다.[49] 이러한 연방헌법재판소의 결정에도 불구하고 조약과 별도로 유럽연합의 법제정권한이 계속적으로 확대되었다.

리스본 조약에 대한 연방헌법재판소의 결정의 역사적 의미는 조약에 대한 조약자체에 대한 법적 평가 보다는, 사전에 연방의회(Bundestag)가 이에 대한 의사표시를 명백히 한 경우에만, 유럽정상회의(der Europäische Rat)에서 독일정부의 대표자가 승낙의사를 표시할 수 있다는 의회에 대한 입법위임에서 찾을 수 있다.

2. 국내법적인 전환

독일연방헌법재판소의 결정은 2009년 9월 27일의 연방의회선거(Bund-

49) BVerfG, 2 BvR 2134/92, BVerfGE 89, 155.

estagswahlen)를 앞둔 연정(Regierungskoaltion)에 대하여 많은 부담을 주었다. 따라서 연방헌법재판소에 의하여 요청된 입법개선의 요구를 선거전까지 이행해야만 했다.

순수한 독일국내의 확장법률의 개정이 행해져야만 독일에서의 비준이 가능한 상황이 되었다. 특히 2009년 10월 2일의 아일랜드(Irland)에서의 리스본 조약에 대한 동의를 묻는 국민투표를 지원하기 위해서는, 개정된 확장법률에 대한 조속한 의결이 필요하였다. 그러나 독일연방헌법재판소에 의하여 제시된 교정(Korrektur)의 이러한 조속한 해결이 국가법적인 측면에서 과연 바람직한가 하는 근본적인 문제에 대한 염려도 표시되었다. 왜냐하면 확장법률은 정치가 신속하게 유럽의 정치문제로 전환될 수 있는 통합과정의 주변문제들 뿐만 아니라, 의회와 정부 사이, 유럽연합과 구성국가인 독일 사이의 책임성(Verantwortlichkeit)의 문제를 새롭게 조정하고 있기 때문이다

연방의회는 새롭게 개정된 확장법률을 9월 8일에 의결하기 위하여 8월 26일에 이 법률에 대한 제1독회를, 9월 8일에 제2독회, 제3독회를 실행하였다. 연방참의원은 9월 18일에 최종적으로 결정해야만 했다.

확장법률은 기본법 제23조 제1항과 결부된 제38조 제1항의 요구의 상응하지 않는다, 조약의 비준 전에 새롭게 개정되어야만 했다. 이와 관련하여 심지어 연방의회에서의 기독교민주연합－주연합(CSU－Landesgruppe)은 리스본 조약에 대한 독일의 동의가 독일연방헌법재판소에 의하여 제시된 '국제법적인 유보'하에서(unter "völkerrechtlichen Vorbehalt") 행해지기를 원했다. 이것은 결과적으로 조약에 대한 동의권이 최종적으로 연방헌법재판소의 해석에 달려있게 되는 결과를 초래하였다. 즉 의회의 조약에 대한 동의권한은 일반적 동의권을 의미하고, 연방헌법재판소과 최종적 권한 혹은 권한－권한을 보유하게 되는 것이다. 아마도 개인적으로 이것은 우리 헌법에 있어서도 이것은 조약에 대한 위헌법률심판이나 헌법소원의 대상성의 인정의 경우에 발생하게 되는 부득이한 결과라고 판단된다.

이러한 연방헌법재판소의 결정내용에 의하면, 기본법의 개정 그리고

연방정부는 모든 연방정부의 유럽정책적인 결정에 있어서 의회의 동의를 받아야 하는 기본적인 의무를 부담한다. 이렇게 기독교민주연합에 의하여 제기된 입장이 설사 국제법적인 측면에서 가능하다고 하더라도, 연방정부 특히 연방대통령이 개정된 법률을 가지고 리스본 조약에 대한 유보를 선언할 수 있을지는 의문이다.

리스본 조약과 리스본 조약에 대한 동의법률 그리고 확장법률에 대한 독일연방헌법재판소의 결정이 있은 후에 독일 연방의회는 2009년 9월 8일의 제16 입법기(Legislaturperiode)의 마지막 회의(Sitzung)에서 그리고 연방참의원은 2009년 9월 18일에 유럽연합-동반법률에 대한 법률안(Gesetzespaket zu dem EU-Begleitgesetz) 그리고 두개의 이른바 협력법률(die zwei sog. Mitwirkungsgesetze)을 의결하였다.

그러나 더 이상 독일이 리스본 조약의 비준을 늦출 수 없다고 판단한 연방대통령 호어스트 쾰러(Horst Köhler)는 2009년 9월 23일에 법률에 대하여 서명하였고, 독일연방공화국의 필요한 비준서류를 로마(Rom)로 송부하였다.

이전의 티센그룹-회장(Thyssen-Chef) 디이터 스페트만(Dieter Spethmann)은 유럽연합-개혁조약인 리스본 조약에 대한 새로운 헌법소원을 제기하였다. 스페트만은 독일 연방의회의 '리스본 조약-동반법률에 대한 경솔하고-피상적인 처리(fahrlässig-oberflächliche Behandlung der Lissabon-Begleitgesetze)'에 문제를 있다고 판단하여 리스본 조약에 대한 동의법률(Zustimmungsgesetz) 그리고 전체 동반법률(Begleitgesetze)에 대하여 헌법소원을 제기하였다. 그러나 2009년 9월 23일 독일연방헌법재판소는 동반법률(Begleitgesetze)에 대한 새로운 소송을 각하하였다.[50] 독일연방헌법재판소는 슈페트만에 의하여 주장된 6월의 연방헌법재판소의 리스본 조약에 대한 판결에서 제시된 기준에 따라 효력을 발생해야만 하는 국제법적 유보(völkerrechtliches Vorbehalt)는 필요하지 않다고 보았다. 왜냐하면 유럽통

---

50) BVerfG, 2 BvR 2136/09

합은 헌법합치적으로(verfassungskonform) 실현될 수 있기 때문이다.

독일은 2009년 6월의 연방헌법재판소의 위헌결정이 있은 후 2009년 여름동안 연방의회와 연방참의원의 동반법률을 신속한 절차를 통하여 의결하였다.

이를 통해서 독일연방헌법재판소가 판시한 내용들은 현재 효력을 발생하고 있는 통합책임법률(Intergrationsverantwortungsgesetz)에 반영되었다. 연방헌법재판소가 판시한 바와 같이 의회의 권리가 강화되었다.

연방정부(Bundesregierung)는 의원들에 대하여 모든 유럽연합관련-계획들(EU-Vorhaben)들을 광범위하게, 가능한 가장 빠른 시점에서, 계속적으로 그리고 일반적으로 무문서에 의하여 보고할 의무를 부담한다. 독일의 입법권의 핵심적 영역과 관련된 유럽연합의 권한의 확대에 있어서는 독일 의회는 미래에 있어서는 거부권(ein Veto-Recht)을 가진다. 이를 통해서 연방의회의 리스본 조약에 규정된 절차 속에서 가능한 조약개정에 대한 충분한 참여권이 보장되었다.

Ⅵ. 소 결

기본법이 효력을 발생하고 있는 한에서는, 의심스러운 경우에는 유럽보다 독일이 더 중요하다. 이를 독일연방헌법재판소는 다음과 같이 상세히 설명하고 있다:[51] "국민을 대표하는 독일연방의회 그리고 연방의회에 의하여 구성되는 연방정부가 독일에서의 정치적 발전에 대한 형성적 영향력을 유지하고 있는 한에서는, 국민을 통한 독일연방의회의원의 선거는 연방적 그리고 초국가적 지배연합 체제 하에서 연방의회의 중요한 역할을 수행을 보장해 준다. 독일연방의회가 자신의 독자적인 과제와 권한에 대하여 실질적인 정치적 중요성을 가지거나 혹은 연방의회에 대하여

51) Baumgart, Neue Justiz, 2009, S. 314.

정치적으로 책임을 지는 연방정부가 유럽의 결정절차에 대하여 결정적인 영향력을 행사할 수 있는 경우가 바로 여기에 해당한다.[52]"

유럽통합과 관련된 유럽연합차원에서의 민주주의원리의 적용과정의 문제점을 이미 아르민 폰 복단디(Armin von Bogdandy)교수는 유럽을 위한 헌법원리(Constitutional Principles for Europe)라는 자신의 논문에서 잘 지적하고 있다. 이러한 Bogdandy교수의 문제제기를 결론으로 대신하고자 한다.[53]

---

52) BVerfGE 89, 155 (207).

53) 아르민 폰 복단디(Armin von Bogdandy)/박진완 역, 유럽을 위한 헌법원리들, 헌법학연구 제13권 제3호, 911–929.

제11장 재구성된 보편주의에 의한 UN 헌장의 세계헌법적 성격

Ⅰ. 서

독일 철학자는 Jürgen Habermas는 아주 저명한 헌법주의자로서, "국제법의 헌법화는 여전히 한번의 기회를 가지는가(Does the Constitutionalization of International Law Still Have a Chance?/Hat die Konstitutionalisierung des Völkerrechts noch eine Chance)?"[1]라는 자신의 비교적 최근에 작성된 글을 통해서 '세계주의적 헌법(cosmopolitan constitution)'을 지지하는 세계주의의 조건에 대한 자신의 이상주의적 구상, 세계공화국(world republic)에 대한 자신의 고전적 보편주의적 프로젝트(classical universalist project) 그리고 이에 대한 보다 약한 대안인 자유국가들의 연방주의(federalism of free state)를 다른 두 개의 비교적 최근의 프로젝트인 미국에 의하여 강제된(도덕적인(moralist)) 패권적 자유주의(hegemonic liberalism)의 단독적 세계질서와 또 다른 한편으로는 Carl Schmitt의(현실주의적인(realist)) 작은 수의 제국적 권력의 다극적 대립주의(pluripolar antagonism)와 비교하고 있다.[2]

이러한 Habermas의 의도는 명백히 Kant가 생각하는 국제질서이론에 공감하면서, 이를 바탕으로 하여 국제적 헌법주의(international constitu-

1) Jürgen Habermas, Does the Constitutionalization of International Law Still Have a Chance?, in Habermas (Ciaran Cronin (transl.)) The divided west 115 (polity 2008); 같은이, Hat die Konstitutionalisierung des Völkerrechts noch eine Chance, in: Habermas, Der gespaltene Westen, Frankfurt am Main 2004, S. 113 ff.

2) Thomas Giegerich, The Is and the Ought of International Constitutionalism: How Far Have We Come on Habermas's Road to a "Well-.Considered Constitutionalization of International Law"?, 10 German Law 31 (2009).

tionalism)의 개념을 새롭게 형성·전개하는 것이다. Kant와 Habermas의 국제법 이론의 주된 목적은 국제법의 효력을 보다 강화시킴으로서, 즉 국제관계를 보다 법이 보다 효율적으로 규율하게 만듬으로서 영구적 평화(perpetual peace)를 확보하려는 것이다. 국제관계의 법적 효력을 강화시키는 것은 많은 정책적 선택을 공간을 제공하는 국제법 질서의 기본적 틀속의 범위 내에서 안정적이고, 정돈된 그리고 평화로운 국제적 협력을 통하여 무정부적이고 공격적인 힘을 추구하는 국제정책을 대체하는 것을 의미한다.[3]

유럽에서 국내적 헌법주의의 기초를 근대적 주권국가는 Jean Bodin과 Thomas Hobbes에 의하여 정립되었다. 그 다음 단계에서는 John Locke와 Charles de Montesquieu가 법에 의한 강력한 주권국가의 추구를 다시 주장하였다. 이러한 두가지 단계는 첫 번째 북아메리리카의 영국의 식민지 그리고 그 이어 프랑스에서 나타난 국가적 차원에서의 현대 헌법주의를 탄생시키는 출발점이 되었다. 이러한 북미와 유럽에서의 국내적 헌법주의의 경험과 개념을 국제법적 차원에서 실현시키기 위한 노력과 시도는 매우 흥미로운 작업이다.

Kant는 이성(reason)에 따른 세계주의적 헌법 하에서의 세계공화국(world republic) 즉 하나의 보편적 국민들의 국가(universal state of nations)에 의해서만 최종적으로 국제적 무법상태를 종료시킬 수 있다고 보았다. 그러나 Kant 역시 모든 세계의 국민으로 구성된 하나의 단일국가의 성립을 이야기하고 있다는 점에서 이론적 오류가 존재한다. 왜냐하면 세계의 모든 다른 국가가들의 국민들을 하나로 통합시키는 작업은 기존의 국가들을 해체시키고, 결국 하나의 국가로 통합시키는 것을 의미하는 데, 이러한 통합과정은 필연적으로 궁극적으로 맹목적인 전체주의(despotism)를 초래할 수 있기 때문이다. 이러한 주장 속에는 현재의 주권국가들이 어떻게 순순히 자기의 국가주권을 포기할 수 있는가 하는 문제에 대한 고민

3) Giegerich, 앞의 논문, 34쪽.

이 결여되어 있다. 그래서 Kant는 종종 좀 더 약한 대안으로서 하나의 국가들의 연합(a league of nations) 즉 영구평화를 확보하기 위한 주권국가들의 자발적인 연합(a voluntary association of sovereign states)을 주장하기로 결정하였다. 그 이유는 Kant가 한 국가의 주권의 불가능성의 개념을 전제로 하는 Rousseau의 국민주권사상을 고수하고 있었기 때문이다.[4] 이것은 Kant가 1795년 「영구평화론(Zum ewigen Frieden)」을 발표한 당시의 시점에서 연방정부와 이를 구성하는 개별 주정부들 사이의 주권분할을 인정을 통하여 연방과 주 두 체계 사이의 견제와 균형을 인정하고 있는 미국의 연방국가 체제를 잘 고려할 수 없다는 시간적 한계에 근거한 것이라고 볼 수 있다.

Ⅱ. Jürgen Habermas의 하나의 헌법에 의한 분산된 다차원의 세계사회 모델

Habermas는 하나의 세계연방공화국(a world federal republic) 같은 국제질서에 대한 국가적 유추(state analogue)를 포기하는 것을 통해서 Kant의 주장의 문제점들을 극복할려고 시도하였다. 그 대신에 Habermas는 국제관계에 대한 포괄적인 법제화(comprehensivie juridification)를 통해서 영구평화를 확보할려는 Kant의 목적이 실행될 수 있다고 보았다.

Habermas는 이러한 목적을 실현시키기 위하여, 국제사회는 기존의 정치적 구조로부터 출발해서 전체적으로 하나의 국가적 성격이 결여된 다단계 체계(multilevel system)로서 하나의 분산된 세계사회의 정치적 헌법(a political constitution of a decentred world society)을 제정해야만 한다.[5] Habermas는 이러한 다단계 체계를 다음의 세가지 단계로 구분하고 있다:

4) Giegerich, 앞의 논문, 34.
5) Habermas, 앞의 책, 135.

① 초국가적 상위차원(a supranational upper level), ②국가간 중간단계(a transnational intermediate level), ③ 국민국가의 하위단계(a lower national (state) level). 그는 이러한 단계적 구분을 통해서 하나의 세계정부없이 세계적 국내정책(global domestic politic)이 가능하다고 보고 있다.

상위단계인 초국가단계(a supranational level)에서 Habermas는 효율적이고 비선택적 방식으로 그리고 국가와 유사한 특성의 인정없이 평화의 보장과 인권보장의 실행이라는 단지 두가지 제한된 기능만을 행하는 충분히 개혁된[6] 세계조직(world organization) (즉 국제연합(United Nations))을 설정하고 있다.[7] 보다 덜 통합된 중간단계의 국가간 단계(transnational level)에서는 그는 지속적인 협의와 협상의 공간이 보장되는 구조적 틀의 범위 속에서 세계경제적 문제 그리고 생태학적 문제를 해결하는 주요권력들(major powers)을 고려하고 있다. Habermas에 의하면 이러한 주요권력들은 유럽연합 모델과 같은 국민국가들에 의하여 구성되는 연방의 형태로 조직된 대륙적 체제(federally-.structured continental regimes established by the nation-.states)로 구성된다.[8]

Ⅲ. 자유주의적 의미의 헌법과 공화주의적 (민주적 의미) 의미의 헌법

Habermas는 평등한 주권국가들 사이를 규율하는 고전적 국제법을 최초의 국제적 헌법(international proto-constitution)으로 명명하고,[9] 그의 비국가적 다단계의 세계사회(mutilevel world society)는 진정한 정치적 헌법(genuine political question)에 의하여 규율된다고 생각하고 있다. 그는

6) 필요한 UN의 개혁에 대해서는 Habermas, 앞의 책, 173.
7) Habermas, 앞의 책, 136.
8) Habermas, 앞의 책, 136.
9) Habermas, 앞의 책, 133.

정확하게 헌법을 국가로부터 단절시켜서,[10] 그의 입장에 의하면 비국가적 존재(non-state entities)도 헌법을 가질 능력이 있다.

Habermas는 자유주의적 의미의 헌법(Constitution in the Liberal Sense)과 공화주의적 (민주적 의미) 의미의 헌법(Constitution in the Republican (Democratic) Sense)을 구분하고 있다.[11] 이러한 비교를 통해서 그는 공화주의적 (민주적 의미) 의미의 헌법이 새롭게 합리적 원리에 바탕을 둔 지금까지 존재하지 않는 지배권력(governmental authority)을 인정하고, 종종 혁명적인 격변을 통한 이전의 정부의 대체 후에 피지배자의 합의를 통하여 그 권력을 도출하는 것을 정당화시키기 때문이다.

간단하게 살펴본다면, 국제법은 단지 자유주의적 의미(liberalen sense) 속에서 헌법화될 수 있는 것처럼 보인다. 왜냐하면 국제법 질서에서 국민국가적 차원을 넘어서는(beyond the nation-state) 민주적 정당성은 아직 확보되지 않았기 때문이다.[12] 그러나 현재의 국제법의 문제점은 영구평화를 보장해 줄 만큼 충분히 강력한 초국가적 권력(supranational power)의 부존재로 인한 국제법의 비유효성(ineffectiveness)에 있기 때문에, Habermas는 공화주의적 헌법개념(republican concept of constitution)을 회피할 수 없었다. 이것은 적어도 Habermas의 다단계의 세계사회의 최상위 단계 혹은 초국가적 단계(supranational level) (UN과 같은)에 대해서는 타당하게 적용된다. 그러나 중간단계의 국가간의 단계(transnational level)에서는 보다 더 타당성의 정도가 약해진다. 그래서 Habermas는 서서히 발전되는 세계적 공적 여론(global public opinion)에 의하여 보충적인 지원을 받는, 초국가적 세계기구(supra national organization)를 창설하고, 국가간 회의를 개최할 수 있는 국민국가를 통한 초국가적 그리고 국가간 권력의 간접적 (파생적) 정당화에 의존해야만 했다.[13] Habermas는 또한 이미 Kant가 공화

10) Habermas, 앞의 책, 131.
11) Habermas, 앞의 책, 138.
12) Habermas, 앞의 책, 139.
13) Habermas, 앞의 책, 140.

주의적 (즉 민주적) 정부형태는 평화적인 외부행위를 가장 잘 이끌어내고,[14] 주장한 바와 같이 모든 국가들이 공화주의적 정부형태를 갖추고 있을 때, 영구평화는 가장 잘 확보될 수 있다고 주장한 것[15]처럼, 초국가적 권력 그리고 국가간 권력의 간접적인 민주적 정당화는 국민국가 그 자체가 충분히 민주화된 것을 전제로 한다는 것을 강조하였다.[16]

최종적으로 Habermas는 상대적 약하게 인정된 초국가적 세계기구의 정당화는 평화를 확보하고, 인권을 보장하는 이 기구의 의사결정권력(decision-making power)을 제한하는 것이 필요하게 만든다.[17] 그는 초국가적 인권보호를 위한 잠재적 개입의 역할을 과소평가하는 것처럼 보인다. 이에 대한 판단기준은 적용될 수 있는 초국가적 인권보호수준이 얼마나 광범위하고, 특별한 것으로 받아들여질 수 있는지 여부에 달려있다. 이것은 2007년의 리스본 조약이 효력 발생전까지 (영국과 폴란드(Poland)의 적용유보[18]를 포함한) 유럽연합의 우선적 법 공동체(primary law community) 속에서의 유럽연합의 기본권 헌장에 의한 형식적 통합이 완성될 수 없었던 이유가 된다.[19]

Ⅳ. 국제공동체의 헌법으로서 UN헌장

UN 헌장의 잠정적인 세가지 헌법적 특징(prima constitutional features)

---

14) Zum ewigen Frieden, Erster Definitionsartikel.

15) Kant, Metaphysik der Sitten, Erster Teil: Metaphysische Anfangsgrüne der Rechtslehre §§53 354 (1797).

16) Habermas, 앞의 책, 141.

17) Habermas, 앞의 책, 142.

18) Protocol on the Application of the Charter of Fundamental Rights of the European Union to Poland and to the United Kingdom, 2007 O.J. (C 306) 156.

19) Giegerich, 앞의 논문, 37.

을 어떻게 정리할 수 있는가 하는 문제의 검토와 관련하여 Habermas는 UN헌장(Charter)의 국제공동체의 헌법(constitution for the international community)으로서의 성격을 명백히 인정하지는 않았다. 그렇지만 그는 잠정적인 헌법적 특징을 가지고 있는 국제연맹규약(Covenant of the League of Nations, with prima facie features of a constitution)과 대조해 볼 때, UN 헌장이 가지고 있는 세가지 규범적 혁신(normative innovations)을 강조하였다 :

> ① 평화보장의 목적과 인권정책의 명백한 연계, ② 무력사용의 금지와 형사적 소추와 제재의 현실적 위협과의 결합, ③ UN의 세계기구로서의 포괄적 성격(inclusive character)과 이를 실행하는 법의 보편적 유효성(universal validity).

1. 첫 번째 헌법적 특성: 평화유지와 인권보장의 증진과의 결합

모든 사람들에 대한 차별없는 인권과 근본적 자유의 보호와 증진은, 국제적 평화와 안전의 보장과 더불어 UN의 우선적 목적들 중의 하나가 되었다. 특히 UN을 통한 인권보호는 국내헌법의 실질적 원리가 국제법적 차원으로 전환된 것이다. 따라서 UN은 개별국가적 차원에서 행해지는 인권침해에 대한 보충적 보호자가 된다.[20] 이것은 실질적 의미에서의 국제법의 헌법화의 한 예가 된다. 더 나아가서 단지 국가만이 국제법의 주체가 되고, 개인은 될 수 없다는 고전적인 국제법 개념(conception)을 극복하는 계기가 된다.[21]

인권보호와 관련된 UN의 집행메커니즘(enforcement mechanism)은 단지 UN 헌장 제39조의 의미 속의 국제적 평화와 안전에 대한 위협이 될 정도로 인권상황이 악화되는 것을 요구하고 있는 UN 헌장 제7장(chapter)

---

20) Habermas, 앞의 책, 162.
21) Giegerich, 앞의 논문, 38.

하의 안전보장이사회(Securiy Council)의 행위로 구성된다. 최근의 수단의 Darfur에서의 인권침해상황[22] 같은 경우를 제외하고는 이러한 상황은 잘 발생하지 않는다. 이와 관련하여 이전의 인권위원회(Commission on Human Rights)를 대신하여, UN 총회의 부속기관(subsidiary organ of the UN Generel Assembly)으로서 2006년 설립된 인권회의(Human Rights Council)[23]의 활동이 얼마나 효과적으로 이루어질지 여부는 계속 살펴보아야할 사안이다.[24] 다양한 국제인권조약의 실행메커니즘들은 UN헌장의 외부에서 기능하고 있으며, 자발적으로 그러한 조약의 가입에 동의한 UN 가입국가들에 대해서만 적용된다.

그러나 보다 중요한 요소는 국제법상의 개인의 부분적인 법인격성(legal personality) 인정은 국가가 존중하고 있는, 인간의 생활과 존엄에 필수불가결한 특정한 이익을 보호하고 제공하는 실질적 청구(substantive claims)에 대해서만 제한적으로 인정된다는 점이다. 국제적 입법(international law－making)에 있어서 개인은 여전히 국가의 독점권을 깨뜨리지 못하고 있으며, 국가와 동등한 정치적 참가권을 가지고 있는 국제적 시민의 지위(status of international citoyens)를 아직 획득하지 못하고 있다.[25] 이와 관련하여 Thomas Giegerlich는 Kant는 자신의 「영구평화론(Zum ewigen Frieden)」 첫 번째 개념정의장(Erster Definitionsartikel)에서 국가와 시민이 인류의 보편적 국가의 시민으로 간주될 수 있는 세계주의적 권리(cosmopolitan rights)에 근거한 헌법에 대해서 이야기 하고 있다는 것은 지적하면서, Habermas가 Kant는 오로지 단일 지배체제를 가지고 하나의 세계주의적 국가연합(a cosmopolitan commonwealth under a single head)만을 다루고 있다고 설명하는 것[26]은 Kant를 잘못 인용한 것이라고 반박하

22) G.A. Res. 1769 (July 31, 2007) on Darfur.

23) G.A. Res. 60/251 (Mar. 15, 2006), *available at* http://www.un.org/Depts/dhl/resguide/r60.htm. 다음도 참조 G.A. Res. 48/141 (Dec. 20, 1993) (establishing the office of the UN High Commissioner for Human Rights).

24) Giegerich, 앞의 논문, 38.

25) Giegerich, 앞의 논문, 38.

고 있다.[27] 국제법의 발전과 관련하여 개인은 제3자적인 수동적 수혜자가 되고 있을 뿐, 이러한 발전의 적극적인 형성주체로서 나아가고 있지 못하고 있다. 점점 더 강력해지고 있는 유럽의회의 구성에 직접적인 선거권을 가지고 있고, 자신의 의견을 직접 표시할 수 있는 유럽연합의 시민권(European Union citizenship)[28]과 비교될 수 있는 세계시민권 혹은 UN 시민권의 인정을 위한 시도는 아직 발견할 수 없다.[29] Habermas에 의하여 설정된 이러한 다단계의 체계의 틀 속에서 볼 때, 등급화된 다중적 정치적 정치성(graded multiple politicl identity)을 인정하고 있는 유럽의 체계는 아직 보편적 단계(universal level)로 까지 나아간 것을 볼 수 없다. 그럼에도 불구하고 Habermas는 UN헌장이 UN 가입국가들이 그들 국가들의 시민들과 함께 그들 자신을 정치적으로 구성된 세계사회의 헌법적 기초로서 볼 수 있는 틀을 제공한다고 보고 있다. 이러한 Habermas의 구상이 유럽의 현실적 수준도 고려하지 않는 지나친 이론적 비약이라고 보는 견해도 제기되지만,[30] Habermas가 UN 헌장을 통한 초국가적 단계의 헌법공동체 성립의 가능성을 이야기하고 있다는 점은 고무적이다.

국가간 통합을 실현하고 있는 유럽통합모델의 발전과정을 고려해 볼 때, UN 헌장을 통한 세계시민사회의 성립을 위해서는 현재의 UN의 근본적인 구조개혁이 필요성이 요구된다. 왜냐하면 현재 존재하는 국가들의 인구구성비율, 민족적 분포도에 기인한 거대한 정치적, 경제적, 사회적, 문화적 차이점들을 고려해 볼 때, 이러한 주장은 비현실적으로 여겨지고, 경우에 따라서는 바람직하지 않은 것으로 볼 수 있다.

---

26) Habermas, 앞의 책, 124.
27) Giegerich, 앞의 논문, 38.
28) Treaty Establishing the European Community art. 17, Nov. 10, 1997, 1997 O.J. (C 340) 3 [hereinafter EC Treaty].
29) Giegerich, 앞의 논문, 38.
30) Giegerich, 앞의 논문, 38－39.

2. 두 번째 헌법적 특성: 국가와 개인에 대한 효과적인 법집행

UN 헌장 7장에 의하면 안전보장이사회는 모든 다섯 상임이사국(permanent members)의 동의가 있으면, 평화의 위협, 평화의 침해 혹은 공격적 행위에 대하여 책임이 있는 자들에 대하여 강제적 집행행위(mandatory enforcement action)를 할 수가 있다. 냉전체제가 종식된 이래로 이러한 강제적 집행행위가 여러번 행해졌다. 안전보장이사회는 두 개의 국제형사법원(international criminal tribunals)을 설립하였다. 그 하나는 이전의 유고슬라비아(Yugoslavia)에서의 국제법하에서 범죄를 행한 자에 대한 책임을 묻기 위한 것이고, 또 다른 하나는 르완다(Rwanda)에서의 범죄행위에 대한 것이다.[31]

국제적 테레리즘에 대항하기 위하여 안전보장이사회는 자신의 리스트(list)[32]에 포함된 개인과 사적인 조직들에 대한 은행자산동결과 같은 재정적 제재를 부과하였다. Darfur에서와 같은 심각한 인권침해에 대한 효과적인 조치실행과 관련된 통탄할 만한 실패에 관계없이, UN 안전보장이사회는 개인에 대해서도 적극적인 세계적 공권력(global public authority)을 행사하는 사례를 증가시키고 있다. 이러한 점을 고려하여 Habermas는 국제법은 더 이상 국가만을 위한 법이 아니다는 것을 지적하고 있다.[33] 이러한 상황을 고려해 볼 때 국가 그리고 국제적인 정부간 기구들(international intergovernmental organizations)과 같은 공적인 기관(public bodies)뿐만 아니라, 개인, 회사, 비정부기구(nongovernmental orgranization)와 같은 사적인 존재들(private entities)도 현재 국제법의 주체(subject of international alw)로 인식될 수 있다.

---

31) Giegerich, 앞의 논문, 39.

32) 예를 들면 S.C. Res. 1267 (Oct. 15, 1999); S.C. Res. 1822 (June 30, 2008), http://www.un.org/Docs/sc/.

33) Habermas, 앞의 책, 164.

국제법의 헌법화는 원래의 완전한 국제법의 주체(original, full international legal subjets)와 파생적인 부분적인 국제법의 주체(derivative partial international legal subject)의 구분의 극복을 허용하고 있다. 이미 국제법이 헌법화되었다면, 국제헌법적 질서가 세계적인 다중적 헌법제정권력에 의하여 이미 정립되고 있다면, 원래의 국제법의 주체의 언급은 특별한 의미가 없다. 왜냐하면 모든 주체들이 헌법제정권력에 포함되기 때문이다. 헌법적 공동체의 다양한 유형의 구성원들에 대해서 헌법에 의하여 규정된 서로 다른 권리와 의무가 부과되지만, 국가와 다른 주체들 사이의 개념적 구분은 더 이상 존재하지 않는다.[34)]

3. 세 번째 헌법적 특성: UN의 포괄성 – UN법의 우위와 보편성

단지 문명국가들(civilized states)만 가입한 (심지어 그들 국가들 모두도 가입하지 않은) 국제연맹(League of Nations)과 대조해 볼 때, UN은 처음 출발 때부터 전세계의 국가들을 가입시키기 위하여 조직되었다. 오늘날 193개국이 국제연합 가입국가이다. 이렇게 UN이야말로 진정한 세계기구(world organization)이다.

Habermas는 모든 잠재적 적대국가가 UN 가입국가이면, 국가들 사이의 충돌과 갈등은 하나의 동일한 정치체계인 UN의 범위 내에서의 문제로 전환될 수 있다는 점을 강조하고 있다. 이렇게 국가간 갈등을 UN의 내부문제로 전환시키는 논의는 갈등의 평화적 해결을 더 욱더 쉽게 만들 수 있다. 그러나 Habermas는 왜 이것이 국제적 평화와 안전의 효과적인 유지를 위해서 필요한지에 대해서는 이야기하지 않았다. 이렇게 Habermas가 지적한 것 처럼 UN이 세계의 모든 국가들로 확대되면 UN을 통한 세

34) Anne Peters, Membership in the Global Consititional Community, in Jan Klabbers, Anne Peters and Geir Ulfstein, The Constitutionalization of International Law, 154 (Oxford University Press 2009).

계의 많은 분쟁들의 해결이 가능할 수 있음에도 불구하고, UN이 세계로 확대됨으로 인하여 발생하는 부작용으로 치러야할 댓가 역시 만만치 않다고 볼 수 있다. 왜냐하면 다양한 UN 가입국가들의 실제적 행위들이 UN의 원래의 중요한 목적인 인권보호의 이상과 양립되지 않을 수도 있기 때문이다.[35]

이러한 UN의 확대로 인하여 발생하게 되는 다양한 구성국가들의 의사의 불일치의 문제는 UN 헌장의 헌법적 특성의 인정에 대한 의문을 제기하는 근거가 될 수 있다. Habermas도 지적한 바와 같이 UN 권한(power)의 간접적인 민주적 정당화는 UN 가입국가들이 충분히 민주화되었다는 것을 전제로 한다.[36]

Kant는 한 국가 내에서의 완전한 시민적 헌법(civil constitution)에 대한 상호의존성 그리고 세계주의적 헌법을 필수불가결한 것으로 만드는, 법에 의하여 규율되는 국가들 사이의 외부적 관계에 대하여 기술하고 있음에도 불구하고, 일반적인 국제법의 강제적 효력을 잘 인정하지 않고 있는, 한 국가의 내부적 법의 지배(internal rule of law)의 유지가 국제적 영역에서의 법의 지배 즉 외부적 법의 지배(external rule of law)를 순순히 받아들이는 것은 매우 어려운 일이 된다.[37] 결국 이러한 내부적 법의 지배와 외부적 법의 지배의 원리가 서로 양립하기 위한 전제조건은 국제법의 헌법화라고 볼 수 있다. 왜냐하면 이러한 국제법 구조의 근본적 변화 없이는 외부적 법의 지배와 내부적 법의 지배는 서로 양립할 수 없기 때문이다.

Habermas는 세계기구가 자신이 제정하는 법에 대한 보편적 유효성(universal validity), 보편적 효력보장의 요구에 대해서는 설명을 하지 않았다. UN은 국제조약의 기술적인 의미 속에서 볼 때(in the technical sense) 법제정권이 없다. 조약은 조약문의 채택 후에 총회(General Assembly)의

35) Habermas, 앞의 책, 165.
36) Habermas, 앞의 책, 141.
37) Giegerich, 앞의 논문, 41.

승인 후에, 정당한 절차를 통하여 조약에 자발적으로 가입한 UN 가입국가에 대해서만 구속력을 가지기 때문이다. 그러나 최근에 UN 안전보장이사회가 새로운 일반적이고 추상적인 국제법의 규칙(rule of international law)을 제정하는 몇몇 결의들(resolutions)을 통과시켰다. 이와 관련하여 안전보장이사회의 권한에 입법권이 포함되는가 하는 문제가 제기된다.

Habermas는 이러한 UN의 법제정권에 대해서는 검토하는 대신에, UN 헌장 제103조 그리고 조약법에 관한 비에나 협약(Vienna Convention on the Law of Treaties) 제53조, 제64조의 범위 내에서의 규범적 위계질서의 발전에 주목하였다. 모든 다른 국제법적 의무에 대한 UN 헌장상의 의무의 우선성을 인정하고 있는 UN 헌장 제103조는 UN 헌장의 헌법적 특성의 표현으로 볼 수 있다. 비에나 협약은 UN 헌장체계와 관련된 부분과 국제적 강제법(jus cogens)을 위한 규범적 우위인정조항(supremacy clauses)을 두고 있지 않고 있다. 이러한 조문들은 UN 헌장의 헌법적 특성을 우한 인정근거가 아닌, 국제적 입법의 법제정 권한(law-making powers), 즉 국제적 법제정-조약(international law-making treaties)이- 당사자로서의 국가의 능력을 제한하기 위한 시도를 반영한 것이다.[38] 이러한 헌법적 특성의 인정을 통한 규범적 위계질서의 확립의 시도는 국제법 질서의 불완전함을 가중시킬 수 있다. 왜냐하면 이러한 경우에 있어서 해결기준이 되는 구속력 있는 결정을 도출하기 위한 어떠한 강제적 해결과정(compulsory process)이 존재하지 않기 때문에, 어떠한 일반적 국제법 규범이 강제적 성격(peremptory)을 가지고, 그 결과 다른 조약에 대한 규범적 위계질서상의 우위를 가지는 지에 대해서 정확하게 알 수 없기 때문이다. 이러한 논의와 관련된 국제사법재판소(ICJ)의 관할권(jurisdiction)의 확립을 목적으로 하고 있는 조약법에 관한 비엔나 협약 제69조에 대해서는 많은 국가들이 유보(reservations)를 두고 있다.[39]

---

38) Habermas, 앞의 책, 159; Brun-.Otto Bryde, Konstitutionalisierung des Vöolkerrechts und Internationalisierung des Verfassungsrechts, Der Staat 42 (2003), 62.
39) Giegerich, 앞의 논문, 42.

V. 기술적 의미의 헌법과 규범적 의미의 헌법

Habermas는 국가와 헌법을 정확하게 구분하고, 그와 동시에 너무 쉽게 국민-국가 모델(nation-state model)을 국제질서에 대한 유추적 적용하는 것에 대해서는 경고를 하고 있다.[40] 그러나 그는 헌법이란 용어의 사용이 그러한 유추적 적용을 불러일으키고, 의식적으로 그렇게 하게 만든다는 점은 인정하고 있다. 그러한 까닭에 국제적 헌법이란 용어는 여러 가지 개념적 정리과정을 거친 후에 국내적 차원에서의 헌법과 거의 동등한 것으로 인정될 수 있는 법적 도구의 마련을 위해서 남겨놓아야만 한다. Giegerich는 Habermas가 법제화와 헌법화 개념을 같은 의미로 사용하고 있지만, 양자는 동의어가 아니다라고 주장하면서, 국제법의 효력을 강화시키는 것이 단지 국제법을 헌법으로 전환시키는 것이 아니라, 오히려 보다 규범적 유효성이 강화된 국제법 질서로 전환되는 것이라고 보고 있다. 따라서 그는 Habermas가 주장한 UN 헌장을 통해서 나타난 국제법의 규범적 혁신[41]이 필연적으로 UN 헌장을 세계헌법으로 전환시키는 것은 아니라고 보고 있다.[42] 이러한 의미에서기술적 의미의 헌법과 규범적 의미의 헌법의 근본적 차이가 고려되어야만 한다.

1. 기술적 의미의 헌법

기술적 의미에 있어서 헌법은 정치적 권력의 행사를 규율하는 법규칙(legal rules)의 본체이다. 정치적 권력이든, 적나라한 자의적 권력이 행사되는 경우에 있어서는, 이러한 권력의 행사는 기술적 의미 속의 헌법의

40) Habermas, 앞의 책, 131,
41) Habermas, 앞의 책, 148-149.
42) Giegerich, 앞의 논문, 42.

근거하에서 행해진다. 기술적 의미에서의 헌법의 규칙들은 대체로 공권력 행사의 한계를 설정하고, 공권력의 행사자가 헌법질서를 준수할 의무를 부과한다.43)

국제적 수준(international level)에서 살펴보면, 국제법은 일발적으로 국제적 공권력의 행사와 관련되어 있지 않고, 그래서 심지어 기술적 의미에서의 세계헌법으로 분류되기도 어렵다. 유일한 전세계적인 정치적 공권력(political authority)은 모든 국가들의 합의가 명백히 혹은 묵시적으로 현재 존재하는 국제법의 규칙을 변경시키거나 혹은 폐지시킬 수 있는 모든 국가들의 공동체를 구성되어 있다. 그러나 이 공동체 속에서도 일반적 규칙으로서 모든 국가는 거부권을 가지고 있고, 그 결과 국제공동체의 결정에 실질적으로 종속되지 않는다.44) 그러나 국제법의 그러한 메타-규칙들(meta-rules)(우선적 규칙들(primary rules)) 현재의 상황을 규율하고, 효력을 발생하고, 일반적 국제규칙들(ordinary international legal rules)(이차적 규칙들(secondary rules))에 영향을 미치기 때문에, 이 규칙들은 '헌법적인 것(constitutional)'으로 명명될 수 있다.45) 이렇게 볼 때 예를 들면 조약법에 관한 비엔나협약 속에 구현된 규칙들과 같은 이러한 메타-규칙들은 정부권력의 배분에 대해서 규정하고 있는 국내헌법규정과 동일한 기능을 가지는 규범으로서 법인식된다. 즉 이러한 규칙들은 국내법의 헌법규정과 동일한 기능을 가진다. 그럼에도 이러한 메타-규칙들은 국가로부터 독립하여 국제적 기관(international institutions)에 의하여 행사될 수 있는 권한을 배분하지 않는다.46)

국제경제법 그리고 국제재정법과 같은 보다 좁은 영역에서는 세계무역

---

43) Dieter Grimm, Ursprung und Wandel der Verfassung, in: Josef Isensee/Paul Kirchhof (Hrsg.), Handbuch des Staatsrechts, Bd. Ⅰ, 3. Aufl., Heidelberg 2003, 4.

44) Christian Tomuschat, Obligations Arising for States Without or Against Their Will, 241 Recueil des Cours 195 (1993).

45) Tomuschat, 위의 논문, 216.

46) Giegerich, 앞의 논문, 43.

기구의 합의(WTO Agreement)가 국제적인 정치적 공권력(political authority)을 만들어 내지 않는다. 세계무역기구는 그 구성국가를 구속할 수 있는 정치적 결정을 내릴 권한을 가지고 있지 않다. 준사법절차(quasi-judical procedure) 속에서 세계무역기구의 분쟁해결기관(Dispute Settlement Body)은 매우 주의깊게 한계가 설정된 방식에 의하여 세계무역기구-합의 그리고 그 부속서(annexes) 속의 합의된 규칙들을 근거로 하여 분쟁에 대한 판결을 내린다. 세계무역기구 속에서 정치적 결정, 즉 세계무역기구의 가입국가들의 권리와 의무 등을 변경하는 결정이 내려진다면, 어떠한 가입국가도 자신의 동의없이 이러한 결정에 구속되지 아니한다. 이것은 개정조항(amendment provisions)에 명백히 규정되었다.[47)]

세계무역기구의 각료회의(Ministerial Conference)나 일반회의(General Council)는 3/4의 다수결로 구속력있는 세계무역기구의 합의 그리고 다자간 무역합의(Multilateral Trade Agreement)를 채택할 권한을 가진다. 이들 기관들은 이러한 권한을 개정조항의 효력을 무력화시키기 위하여 사용하는 것은 금지된다.[48)] 게다가 세계무역기구는 1947년의 GATT하에서 행해진 합의에 의한 의사결정의 실무적 관행을 계속하고 있다.

세계무역기구와 별도로 국제통화기금(International Monetary Fund)은 다수결에 의하여 (실무적으로는 합의에 의하여) 차용자(borrower)가 실무적으로 거부할 수 없는 정치적 그리고 경제적 개혁을 실행한다는 것을 조건으로 하여 어떤 한 국가에 대한 금전을 빌려주는 것을 결정할 때에, 국제통화기금은 정치적 재량권(discretion)을 행사할 수 있다.[49)] 이러한 영역들은 국제법의 헌법화와 관련된 중요한 부분영역으로 볼 수 있다. 그럼에도 불구하고 전체 국제법 질서의 입장에 볼 때 이러한 영역들은 너무

---

47) 1994년 4월 15일의 세계무역기구설립합의(Agreement Establishing the World Trade Organization of 15 April 1994), 제10조.

48) 세계무역기구설립합의 제9조 제2항.

49) José E. Alvarez, International Organization as Law-Makers 241 (Oxford University Press 2005).

특수하고 좁은 영역이어서, 이러한 협소한 영역에서의 국제법의 헌법화 특성을 일반화시키기에는 한계가 있다고 볼 수 있다.

오늘날 사실상 세계의 모든 국가라고 볼 수 있는 193개국이 UN 가입국가이기 때문에, UN 헌장은 쉽게 세계헌법(world constitution)으로서 설명될 수 있다.[50] UN 헌장은 전세계적인 효력을 가지고 있는 공권력(public authority), 즉 가장 중요한 국제평화와 안전의 유지라는 특별한 목적을 달성하기 위하여 구속력있는 정치적 결정을 내릴 수 있는 권한을 가진 안전보장이사회를 규정하고 있다. 그 전문(preamble) 속에서, UN헌장은 UN의 권력이 국제연합의 구성원들(people of the UN)로 부터 나온다고 규정하고 있다.[51] UN 헌장을 개정하는 것은 국내헌법을 개정하는 것 만큼 어려워서, 개정이 거의 행해질 수 없다. 그러나 UN 헌장의 개정은 정상적인 다자간 조약(ordinary multilateral treaty)의 변경 혹은 가입국가들의 만장일치를 요구하는 유럽연합조약(EU-Treaty)의 개정보다는 쉽다. UN 헌장 제108조, 제109조에 의하면, UN 헌장의 개정은 5개의 안전보장이사회의 상임이사국을 포함한, UN 가입국가들의 2/3의 찬성에 의하여 비준되어야만 효력을 발생한다.

2. 규범적 의미에서의 헌법

UN 헌장을 규범적 의미에서의 세계헌법(world constitution in a normative sense)으로 볼 수 있는가? 이에 대한 대답은 헌법주의(constitutionalism)의 기원의 기원에서 찾을 수 있다. 왜냐하면 규범주의적 헌법은 18세기의 계몽주의적 이상의 산물(enlightment ideal)이기 때문이다. 따라서 UN 헌장을 규범적 의미의 세계헌법으로 볼 수 있는가 하는 판단기준은 UN 헌장이

50) Bardo Fassbender, The United Nations Charter as Constitution of the International Community, 36 Columbia Journal of Transnational Law 529 (1998).

51) Henry G. Schermers, We the Peoples of the United Nations, 1 Max Planck Yearbook of United Nation Law 111 (1997).

근대의 헌법주의적 이념과 원리들을 어느 정도까지 잘 구현하고 있는가 하는 점이 된다. 따라서 UN 헌장을 규범적 의미의 헌법으로서 인정하기 위해서는, 헌장의 규정들이 유효하게 실행되고, 헌법적 문제에 헌장규정의 적용이 이에 대한 법원의 관할권의 실행없이 행해질 수 없어야만 한다. 따라서 집행기관의 행위 그리고 하위법원의 판결에 대한 상급법원의 통제가 인정되어야만 한다. 그럼에도 불구하고 우선적 입법행위(primary legislation)에 대한 사법적 통제는 필수적인 것은 아니다.[52)]

이미 1789년 8월 26일의 프랑스의 인권과 시민의 권리선언(Déclaration des Droits de l'homme et du citoyen) 제16조가 규정한 바와 같이 기본권의 보장과 권력분립은 규범적 의미의 헌법의 중요한 두가지 구성요소이다. 이 두가지 국내적인 규범적 의미의 헌법의 중요한 구성요소들은 인권보장을 목적으로 하는 인류사회의 보편적 원리로서 인정된다. 그러나 이러한 국내적 헌법개념들이 국제사법재판소 규정(ICJ Statute) 제38조 제1항 c 호의 문명국가에 의하여 인정된 일반적 원리(general principles)로서 국제사법재판소의 재판과정에서 적용하기 위해서는 국민국가에서 발전된 개념들은 국제적 단계로 전환되어야만 한다. 결국 UN 헌장이 규범적 의미의 헌법으로서 인정될 수 있는지 여부는 UN 헌장이 가지는 헌법적 특성들이 현재의 국제질서의 패러다임에 맞게 이론적 정당화적 조정과정을 거칠수 있는지 여부에 달려있다고 생각한다. 이와 관련하여 연방적 헌법주의(federal constitutionalism) 혹은 다차원적 헌법주의(multilevel constitutionalism) 개념에 대한 검토가 필요하다.[53)]

52) Giegerlich, 앞의 논문, 45.
53) Giegerlich, 앞의 논문, 45-46.

Ⅵ. 연방적 헌법주의 혹은 다차원적 헌법주의 개념

현실적 의미에서 이 넓은 지구공동체의 공간적 광범위성 그리고 세계의 많은 다양한 나라의 국민들이 만들어 내는 정치적, 경제적, 사회적, 문화적 다양성을 고려해 볼 때, 하나의 세계헌법이 모든 세계시민들에게 적용된다는 것은 사실상 불가능하다고 볼 수 밖에 없기 때문에, 국제적 헌법주의는 연방적 헌법주의(federal constitutionalism)로 전개될 수 밖에 없다. 따라서 연방적 헌법주의는 중간단계의 대표(intermediate level of representation)로서, 우선적으로 연방의 구성국민(people)의 민주적 자기결정권의 행사를 가능하게 만드는 현재 존재하는 정치적 실재(political entity)로서 국가[54] 그리고 아마도 동일한 법률문화를 공유하는 대륙, 지역 그리고 국가들 그룹을 필요로 한다. 아래에서 연방적 헌법의 특징에 대해서 검토해 본다.

1. 주권의 분리성

연방주의(federalism)의 가장 본질적인 특징은 주권의 원자의 분리이다.[55] 연방국가는 복수적 주권의 존재 그리고 공동의 동등한 국가정부들에 의하여 형성된 합의를 바탕으로 하나의 주권적인 그리고 상위의 연방정부를 창설함으로서 성립된다. 그러나 1871년 이래로 독일에서의 지배적 견해는 심지어 연방체제하에서도 주권은 분할될 수 없고, 오로지 연방정부

54) Stefan Oeter, Souveräanität — ein üuberholtes Konzept?, in: Hans-Joachim Cremer/Thomas Giegerlich/Dagmar Richter/Andreas Zimmermann (Hrsg.), Tradition und Weltoffenheit. Festschrift für Helmut Steinberger, Berlin; Heidelberg 2002, 281.

55) U.S. Term Limits, Inc. v. Thornton, 514 U.S. 779, 838 (1995) (Kennedy, J. concurring).

에 귀속된다는 입장이다.[56] 연방국가에서는 연방정부(federal government)와 몇몇 주정부(state goverment)는 파생적인 것이 아닌 원래부터 가지고 있던 공권력을 행사한다. 연방국가에서 연방정부와 주정부는 자신의 독자적인 영역, 즉 연방헌법의 규칙에 따라 각자가 자신의 공권력을 행사할 수 있는 영역에 있어서는 주권을 가진다. 이런 점에서 볼 때 연방국가는 연방정부와 주정부의 주권의 분할, 즉 이중적 주권(dual sovereignty)을 전제로 한다.

연방의 구성과 관련하여 연방헌법은 최종적으로 연방정부와 주정부의 권한의 범위를 확정한다. 권한의 권한(Kompetenz－Kompetenz)은 연방의 헌법제정권력(pouvoir constituant of the federation), 즉 연방의 구성국민(people)에게 귀속된다. 그러나 연방의 헌법제정권력은 주의 모든 주민들(people)의 연합(federaton), 즉 주헌법제정권력(state pouvoirs constituants)이다. 이러한 주의 주민들의 연합은 연방의 헌법제정권력의 필수적 부분을 형성한다.

2. 연방의 권한의 행사에 있어서 연방을 구성하는 주의 참가

예를 들면 이전의 유럽공동체 조약(EC Treaty)과 같은 비국가적 연방헌법(non－state federal constitution)의 우위가 보다 상대적으로 약하게 인정되는데 반하여, 연방국가 속에서는 연방헌법은 일반적으로 다른 주의 헌법에 대한 우위성이 인정되는 연방의 최고법(supreme law)을 형성한다. 연방정부와 어떤 한 주정부 혹은 여러 주정부들 사이의 권한범위의 확정과 관련된 분쟁은 이러한 분쟁의 정치적 의미에 관계없이 정치문제가 아닌 법적 문제로 인정된다. 따라서 일반적으로 이러한 분쟁은 정치적 기관이 아닌, 연방최고법원 혹은 연방헌법재판소에 의하여 해결된다.[57]

---

56) Stefan Oeter, Souveräanität und Demokratie als Probleme in der “Verfassungsentwicklung” der Europäaischen Union, ZaöRV 55 (1995), 667.

정부 혹은 연방을 구성하는 주의 주민들은 연방적 단계(federal level)에서는 연방의 공권력 행사에 있어서 중요한 역할을 하는 특수한 연방기관(federal organ), 특히 연방입법(federal legislation)을 통해서 대표된다. 이 기관은 일반적으로 연방입법부의 제1원(first chamber)을 형성하고, 전체연방의 주민에 의하여 직접적으로 선출되는 제2원(second chamber)에 대한 균형을 형성하는 기능을 한다. 연방을 구성하는 주들은 또한 연방기관을 통하여 혹은 직접적으로 국제공법의 비준과정과 같은 다양한 방식으로 연방헌법의 개정절차에 참여한다.

3. 연방헌법의 전형적 구성요소로서 동질성 조항

연방의 각 주들이 연방기관을 경유하여 연방정부에 대하여 연방정부에 영향력을 행사하는 것은 연방적 헌법의 일반적 특징이 된다. 이러한 주의 연방에 대한 영향력 행사를 가능하게 만드는 헌법조항을 동질성 조항(Homogenity Clause)이라 한다. 이 조항은 연방체제 있어서 서로 다른 헌법적 단계(constitutional level)의 구조적 상호의존성의 명백한 표현이다. 이러한 동질성 조항은 연방헌법의 구조적 기준(structural standards)을 반영하고, 연방정부에 의하여 실행되는 특정한 공통의 기본적 기준들을 연방의 각 주들이 지켜야 한다는 것을 규정하고 있다. 오늘날 이러한 기준들은 일반적으로 민주주의, 법의 지배, 근본적 인권보장을 포함하고 있다. 이러한 기준들은 연방의 각 단계의 정부형성의 핵심적 기초가 되는 일련의 핵심적 가치를 형성한다.

연방헌법의 동질성 조항은 연방의 각 주의 헌법이 자신의 독자적인 인권보장을 포함하고, 주의 단계에서의 인권보호수준이 일반적으로 연방헌법의 근본적 권리보호에 의하여 보충된다는 것을 미리 명확하게 규정하고 있다. 이러한 주와 연방의 인권보호는 공동으로 적용가능하고, 연방을 통

57) 독일기본법 제93조 제1항, 제2호, 제2a호 그리고 제3호.

한 개별적 집행이 가능한, 공통의 최소한의 보장수준(minimum standard)을 형성한다.

Ⅶ. UN 헌장의 규범적 의미의 연방적 헌법으로서의 성격

확실히 UN 헌장은 UN 가입국가들에 대하여 안전보장이사회와 총회를 통한 UN의 의사결정과정에 있어서 UN 가입국가들에게 결정적인 역할을 인정하고 있다. 이미 UN과 그 가입국가들 사이의 주권의 분할이 행해졌음에도 불구하고, 그것은 여전히 인식되지 못하고 있다. UN 헌장의 동질성(homogeneity) 실현정도에 대해서는 보다 많은 연구와 관심이 필요하다.

연방헌법은 다음의 세가지 중요한 헌법으로서의 기능을 가진다 : ① 정당화 기능, ② 책임성 보장기능, ③ 감독기능. 규범적 의미의 헌법은 그것이 연방적 특성(federal character) 혹은 단일정부적 특성(unitary character)을 가지는 것에 관계없이 항상 다음의 두가지 중요한 기능을 가진다:

① 첫 번째 정당성의 영구적 보장, ② 정치권력에 대한 통제 혹은 책임성의 영구적 보장. 연방헌법은 연방정부에 대하여 이 두가지 주요기능을 행사한다. 그 외에도 연방헌법은 연방의 주들이 동질성의 최소한의 보장수준을 유지하기 위하여, 이에 대한 감독적 기능을 행사한다.

다단계 헌법의 이러한 정당화(legitimizatin) 기능, 책임성(accountability) 확보기능 그리고 감독기능(supervisory function)은 오히려 유럽연합의 내부에서 잘 실행되었다. 특히 이전의 유럽연합의 첫 번째 원주(first pillar)였던 유럽공동체(EC) 안에서 잘 실행되었다. 이러한 의미에서 지금은 존재하지 않는 이전의 유럽공동체는 규범적 의미의 헌법을 가지고 있었지만, 전체로서의 유럽연합은 이것을 가지고 있다고 볼 수 없다. 물론 이러한 상황은 유럽헌법조약(Treaty establishing a Constitution for Europe)의 부결 이후의 리스본 조약(Treaty of Lisbon)의 효력발생을 통해서 보다 개선될 것으로 보인다. 그러나 공동의 외교 그리고 안보정책의 실행과 관련하여 정당성과 책임성 보장기능은 인정된다고 볼 수 있다.[58)]

이러한 연방헌법의 세가지 중요한 기능들의 효율적인 수행은 일반적으로 정치적 메커니즘과 법적 메커니즘의 혼합을 통해서 행해진다. 이러한 연방헌법의 특성에 대한 검토를 바탕으로 하여 UN 헌장이 규범적 의미의 세계헌법으로서의 특성을 가지고 있는지 여부에 대하여 검토해 본다,

이와 관련하여 우선적으로 UN 헌장이 안전보장이사회의 권력 행사에 대한 결정에 정당성을 부여하는가 하는 질문을 제기해 본다. UN 속에서 정부적 권력(govermental authority)은 제7장에 규정된 평화의 위협, 평화침해 그리고 공격적 행위에 대응하기 위한 구속력있는 결정권을 행사하는 안전보장이사회에 의하여 행해진다. 이것은 UN 헌장이 안전보장이사회의 의사결정에 대하여 정당성을 부여하고 있는가 하는 질문을 다시 제기하게 만든다.

정부의 통치권 행사의 정당화에 대한 가장 고전적인 공식 중의 하나는 1863년 Gettysburg에서 Abraham Lincoln의 유명한 연설문의 문구이다: “국민의, 국민에 의한, 국민을 위한 정부(government of the people, by the people, for the people).” 이러한 Lincoln의 연설문을 근거로 하여 헌법의 정당화 기능을 다음의 세가지로 구분할 수 있다: ① 국민에 의한 정부를 의미하는 입력정당성(input legitimacy), ② 국민을 위한 정부를 의미하는 출력정당성(output legitimacy), ③ 국민의 정부를 의미하는 사회적 정당성(social legitimacy).[59)]

58) Giegerlich, 앞의 논문, 48.
59) Giegerich, 앞의 논문, 49.

1. UN의 입력정당성 확보를 위한 안전보장이사회의 개혁문제

UN 안전보장이사회는 193개 가입국들 중에서 단지 15개국만이 안전보장이사회의 구성원이 된다. 이중 중요한 역할을 하는 상임이사국(permant members)은 제2차 세계대전의 승전국인 5개국에만 독점적으로 인정되고 있다. 이러한 독점권은 무려 60년 이상 인정되고 있는데, 이와 관련하여 이러한 거대한 권한을 이들 나라에 한정해서 인정하는 것이 과연 타당한가에 대한 이의도 제기된다. 이것은 안전보장이사회의 개혁논의와 연결되어서 독일, 인도, 브라질, 일본 등의 이른바 G4 국가들과 이슬람교를 국교로 하는 국가들을 상임이사국에 추가하는 것을 포함한 개혁안이 주장되고 있으나, 이에 대해서는 대한민국, 맥시코, 스페인, 아르헨티나, 이탈리아, 캐나다, 파키스탄 등 커피클럽(Coffee Club)을 결성해서 반대하고 있다. 개인적으로 일본과 같은 자신의 침략전쟁과 관련된 과거사 문제에 대한 반성이 없는 국가에 대해서 이러한 역할을 맡긴다는 것은 타당하지 않은 것으로 보인다.

10개국의 비상임 이사국(non-permanent members)은 UN 총회에서 지리적 균형을 배려해서 선출된다. 이들 국가들은 2년의 임기를 가지며, 중임은 가능하나 연임은 불가능하다. 이들 국가들의 지역적 배분은 아프리카에서 세 자리, 중남미와 아시아에서 각각 두 자리, 동유럽에서 한 자리, 서유럽과 그 외의 나라에서 두 자리를 인정하고 있다. 아시아와 아프리카의 다섯 자리 중 네 자리는 비아랍, 한 자리는 아랍 국가의 몫이며, 서아시아와 북아프리카에서 교대로 인정된다. 이러한 지역적 배분은 각 지역의 국가 수를 고려해 볼 때 유럽이 과대평가되었고, 상대적으로 아프리카, 아메리카 그리고 아시아는 저평가되었다고 볼 수 있다.

오늘날의 지정학적인 전체적 현실을 고려해 볼 때, 안전보장이사회를 국제공동체의 대표자로 볼 수 없다는 데 대한 명백한 사실에 대한 합의는 존재한다. 따라서 안전보장이사회의 회원국이 되지 않은, 대략 전세계의 2/3의 인구에 대한 안전보장이사회의 결정의 입력정당성의 확보는 매우 어려워 보인다. 이와 관련하여 지난 30년 동안 안전보장이사회의 공정한 대표성 확보 그리고 안전보장이사회의 회원국 증가에 대한 요구가 존재하였음에도 불구하고 여전히 이에 대한 개선은 잘 이루어지지 않고 있다.[60] 이러한 점을 고려해 볼 때 안전보장이사회의 입력정당성은 매우 약하기 때문에, 이를 UN의 구성원들에 의한 정부를 보기 어렵다는 비판이 제기된다.[61] 개인적으로 이와 관련하여 UN의 안전보장이사회의 입력정당성 확보의 문제에 있어서 여전히 무력에 의한 약육강식의 논리가 완전히 사라지지 않은 국제공동체의 현실에서 어느 정도까지 민주적 정당성의 논리를 적용할 것인가 하는 문제와 관련이 있다.

2. 출력정당성 - 안전보장이사회의 입법 그리고 거부권

어떤 기관의 출력정당성은 주로 그 기관의 기능적 효율성에 달려있다. 즉 정부가 피지배자인 국민들에 대하여 보다 유익한 결과를 많이 제공하면 할수록, 국민들은 그들의 정부가 더욱 더 정당화다고 느끼게 된다. 이와 관련하여 안전보장이사회는 최근에 입법권을 행사하는 것을 통해서 자신의 효율성을 높일려고 시도하고 있다. 그러나 또 다른 한편에서는 5개의 상임이상국은 자신의 거부권을 통해서 안전보장이사회의 효율성을 항상 지체시켜왔다.

UN 헌장 제7장에 근거한 안전보장이사회의 일반적이고 추상적인 국제법의 제정이 안전보장이사회의 출력정당성을 증진시키는 적절한 수단인가? 대부분의 안전보장이사회의 입법적 사례들은 국제적 테러리즘(terrorism)에 대항하기 위한 긴급적 법(emergency law)에 해당한다.

---

60) Giegerich, "Fork in the Road" — Constitutional Challenges, Chances and Lacunae of UN Reform, 48 German Yearbook of International Law 29, 33 (2005).

61) Giegerich, 앞의 논문, 50.

결의(resolution) 1373 (2001)을 통해서 안전보장이사회는 1999년의 테러리즘에 대한 재정적 지원 억제를 위한 국제협약(International Convention for the Suppression of the Financing of Terrorism)을 포함한 몇몇 테러리즘 방지 조약들의 적용범위를 비당사자들(non-parties)에게 확대하였다. 비국가적 행위자에 대한 대량파괴무기의 확산을 금지하는 결의 1540 (2004)는 유럽연합조약의 제3의 원주(third pillar of the EU)의 범위 속에서 채택된 구조적 결정(framework decision) 중의 하나이다.[62] 최종적으로 이러한 긴급법들은 UN 가입국가들에 의하여 사실상 만장일치에 의하여 승인되었다. 이러한 동의는 잘못하면 상실할 수도 있는 안전보장이사회의 입법활동에 대한 정당성을 제공하였다.

그러나 UN헌장 제7장에서 안전보장이사회의 일반적 입법권을 도출할 수 없다. 이러한 일반적 입법능력이 이론적으로는 UN 체계의 효율성을 크게 증진시키지만, 이것은 실무적으로는 안전보장이사회에 의한 정당화될 수 없는 권한의 탈취로 인정된다. 따라서 그러한 입법권에 의하여 제정된 법에 대한 불복종의 문제가 제기된다. 이러한 일반적 입법권의 행사를 통해서, 안전보장이사회는 궁극적으로 자신의 기관적 권위를 위태롭게 만들고, 이를 통해서 전체 UN의 유효성을 약화시킨다.[63]

이렇게 볼 때 안전보장이사회의 세계적 입법부(world legislature)로의 전환이 UN의 출력정당성을 높이기 위한 적절한 방법이 아니다. 안전보장이사회의 효율성을 최소화시키는 가장 중요한 원인은 5개의 상임이사국의 거부권의 행사이다. 안전보장이사회는 냉전체제의 종식 이후에도 여전히 기능하고 있음에도 불구하고, Darfur, Cosovo 혹은 Caucasus에서의 사례에서 나타난 바와 같이 상임이사국의 거부권은 여전히 안전보장이사회의 국제평화와 안전을 위한 효율적 개입을 심각하게 가로막고 있다. 그럼

62) Giegerich, 앞의 논문, 50.

63) Giegerich, 앞의 논문 (Folk in the road), 42; Ian Johnstone, Legislation and Adjudication in the UN Security Council: Bringing Down the Deliberative Deficit, 102 American Journal of International Law 275, 285 (2008).

에도 불구하고 UN 헌장개정을 통한 상임이사국의 거부권 축소시킬 현실적 방법은 존재하지 않는다. 단지 1950년의 총회의 평화를 위한 단결의 결의(Uniting for Peace Resolution)와 같은 정치적 메커니즘을 통한 거부권의 남용을 방지할려는 노력에 희망을 걸 수 밖에 없다.[64)]

이러한 안전보장이사회의 한계를 고려해 볼 때, 세계의 시민들을 위한 정부(world government)로서의 UN의 성격인정은 여전히 요원한 상태이다. 따라서 UN의 출력정당성 인정은 매우 제한적일 수 밖에 없다.

3. 사회적 정당성: UN이 세계의 시민을 위한 정부가 될 수 있는가?

세계화와 이로 인한 전세계적인 상호관련성의 증대로 인하여, 국가는 더 이상 자신의 국민들에 대하여 안전과 복지를 제공할 수 없는 상황에 이르게 되었다. 이러한 국가 이후의 상황(postnational constellation)에서 세계적 안전, 환경, 건강, 빈곤 그리고 이로 인한 빈부격차의 확대문제 등은 세계적 단계에서 어느 정도의 세계정부의 형태에 의해서만 문제해결이 이루어질 수 있다.[65)] 이러한 세계적 정부형태의 조직을 통한 문제해결과정에 참여하는 것을 통해서만 국가는 사실상 축소된 자신의 주권을 계속적으로 주장할 수 있고, 지배적인 상호연관성의 영향, 즉 강대국에 의하여 내려진 결정의 결과가 전세계적으로 영향을 미치는 현상으로부터 자신으로 보호할 수 있다.

이러한 지배적 의사결정자인 강대국과 그들의 의사결정의 지배를 받는 약소국 사이의 현실적 영향력의 행사의 차이가 명백히 존재하는 현실적 국제관계 속에서 국제문제에 관한 강대국의 의사결정의 사회적 정당성(social legitimacy)은 명백히 축소된다. 이러한 상황은 일반적 사항에 대한 UN의 의사결정 그리고 특별한 사항에 대한 안전보장이사회의 의사결

64) Giegerich, 앞의 논문 (Fork in the road), 46.
65) Habermas, 앞의 책, 176.

정에 대해서도 그대로 적용된다. 이들 기관들의 의사결정이 세계시민의 입장들과는 너무 유리되어 있다면, 이들 기관들은 세계시민들에 의하여 그들의 정부, 즉 세계정부로 받아들여질 수 없다. 이러한 사회적 정당성의 결여는 안전보장이사회의 입력정당성의 약화로 인하여 더욱 더 심화된다.

이러한 세계적 단계에서의 효과적인 의사결정기관의 인정의 필요성의 증가에도 불구하고, 현재의 국제관계 속에서 사회적 정당성의 기본조건을 갖춘 이러한 기관의 창설은 매우 어려운 작업이다. 어떻게 이러한 양자의 불일치를 극복할 수 있는가? 이러한 UN의 사회적 정당성의 위기를 극복하기 위한 방법으로서 다음의 두가지가 고려될 수 있다:[66]

① UN 의회(parliamentary assembly)의 설립을 통하여 그리고/혹은 UN 체계의 범위 안에서 UN 가입국의 대표에 의하여 추구되는 국내정치적 사안의 결정에 있어서 국내의회를 참가시키는 것을 통하여 국제적 차원 그리고/혹은 국내적 차원에서의 UN의 토의과정과 의사결정과정 속에 의회적 참여(parliamentary input)를 증가시키는 것, ② UN 의사결정과정 에 있어서 비정부기관의 참여를 증가시고, 공식화하는 것, ③ UN 그리고 특히 안전보장이사회에서의 Jürgen Habermas의 대화이론(discourse theory)에 바탕을 둔 토의(deliberation)의 질적 수준을 높이는 것.[67]

이러한 세가지 방법들 중에서 어떤 것도 만족스럽게 실현되지 않았다. 이렇게 볼 때 UN의 사회적 정당성은 어느 정도까지 개선될 여지는 있지만, UN을 전세계에 있는 모든 시민들의 진정한 정부로 변모시키는 것은 매우 어려워보인다.[68]

---

66) Giegerich, 앞의 논문, 52.
67) Johnstone, 앞의 논문, 278,
68) Giegerlich, 앞의 논문 (Folk in the road), 53.

Ⅷ. 소 결

아마도 UN 헌장은 정당화 기능과 달리 책임성 기능은 잘 수행할 수 있다. UN 헌장에 의하여 창설된 기관인 안전보장이사회는 자신의 권한을 UN 헌장에서 도출하고, 헌장에 규정된 한계의 범위 내에서 그 권한을 행사한다. UN 헌장 제25조에 의하면 오로지 UN 헌장에 위배되지 않는 안전보장이사회의 결정만이 UN 구성국가에 의하여 실행되어야만 한다. 이러한 UN 헌장 규정의 내용을 고려해 볼 때 적어도 이론적으로는 안전보장이사회는 자신의 행위에 대하여 법적인 책임을 진다. 그럼에도 불구하고 UN 헌장은 안전보장이사회가 UN 헌장 제7장 속의 국제적 평화와 안전의 유지 혹은 회복을 하는 때에는, 명백히 안전보장이사회에 대하여 광범위한 정치재량의 영역(margin of political discretion)이 인정될 정도로 불확정적인 조건들에 의하여 그 권한을 제한하고 있다.

실무적으로 가장 중요한 안전보장이사회의 권한의 제한은 안전보장이사회의 결정에 있어서 UN 헌장 제27조 제3항에 따라서 5개의 상임이사국을 포함한 9개국의 찬성을 요하는 의결정족수에 관한 투표규칙(voting rules)이다. 안전보장이사회의 권한의 실질적 제한은 안전보장이사회에 대하여 헌장 제1조 제3항의 인권과 같은 UN 헌장 제1장에 규정된 UN의 목적과 원리에 대한 구속을 요구하고 있는 UN 헌장 제24조 제2항에서 도출된다. 이러한 안전보장이사회의 권한의 제한의 강조는 특히 안전보장이사회가 세계적 입법기능(global legislative functions)을 행사하고 있는 현 시점에서는 매우 중요한 의미를 가진다.

제12장 결 론

국제적 인권보장체계의 확립과 이러한 인권보장체계의 재판기관을 통한 실행의 문제는 우선적으로 재판을 통한 실행에 대한 논의의 출발점은 국제인권법질서의 보장의 문제의 측면에서 헌법주의(constitutionalism)의 국내적 보장 더 나아가서 국제적 전개과정의 측면에서 검토해야만 한다고 생각한다. 왜냐하면 유럽인권협약(European Convention on Human Rights) 혹은 유럽연합의 기본권 헌장과 같은 인권보장체계의 확립과 유럽인권법원 혹은 유럽연합법원과 같은 법원을 통한 권리보장의 관철의 문제는 오늘날 개인의 근본적 권리(fundamental rights)로서 인권을 보장하는 두개의 중요한 시스템(system)인 헌법과 국제인권법에 의해서만 가능하기 때문이다. 특히 적극적으로 헌법규범을 집행하는 자유주의 국가(liberal states)에서는 이 두 시스템 사이의 관계의 중요성은 점점 더 증가하는 것으로 나타난다.[1] 결국 이러한 헌법주의의 국제적 영역의 확대의 문제로서 국내적 인권보장과 국제적 인권보장의 조화의 문제는 초국가적 공간에 나타나는 거버넌스(governance)의 헌법적 실행(constitutional practice)에 대한 법적 검토와 그리고 이에 대한 헌법적 담론(constitutional discourse)의 문제와 관련성을 가진다.

국제법의 헌법화가 이렇게 분산된 국제법 체계에 대하여 정돈된 규범적 질서를 가져올 수 있는지 여부에 대해서는 많은 논란이 제기된다. 이 문제에 대한 이러한 격렬한 논쟁의 존재는 국제법 영역에서의 법적인

1) Gerald L. Neuman, Human Rights and Constitutional Rights: Harmonny and Dissonance, 55 STAN. L. REV. 1863-64 (2003); Stephen Gardbaum, Human Rights and International Constitutionalism, in Ruling the World? Constitutionalism, International Law and Global Governance 233 (Jeffrey L. Dunoff & Joel P Trachtman eds., Cambridge University Press 2009).

핵심가치에 대한 법세계적인 합의의 성립이 쉽지 않다는 것을 의미한다.[2] 또 다른 주장은 국제법의 헌법화를 일련의 국제법 규범들이 대체규범들(alternative norms)에 대한 규범적 우위를 차지하기 위하여 어떤 전문적인 법질서의 구축을 통한 혹은 보다 정확하게 설명한다면 특정한 국제법상의 행위주체에 의한 아주 은근한 정치적 노력들이 이러한 규범적 가이드라인 설정을 통해서 전개되는 과정으로 이해한다. 이러한 국제법의 헌법화의 진행과정은 국제법상의 지배권 장악 프로젝트로서 헌법규범을 통한 법적 통일성(legal unity through constitutional norms)의 추구과정이다.[3] 이에 대한 반대 견해는 국제법의 규범적 위계질서의 확립을 통한 국제법상의 법적 통일성의 실현은 국내법상에서 행해지는 것과 같은 서로 다른 가치들 간의 형량과정에 대한 승인에 불과하다고 격하시킨다. 이와 관련하여 제기되는 가장 중요한 논의점은 국제법의 헌법화가 국제법 체계의 분산성으로 인하여 발생하는 문제점들을 해결하기 위한 타당한 규범적 대응과정으로 볼 수 있는가 하는 점이다.[4]

사회질서는 법과 정치의 목적이다. 최근 40년 동안 가장 중요한 주제 중 하나인 재구성된 보편주의(universalism)에 의한 국제법의 헌법화 현상을 분석·검토해 보았다. 국제법의 헌법화 문제를 21세기 초의 도전적 시각에서 이러한 보편적 이론의 잠재성과 문제점을 중심으로 검토해 보았다. 특히 Habermas의 의사소통 패러다임(communicative paradigm)은 효과적이고 정당한 방법으로 평화와 인권을 보호하는 보편적 공법(universal public law)을 위한 개념적 틀(conceptual framework)을 제공할 수 있는지에 대해서 검토해 보았다. Habermas의 이러한 의사소통적 패러다임에 근거한 보편주의적 구상은 하지만 현재의 제도적인 이해(institutional setting)에서 국제법을 개념화하는 이론적인 도구로서 보는 것 보다는 오히려 학자

2) Dunoff & Trachtman, 앞의 논문, 8쪽.

3) Martti Koskenniemi, Global Legal Pluralism: Multiplke Regimes and Mutiple Mode of Thought 5 (2005); Dunoff & Trachtman, 앞의 논문, 8-9쪽.

4) Dunoff & Trachtman, 앞의 논문, 9쪽.

들과 정치가들 그리고 변호사들의 변형적 작업을 안내하는 조정적 관념(regulative idea)으로 방법으로 볼 수도 있다.[5] 이러한 Habermas의 구상에 대한 검토는 그의 제안들이 나중에 구체화된 사회질서에 대한 논의가 전개되는 패러다임을 발전시키는 것이 된다. 이러한 시도는 고전적인 이론적 기초자인 Immanuel Kant에 의하여 개발되고, 이러한 Kant의 이론적 구상을 Habermas가 대부분 수용하여 발전시킨 보편적인 개인주의 패러다임(paradigm of universalistic individualism)에 대한 검토를 그 목적으로 하였다. 칸트의 질서 개념 범위 안에서 발생하는 긴장상태는 많은 질서개념에 공통적으로 내재되어 있는 어려움들이 드러난 것이다. 질서에 대한 긴장은 일반적으로 여러 질서의 개념에 대한 어려움을 나타낸다.그러나 체계이론(system theory)과 포스트모더니즘(postmodernism)은 보편적 개념에 대한 어느 정도의 회의적인 태도에 의하여 Kant의 보편적 개인주의(universalistic individualism)를 넘어서는 가장 의미있는 질서에 대한 사고방법으로서의 특징을 가진다. 이와 반대로, 하버마스는 새로운 개념구조를 토대로 하여 보편주의(universalism)의 계속적 유지가능성을 주장한다. 국제법의 헌법화 논의는 인류의 이러한 보편주의적 사고가 국제법 영역에 대해서도 적용될 수 있는가 하는 중요한 실험이라는 점에서 그 중요한 가치가 인정된다.

---

5) Armin von Bogdandy/Sergio Dellavalle, Universalism Renewed: Habermas' Theory of International Order in Light of Competing Paradigms, 10 German Law Journal 5 (2009).

참고문헌

[국내문헌]

박진완, 세계화, 국민주권 그리고 헌법 – 국제법의 헌법화 –, 헌법학연구 제14권 제3호, 한국헌법학회 2008, 1–28쪽.

박진완, 글로벌 거버넌스와 국제공법, 법학논고 제41집, 경북대학교 법학연구원 2013, 353–390쪽.

아르민 폰 복단디/박진완 역, 유럽을 위한 헌법원리들, 헌법학연구 제13권 제3호, 한국헌법학회 2007, 891–934쪽,

전광석, 공공거버넌스와 공법이론, 구조이해와 기능, 공법연구 제38집 제3호, 한국공법학회 2010, 165–196쪽.

[외국문헌]

Anthony Anghie, Die Evolution des Völkerrechts: Koloniale und post-koloniale Realitäten, Kritische Justiz 42 (2009), S. 49 ff.

Ulrich Battis/Jens Kersten, Europäische Raumenentwicklung, EuR 2009, S. 3 ff.

Samantha Besson, Whose Consitution(s)? International Law, Constitutionalism and Democracy, in Jeffrey L. Dunoff and Joel P. Trachtman (eds.) Ruling the World? Constitutionalizm, International Law, and Global Governance, Cambridge: Cambridge University Presss 381–407 (2009).

Armin von Bogdandy, Demokratie, Globalizierung, Zukunft des Völkerrechts – eine Bestandaufnahme, ZaöRV 63 (2003), S. 853 ff.

Armin von Bogdandy, Globalization and Europe: How to Square Democracy and Globalization, 15 European Journal of International Law 885–906 (2004).

Armin von Bogdandy, "Constitutionalism in International Law: Comment on Proposal from Germany", 47 Harvard International Law Journal 223–242 (2006).

Armin von Bogdandy, Philipp Dann and Matthias Goldmann, Developing the Publicness of Public International Law: Towards a Legal Framework for Global Governance Activities, 9 German Law Journal 1375–1400 (2008).

Armin von Bogdandy/Sergio Dellavalle, Universalism Renewed: Habermas' Theory of International Order in Light of Competing Paradigms, 10 German Law Journal 5–29 (2009).

Armin von Bogdandy/Philipp Dann/Matthias Goldmann, Völkerrecht als öffentliches Recht: Konturen eines rechtlichen Rahmens für Global Governance, Der Staat 49 (2010), S. 23 ff.

Armin von Bogdandy, Beyond Dispute: International Judicial Institutions as Lawmakers, 12 German Law Journal 979–1004 (2011).

Brun-Otto Bryde, Konstitutionalisierung des Völkerrechts und internationalisierung des Verfassungsrechts, Der Staat 42 (2003), S. 61 ff.

Jesús M. Casal H., Migration und internationaler Menschenrechtsschutz. Beiträge des Interamerikanischen Systems zum Schutz der Menschenrechte, ZaöRV 68 (2008), S. 491 ff.

Debora Z. Cass, The Constitutionalization of International Trade Law: Judicial Norm–Generation as the Engine of Constitutional Development in International Trade, 12 European Journal of International Law 39 (2001).

Deborah Z. Cass, The Constitutionalization of the World Trade Organisation. Legitimacy, Democracy and Community in the international Trading System, Oxford University Press 2005.

Amichai Cohen, Bureaucratic internalization: Domestic Governmental Agencies and Legitimization of International Law, 30 Georgetown Journal of International Law 1079–1144 (2005).

Jeffrey L. Dunoff and Joel P. Trachtman, A Funtional Approch to International Constitutionalization, in Jeffrey L. Dunoff and Joel P. Trachtman (eds.) Ruling the World? Constitutionalizm, International Law, and Global Governance, Cambridge: Cambridge University Presss 3–35 (2009).

Udo Di Fabio, Das Recht offener Staaten, Tübingen 1998.

Bardo Fassbender, The United Nations Charter As Constitution of The International Community, 36 Colum. J. Transnat'l L. 529–619 (1998).

Bardo Fassbender, UN Security Council Reform and the Right of Veto: A Constitutional Perspective (Kluwer Law International, 1998).

Bardo Fassbender, The United Nations Charter as the Constitution of the International Community. Leiden/Boston: Martinus Nijhoff, 2009.

Bardo Fassbender, Rediscovering a Forgotten Constitution on the Place of the UN Charter in the International Legal Order, in Jeffrey L. Dunoff and Joel P. Trachtman (eds.) Ruling the World? Constitutionalizm, International Law, and Global Governance, Cambridge: Cambridge University Presss 133–147 (2009).

Clemens A. Feinäugle, The UN Security Council Al–Quida and Taliban Sanctions Committee: Emerging Principles of International Institutional Law for the Protection of Individuals?, 9 German Law Journal 1513–1539 (2008).

Claudio Franzius, Warum Governance?, Kritische Justiz 42 (2009), S. 25 ff.

Jochen Abr. Frowein, Konstitutionalisierung des Völkerrechts, in: Völkerrecht und Intenationales Privatrecht in einem sich globalisierenden intenationalen System – Auswirkungen der Entstaatlichung transnationaler Rechtsbeziehunge, Berichte der Deutschen Gesellschaft für Völkerrecht 39 (2000), S. 427 ff.

Stephen Gardbaum, Human Rights and International Constitutionalism, in Ruling the World? Constitutionalism, International Law and Global Governance 233–257 (Jeffrey L. Dunoff & Joel P Trachtman eds., Cambridge University Press 2009).

Thomas Giegerich, The Is and the Ought of International Constitutionalism: How Far Have We Come on Habermas's Road to a "Well-. Considered Constitutionalization of International Law"?, 10 German Law 31–62 (2009).

Matthias Goldmann, Inside Relative Normativity: From Sources to Standard Instruments for the Exercise of International Public Authority 9 German Law Journal 1865–1908 (2008).

Dieter Grimm, Stufen der Rechtsstaatlichkeit, JZ 2009, S. 596 ff.

Ulrich Haltern, Internationales Verfassungsrecht? Amerkungen zu einer kopernikanischen Wende, AöR 128 (2003), S. 511 ff.

Jürgen Habermas, Hat die Konstitutionalisierung des Völkerrechts noch eine Chance, in: Habermas, Der gespaltene Westen, Frankfurt am Main 2004, S. 113 ff.

Jürgen Habermas, Die Krise der Europäischen Union im Lichte einer Konstitutionalisierung des Völkerrechts – Ein Essay zur Verfassung Europas, ZaöRV 72 (2012), S. 1 ff.

Robert Howse/Kalypso Nicolaiies, Enhancing WTO Legitimacy: Constitutionalization or Global Subsidiarity?, 16 Governance 73–94 (2003)

Stefan Kadelbach, Zwingendes Völkerrecht, Berlin 1992.

Jürgen Habermas

Stefan Kadelbach, Völkerrecht als Verfassungsordnung? Zur Völkerrechtswissenschaft in Deutschland, ZaöRV 67 (2007), S. 599 ff.

Rahmatulla Kahn, Anti-Globalization Protests: Side-Show of Global Governance, or Law-Making on the Streets?, ZaöRV 61 (2001), S. 323 ff.

Harald Hongju Koh, How is International Human Rights Law Enforced?, 74 Indiana Law Journal vol. 1397-1417 (1999).

Karen Kaiser, WIPO's International Registration of Trademarks: An International Administrative Act Subject to Examination by the Designated Contracting Parties, 9 German Law Journal 1597-1623 (2008),

David Kennedy, The Mystery of Global Governance, in Jeffrey L. Dunoff and Joel P. Trachtman (eds.) Ruling the World? Constitutionalizm, International Law, and Global Governance, Cambridge: Cambridge University Presss 37-68 (2009).

Jan Klabbers, Anne Peters and Geir Ulfstein, The Constitutionalization of International Law, Oxford University Press 2009.

Matthias Knauff, Konstitutionalisierung im inner- und überstaatlichen Recht - Konvergenz oder Divergenz, ZaöRV 68 (2008), S. 453 ff.

Juliane Kokott, Die Staaatsrechtslehre und die Veränderung ihres Gegenstandes: Konsequenzen von Europäisierung und Internationalisierung, VVDStRL 63 (2003), S. 7 ff.

Martti Koskenniemi, What is international law for?, in Malcolm D. Evans (ed.), International Law 2. ed., Oxford; New York: Oxford University Press, 2006.

Isabelle Ley, Kant versus Locke: Europarechtlicher und Völkerrechtlier

Konstitutionalismus im Vergleich, ZaöRV 69 (2009), S. 317 ff.

Miguel Poiares Maduro, Court and Pluralrism, in Ruling the World? Constitutionalism, International Law and Global Governance 356–379 (Cambridge University Press 2009).

Thilo Marauhn, Plädoyer für eine grundlagenorientierte und zugleich anwwendungsbezogene Völkerrechtswissenschaft, ZaöRV 67 (2007), S. 639 ff.

Kolja Möller, Progressiver Konstitutionalismus oder marktliberale Rechtsstaatlichkeit? Zur Unbestimmtheit der Globalverfassung, Kritsche Justiz 42 (2009), S. 239 ff.

Ulrich Mückenberger, Demokratische Einhegung bei universellen Normbildungsprozessen? Neue Akteurkonstellationen bei universellen Normbildungsprozessen, Kristische Justiz 43 (2010), S. 38 ff.

Lukas Oberndorfer, Krisenbearbeitung in der Europäischen Union, Kritische Justiz 2012 (45), S. 26 ff.

Stefan Oeter, Ius cogens und Schutz der Menschenrechte, in: Stephan Breitenmoser (Hrsg.), Human Rights, Democracy and the rule of the law, Zürich; St. Gallen 2007, S. 499 ff.

Andreas L. Paulus, Zur Zukunft der Völkerrechtswissenschaft in Deutschland: Zwischen Konstitutionalisierung und Fragmentierung des Völkerrechts, ZaöRV 2007, S. 695 ff.

Andreas L. Paulus, The International Legal System as a Constitution, in Jeffrey L. Dunoff and Joel P. Trachtman (eds.) Ruling the World? Constitutionalizm, International Law, and Global Governance, Cambridge: Cambridge University Presss 69–109 (2009).

Ravi Anfonso Pereira, Why Would International Administrative Activity Be Any Less Legitimate? - A Study of the Codex Alimentarius Commission, 9 German Law Jouranl 1693–1718 (2008).

John Rawls, The Law of Peoples, Havard University Press 1999.

Thilo Rensmann, Die Humanisierung des Völkerrechts durch das ius in bello – Von der Martens'schen Klausel zur "Responsibility to Protect", ZaöRV 68 (2008), S. 111 ff.

Matthias Ruffert, Die Globalisierung als Herausforderung an das Öffentliches Recht, Stuttgart; München; Hannover; Berlin; Weimar; Dresden 2004.

Charles Samford, Reconceiving the rule of law for a globalizing world, in Spencer Zifcak (ed), Globalization and the Rule of Law 9–31 (Routledge London and New York 2005).

Theodor Schilling, On the Constitutionalization of General International Law, NYU School of Law the 2005 Jean Monnet Working Paper Series.

Eberhard Schmitt-Aβmann, Die Herausforderung der Verwatlungsrechtswissenschaft durch Internationalisierung der Verwaltungsbezeichungen, Der Staat 45 (2006), S. 315 ff.

Michael J. Sandel, Justice: what's the right thing to do. Farrar, Straus and Giroux: New York 2009.

Gunnar Folke Schuppert (Hrsg.), Governance–Forschung. Verweisung über Stand und Entwicklung, 2. Aufl., Baden–Baden 2006.

Gunnar Folke Schuppert (Hrsg.), Global governance and the role of non–state actors, Baden–Baden 2006.

Gunnar Folke Schuppert/Andreas Voβkuhle (Hrsg.), Governance von und durch Wissen, Baden–Baden 2008.

Gunnar Folke Schuppert, Governance and Rechtssetzung. Grundfragen einer modernen Regelungswissenschaften, Baden–Baden 2011.

Paul Scott, (Poltical) Constitutions and (Political) Constitutionalism, 9 German Law Jouranl 2157–2184 (2008).

Domenico Siciliano, Governance im luftleeren Raum. Erosion des Rechtsstaates durch transnationale Netzwerke – Ein Vergleich zwischen Deutschland und Itatlien, Kritische Justiz 42 (2009), S. 39 ff.

Anne-Marie Slaughter, The Accountability of Government Networks, 8 Indiana Journal of Global Legal Studies 347–367 (2000–2001)

Maja Smrkolj, International Institutions and Individualized Decision–Making: An Example of UNHCR's Refuge Status Determination, 9 German Law Jouranl 1779–1803 (2008),

Boaventura de Sousa Santos, Beyond neoliberal governance: the World Social Forum as subaltern cosmopolitan politics and legality in Santos and César A. Rodríguez–Garavito (eds.), Law and Globalization from below. Toward a Cosmopolitan Legality, Cambridge 29–63 (Cambridge University Press, 2005).

Robert Uerpmann, Internationales Verfassungsrecht, JZ 2001, S. 565 ff.

Uwe Volkmann, Relativität des Staates – Staatsbegriff und Staatsverständnis im Spiegel der jüngeren Geschichte, JuS 1996, S. 1058 ff.

Ingo Venzke, International Bureaucracies from a Political Science Perspective – Agency, Authority and International Institutional Law, 9 German Law Jouranl 1401–1428 (2008),

Reiner Wahl, Konstitutionalisierung – Leitbegriff oder Allerweltsbegriff?, in: Carl–Eugen Eberle/Martin Ibler/Dieter Lorenz (hrsg.), Der Wandel des Staates vor den Herausforderungen der Gegenwart. Festschrift für Winfried Brohm zum 70. Geburtstag, München 2002, S. 191 ff.

Rainer Wahl, Der offene Staat und seine Rechtsgrundlagen, JuS 2003, S. 1145 ff.

Rainer Wahl, Erklären staatstheoretische Leitbegriffe die Europäische

Union, in: H. Dreir (Hrsg.), Rechts- und staatstheoretische Schlüsselbegriffe : Legitimität - Repräsentation - Freiheit : Symposion für Hasso Hofmann zum 70. Geburtstag, Berlin 2005, S. 113 ff.

Rainer Wahl, Internationalisierung des Staates, in: 같은이 (Hrsg.), Verfassungsstaat, Europäsierung, Internationalisierung, Frankfurt am Main 2003, S. 17 ff..

Rainer Wahl, Der einzelne in der Welt jenseits des Staates, in: 같은이 (Hrsg.), Verfassungsstaat, Europäsierung, Internationalisierung, Frankfurt am Main 2003, S. 53 ff.

Jeremy Waldron, The Rule of International Law 30 Harvard Journal of Law and Public Policy 15-30 (2006).

Neil Walker, Postnational constitutionalism and the problem of translation, in: J. H. H. Weiler and Marlene Wind (eds.), European Constitutionalism Beyond the State 27-54 (Cambridge University Press, 2003).

Rudof Weber-Fas, Geistiger Vater der Rechtsstaatlichkeit, ZRP 1999, S. 461 ff.

Joseph H. H. Weiler, The Geology of International Law - Governance, Democracy and Legitimacy, ZaöRV 64 (2004), S. 547 ff.

Gerd Winter, Zur Architektur globaler Governance des Klimaschutzes, ZaöRV (2012), S. 103 ff.

Andreas Witte, Gewaltenteilung im Völkerrecht? Zur Frage der rechtlichen Bindung und richterlichen Kontrolle, AöR 137 (2012), S. 223 ff.

Diana Zacharias, The UNESO Regime for the Protection of World Heritage as Prototype of an Autonomy-Gaining International Institution, 9 German Law Jouranl 1833-1864 (2008),

Hans F. Zacher, Universale Menschenrechte und die Wirklichkeit der globalen Welt, Humbold Forum Recht 2/2010, S. 20 ff.

Spencer Zifcak, Globalizing the rule of law. Rethinking Values and reforming institutions, in: Spencer Zifcak (ed.), Globalization and the Rule of Law 32–64 (Routledge 2005).

박진완(朴眞完), Park, Zin-Wan

경북대학교 법과대학 사법학과 졸업
경북대학교 대학원 법학과 석사과정 졸업
경북대학교 박사과정 법학과 수료
독일 베를린 훔볼트 대학(Humboldt Uni. zu Berlin) 법학박사
서울대학교 법과대학 박사후과정(Post Doc.)
독일 하이델베르크 막스 플란크 외국공법 및 국제법연구소(Max Planck Institute for Comparative Public Law and International Law) 초청연구교수
현 경북대학교 법학전문대학원(Law school) 교수

국제법의 헌법화

2015년 4월 10일 초판인쇄
2015년 4월 15일 초판발행

저 자 박진완
발 행 인 이구만
발 행 처 유원북스
주 소 121-130 서울특별시 마포구 토정로 198, 204호
전화 (02)593-1800 FAX (02)593-1801
등록 2011. 9. 6. 제25100-2012-3호
www.uwonbooks.com uwbooks@daum.net

정가 20,000원 ISBN 978-89-97926-41-1

이 도서의 국립중앙도서관 출판예정도서목록(CIP)은 서지정보유통지원시스템 홈페이지(http://seoji.nl.go.kr)와 국가자료공동목록시스템(http://www.nl.go.kr/kolisnet)에서 이용하실 수 있습니다. (CIP 제어번호 : CIP2015012345)